운영시스템관리

김 윤 상 저

傳 英 社

책 머리에

21세기에 접어들어 정보통신기술의 빠른 발전과 인터넷을 통한 경영네트워크의 확산은 기업경영에 있어 전통적인 관리방법에 새로운 지식 및 기술의 수용이라는 현안을 끊임없이 제기하고 있다. 특히 생산운영관리 분야는 제조현장과 서비스를 산출하는 각종 사업장에서 밀려 들어오는 신기술들로 인해 이를 체득해 내기가 여간 어렵지 않다.

종전에 수작업으로 계량화하던 작업들은 거의가 컴퓨터를 통해 자료처리가 되고 있고, 현장관리자들은 일과 중 많은 시간들 중 산출된 자료들을 어떻게 효율적으로 활용하며 또한 이를 관리영역으로 확장시켜 정보화시킬 것인지를 고심해야 하는 시대가 되었다.

또한 디지털혁명은 서비스 수익부문에도 큰 영향을 미쳐 우리가 그 어느 때보다 서비스사업 분야에도 새로운 관심을 갖고 구체적인 지식접근을 해야 할 필요성이 있어 본서에서도 서비스부문을 강조해 다루었다.

본서는 제조부문과 서비스부문의 생산운영관리자가 운영시스템을 쉽게 이해하고, 이 시스템을 계획 · 통제할 수 있는 기본지식을 강의하는 데 초점을 두고 만들었다.

먼저 1장에서는 운영시스템 전반을 이해하는 기초지식을 다루었고, 2장부터 제품과 서비스의 설계, 입지선정과 설비의 관리, 작업과 공정의 관리, 생산계획의 수립, 프로젝트계획과 관리, 자재수급과 재고관리, 품질관리, 생산시스템의 자동화를 다루었다. 생산관리를 처음 배우는 대학생들을 대상으로 해서 강의용으로 만들었기 때문에 분량도 한 학기에 충분히 다룰 수 있도록 구성했다. 한 주에 한 장씩 강의할 수 있도록 만들었으나 장의 구성 내용에 따라서는 2주, 3주가 걸리는 부분도 있을 것인데, 강의하는 교수께서 적절히 가감해서 진도를 조정할 수 있을 것이다.

앞에서도 언급한 바와 같이 운영시스템관리 입문서로 본서의 성격을 한정하였으므로 운영전략 부분은 본서에서 가능하면 언급하지 않으려고 했다.

본서는 저자가 80년대 말에 펴낸 생산관리와 생산운영관리를 바탕으로 입문서로 꼭 필요한 부분만 발췌하고 근래에 대두된 지식, 기법과 함께 새롭게 추가하는 내용들로 구성되었다. 이 작업을 위해 수고해 준 연구실의 서용준, 김은수 교수에게 감사의 말씀을 전한다.

출간 시일이 촉박함에도 불구하고 책을 정성스럽게 만들어 주신 박영사의 안종만 회장님과 애쓰신 편집부 박옥수 선생에게도 감사의 말씀을 드린다.

2002년 2월
압량벌에서
저　　자

차 례

제 1 장 생산운영관리의 기초

제 2장 제품과 서비스의 설계

제 3장 입지선정과 설비관리

제 4장 작업과 공정의 관리

제 5장 생산계획의 수립

제 6 장 프로젝트계획과 관리

제 7 장 자재수급과 재고관리

제 8장 품질관리

제 9장 생산시스템의 자동화

제 1 장

생산운영관리의 기초

학습목표

- 생산운영관리의 목표와 기능에 대해 이해한다.
- 제조활동과 서비스활동의 차이에 대해 이해한다.
- 시스템의 개념과 생산시스템의 성과 평가방법에 대해 이해한다.
- 테일러와 과학적 관리기법의 등장 배경 및 특징에 대해 이해한다.
- 포드와 포드시스템의 특징에 대해 이해한다.
- 생산관리에 있어서 인간관계론과 행동 과학적 접근방법의 특징에 대해 이해한다.
- 현대 생산경영의 전망에 대해 이해한다.

1. 생산운영관리

1.1 기업의 경영관리와 생산

기업의 경영관리는 인적 · 물적 자원의 효율적 활용을 통해 기업의 목표를 효과적으로 달성하기 위해 경영계획을 수립하고 집행하며 통제하는 활동을 말하는데, 고객에게 제공해야 할 제품과 서비스를 생산하는 것과 같은 경영활동의 주요 기능을 담당하고 있는 생산관리도 이러한 시각에서 이해할 수 있다.

즉, 생산관리는 기업의 장 · 단기 목표를 효과적으로 달성하기 위해 생산현장에서 기업의 인적 · 물적 자원을 효율적으로 활용함에 있어 생산계획의 수립과 집행 및 통제를 계속적으로 수행하는 관리활동을 뜻한다.

과거의 생산관리는 생산성의 향상에 목적을 두었으나 오늘날과 같이 급변하는 경영환경의 변화 즉, 소비자의 수요패턴이 동질성에서 개성화, 고급화, 다양화로 변화하고 있으며, 또한 제품수명도 단축되고 고품질의 다양한 제품을 신속하게 저렴한 가격으로 제공할 수 있는 능력이 세계적 경쟁에서 중요하게 인식되고 있는 현실은 기업에게 생산성 향상 이상의 것을 요구하게 된 것이다.

그리고 산업화 사회에서 정보화 사회로 변천하는 과정에서 서비스산업 시장에 고품질의 서비스를 신속하게 공급해야 하는 필요성에 따라 생산관리의 대상 영역이 서비스 운영관리의 측면으로 빠르게 확대되어 가고 있다.

기업활동 중에서 일반적으로 생산관리부서에 가장 많은 인력이 배치되어 있고, 또한 생산과 관련한 설비들에 투자된 자산도 가장 큰 비중을 차지하고 있기 때문에 기업의 목적을 가장 효과적으로 달성하려면 가장 먼저 생산관리활동을 효과적으로 운영할 필요가 있다.

그러므로 【표 1-1】에서 보는 바와 같이 생산관리자는 생산운영상의 여러 가지 제약을 극복하고 환경변화에 능동적으로 대처할 수 있도록 생산운영과 관련한 문제 영역들에 대해 합리적으로 의사결정을 수행하고, 최적의 선택대안에 따라 생산시스템을 설계(design)하고 이를 효율적으로 관리 및 운영해야 한다.

표 1-1 생산관리자의 역할 구분

관 리 활 동	의사결정문제의 유형
계 획 활 동	생산능력의 결정 입지선정 제품 및 서비스의 선택 생산계획
조 직 활 동	집중화의 정도 자체생산 또는 구매 외 주 잔업의 사용 고용/해고
실 행 활 동	동기부여 작업주문의 발행 작업할당
통 제 활 동	재고통제 생산현장통제 품질통제

1.2 생산운영관리의 목표

생산활동은 제조활동과 서비스활동으로 대별할 수 있는데, 제조활동에 의해 냉장고, 자동차, 시계, 비누, 연필 등과 같은 유형의 제품이 생산되는 데 반하여, 서비스활동으로는 의사의 진료, 자동차 수리, 운수·창고 및 부동산 임대, 정보처리 등과 같이 무형의 서비스가 제공된다.

이를 생산시스템에서 산출되는 두 가지 산출물로서 제품(goods)과 서비스의 성격으로 파악해 보면 제품은 생산공정에서 산출되는 유형물(tangible goods)이다. 과거에는 생산관리의 대상을 이러한 제품의 제조(manufacturing)에만 한정시켜 관리범위가 설정되었지만 오늘날과 같이 산업사회가 복잡하게 발전되고 인간의 욕구가 다양해짐에 따라 재화를 직접 생산하는 제조부문 못지않게 서비스부문의 활동도 중요하게 다루어지고 있다. 그래서 생산관리의 명칭도 종전의 "Production Management"에서 "Production & Operations Management"로 불리게 되었다.

이렇게 볼 때, 이제 생산관리의 영역은 유형의 재화를 산출하는 생산관리(production management)뿐만 아니라 무형의 재화로서의 각종 서비스상품을 산출하는 영역까지도 포함하여 관리하는 운영관리(operations management)를 내포하게 되었다.

이상과 같은 견해를 바탕으로 하여 생산관리의 개념을 정리하면, 생산관리(POM: Production & Operations Management)란 생산시스템의 생산효과를 높이기 위해 제품생산 및 서비스 운영활동을 계획하고 조직하며 운영 및 통제하는 포괄적인 관리활동을 말한다.

이러한 개념을 바탕으로 생산시스템에서 고객이 요구하는 좋은 품질의 산출물(goods & services)을 적시(time), 적량(quantity), 적질(quality), 적소(place), 적가(price)로 공급하기 위해서는 가용자원을 효율적으로 활용하기 위해 원가(cost), 품질(quality), 납기(delivery), 유연성(flexibility) 등 네 가지의 생산관리 목표를 설정할 수 있다.

1) 원가(Cost)

생산에 소요되는 비용으로서 재료비, 노무비 및 간접비가 이에 해당된다. 원가는 일반적으로 제품의 단위당 비용으로 표시되는데, 원가절감을 중시하게 되면 새로운 제품의 시장진출을 지연시키고 현재의 설비를 통해 현재 제품의 생산량을 증대하며 단위당 원가를 최소로 하는 목표를 추구하게 된다. 또 재고관리비를 낮추기 위해 원자재 재고를 최소화시켜 나간다.

2) 품질(Quality)

품질은 제품에 대한 고객의 만족도, 폐기물(scrap)의 양, 재작업(rework)의 비율, 불량률 등으로 나타나는데, 좋은 품질이란 경쟁기업 제품보다 상대적으로 높은 품질수준을 말한다.

3) 납기(Delivery)

고객이 원하는 시간과 장소에 제품을 인도하거나 서비스를 제공할 수 있는 생산능력을 납기라고 한다. 서비스수준, 재고보충시간, 납기준수율 등으로 이 능력을 측정한다.

4) 유연성(Flexibility)

수요의 질적 · 양적 변화에 신속하게 대응할 수 있는 능력을 유연성이라고 하는데, 즉 수요의 변동에 따라 생산량을 신속하게 조절할 수 있고, 고객의 요구나 취향에 맞추어 신속하게 신제품을 개발하거나 제품디자인을 변경할 수 있는 능력이다. 생산시스템이 높은 유연성을 유지하려면 적합한 인력과 장비를 갖추어야 한다.

이상과 같이 네 가지 관리목표의 가장 이상적인 목표달성은 낮은 원가, 좋은 품질, 납기준수, 최대의 유연성을 동시에 이루는 것이지만 실제로 낮은 원가를 추구하다 보면 고품질이나 납기충족, 유연성확보에 부정적 영향을 미치게 된다,

또한, 유연성만을 추구하다 보면 비용증가가 필연적으로 발생하며, 납기준수 역시 많은 재고의 유지와 생산능력의 여유를 요구하게 됨으로 해서 이 역시 비용증가의 직접적 원인이 될 수 있다.

따라서 이들 네 가지 상충된 목표를 최적화하기 위해서는 목표달성의 우선 순위를 정하고, 이 순위에 따라 생산공정, 생산능력, 재고수준, 노동력 및 품질문제에 대한 종합적인 의사결정을 수행하여 최적의 대안을 선택하고 실행하게 된다.

1.3 서비스활동과 특성

서비스는 유형의 제품을 제공하지 않으면서도 고객의 편익과 만족을 위해서 서비스제공자 자신 또는 장비, 시설, 노동력, 지식, 아이디어 등 다른 서비스자원들을 이용하여 고객의 욕구를 만족시켜 주는 노력 또는 행동의 과정인데, 이러한 서비스시스템에는 생산시스템의 제조활동과는 상이한 다음과 같은 특성이 있다.[1)]

1) 무형성

서비스는 생산과 동시에 고객에게 직접적으로 가치가 전달되어 고객의 심리적인 만족감을 주는 무형의 상품(intangible outputs)이다. 이러한 무형성으로 인해 서비스의 가치는 고객의 경험, 신뢰, 편의, 느낌 등과 같이 추상적이고 주관적인 기준에 의해 판단되기 때문에 고객은 유형의 제품을 구매할 때보다 서비스의 구매에 더 주의를 기울이게 된다.

2) 무재고

서비스는 생산과 동시에 소비되는 특성을 가지고 있으므로, 서비스의 저장과 운송이 필요없고, 이로 인해 서비스재고를 누적하지도 않는다. 서비스의 이러한 무재고특성으로 인해서 제공되거나 제공될 서비스에 대한 수요예측과 공급전략도 세심하게 다루어야 한다.

3) 가변성

고객의 욕구를 만족시키기 위해 제공되는 서비스의 품질도 변동적이다. 서비스의 무형성과 무재고특성으로 인해 균일한 품질의 서비스를 저장하거나, 수요에 탄력적으로 대응하기 위한 시간관리에 많은 제약이 따르므로, 제공되는 서비스의 품질은 시간, 공간, 서비스제공자 등에 따라 변동될 가능성이 많다.

4) 성과측정의 어려움

위와 같이 서비스상품이 지닌 특성으로 인해 서비스기업의 성과를 측정하는 일은 매우 어렵다. 그럼에도 불구하고 서비스 성과측정을 하려면 전통적 분석으로 알려진 「투입에서 산출까지의 각각의 고객만족도를 측정하는 것」이 그래도 바람직한 성과측정의 한 방법이 될 수 있다.

이처럼 서비스는 회계사 사무소의 회계자료처리나 세무사 사무소의 세무자료처리, 호텔, 병원, 주유소, 식당, 백화점, 세탁소, 꽃집, 카센터, 여행사 등 다양한 업체들에 의해 다양한 서비스활동이 창출되고 있다. 이러한 서비스업체들은 고객과의 접촉(customer contact)이 많을수록 서비스시스템의 관리가 어려워진다.

1.4 제조활동과 서비스활동의 비교

【표 1-2】는 제조활동과 서비스활동을 여러 가지 특성에 따라 비교한 것이다.

이와 같은 제조활동과 서비스활동간의 차이점들은 제조업과 서비스업을 운영하고 관리하는 데 있어서 중요한 전략 시사점을 제공하게 된다.

표 1-2 제조활동과 서비스활동의 비교

비교특성	제조활동	서비스활동
제품의 가시성	유형의 경제재	무형의 경제재
재 고	재고 누적	재고확보 불가능
품질측정	측정하기 쉽다	측정이 어렵다
고객의 수요에 대한 반응	반응(생산)시간 길다	수요에 즉시 대응
생산시스템과 고객의 접촉빈도	접촉할 기회 희박	접촉이 항상 이루어짐
생산설비의 크기	대 규 모	소 규 모
입지결정인자	모든 인자 고려	고객을 가장 중시
시장의 범위	모든 지역 대상	국 지 적

즉, 제품은 고객에 의해 소비될 때 가공, 저장 등 물리적 변환이 가능하지만, 서비스는 이와 같은 물리적 변환이 어렵기 때문에 제조업에서 행하는 재고관리나 운반관리 등은 서비스활동에 있어서 별로 중요하지가 않다.

반면에, 서비스활동은 고객과의 긴밀한 접촉을 위해 양질의 인적 자원을 개발하고, 고객이 접근하기 쉬운 곳에 서비스시설을 분산운영하며, 생산기능과 마케팅기능을 통합운영하는 것이 중요하다.

소비자의 서비스 생산과정에의 참여와 더불어 대부분의 서비스활동은 서비스제공자와 고객과의 대면적인 접촉을 통하여 이루어지므로 제조활동보다는 고객과의 접촉 정도가 높으므로, 생산관리자는 서비스시스템의 효율이 서비스활동에 종사하는 구성원들의 개인적 속성 즉, 자질, 능력, 마음가짐에 따라 크게 좌우된다는 점에 유의하여야 한다.[2)]

1.5 서비스기업의 사업대상

서비스를 제공하는 기업은 투입물과 산출물의 성격에 따라 【표 1-3】과 같이 4종류로 나눈다.

표 1-3 서비스사업의 구분

구 분	서비스를 받는 대상	
	사 람	물 체
유 형	고객에게 직접적으로 서비스 • 여객운송 • 건강관리 • 미장원, 이발소 • 식당, 술집	고객의 소유물체에 서비스 제공 • 화물운송(비행기, 화물차) • 수리, 보수 • 소매유통 • 조경사업
무 형	고객의 마인드에 서비스 제공 • 광고, 교육 • 예술 작품, 엔터테인먼트 • 경영 컨설팅 • 음악회, 방송	무형자산에 직접 서비스 제공 • 은행, 보험 • 회계업무 • 데이터처리 • 소프트웨어 컨설팅

자료: Lovelork, C., *The Search for Synergy in Service Management*, Produce plus McGraw-Hill, 1994, pp. 67~85.

1) 사람 대상의 유형 서비스

이 사업에는 고객이 반드시 서비스를 받는다(people processing). 예를 들어 비행기를 타려면 고객이 공항에 들러 비행기에 탑승해야 하고 목적지까지 비행기에 의해 이동하는 형태로 결과가 나타난다. 서비스가 제공되는 동안에 서비스기업의 서비스제공자는 고객과 같이 시간을 보내야 하므로 이에 맞는 내용으로 서비스가 설계된다.

2) 물체를 대상으로 하는 유형 서비스

이 사업에는 제조업과 비슷하게 물체를 대상으로 하는 산출물이 나온다

(processing processing).

예를 들어 자동차의 타이어를 교환하기 위해 고객이 카센터에 가는 것이 아니라 카센터 직원이 고객이 주차해 있는 자동차가 있는 곳으로 타이어를 가지고 가서 교환하는 것을 말한다.

3) 사람을 대상으로 하는 무형 서비스

사람을 대상으로 서비스사업을 하지만 그 효과를 물리적으로 파악하기 힘든 서비스이다(mental stimulus processing). 예를 들어 교육 또는 훈련 프로그램과 같이 사람의 마음이나 동기를 자극하여 미래의 행동을 변화시키는 사업들이다. 이러한 서비스사업이므로 사람을 대상으로 교육이나 훈련이 이루어지나 그 효과를 물리적으로 측정하기는 어렵고 시간의 경과가 필요하다.

4) 물체를 대상으로 하는 무형의 서비스

정보기술의 발달로 사업영역이 넓어지고 있는 서비스사업인데 이 사업 역시 물체를 대상으로 서비스가 이루어지지만 그 효과를 물리적으로 측정하기 어렵다. 사람에게 관계된 물체를 대상으로 서비스를 한다. 전화나 인터넷 같은 비대면 의사소통기술의 발달로 인해 서비스의 제공장소로 고객이 이동할 필요가 없다.

이러한 서비스들이 우리나라 시장에서는 구체적으로 여러 부문에 걸쳐 서비스산업을 형성하는데, 분야별로 보면, 도 · 소매 유통서비스 부문, 운수 · 보관 서비스 부문, 음식점 · 숙박 서비스 부문, 부동산사업 부문, 통신방송 서비스 부문, 문화 · 오락 서비스 부문, 법률서비스 부문, 교육서비스 부문, 의료서비스 부문, 에너지 서비스 부문, 건설서비스 부문, 항공 · 해운 서비스 부문, 금융보험 서비스 부문 등 다양한 분야로 서비스사업이 구분된다.

1.6 서비스기업의 포지셔닝

선택된 고객에게 일정한 서비스를 제공하려면 다음과 같은 세 가지 유형의 포지셔닝 중에서 하나를 선택할 수 있다.

1) 고객위주 포지셔닝

고객계층을 먼저 선택하는 방식으로 선택한 고객에게 맞는 서비스개념을 창출하는 것이다.

예를 들어 어떤 백화점에서 다른 백화점에 비해 다양한 상품과 많은 재고를 보유함으로써 고객의 수용에 부응하는 방법이다. 이러한 서비스는 비용이 더 많이 들지라도 고급 고객을 백화점으로 유인하는 전략이 될 수 있다.[3)]

2) 서비스 위주 포지셔닝

경쟁기업과는 확연히 다른 서비스개념을 만들어서 이를 원하는 고객계층에 파고 들어가는 서비스사업 전략이다.

예를 들어 30분 이내에 배달한다는 배달서비스 개념으로 기존의 피자 시장에 진입한 「도미노 피자」처럼 경쟁기업과는 다른 방식의 서비스를 통해 고객을 유인하는 전략이다. UPS나 패더럴 익스프레스도 신속하고 빠른 배달이라는 서비스개념의 창출로 성공한 기업이다.

3) 고객과 서비스 동시 포지셔닝

이 방법도 고객계층과 서비스개념을 동시에 고려하여 틈새시장에 서비스를 제공하는 방법이다. 예를 들어 피자헛이나 맥도날드가 어린이가 있는 가정을 선택하여 특정한 날에 싼값의 상품을 제공하여 성공한 경우이다.

1.7 서비스 수익체인의 이해

고객은 제품이나 서비스를 구매하는 것이 아니라 단지 「결과물」을 구매하는 것이다. 예를 들어 자동차 정비업소에서 자동차를 제대로 수리하지 못한다면 종업원이 아무리 친절하더라도 소용이 없을 것이다. 그러므로 좋은 기업은 좋은 결과물을 생산하기 위해 운영되어야 한다.

수익과 성장, 고객만족과 충성도, 고객들에게 제공된 서비스와 제품의 가치, 종업원 만족도 · 충성도 · 생산성, 우수한 서비스기업에서 종업원이 고객에게 양질의 결과물을 제공하게 하는 역량, 곧 업무역량 등 이러한 연결고리

그림 1-1 서비스 수익체인

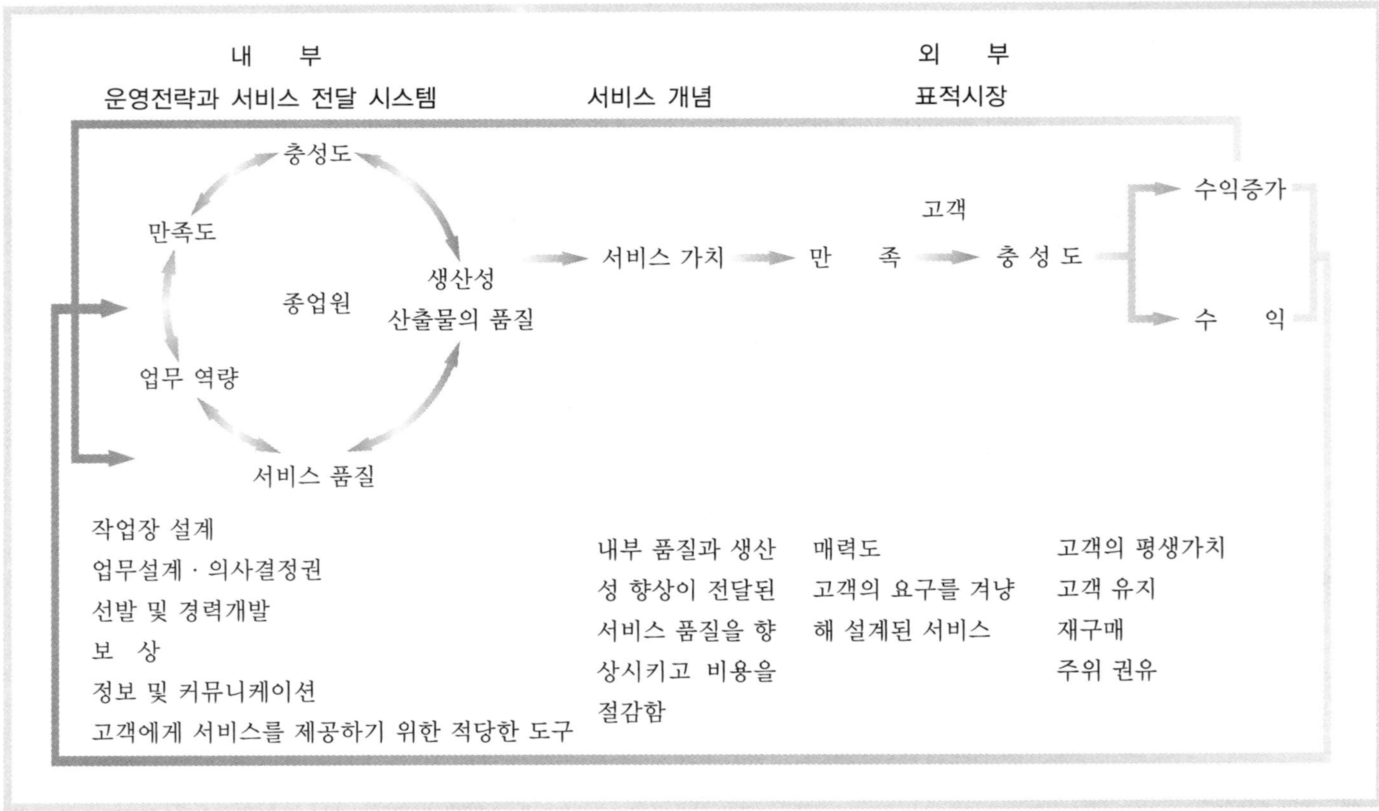

자료: James L. Heskett, Thomas O. Jones, Gary W. Loveman, W. Earl Sasser, Jr., and Leonard A. Schlesinger, "Putting the Service-Profit Chain to Work," *Harvard Business Review*(1994. 3~4), pp. 164~174.

(Chain)들의 강도는 서비스 조직마다 다르지만 그 유형은 【그림 1-1】처럼 개략적으로 파악할 수 있다.

2. 생산시스템

2.1 시스템의 개념과 생산시스템의 특성

시스템이론의 개척자인 Rusell Ackoff의 주장 즉, "시스템은 부분적 특성을 상실하지 않고서는 분리될 수 없는 전체이며, 전체로서 연구되어야 한다. 이제는 부분의 관점에서 전체를 설명하는 것 대신에 전체의 관점에서 부분이 설명되어야 한다"와 같이 시스템이란 말은 산업시스템, 정보시스템, 사회시스템, 생태시스템, 정치시스템 등 사회현상이나 학문연구의 분야에서 다양하게 사용되고 있어 한마디로 그 개념을 규정짓기는 어렵다.[4)]

일반적으로 시스템을 정의하면 "환경 속에서 특정한 목적을 성취하기 위하여 여러 구성인자(components)가 서로 유기적(organic)으로 상호작용(interaction)을 하는 실체 또는 집합체(unity)"를 말한다.[5)]

또 시스템은 "하나로 한다"란 뜻[①]을 가지고 있는데 복잡한 구조와 행동에 상호관계가 성립되어 결합된 하나의 질서 있는 짜임새를 가리키는 말이기도 하다.

이와 같은 의미에서 보면 시스템의 크기는 한없이 커질 수도, 작아질 수도 있으며 어느 특정시스템에 국한시킬 수도 있다. 가령 작업시스템 위에 공정시스템이 있고, 그 위에 생산시스템이 있으며, 그 위에는 기업시스템이 있지만, 추구하는 목적에 따라 생산시스템이 상위 시스템이 될 수도 있다.

그러므로 인체, 자연계나 우리들이 살고 있는 사회도 하나의 시스템이라 할 수 있으며 자동차나 공장 및 기업도 시스템으로 볼 수 있다.

시스템의 일반적인 모형은 【그림 1-2】와 같이 입력, 변환, 출력 및 피드백

① System이란 단어는 라틴어인 Systema에서 유래된 것으로, 그 어원은 그리스어 Synistanai(결합한다)이며, SY(동시, 함께), STEM(둔다)이라는 의미.

그림 1-2 시스템의 일반모형(단순모형)

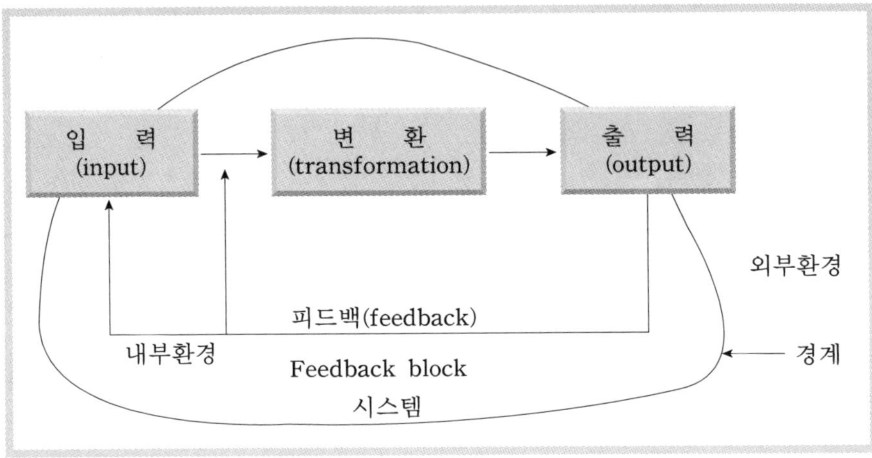

으로 구성된다. 시스템에 놓여져 있는, 즉 주어진 여건으로서의 환경은 시스템의 구조와 성격과 운영에 직접적인 영향을 미친다.

특히 경영자가 적극적으로 통제할 수 없는 환경요인들로서 경쟁, 가격수준, 정치, 사회적 변화, 경기변동, 수요변동 등은 시스템의 문제를 복잡하게 한다.

이때 시스템은 【그림 1-3】에서 보는 바와 같이 경계를 사이에 두고 환경과 분리되는데[6] 예를 들어 생산시스템이라고 하면 생산설비, 재공품, 작업자 등이 경계 내부에 존재하여 생산시스템을 형성하게 되고, 그 나머지 요소가 생산시스템의 환경이 되는 셈이다.

생산시스템에서는 투입을 물리적 산출로 변환시킴에 있어 몇 개의 연속작업 혹은 동시작업이 이루어지게 되므로 시스템의 구조가 복잡해진다.

그림 1-3 시스템 경계

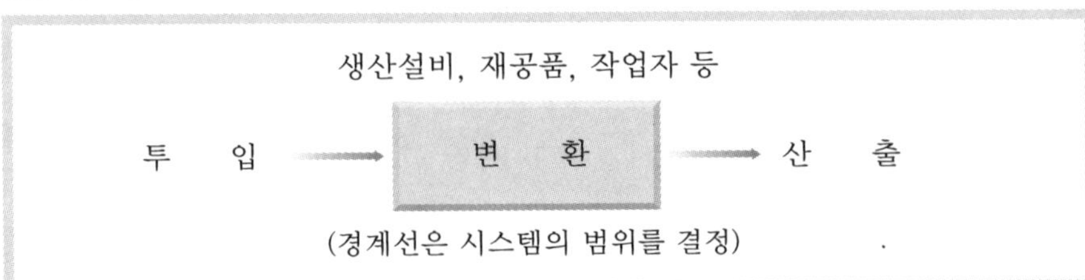

여기서 시스템의 목적달성을 위한 활동은 계속하여 반복적이고 동태적으로 이루어지므로 추구하는 목표에 실적이 일치하도록 통제하는 활동이 뒤따라야 하는데 이를 피드백①이라 한다.[7)]

피드백은 소극적인 것(negative feedback)과 적극적인 피드백(positive feedback)의 두 가지가 있다.

1) 소극적 피드백

시스템을 통제하는 활동이 항상 결과를 측정하여 목표 또는 기준과 비교하여 차이를 파악함으로써 이에 대한 조치를 취하는 역진 또는 후진적 통제로서 폐쇄적 피드백(closed feedback)이라고도 한다.

이 개념을 기업에서 이용하는 예는 품질표준을 설정해 놓고 생산해 낸 제품의 품질을 측정하여 이를 표준과 비교하여 차이가 있으면 그 원인을 규명해서 조치를 취하는 경우가 이에 해당한다.

2) 적극적 피드백

이 개념은 소극적 피드백보다는 결과를 일정한 방향으로 변화 내지는 조장시켜 나가는 것으로, 시스템 외부로부터 주어진 변화에 적응하기 위해 시스템능력을 적극적 내지 개방적으로 활용하려는 관리개념이다.

따라서 소극적 피드백은 시스템의 안정성(stability)을, 적극적 피드백은 시스템의 성장과 확장에 의한 불안정성(growth and instability by expansion)을 특징으로 한다.

이 개념들을 확대하면 폐쇄적 시스템(closed system)과 개방적 시스템(open system) 및 확정적 시스템(deterministic system)과 확률적 시스템(probabilistic system)으로도 구분설명이 가능해진다.

먼저 폐쇄적 시스템은 외부환경과 자원, 정보 또는 에너지를 교환하지 않는다. 이 시스템은 이미 한정된 입력만을 외부로부터 받아들이고 그것을 처리하여 이미 예정된 출력만을 제공한다. 따라서 환경과의 상호작용이 일정시간 이상을 지속하게 되면 이 시스템은 결국 해체되거나 소멸하게 된다.

---

① H. Simon은 이러한 제어작용을 가진 시스템을 서보시스템(servo system)이라 하고 투입-산출의 흐름을 통제하는 mechanism으로 설명했다.

이러한 시스템상태하에서는 무질서하게 엔트로피(entropy)[①]가 증가하는데 일정기간 동안이라도 시스템이 유지되기 위해서는 이 엔트로피를 줄여야 한다.

2.2 생산시스템의 특성

광의의 생산활동은 어떤 유용한 것을 만들어 내기 위한 계획적인 활동이다. 생산활동의 본질은 【그림 1-4】와 같이 일련의 투입물(inputs)을 변환(conversion)하여 상품(goods and services)이라는 산출물(outputs)을 만들어 냄으로써 가치를 창출하거나 부가하는 경제적 행위를 의미한다.

그림 1-4 생산시스템(production systems)

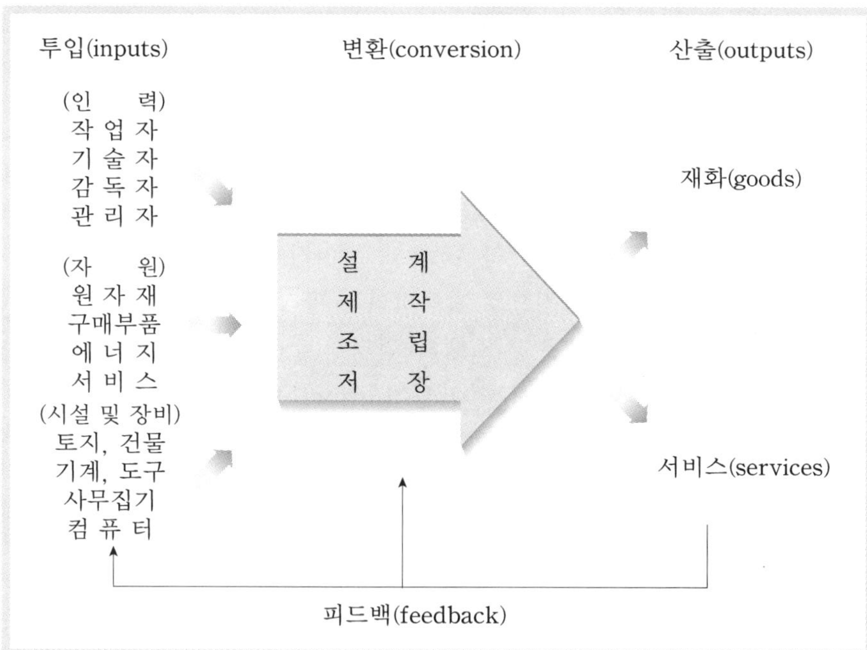

① 엔트로피(Entropy)라는 용어를 최초로 쓴 사람은 독일의 물리학자 클라우지우스(Rudolf Clausius;1822-1888)이다. 그는 닫혀진 계열(외부로 열을 발산하지 않는 반응시스템) 속에서는 에너지레벨에 차이가 있으면 언제나 그 차이가 없어지는 평형상태로 가는 것을 발견했다. 그는 '열의 역학적 이론에 관하여(On the Mechanical Theory of Heat)'란 논문에서 모든 언어에 두루 쓰이도록 그리스어의 '변형(tropy)'이라는 단어를 빌려 'energy'라는 용어에 비유적으로 'entropy'라 명명한다고 밝혔다.

이때 투입물은 사람(people), 원료(materials), 도구(equipments) 등이며 이들이 기업이라는 시스템의 하부구조(subsystems)인 생산시스템 내에서 변환되어 제품화하는 것이다. 변환은 가치를 창출하거나 부가시키는 실제적인 활동이며 이것은 투입물의 유용성(utility)을 증가시키는 기능을 갖고 있다.

변환에 있어서 기술(technology)과 기법 내지 방법(technique & methodology)이 적용되는데 이 양자는 성격상 구분되어야 할 요소이다.

전자는 투입요소를 산출물로 변환시키는 데 적용되는 과학적 원리(scientific principles)로서의 제조기술을 지칭하는 것이며 후자는 일반적으로 일정관리, 통제, 저장 등에 활용되는 관리기술을 의미한다. 그러므로 이 책에서 다루어지는 변환에 관련된 기법 내지 방법은 과학적 원리로서의 기술과는 구별하여야 한다.

산출은 생산시스템에 투입된 제 자원이 변환과정을 거쳐 유용한 재화나 서비스화된 제품으로서, 생산된 제품은 고객들에게 판매되어 수익(revenue)을 확보하게 된다.

위와 같은 생산시스템의 정의에서와 같이 인적·물적 자원이 유기적으로 결합된 제조기업의 생산조직도 하나의 시스템으로 파악될 수 있으며, 이 개념들을 적용하여 살펴보면 생산시스템에는 다음과 같은 특성이 있다.

① 집합성(set of components of subsystem)
생산시스템은 기업시스템 전체의 목표달성에 상호작용하며 기여하고 있는 일정한 수준의 단위기능적 구성인자들의 집합이다.

② 변환(conversion) 및 순환적 특성(I－C－O, feedback function)
생산시스템의 구성인자들은 각각 투입, 변환, 산출 및 피드백의 기능을 담당하며, 시스템 전체의 목표달성에 기여한다.

③ 목적성(objective)
생산시스템은 단순히 구성인자들을 모아 놓은 것이 아니라 뚜렷한 구성인자와 시스템 전체의 목적을 가지고 유기적으로 결합되어 있다.

④ 상호관련성(interrelationship of parts within the system)
각 구성인자는 각기 독자적 기능을 갖고 있지만 다른 인자와의 상호작용을 통하여 전체의 목적달성에 기여한다.

⑤ 환경인식(environment awareness)

표 1-4 생산시스템의 예

시스템	투 입	구성요소	주기능	산 출
자동차 공장	제부품	공구, 장비, 작업자	자동차 조립	완성차
대 학	입학자	교수, 교재, 건물	지식 및 기술습득, 인격도야	교육된 인간
식 당	이용고객	음식, 종업원, 주방기구	음식 및 서비스	만족하는 고객
백화점	이용고객	판매원, 상품, 판매장	구매자 동기 유발, 상품구입, 판매, 서비스 제공	만족하는 고객
병 원	환 자	의사, 간호원, 의약품, 의료시설	진단 및 치료	건강한 육체

자료: R. Chase and N. Aquilano, *Production and Operations Management*, 4th edition, Richard D. Irwin, Inc., 1985.

생산시스템도 시스템 경계(boundary)를 가지고 시스템의 내부와 시스템 외부를 구분하고 있으며, 시스템 외부에는 기업을 둘러싸고 있는 다양한 세력의 환경이 존재한다.

이러한 생산시스템의 전형적인 예를 들면 【표 1-4】와 같은데, 이와 같이 생산시스템은 운송, 조립, 포장, 환자의 치료, 학교의 교육과 같은 유용한 제품이나 서비스를 창출하기 위해 생산활동의 요소인 노동, 물자, 기계 및 자본을 조합하는 실체(combinate unity)임을 알 수 있다.

이와 같이 생산시스템은 원재료, 인력, 기계, 정보, 기술, 자본 등 다양한 자원들을 투입하여 시스템의 고유한 기능과 목적에 따라 다양한 산출물인 제품과 서비스로 변환하는데, 이러한 변환 과정을 생산(Production & Operations)이라고 말하여 이것이 생산시스템의 중요 활동이 되는 것이다. 한편, 기업의 경영목표에 따라 성과를 창출하도록 생산시스템을 운영하기 위한 대표적인 영향요인에는 생산성, 품질, 유효성, 능률성 등이 있는데, 이러한 요인들은 생산시스템의 성과와 유효성을 평가하는 데에도 유용하게 사용된다.

1) 생산성(Productivity)

생산성이란 생산활동의 합리성을 나타내는 정도를 말하는 것으로서 생산시스템에서 일정기간 동안에 만들어진 산출물과 그 기간 동안 산출물을 만들기 위해 사용되어진 투입물과의 비율로서 측정한다.

국제노동기구(ILO)의 정의에 의하면 "생산성은 부의 산출량과 자원투입량과의 비율"이라고 하였고 이것을 식으로 표시하면,

$$생산성 = \frac{산출량}{투입량}$$

이 된다.

이를 유럽생산성본부(EPA: European Productivity Agency)에서는 "생산 제요소의 유효이용도"(degree of effective use in production factors)란 말로, 미국 노동부 노동통계국(Bureau of Labor Statistics U.S. Ministry of Labour)은 "일정상품의 생산량과 동일한 수량으로 측정되고, 이에 대응하는 하나 또는 그 이상의 생산투입요소와의 비율"이라고 표현하는 것으로 보아 모두 근사한 정의를 내리고 있다.

이때 투입되는 요소의 성격①에 따라 노동생산성, 자본생산성, 토지생산성이란 말이 사용될 수 있는데, 일반적으로 생산성이란 말이 특별한 조건 없이 사용될 때 그것은 노동생산성을 의미한다.

이러한 개념은 생산성이 원래 경제적 · 기술적 효율로서 정태적 개념이며 단순히 생산의 결과를 계수적으로 나타낸 것이었으나 점차 생산성의 발전을 추구하는 동적인 성격을 추가하게 되고 동시에 생산의 주체인 작업자를 중심으로 생각하는 데서 그 개념이 확장된 것이다.

2) 품질(Quality)

품질은 제품 또는 서비스가 그 사용자의 요구를 만족시키는 정도를 가리

① 생산성의 측정지표로는 대개 다음과 같은 지표들이 사용된다. (i) 물적생산성(제품생산량/종업원수)과 가치생산성(상품매출액/근로자수), (ii) 노동생산성(산출/노동)과 자본생산성(산출/자본), (iii) 부가가치생산성(부가가치액/노동), (iv) 종합생산성(노동과 자본 등의 모든 투입을 하나로 하여 산출에 대한 비율).

키므로 소비자의 입장에서 볼 때 사용적합도를 의미한다.

다른 한편으로는 기업경영의 입장에서 품질을 규정해야 하는데, 이는 산출물이 가지고 있는 형태나 기능이 품질표준(standard)에 얼마나 가깝게 생산되는가를 측정하여 오차나 불량을 제거하는 활동을 전개하는 측면이다.

사실상 생산시스템은 복잡한 설비로 구성되기 때문에 모든 부분이 완전무결하게 제 기능을 수행할 수 있도록 생산시스템의 신뢰성을 유지하는 것은 어렵다. 만약 어느 부분이라도 제대로의 기능을 정상적으로 발휘하지 못할 때에는 제품의 신뢰성이 저하될 것이다.

그러므로 산출물의 물리적인 성질에 속하는 기능적 품질(functional quality)과 사용자의 심리적인 욕구를 만족시켜 주는 비기능적 품질(non-functional quality)의 특성을 고려하여 생산시스템을 관리해야 할 것이다.

3) 유효성(Effectiveness)

유효성은 조직의 목적이 달성되는 정도로서, 유효성을 높이기 위해서는 불필요한 활동과 품질표준에 부합되지 못하는 산출물을 제거해야 하다. 따라서 이는 조직의 목적을 얼마나(how much), 그리고 잘(how well) 달성하기 위해 생산 자원을 어떻게 결합(mix)하는가에 따라 달라진다.

유효성은 구체적인 조직의 목적달성과 판매량(sales), 시장점유율(market share), 소비자의견(consumer opinion)과 같은 구체적 결과를 비교함으로써 측정된다.

특히 유효성은 기술론적인 관점의 능률개념(efficiency concept)에 대해 상위개념이 되어 경영목적의 달성도를 가리킨다.①

다음에 언급할 능률은 목적을 주어진 것으로 하고, 수단의 합리적인 선택이라는 수단결정의 기준이 되어 있는 데 대해 유효성개념은 환경의 변화에 적응하여 경영목적을 변경하거나 새로운 경영목적을 결정한다는 목적결정의 기준이 되기 때문에 양자는 구별이 된다.

---

① 생산시스템의 측면에서 보면 유효성이란 생산이 우리가 원하는 시점에 적절하게 이루어졌느냐 하는 것이고, 능률은 생산현장에서 생산물 단위당의 산출능률을 의미한다.

4) 능률(Efficiency)

유효성이 목적달성 여부에 관한 척도라면 능률은 얼마나 빨리 산출물을 생산하며 이에 상응하는 자원은 얼마나 빨리 소모하는가를 비교하는 기술적 측정척도인데 일반적으로 시간, 노력 및 자원소모의 감소와 관련된다.

그러므로 기계적 능률(mechanical efficiency), 제조능률(manufacturing efficiency), 노동능률(labor efficiency)의 세 가지가 표준에 대한 비율로서 나타나므로 능률측정은 제품 단위당 원가, 단위당 매출이익률 또는 총매출이익률 등으로 측정한다.

유효성과 능률의 두 개념은 시스템의 업적 또는 성과를 평가하는 데 매우 중요한 측정수단이 되고 있다. 따라서 어떤 시스템의 운영이 가장 효과적이고 능률적(effective and efficient)이라고 하는 것은 이 상태가 가장 이상적임을 나타낸다고 보면 된다.

이와 같이 네 가지의 생산시스템 운영기준은 변화하는 환경 여건에 따라 다양한 적용이 있을 수 있으므로, 각각의 기준요인들을 탄력적으로 균형을 이루도록 적용하여 시장의 반응에 따라 적응해 나가는 것이 생산시스템의 경쟁력을 확보하는 중요한 수단이 된다.

2.3 생산시스템의 기본 형태

생산시스템의 형태는 기본적으로 다음 4가지로 나눈다.

① 프로젝트 생산시스템(project production system)
② 개별 생산시스템(job shop production system)
③ 로트[①] 혹은 배치 생산시스템(lot or batch production system)
④ 대량 혹은 흐름 생산시스템(mass or flow procuction system)

위의 형태는 생산공장에 따라 단일 혹은 복합시스템으로 나타나는데, 예를 들어 자동차 공장은 라인생산 흐름을 취하지만 자동차의 문이나 차체와 같

① 로트는 동일 생산조건하에 한 시간 단위로 생산된 1회 생산량 또는 크기를 의미한다.

은 특정 공정은 작업특성상 로트생산방식을 취한다.

2.4 생산형태의 추이

중소규모의 제조업에서는 다품종 소량생산 형태로 경제적인 생산을 시도하고 있고 대규모 제조업은 소품종 대량생산 형태로 경제적 이익을 도모하려 한다. 먼저 다품종 소량생산 형태의 특징은

① 생산품목이 다양하며,
② 생산공정이 제품에 따라 다양하며,
③ 다양한 수요에 따른 수요변동에 생산능력이 따르지 못하므로 잔업이나 하청이 발생하며,
④ 생산계획수립과 관리가 복잡하다.

다음으로 소품종 대량생산의 특징은,

① 생산의 흐름이 연속된다.
② 이 형태에 사용되는 설비는 전용설비이다.
③ 다른 생산시스템에 비해 제품 단위당 원가가 훨씬 낮다는 이점이 있다.
④ 다양한 고객의 수요변화에 유연성이 뒤떨어진다.

그림 1-5 P-Q곡선

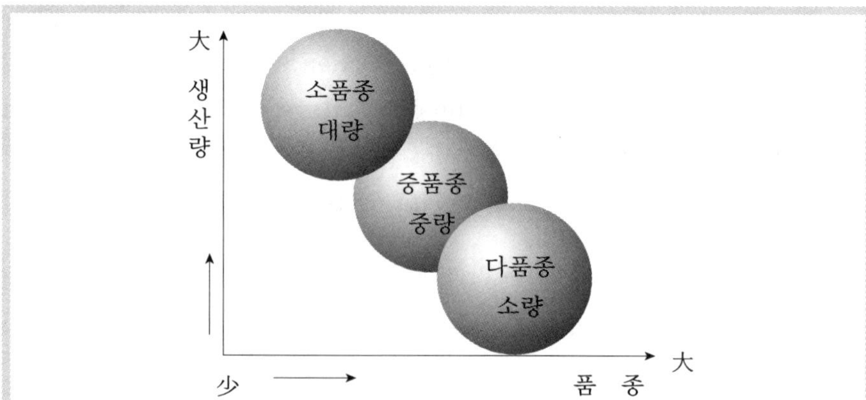

품종과 생산수량의 관계를 도표화한 그림이 다음 P-Q곡선(Product-Quantity Curve)이다.

생산형태의 추이를 생산방식과 수단 및 생산추이에 따라 변화를 정리해보면 【표 1-5】와 같다.

표 1-5 생산형태의 변화

구 분 \ 사 회	과 거		현 재		미 래
생산형태	소품종대량생산	→	다품종소량생산	→	적품종적량생산
생산방식	대량생산	→	모듈러생산	→	셀 생산(CMS)
생산수단	3S	→	그룹기술(GT)	→	유연생산(FMS)
생산시스템 추이	전 문 화	→	공 용 화	→	유연화/다양화

자료: 이순룡, 「생산관리론」, 법문사, 2001, p. 69.

3. 생산관리의 발전과정

"어떤 학문의 역사는 바로 그 학문 자체이다"(Die Geschichte einer Wissenschaftist Wissenschaft selbst)라고 한 '괴테'(J. W. Goethe)의 말처럼 수공업의 공장제도에서 오늘날의 "Production & Operations Management"로 발전되어 온 생산운영관리를 이해하려면 그 발전의 흐름을 【표 1-6】에서와 같이 알아야 한다.

3.1 초기 공장관리시대

먼저 공장생산의 초기형태는 수공업①생산이라 할 수 있는데, 이와 같은

① 뷔허(K. Bücher)는 이처럼 노동수단을 소유하는 가내수공업자가 원재료를 마련하여 자신의 기술과 노동으로 가공하여 제품을 고객에게 판매하는 공업의 역사적인 생산형태를 가계공업(Preiswerk)이라고 부르고, 이는 곧 수공업에 해당한다고 하였다.

표 1-6 생산관리개념의 발전사

연 도	개념 또는 도구	창시자 또는 개발자
1769	증기기관의 발명	J. Watt
1770	방적기의 발명	J. Hargreaves
1776	분업의 강조	J. Perronet & A. Smith
1780	직무설계와 작업의 표준화	J. Watt & M. Boulton
1798	호환성 부분품의 사용	E. Whitney
1832	시간연구와 숙련수준에 의한 임금차별화의 개념 소개	C. Babbage
1893	교류발전기와 무선조종의 로봇을 처음으로 사용	N. Tesla
1911	과학적 관리원칙: 시간연구와 동작연구 개념을 공식화함	Frederick W. Taylor(미국)
1911	동작연구: 산업심리학의 기본개념	Frank & Lillian Gilbreth (미국)
1913	이동조립라인	Henry Ford(미국)
1914	활동일정차트	Henry L. Gantt(미국)
1916	대기행렬이론의 소개	A. K. Erlang
1917	재고관리에 경제적 로트크기 모형의 적용	F. W. Harris(미국)
1931	품질관리에 샘플검사와 통계표 이용	Walter Shewhart, H.F. Dodge & H.G. Roming(미국)
1927~33	작업자동기에 대한 호오손 연구	Elton Mayo(미국)
1934	작업분석에 대한 활동샘플	L. H. C Tippett(영국)
1940	복잡한 시스템문제에 대한 학제적 팀 구성	운영 연구 그룹(영국)
1941	수송방법의 소개	F. L. Hitchcock
1947	선형 프로그래밍의 심플렉스법	George B. Dantzig(미국)
1950	설비대체이론의 확립	G. Terborgh & J. Dean
1950~60s	OR 도구의 확장개발: 시뮬레이션, 대기행렬이론, 의사결정이론, 수학적 프로그래밍, 컴퓨터 하드웨어 및 소프트웨어, 프로젝트 도구	미국과 서유럽

연 도	개념 또는 도구	창시자 또는 개발자
1957	PERT기법의 개발	U. S. Navy
1958	CPM기법의 개발	J. E. Kelly & M. R. Walker
1960	group technology의 제안	S. P. Mitrofanov
1962	품질관리순환과 적시생산시스템(JIT)의 개념 사용	T. Ohno
1963	컴퓨터 지원설계 시스템(CAD)의 사용	I. Sutherland
1964	자재소요계획(MRP) 재고시스템의 개발	J. Orlicky
1965	유연생산시스템(FMS)의 개발	Molin Ltd.(영국)
1970s	작업현장 일정계획, 재고, 배치계획, 예측 및 프로젝트관리; 서비스품질과 생산성; 서비스분야에 대량생산 도입	미국과 유럽의 컴퓨터 제조업체, 연구 및 사용자, Oliver Wight(미국), McDonald's restaurant
1977	가정용과 산업용을 위한 마이크로 컴퓨터의 개발	S. Wozniak & S. Jobs
1980s	제조를 경쟁적 무기로 간주하는 제조전략 패러다임 변화; JIT, TQC 및 공장자동화의 사용 확장	Harvard Business School 교수진, Ohno(일본), Deming & Juran(미국)
1985	컴퓨터 통합생산시스템(CIM)을 위한 소프트웨어 개발	General Motors(미국)
1990s	TQM 확산; 발드리지 품질대상과 우수한 품질에 대한 ISO9000 사용; 생산공정의 급속한 변화를 유도하는 업무절차 재구축	미국 품질관리학회, 국제표준기구, Michael Hammer와 주요 컨설팅회사

자료: Richard B. Chase and Nicholas J. Aquilano, *Production and Operation Management－Manufacturing and Service*, IRWIN, 1995(7th ed.).

수공업(handwork)은 처음에는 농촌에서 부업으로도 발달하였으나, 유럽에서는 주로 동업조합(craft, guild, Zunft)을 중심으로 한 전업적인 도시수공업으로서 존재하였다.

이러한 조합은 12세기에 싹이 터서 14세기에 전성기에 이른 후 다시 쇠퇴의 과정을 밟았다. 또한 조합에서는 엄격한 규율에 의하여 도제제도(apprenticeship)①가 실시되었으며, 제품검사, 생산수량의 제한, 생산가격의 약정 등을 관장하고, 그 외에 일용노동의 금지, 원재료의 공동구입 등도 하였다.

다음으로 16세기부터 18세기 중엽까지 약 200년에 걸쳐 제조시대가 전개되었다. 1779년 영국에서 방적기계가 발명되어 공장제도(factory system)가 성립됨으로써 초기 생산관리제도가 발전하는 계기가 되었다. 즉, 수공업노동자의 숙련이 기계로 이전(transfer of skills to machine)한 사회적 변혁과 공장제시스템의 확립이 생산혁명을 초래하여 산업혁명의 진보를 가져오게 한 것이다.

그 당시는 스미스(Adam Smith)가 그의 저서 「국부론」(*The Wealth of Nations*)에서 전개한 "분업의 원리"가 각광을 받을 때이기도 했을 뿐만 아니라 와트(James Watt)의 증기기관의 발명은 공장제 관리제도가 발전할 수 있는 역사적 배경이 되기도 하였다. 따라서 초기형태의 생산관리는 서구의 산업혁명을 전후해서 이론과 실제가 동시에 발전했다고 볼 수 있다.

특히 1770년경 영국에서 특허를 얻은 하그리브스(James Hargreaves)의 방사기는 방사기로서는 최초의 기계였으며, 이것은 1775년에 아크라이트(Richard Arkwright)에 의해서 개량되었다. 방적기에 의한 공장제도를 채용한 사람으로는 필(Robert Peel), 데일(David Dale) 등을 들 수 있다.

그러나 그 당시의 생산관리는 관리자의 경험이나 재능에 의해서 경영해 나가는 초보적인 것이었다

그 후 직기에 관한 연구가 시작되어 1785년에는 카트라이트(Cartwright)에 의하여 발명된 기계직기가 등장하게 되었다. 이와 같이 계속적인 발명에 의한 기계화는 섬유산업에 혁명적인 변화를 초래하게 되고 이러한 산업기계의 등장은 종래의 수공업에 종사하는 숙련공들에 비해서 미숙련공들이 값싸고 좋은 물건을 저가로 신속하게 생산하게 함으로써 숙련기술이 기계로 이전하는 계기를 만든다.

이상과 같은 기술적인 변화와 더불어 제조현장에서도 생산관리를 합리적

---

① 유럽 도시에는 동직조합(同職組合: 길드)이 있었는데, 그 내부조직은 도장인(都匠人)·장인(匠人)·도제라는 3가지 계층으로 구성되어 있었다. 도제제도의 역사는 독일에서는 12세기까지 거슬러 올라가지만, 당시는 도장인 자격으로서 일정연한의 도제수업을 필요로 하는 일은 없었다. 이것이 의무로서 제도화된 것은 14세기 후반부터이다.

으로 하기 위해서 연구한 최초의 인물은 와트 2세(James Watt Jr., 1769～1848)와 그의 협력자 볼튼(M. T. Boulton, 1770～1842)을 들 수 있는데, 초보적이지만 그들이 행한 생산관리상의 중요한 업적은 다음과 같다.

① 새로운 공장설립을 위한 기초자료를 얻기 위해서 시장조사와 예측을 했다.
② 육로 및 수로에 의한 적절한 교통기관 및 건물의 확장에 대해서 세밀히 연구하여 계획적인 공장입지를 선정하는 데 관심을 기울였다.
③ 계획적인 기계배치를 했다.
④ 증기기관을 만들기 위해 여러 가지 부품을 정확한 시기에 생산 · 조립하게 할 생산계획을 수립했다.
⑤ 생산공정과 기계운전의 표준을 설정했다.
⑥ 정밀한 통계기록을 했다(22개의 표준장부의 관리를 포함해서 원가계산절차에 의한 필요한 기록을 작성하였으며, 제작한 증기기관 1대에 대한 원가 및 이익을 계산하고 부문별로 손익을 계산하였다).
⑦ 작업자의 훈련계획과 작업의 합리적 분업을 실시했다.
⑧ 작업연구에 의해서 성과급을 지급했다.
⑨ 작업자 중에서 선출한 위원에 의해 관리하는 질병예방계획을 수립했다.
⑩ 관리자의 양성계획을 수립했다.

또한 영국사람인 배비지(Charles Babbage, 1772～1871)는 그의 저서「기계 및 생산의 경제」(*On the Economy of Machinery and Manufactures*, 1832)에서 "스미스의 분업의 원리에 대한 경제적 이점(economic advantages)에 대해서는 동조하나, 생산조직 및 생산경제상 중요한 이점을 간과하고 있다"고 지적하고 pin제조공정을 7개의 기본공정(seven basic operations)으로 분할한 다음, 한 사람의 작업자는 모든 작업에 전능할 수 없으므로 각기 상이한 노동자로 하여금 요구되는 숙련과 기술을 분할, 전문화함으로써, 각기 상이한 작업자에게 지급되는 임금에 대하여 연구하였다.

스미스는 국부론에서 분업의 세 가지 기본적인 경제적 이익은, 첫째, 한 가지 임무를 반복적으로 수행하는 데서 오는 기술 혹은 기민한 손재주를 개발할 수 있고, 둘째, 한 가지 활동에서 다른 활동으로 전환하는 데 통상 소요되는 시간손실의 절약, 마지막으로 사람이 좁은 범위의 역할수행에 전문적으로 관여하여 노력을 경주하는 데 따라 그 부문의 관련기계 혹은 공구를 발명할 기회가 부여된다고 하였다.

이와 같이 스미스의 분업의 원리는 배비지①에 의해서 계승이 되어 더욱 연구발전되고 심화되었던 것이다. 특히 그는 당시 발명된 지 얼마 안 된 stop watch를 사용해서 작업시간 측정을 시도함으로써 반세기 후 Taylor의 시간연구에 영향을 미친다.

이상과 같은 사실들을 두고 볼 때 근대적인 생산관리는 영국의 산업혁명을 계기로 해서 싹이 트고 발전했다고 볼 수 있으나, 영국에서 후속연구가 이루어지지 못함으로써 끝까지 개화되고 결실을 맺지는 못하였다.

3.2 테일러와 과학적 관리

산업화과정에 있던 미국에서는 19세기 말부터 20세기 초까지 공장형태의 공업이 급진적으로 발전하고 그 규모도 확대되어 근대적 생산관리 형태가 출현하지만, 관리의 형태는 대부분 인습적이며 구식관리 또는 표류관리(drifting management)② 형태가 성행했기 때문에 산업현장에서는 임금과 생산성의 문제로 인해 노사간에 첨예한 이해관계가 대립되어 이를 해소하기 위한 능률증진운동이 전개되고, 이를 계기로 과학적 관리법이라고 하는 새로운 경영기법이 등장하게 된다.

과학적 관리법은 일반적으로 테일러시스템(Taylor System)이라고 불렀고, 이의 도입으로 노동자의 공정한 하루의 작업량(a fair day's work)을 과

---

① 배비지는 아담 스미스가 논리적으로 설명했던 '생산성이 증대함으로써 얻을 수 있는 이익' 이외에도 제한된 기술이 임금결정에서 중요한 요인이라는 사실을 생산현장에서 실험적으로 발견하였다. 여기서 제한된 기술(limited skills)이라 함은 '흔하지 않고 기술내용이 어려워서 그 공급이 한정적인 기술'을 말한다. 그러므로 비숙련공에게 맡길 수 없는 작업을 숙련공에게 맡김으로써 시간과 비용을 절약해서 그들에게 높은 임금을 지급한다면 분업효과가 커진다는 사실을 발견한 것이다.

② 학자에 따라서는 표류관리라는 말 대신 성행관리 혹은 방임관리라는 말을 사용하기도 한다. 이것은 노동자 자신이 작업을 계획하고 동시에 실천함으로써 작업속도 또는 작업방법을 관리자가 간섭하지 않는 형태로서 노동자는 자기의 의견 또는 방법에 의해 작업을 한다. 표류의 뜻은 연못의 부초와 같이 떠돌아다니는 상태(drift)를 지칭하는 것으로 과학적 관리 이전의 구식 관리상태를 말하는 것이다.

POM 사례 1

소재 개발로 생산방식 혁명

19세기 전반까지 절삭공구를 만드는 대표적인 공구강은 1~1.2%의 탄소를 함유한 소위 탄소강이었다. 탄소강은 값이 싸고 제조방법이 잘 알려져 있어서 일찍부터 널리 사용돼 왔다.

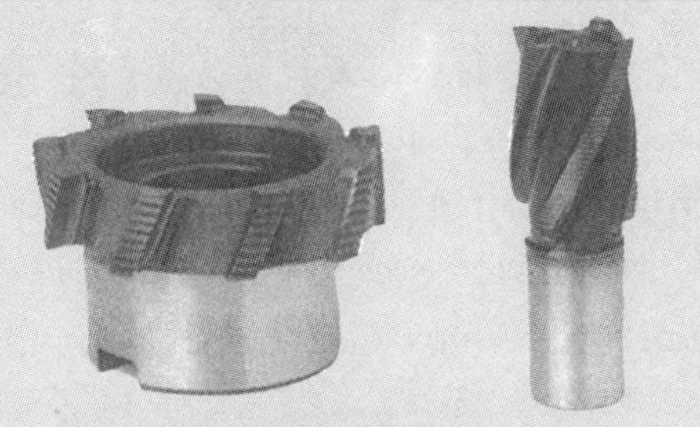
절삭공구

하지만 이 탄소강은 섭씨 200도 근방에서 절삭능력을 잃어버리기 때문에 작업 도중 열이 많이 올라가는 공장작업에서는 많은 한계가 따르는 단점이 있었다.

1868년 로버트 머셋(Robert F. Mushet)은 '로버트 머셋 특수강'이라는 이름의 새로운 합금강을 개발해서 공장생산방식에 새로운 전기를 마련해 줬다.

로버트 머셋은 18세기 말에서 19세기 초에 이르는 동안 스코틀랜드에서 용광로 연구에 많은 기여를 했던 데이비드 머셋(David Mushet)의 막내아들이었다.

머셋가의 사람들은 대를 이어 제철업에 종사했는데, 그들은 다양한 도가니강으로 실험을 계속하던 중 마침내 1860년대에 와서 고속도강으로 알려진 텅스텐강을 발견하게 된 것이다.

초기 머셋강 가운데 하나는 탄소 1.15%, 규소 0.74%, 망간 1.15%, 텅스텐 10.09%를 함유하고 있었다. 머셋강은 개발된 이후 다양한 실험으로 합금의 조성이 계속 변해 나갔다. 가장 큰 변화는 합금에 포함된 망간이 크롬으로 대체됐다는 것이다. 1872년부터 1882년 사이에 개발한 머셋 합금강의 한 예를 살펴보면 탄소 2.61%, 망간 1.80%, 텅스텐 5.68%, 크롬 0.37%를 함유하고 있다.

19세기 말부터 기계에 의한 대량생산방식이 산업에서 보편화되기 시작했고, 이에 따라 생산의 효율을 높이기 위해 더욱 빠른 속도로 절삭할 수 있는 특수강의 개발이 절실해졌다.

19세기 말 현대 산업공학의 아버지라고 불리는 프레데릭 테일러(Frederick W. Taylor)는 도구 이용과 생산의 효율을 최대로 높이기 위해서 절삭공구의 재질 · 절삭각도 · 형태 · 윤활방식 등을 체계적으로 연구하기 시작했다.

그는 이미 1894년부터 머셋강을 비롯한 여러 특수강을 가지고 공장에서 작업의 효율을 최대로 높이기 위한 실험을 했으며, 1898년부터는 베들레헴 제철소에서 통상의 절삭도구보다 두세 배나 빠른 속도로 작업을 할 수 있는 재질을 지닌 절삭공구를 찾아 나갔다.

테일러의 노력으로 1900년을 전후해서 고속도강(High Speed Steel)이라는 새로운 특수강 개념이 등장하게 된다. 1903년에는 텅스텐 14%, 크롬 4%, 탄소 0.7%가 함유된 고속도강의 원형이 제안됐다.

이듬해에는 바나듐이 추가되면서 고속도강의 시대가 막을 열기 시작했다. 고속도강의 개념이 제창된 이래로 코발트, 몰리브덴, 바나듐 등 다양한 금속들이 철에 함유된 새로운 고속도강이 속속 개발됐다.

한 예로 1970년에 나타난 고속도강은 탄소 1.3%, 텅스텐 14%, 크롬 4%, 바나듐 4.0%, 몰리브덴 0.5%를 함유하고 있다.

〈자료: 임경순, 포스코신문, 2001. 11. 15〉

학적으로 설정함으로써 임률의 결정①을 합리화하고 생산의 계획적 관리를 실천하며, 그 당시 노동자와 기업주간의 임금제도의 불합리성에서 오는 이해대립으로 인해 공장에서 빈번하게 발생하던 노동자의 조직적 태업(systematic soldiering)을 근본적으로 해결하려고 노력하였다.

테일러②가 이러한 조직적 태업을 과학적 관리방식에 의하여 시정한다면 노동자와 사용자 모두에게 상호 이익이 된다고 주창했던 테일러시스템의 기본 이념은 그의 저서 「과학적 관리의 원리」(*The principles of Scientific*

① 임률결정의 합리화란 단순성과급 제도(simple piece-rate system)에서 차별적 성과급 제도(differential piece-rate system)를 채택한다는 것을 의미한다.

② Taylor는 1856년 3월 20일에 Philadelphia시의 German Town에서 Franklin Taylor와 Emily Annete Taylor의 삼남 중 차남으로 출생하였다. 그는 1872년 9월에 Philip Execter Academy를 거쳐 1874년 6월 Harvard 대학 법학부 입학시험에 합격하였으나, 시력이 나빠 수학을 포기하였다. 그 후 1874년 말, 그가 18세 때 Philadelphia의 수압기 공장(The Enterprise Hydraulic works)에 견습공으로 입사하여 4년 후 1878년에는 견습기간을 끝마쳤다. 1890년까지 12년간 같은 회사에 근무하면서 소위 과학적 관리법이라는 관리제도의 구상을 세웠으며, 31세 때 기사장이 되었다. 1906년 미국기계학회(ASME)에서 "금속절삭법"을 발표하고 그 업적을 인정받아 Pennsylvania 대학에서 Doctor of Science의 학위를 받았다.

Management)에서 찾아볼 수 있다.

그는 관리의 주목적은 노사 모두에게 최대의 번영을 보장하여 그들의 이해를 일치시키는 데 있다고 주장하고 있다. 그 이유는 생산량이 증가되지 않으면 임금이 상승하지 않으며, 생산량이 최대로 확대되면 임금도 높아져야 된다고 본 것이다.

테일러는 이와 같이 생산이 최대로 되는 것이 노사의 공동이익임을 강조하고, 최대생산을 저해하는 요소를 노동자의 태업이라고 보았다. 그는 이러한 태업을 두 가지 종류로 분류하고 있다.

첫째, 인간의 본능적인 성질에서 오는 태업을 자연적 태업(natural soldiering)이라고 하고, 둘째, 타인과의 관계와 제도의 모순에서 오는 태업을 조직적 태업(systematic soldiering)이라고 주장하였다.

자연적 태업은 인간본능에서 오는 태업이므로 불가피한 것이나, 조직적 태업이야말로 제도의 모순에 그 원인이 있다고 하였다.

테일러의 연구대상이 된 것도 둘째의 조직적 태업이다. 조직적 태업은 임금제도의 모순 이외에도 다음과 같은 원인에 의해서 발생되는 것이라고 그는 주장하고 있다.

① 각 노동자 또는 각 기계의 생산량이 증가하면 그 업종에 속하는 노동자는 실업자가 되므로 조직적 태업을 하는 경우
② 각 노동자가 자기 자신에게 유리하도록 작업을 태만히 하든지 또는 천천히 할 수 있는 여지를 주는 불충분한 관리(defective system of management)에서 오는 조직적 태업
③ 모든 직장에서 행해지고 있는 비능률적 경험과 인습적(rule of thumb)인 작업관리에서 오는 조직적 태업

이와 같은 원인에 의한 조직적 태업을 없애기 위해 그는 시간연구방법을 사용한 과학적인 과업(task)의 설정을 생각하게 된다.

1) 과업관리

과업관리는 노동자가 요구하는 고임금(high wages)과 소유경영자가 요구하는 낮은 노무비(low labor cost)를 조화시킨 것으로서, 이러한 관리이념을

"고임금과 저노무비"(high wages and low labor cost)의 원칙이라고도 하며, 이것은 테일러의 철학적 경영이념(Taylorism)이기도 하다. 그는 10여 년간의 현장근무를 통해서 얻은 경험에 입각해서 많은 업적을 논문을 통해서 발표했는데, 이러한 것들은 테일러시스템 또는 과학적 관리를 이해하는 데 귀중한 자료가 될 수 있다.①

테일러는 그의 논문 "Shop Management"(1903)에서 노동자들을 합리적으로 일할 수 있게 하기 위해서는 과업설정을 확실히 해야 된다고 주장하고, 다음과 같은 과업관리의 원칙을 제시하였다.

① 하루에 수행할 수 있는 최고의 과업량 결정(a large daily work)
② 작업조건의 표준화(standard condition)
③ 성공에 대한 고임금 지불(high pay for success)
④ 실패에 대한 노동자의 손실(loss in case of failure)

1903년에 발표한 "Shop Management"는 고임금 · 저노무비의 이념을 바탕으로 한 것이었는데 그로부터 8년 후인 1911년에는 그가 연구한 내용들을 모두 총괄한 "The Principles of Scientific Management"를 발표하였다.[8)]

그는 이 논문에서 비능률을 없애기 위해서는 조직적인 관리가 이루어져야 하며, 최선의 관리는 주관적 판단보다는 명백히 규정된 기본적인 기준 내지는 원리에 입각한 참된 과학적 방법(true scientific method)을 도입해야 한다고 주장한다.

2) 테일러의 공헌

테일러는 과학적 관리의 목적은 노사 모두의 최대 번영에 있으며, 그 기초로서 과업을 강조한 새로운 관리법을 주장하여, 그 당시로서는 고질적이었던 임금문제를 해결하는 데 있어서 결정적인 공헌을 했었고, 이러한 과학적 방법을 통하여 작업현장의 생산성을 향상시켜, 해결하기 어렵던 임금문제를 개선하는 동시에 단위당 노무비의 절감을 통해 기업이윤을 증가시켰다.

---

① ① Notes on Belting(벨트의 사용법), 1893, ② A Piece-rate System, Being a step toward partial solution of labor problem(성과급제도), 1895, ③ Shop management(공장관리론), 1903, ④ On the Art of Cutting Metals(금속절삭법), 1906, ⑤ The Principles of Scientific management(과학적 관리법), 1911.

그림 1-6 과학적 관리법의 체계

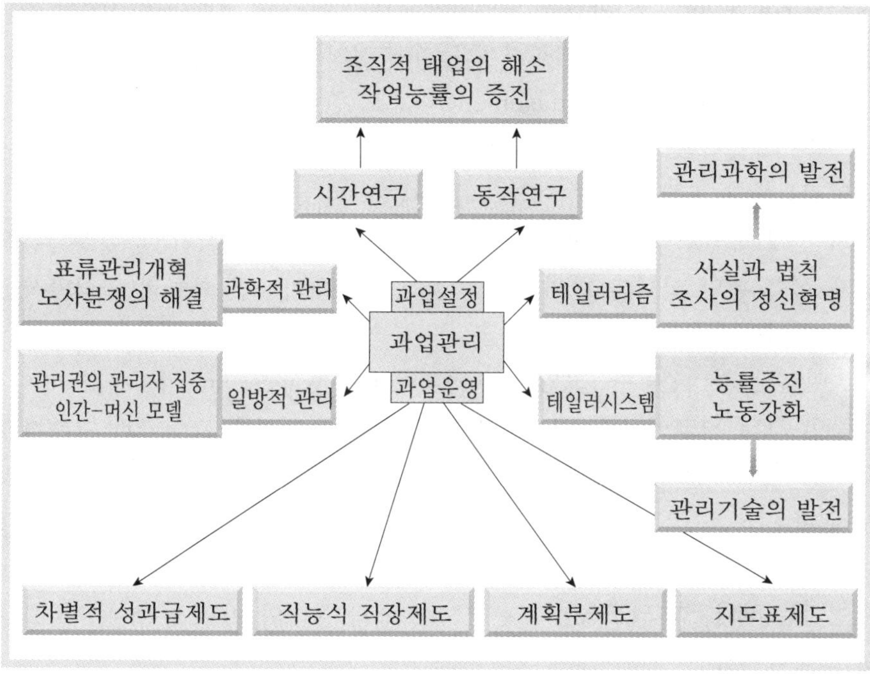

그러나, 테일러시스템에서 소홀히 했던 부분은 첫째, 인간의 심리적 · 사회적 측면에 대한 문제의식이 부족했고, 둘째, 관리자의 업무와 작업을 수행할 작업자의 일을 분리시킴으로써 관리의 개념은 확립했으나, 주로 작업현장에서의 작업연구를 중심으로 관리이론이 적용됨으로써 기업조직 전반에 걸친 시각이 결여되었다. 셋째, "인간은 금전적 유인에 의해서 행동한다"는 가설 아래 과업관리를 추진함으로써 경영시스템의 운용에 편협했다고 후일 인간관계론 학자들에 의해 비판을 받는다.

이상 테일러의 과학적 관리법의 체계를 요약하면 【그림 1-6】과 같다.

3.3 포드와 포드시스템

포드(H. Ford)①는 1903년 창설한 자신의 자동차회사에서 생산능률의 향

---

① H. Ford는 1863년 7월 30일 Michigan 주의 Greenfield에서 출생하였다. 부친인 William

상을 도모하기 위해서 작업조직을 합리화시키는 방법으로서 1914년 컨베이어 시스템(conveyor system)을 도입하게 된다. 이러한 컨베이어 시스템은 작업장 전체가 동시에 작업을 시작하여 동시에 정지하므로 포드시스템을 일명 동시관리(Synchronization Management)라고도 한다.

즉, 테일러는 개별작업의 능률향상을 도모하기 위하여 작업자 개개인의 과업관리를 시도한 데 반하여 포드는 기계화된 belt conveyor system에 의해서 전체 작업조직을 합리화함으로써 작업능률을 향상시키고, 대량생산을 가능케 했을 뿐만 아니라 단위원가를 절감시킨 획기적인 과학적 관리방식을 고안한 것이다.

이러한 경영관①은 '고임금 저가격'(high wages and low price)이라는 독특한 그의 경영이념(Fordism)을 탄생시켰다. 그런데 고임금과 저가격을 조화시킨다는 것은 결코 쉬운 일은 아니며, 상호모순된 이율배반적인 견해라 할 수 있다.

그러나 포드가 생각한 고임금은 간접적으로는 생산능률을 증가시키는 원인이기는 하나, 그 의도하는 바는 시장수요의 확대와 이로 인한 판로확보를 위한 고임금이었던 것이다.

사실상 포드의 생산관리에 대한 출발점은 임금문제보다 오히려 저생산비에 의한 저노무비의 원리를 실현시키는 것이었으며, 이를 위한 포드의 주된 연구대상은 자동차 조립작업공정에 있어서 이동조립공정(moving assembly line)의 적용이었다.

이동조립법에 의한 작업조직의 개선으로 대량생산을 가능케 하고 비용을 절약할 뿐만 아니라, 불필요한 보행동작에 요하는 시간의 낭비를 '컨베이어'

Ford는 1847년 영국에서 이주하여 농업에 종사하였는데 3남 4녀 중 장남으로 태어났다. 그는 13세 때 회중시계의 분해 조립에 성공하였고, 1892년에는 내연기관을 연구하여 자동차를 만들었다. 1903년에는 운전할 수 있는 완전한 차 N형을 제작했으며, 그 해에 Ford Motor Company를 창설하고 25%의 주식으로써 사장이 되었으며, 1947년 7월 4일에 운명.

① 즉, 기업을 사회봉사기관(instrument of social service)으로 보는 기업경영관을 확립함으로써 기업은 이윤만을 목적으로 해서는 안 된다고 주장하였다. 기업이윤은 봉사의 결과라고 말하고, 이윤은 사회봉사기관으로서의 기업이 산업의 유지 내지 확대를 위해서 사용해야 된다고 했다. 봉사라는 것은 노동자에게는 높은 임금을 지급하고, 소비자에게는 양질의 물건을 저렴한 값으로 공급하는 것이며, 이렇게 함으로써 당연히 이윤은 따라오게 된다고 했다. 이것은 어디까지나 이윤동기는 이차적인 것으로 보고 봉사동기를 일차적인 것으로 본 것이라 하겠다.

(conveyor)라는 수단에 의해서 제거함으로써 고임금, 저가격이라는 그의 경영이념을 실현시킬 수 있었던 것이다.

예를 들면 종래 한 사람의 노동자가 1개의 자기발전기(fly-wheel magneto)를 조립하는 데 20분을 소요했는데 이것을 29개의 작업과정으로 분할해서 조립작업을 한 결과, 한 개당 조립시간이 13분 20초로 단축되었다. 다음 해인 1914년에는 조립대의 높이를 8인치 높인 결과 7분으로 시간단축을 할 수 있었으며, 최종적으로는 5분까지 단축할 수 있도록 함으로써 조립대 개선을 통해 약 4배의 능률을 증가할 수 있었다.

1) 생산의 표준화

이상과 같은 경영이념에 입각하여 그가 개발한 이동조립법을 실시하기 위해서는 생산의 표준화가 전제가 되어야 했다. 생산의 표준화에 대하여 Ford가 생각한 구체적인 내용은 아래와 같다.

① 제품의 단순화(simplification of products)
② 부분품의 규격화(standardization of parts)
③ 기계 및 공구의 전문화(specialization of machine & tools)
④ 작업의 단순화(simplification of work)

이러한 표준화는 결국 호환성 부분품(interchangeable parts)의 생산을 가능케 하였으며, 이러한 자동차 부분품은 동일형의 모든 자동차에 대하여 호환성이 있을 뿐만 아니라, 규격별 부분품의 호환성은 소비자에게도 신속한 제품의 부분적 교환과 수리를 가능케 하여 사용연수를 연장할 수 있으므로 경제적 이익을 줄 수 있다는 것이다.

따라서 그가 표준화를 전제로 한 이동조립방법을 채용한 것은 대량생산방식(mass production method)을 적용하여 저가격에 의한 대량생산을 실현시키는 데 있었다고 할 수 있다.

2) 포드의 공헌

포드의 공헌은 전술한 바와 같이 첫째, 과학적 관리를 통해 값싸고 실용적인 차(T형)를 만들어 대중소비자에게 기여했고 둘째, 이동조립공정에 의한 작업 방법을 창안하여 획기적인 대량생산체계를 확립했던 것이다.

그러나 위의 두 가지 업적 못지않게 포드는 노동자에게 고임금의 실현과 근무시간 확립이란 그의 이상을 처음으로 실천하였으며, "노동자는 물건을 만들 뿐만 아니라 동시에 물건을 구입하는 소비자"라고 생각하고 노동자들의 임금을 인상하는 것은 그들의 구매력을 높이는 것이며, 따라서 새로운 소비시장을 창조하는 것이 된다고 생각했으며, 노동자를 후대하는 것이 바로 경영에 성공하는 첩경이라고 주장했다.

지금까지 살펴본 바와 같이 그의 경영이념(Fordism)은 "기업은 사회봉사기관"에 근거한 것이었으므로 경영자로서는 최초로 기업의 사회적 책임에 대한 개념을 정립시켰으며, 그가 고안한 동시관리법은 생산의 합리화방안을 실증했고 대량생산의 기초를 제공하였으나, 반면에 작업속도를 일률적으로 통제하여 강제 진행시킴으로써 작업자를 기계에 예속시켜 자칫 작업자의 인간성이 무시되는 결과를 초래했고, 설비투자에 막대한 비용이 소요됨으로써 공정변경이 어렵고, 또한 한 공정이 정지될 때 전체 공정에 미치는 영향이 너무 크고, 제품의 단순화는 대량생산의 이점이 있기는 하나 시장수요의 변화에 적응이 어려운 단점도 내포하고 있었다. 이를 정리해 보면 다음과 같다.

3) 포드시스템의 결점

포드시스템이 생산의 표준화를 통해 대량생산을 이룩했지만 반면에 다음과 같은 문제점을 가지고 있다.

① 작업자의 작업속도를 강제한다.
컨베이어에 의한 작업의 진행은 사람의 작업활동을 기계설비의 흐름에 종속시켜 자칫 작업자의 비인간화를 초래할 수 있다.

② 한 공정의 작업상태가 전체공정에 영향을 미친다.
한 공정에서 작업이 정지되거나 지연되면 이동공정으로 이루어진 전체 공정이 정지되거나 지연된다.

③ 설비투자비가 너무 높아 제품 단위당 제조원가에 미치는 영향이 크다.
특수한 기계설비는 고가장비여서 불경기나 노사분규, 자재조달 차질과 같은 사태가 일어나면 적정 조업도를 유지하지 못하므로 제조원가가

표 1-7 포드와 GM의 시장경쟁

(미국 시장점유율: %)

연도 / 회사	1919	1921	1923	1925	1927	1929	1931
Ford	40.1	55.7	46.1	40.0	9.3	31.3	24.9
GM	20.8	12.7	20.2	20.0	43.5	32.3	43.9

자료: A. D. Chandler, Jr., *Giant Enterprise: Ford, GM, and the Automobile Industry*, Harcourt, Brace & World Inc., 1964.

상승한다.

④ 대량생산을 위해 제품을 단순화하는 탓으로 시장에서 고객의 다양한 요구에 적절한 대응을 하지 못한다. 【표 1-7】에서 보는 바와 같이 1919년부터 1931년까지 포드사와 GM사의 제품전략에 따른 시장점유율의 변화추이를 보면 1927년 이후부터 단순화전략을 취한 포드사가 다양화 전략을 취한 GM사에 비해 시장점유율이 현저하게 뒤떨어짐을 알 수 있다.

결국 그는 전체 작업시스템을 개선하여 과학적 관리의 목적을 달성하고 그 이론을 체계화한 사람으로서, 과학적 관리사고의 발전에 있어 개개인의 작업능률 향상에 주력한 테일러와는 대조적이라 할 수 있다.

표 1-8 테일러시스템과 포드시스템의 비교

테일러시스템	포드시스템
1. 작업자 각 개인의 능률향상을 중시 2. 과업관리 3. "고임금 저노무비"라는 경영이념 실천 4. 노동자와 기업주 쌍방이 번영할 수 있는 길이 과학적 관리라고 생각 5. stop watch를 이용한 과업관리 6. 작업자 중심	1. 전체 작업능률의 향상을 중시 2. 동시관리 3. "고임금 저가격"이라는 경영이념 실천 4. 노동자와 소비자에게 봉사하는 것이 기업이라고 생각 5. belt conveyor에 의한 이동조립법을 적용한 작업관리 6. 기계설비 중심

4) 테일러시스템과 포드시스템의 비교

이상과 같이 과학적 관리로서의 테일러시스템과 포드시스템을 고찰해 본 결과, 이 양자는 다 같이 과학적 관리제도였지만 과학적 관리에 접근해 가는 방법에 있어서 차이점이 있었다는 것을 알 수 있으며, 이 차이점을 비교한 것이 앞의 【표 1-8】이다.

3.4 인간관계론자와 행동과학

산업혁명기의 공장노동자는 교육, 기술, 훈련을 받지 않은 농촌의 초년생이었고, 그 당시 공장관리자는 노동자에 대한 엄격한 관리와 과중한 노동력으로 길들여진 사람들이었다.

제1차 세계대전과 제2차 세계대전 사이에 미국의 관리자들 사이에는 노동자를 인격의 존엄성으로 관리해야 한다는 철학이 나타나기 시작했는데, 1921년에서 1932년 사이에 미국 시카고 교외에 있는 서부전기회사의 호오손 공장에서 Harvard 대학 경영학 교수인 메이요와 뢰스리스버거를 중심으로 8년간에 걸쳐 조직 내의 인간적인 요인에 변화를 주면 생산성에 어떤 효과가 있는가 하는 연구가 진행되었다.

이 연구 결과를 통해 노동자의 노동능률과 물리적 환경간의 관계에 대한 상반된 결과가 나타났을 때, 연구자는 과학적 관리론에서 가정하는 비인간적 합리성과 기계적 도구관에 대한 반발과 인간관계관리의 중요성을 인식하게 되었으며, 인간적인 요소가 생산에 영향을 미친다는 것①을 알게 되었다. 그래서 처음으로 연구자와 경영자가 심리적, 사회적 요소가 인간의 동기유발과 태도

---

① 호오손 공장의 실험 결과, 조직이 구성원, 비공식 조직 및 집단상호간의 관계로 이루어지는 다원적 사회시스템으로 인식되기 시작했으며, 조직구성원은 자기 이익의 극대화만을 추구하는 경제적 존재라는 과학적 관리론하의 인간관이 경제적 유인 하나만으로는 규제할 수 없는 것이 인간이라는 사회적 존재로서의 인간관으로 변모되게 되었다. 또한 노동자는 비공식 집단의 일원으로 이 집단의 관리계층에 반응하며, 생산의 수준도 생리적 능력보다는 비공식적 조직의 규범에 더 영향을 받는다는 것과 전문화가 반드시 가장 효과적인 작업집단을 만들어내는 것은 아니라는 결과를 얻었다. 그리고 노동자들은 자신들의 보호를 위해 비공식 조직을 이용하며, 통솔의 범위를 좁히는 것이 효과적인 감독의 조건이 아니라는 사실과 비공식적 조직의 지도자는 공식조직의 감독보다 더 중요한 경우가 많다는 결과로부터 인간은 수동적 존재가 아니라 능동적 존재라는 인식이 대두하게 되었다.

뿐만 아니라 생산에도 영향을 미친다는 것을 알게 되었다. 일찍이 인간관계 연구와 실험은 그들의 작업환경 속에서 근로자의 행동에 관한 연구범위를 확대해 갔다.

이 행동주의자들의 연구로부터 관리자의 근로자에 대한 사고나 대우가 점차적으로 변해가고 있다는 것을 곧 알 수 있을 것이다. 그래서 아직도 우리는 오늘날 산업노동자의 위대한 잠재력을 어떻게 풀어내어 이용할 것인가를 연구하고 있으며 이 무한한 잠재력을 잘 이끌어내어 활용할 수 있는 관리자가 오늘날 가장 유능한 관리자이며 이것이 현대의 관리자의 역할이자 기능인 것이다.

따라서, 생산관리자는 기업목적을 성취하는 데 종업원들의 에너지, 기술, 재능을 바치도록 종업원을 격려하고 조직풍토를 조성하여야 한다.[9)]

3.5 서비스 운영관리의 등장

과거에는 서비스가 기업의 생산성과 이윤에 전혀 영향을 주지 못하는 것으로 여겨졌으나, 사회가 발달하고 소득수준이 향상되어 소비자들도 여가생활을 즐기고 싶어하게 됨으로써 다양한 개성이 존중되고, 다양한 소비자의 욕구와 경쟁의 심화는 결국 기업으로 하여금 고객에게 초점을 맞출 것을 요구하게 되었다.

또한, 많은 제조업은 이미 경쟁적 균형이[10)] 달성되었기 때문에 이러한 소비자의 특성변화에 대응하기 위해 시장세분화를 통한 서비스우위의 확보를 통해 제품을 경쟁사와 차별화시킬 수 있는 방법으로 고객 서비스관리를 강조하게 된다.[①]

Kuhn은 미래사회에 대한 예측을 통해 미국의 경우 2020년경에 서비스 활동이 지배하는 경제로 바뀔 것이라 하였으며, Bell도 서비스 중심의 경제변환을 예고하면서 앞으로 대부분의 노동인구가 서비스산업에 종사할 것이라고 하였다. 그는 특히 서비스산업은 생산보조부문이 아닌 경제활동의 중심이 되어

---

① 서비스산업으로의 구조변화는 제품생산과정에서도 서비스가 인식되도록 변화되어야 하는데, 소비자도 생산인력의 한 부분 즉, 프로슈머(Prosumer)로 파악하게 된다. 여기에서 프로슈머란 서비스 생산활동과 비공식적 경제활동 사이의 상호작용이 Plus Sum Game으로 나타난다는 것을 의미한다. 따라서 혁신적인 서비스기업은 서비스만을 생산하는 것이 아니라, 지식 및 관리도 함께 판매, 생산하는 것을 필요로 한다.

표 1-9 한국의 산업구조 변화

산업분류 \ 연도		1975	1980	1985	1990	1995
산업구조	1차 산업	24.5	14.7	12.5	8.7	6.5
	광공업	27.5	29.7	30.5	29.7	27.1
	제조업	25.9	28.3	29.3	29.2	25.8
	서비스업	5.9	10.1	10.6	13.7	16.7
	기타 서비스업	41.7	45.5	46.5	47.9	50.9
공업구조	경공업	52.1	46.4	41.5	34.1	23.8
	중화학공업	47.9	53.6	58.5	65.9	76.2
고용구조	1차 산업	46	34	25	18	12
	2차 산업	19	23	24	28	24
	3차 산업	35	44	51	55	64

자료: 현대경제사회연구원, 「VIP Report」, 1997

전문기술직의 역할이 커질 것이고, 또한 보건, 교육, 금융, 공공서비스 등이 중요시될 것이라고 예측하였다.

실제로 우리는 고도성장의 결과로 경제가 서비스화되는 구조적 변화를 경험하고 있으며, 선진국일수록 서비스부문의 비중이 경제발전단계에 많은 영향을 미치고 있음을 알 수 있다. 미국 등 일부의 선진국에서 서비스부문은 GNP의 60%를 훨씬 넘는 수준에 이르렀고, 【표 1-9】에서 보는 바와 같이 우리나라도 50%를 상회하고 있다.

특히, 3차산업에 종사하는 인구는 계속 증가하여 60%를 훨씬 상회하고 있으며, IMF 이후에 기업의 구조조정으로 인해 더욱 늘어나고 있는 것이 현실이다.

결국, 최근 수년 동안 제조기업의 서비스부문에 대한 관심은 매우 높아졌으며, 이 부문의 투자가 지속적으로 증가하고 있는데, 이는 제품수명주기의 단축, 제품의 다양화, 고객화(Customization) 및 애프터서비스에서 고객의 요구에 얼마나 빠르게 대응하느냐 하는 문제가 오늘날 기업경영의 성패를 좌우한다는 인식이 결국 제조기업에서도 서비스부문을 전략적 생산 의사결정의 영역으로 포함하도록 했다.

3.6 현대 생산경영의 전망

세계적 수준의 제조(WCM: World Class Manufacturing) 경쟁력만이 생존의 수단인 현대 기업의 생산경영은 종래의 시간과 공간의 개념을 초월하여 글로벌 경쟁시대로 접어들고 있으며, 최근 컴퓨터를 비롯한 정보통신 및 생산기술의 발전이 가속화되면서 생산관리 분야에 큰 영향을 미치고 있다. 따라서 21세기의 생산관리나 생산경영에 상당한 변화가 예상되고 있다.

우리가 직면하고 있는 미래의 생산공정이나 고객가치의 추구를 목표로 하는 서비스조직에서의 생산시스템의 혁신 및 변화는 다음과 같은 방향으로 이루어질 것으로 전망된다.

① 세계적 수준의 제조능력을 요구하는 글로벌 생산체제의 도입
② 지속적인 경영혁신을 통한 제약된 제조자원(시간, 공간, 인력, 물자 등)의 효과적 활용
③ 생산성향상을 위한 기술혁신과 고객서비스의 가치창출을 위한 경영혁신
④ 환경변화와 다양한 고객요구에 신속대응할 수 있는 유연한 제조시스템
⑤ 이해관계자 및 환경친화적 생산시스템의 운영

이와 같은 생산시스템의 변화들을 다루려면 전략적이면서 종합적인 생산경영의 기본틀 속에서 환경변화에 신속히 대응할 수 있는 유연성이 높은 소단위의 생산경영체제가 필요하게 된다.

또한 우리가 제약된 시간과 공간 그리고 여건 속에서 생활하는 한 시간과 공간을 효과적으로 이용하는 문제와 자원절약이나 생산혁신을 계속 추구하지 않을 수 없게 되었다.

따라서 기업이나 조직이 고객만족을 최상위 목표로 하여 운영되는 한 우리가 추진하고 있는 고객지향적인 TQM(Total Quality Management, 품질경영)은 계속 영위될 것이다.

POM 사례 2

신기술 신사업

1854년, 만국박람회가 열리고 있는 뉴욕의 크리스털 팰리스 전시회장. 자로 잰 듯 반듯한 수염이 외려 안쓰럽게 보이는 한 사내가, 밧줄로 매단 평평한 판 위에 서 있었다. 때마침 불어온 바람이 이마를 덮은 고수머리를 쓸어 올리는 것과 동시에, 밑에서 그를 올려다보고 있던 군중들이 약속처럼 마른침을 삼켰다. 질끈 감았던 눈을 뜨며 사내는 비장한 표정으로 외쳤다.

"밧줄을 잡아당기시오!"

사내의 말이 끝나자 평평한 판의 좌우 높이 솟은 기둥 위에서 도르래가 밧줄을 감아 올리기 시작했다. 사내를 태운 판이 서서히 허공 위로 솟구치다가 지상 9미터 높이에서 멈췄다. 동시에 도르래를 따라 움직이던 사람들의 시선도 멈췄다. 숨막힐 듯한 몇 초가 흐른 후 사내는 다시 한 번 소리쳤다.

"이제 밧줄을 끊으시오."

숨죽인 채 올려다보고 있던 사람들 사이에서 외마디 비명이 터져 나왔다. 밧줄을 끊으라니? 그건 목숨을 끊겠다는 소리와 다를 바가 없었고사람들은 벌어질 재앙을 피해 파편처럼 흩어지기 시작했다.

잠시 후, 사내의 지시대로 도르래에 감겨 있던 밧줄이 끊어졌다. 그럼에도 불구하고 사내를 태운 평평한 판은 지상 9미터 위치에 못 박힌 듯 고정돼 있었다. 밧줄이 끊어지는 광경을 분명히 목도했던 사람들은 자신의 눈을 의심했다. 의아해하는 사람들을 내려다보며, 사내는 득의로운 표정으로 말했다.

"여러분, 걱정 마십시오. 모두 안전하니까요."

사내가 증명하고자 했던 것은 엘리베이터의 안전성이었다. 추락을 방지하는 장치, 즉 비상정지장치를 발명함으로써 승강기 역사에 새로운 장을 연 이 엉뚱한 사내의 이름은 엘리샤 그레이브스 오티스(E. G. Otis)였다.

승강기가 없었더라면, 오늘날 사람들의 의식주는 크게 달라졌을는지도 모른다. 건물의 높이가 고작해야 10층을 넘지 못했을 것이므로, 초고층 빌딩이나 아파트는 엄두도 내지 못했을 일이다. 층수가 높을수록 집 값이 싸지는 것은 물론, 63빌딩이나 남산타워도 우리나라 건축물의 한 페이지를 장식하지 못했음이 분명하다. 사람들은 천정부지로 치솟는 집세를 감당하기 바빠 먹거리와 입을거리, 교육문제 따위는 신경 쓸 엄두조차 내지 못했을지도 모른다.

이렇듯 오늘날의 건축기술 발전을 가능케 한 승강기의 기원은, 까마득한 옛날로 거슬러 올라간다. 기원전에 만들어진 두레박이 승강기의 시초라고 보는 견해가 일반적이다. 사람들은 우물에서 물을 긷기 위해 회전하는 원형바퀴에 두레박이 매달린 밧줄을 걸 수 있도록 고안해 냈다. 엄청난 무게의 돌덩이를 밧줄로 묶은 뒤, 고정도르래를 이용해 높은 곳으로 끌어올린 피라미드 공사에서도 승강기의 원리를 엿볼 수 있다.

이보다 과학적인 형태의 승강기는 BC 230년 경 그리스의 물리학자 아르키메데스가 캡스턴(닻 등을 감아올리는 기계)과 레버(Lever)를 이용, 드럼(Drum)식으로 만들었던 감아올림 기계를 꼽는다.

나폴레옹 시대에도 승강기의 흔적을 발견할 수 있다. 조세핀을 향한 나폴레옹의 사랑은 대륙정복의 야망만큼이나 뜨거웠던 것으로 유명한데, 그는 왕비의 의자를 밧줄로 매달아 위아래로 작동시킬 수 있게 함으로써, 계단을 밟는 수고로부터 사랑하는 여인의 발목을 지켰다.

그 이전, 루이 15세가 '나는 의자' 라고 불렀던 승강기를 베르사유 궁전에 소장하고 있었던 사실도 여러 문헌에서 발견되고 있다.

그러나 현재와 같은 구조의 승강기가 실용화된 것은, 역시 오티스의 발명 이후인 19세기에 이르러서였다. 오티스 이전에도 승강기가 없었던 것은 아니지만, 승강기의 생명이랄 수 있는 밧줄이 자주 끊어지는 통에, 온전히 제구실을 할 수 없는 고철덩어리에 불과했다. 오티스는 밧줄이 압력을 감당하지 못할 때, 두 개의 철로 만든 톱니가 이를 제어할 수 있도록 안전장치를 부착한 최초의 발명가였다.

뉴욕 박람회장에 서커스 곡예단원처럼 등장한 지 3년 후, 오티스는 브로드웨이의 도자기상점 '하우워트' 사(社)의 5층짜리 건물에 세계 최초의 승객전용 승강기를 설치할 수 있었다. 이 승강기는 12m/min 속도로 5개 층을 운행했는데, 건축기술상에 공식적으로 승강기가 도입된 것도 바로 이때부터라고 할 수 있다.

오티스가 개발한 안전장치는 카 프레임과 상부에 랙크를 부착, 가이드레일을 따라 승강하도록 만들어졌다. 또한 카에 비상정지장치를 달아 로프의 장력이 없어질 때 멈춤쇠가 랙크의 기어와 맞물려 순간적으로 정지하도록 착안되었다.

개선된 Wire Rope와 증기동력의 급속한 발전도 승강기 기술개발이 전기를 맞이하는 데 단단히 한몫 했다. 그와 비례해 건물의 높이가 올라갔으며, 도시는 1870년대와 1880년대에 오늘날의 형태로 성장하게 된다.

유압승강기, 피스톤식 승강기는 이후 기어식 또는 로프식 유압승강기로 발전되었으며, 더 높이 상승하기 위해 수직으로 설치되었다.

1880년부터 1890년대까지 유행처럼 번지던 10~12층 건물에는 일제히 유압승강기가 사용되었고, 이후 철골건축이 도입돼 30층 이상의 건물이 들어서는 1900년까지 전성기를 구가하였다.

최초의 전기승강기는 1889년, 뉴욕의 디머리스트 빌딩에 등장했다. 증기구동 드럼 승강기의 증기엔진을 전기모터로 대체한 이 승강기는, 1920년까지 운행되다가 건물이 헐리면서 사라졌다.

전력공급이 만족스러워지고 건축활동이 왕성해지는 1900년대 초, 승강기는 그 수나 크기, 속도, 위치 등에서 여러 가지 문제제기를 받게 된다. 이 시기에 승강기 응용기술이 가장 눈부시게 발전한 것도 그 때문이다.

1903년 견인식 승강기가 출현하자, 건물 높이가 급격히 상승하여 싱어빌딩(185m), 메트로폴리탄 라이프타워(212m), 울 워스빌딩(236m) 등이 앞다퉈 도시의 하늘을 떠받치기에 이른다. 견인식 승강기는 아주 높게 상승할 수 있는데, 남아프리카 광산 600m 아래에 설치된 승강기가 세계에서 가장 높은 것으로 기록돼 있다. 오늘날 1백 층이 넘는 건물이 들어설 수 있었던 것도, 견인식 승강기의 응용기술 덕분이었다고 할 수 있다.

한편 오티스는 자신의 발명품이 어떻게 세상을 바꾸게 될지를 볼 수 없었다. 뉴욕 크리스털 팰리스 박람회장에 혜성처럼 등장한 지 7년째 되던 해에 죽어버렸던 것이다. 오늘날 미국의 오티스사 하면, 세계 최대의 엘리베이터 제조업체로 유명하지만, 정작 오티스 자신은 죽을 때 3천 달러의 빚을 지고 있었다. 그 역시 다른 많은 불운한 천재들이 그랬던 것처럼, 자신의 발명품으로 돈을 버는 일에는 영 재주가 없었던 것이다. 보통 승강기 속도는 분당 45~100m 정도지만, 초고층 빌딩의 보급에 따라 600m 속도까지도 실용화되기에 이르렀다. 반도체 제조기술의 발달은 전력 · 전자산업의 발전을 가져왔고, 나아가 전동기 제어기술, 각종 신호처리 개발등으로 이어져 승강기 기술의 급속한 진전을 촉진하고 있다. 1993년에는 일본에서 속도 750m/min급 초고속 엘리베이터가 실용화되었을 정도다.

참고로 안전 승강기의 대명사격인 뉴욕 엠파이어 스테이트 빌딩은 50마일 떨어진 바다에서도 보일 만큼 키가 훌쩍 크다. 1천만 개의 벽돌, 6천 4백 개의 창문을 품은 이 102층짜리 건물을 오르는 데, 단 2~3분밖에 소요되지 않는 날이 올 줄은 오티스 자신도 예측하지 못했을는지도 모른다.

그것도 자신이 최초의 안전 승강기를 선보였던 바로 그 도시, 뉴욕 한가운데에서 말이다. 어쨌든 오티스가 아니었다면, 엠파이어 스테이트 빌딩의 출현이 훨씬 늦어졌을 터이고, '시애틀의 잠 못 이루는 밤'에서 멕 라이언과 톰 행크스가 첫 데이트 장소를 바꿔야 했을 가능성이 높다.

우리나라에는 1940년대 서울 종로 화신백화점에 처음으로 승강기가 설치된 바 있다.

〈자료: "역사를 바꾼 기술인," 생산기술, 2000년 9 · 10월호〉

■ 내용요약(Chapter Summary)

본 장은 이 책의 서론이자 본서의 핵심적인 기초지식을 제공하고 있다. 따라서 생산의 본질과 구성요소, 생산시스템의 목표와 기능, 그리고 생산관리의 발전과정과 현대 생산경영의 나아갈 방향 등에 대한 개괄적인 내용으로 구성하였다.

생산운영관리(POM: Production & Operations Management)란 생산시스템의 생산효과를 높이기 위해 제품생산 및 서비스 운영활동을 계획하고 조직하며 운영 및 통제하는 포괄적인 관리활동이다.

생산시스템은 고객의 요구사항을 좋은 품질의 산출물(goods & services)로 적시(time), 적량(quantity), 적질(quality), 적소(place), 적가(price)로 공급할 수 있도록 원가(cost), 품질(quality), 납기(delivery), 유연성(flexibility) 등 네 가지의 생산관리 목표를 설정할 수 있다.

생산관리의 발전은 초기 공장관리시대를 중심으로 테일러의 과학적 관리기법과 포드와 동시관리라고 불리는 포드시스템, 호오손 연구에서의 인간관계론과 행동과학 등의 역사적 흐름을 통해 발전을 계속해 오고 있다.

최근에는 서비스 운영관리에 대한 관심고조와 정보화 · 자동화 설비의 발전 및 세계적 수준의 제조기술을 바탕으로 한 제조경쟁환경의 심화로 기업들은 전사적인 관점에서 제조환경에 대응하고 시장경쟁력을 확보하기 위한 다양한 기법들을 전략적으로 적용하고 있다.

■ 참고문헌(References)

1) 이경환 · 임재화, 「서비스 생산관리」, 경문사, 1999
2) 이순룡, 「제품 서비스 생산관리론」, 법문사, 2001.
3) Heskett, J. L., W. Sasser, Jr., and G. Hart, *Focusing and Positioning the Service*, *Service Breakthroughs: Changing the Rules of Game*, Free Press, 1990, pp. 47～72.
4) Claude McMillan and Richard F. Gonzalez, *Systems Analysis*, Richard D. Irwin, Inc., 1973.
5) P. Schoderbek, *Management Systems: Conceptual Considerations*, Business Publications, Inc., 1975.
6) G. B. Davis, *Management Information Systems, Conceptual Foundations, Structure, and Development*, McGraw-Hill, Co., 1974.
7) H. A. Simon, *Application of Servo Mechanism Theory to Production Control*, vol. 20, Econometrica, Apr. 1952.
8) F. W. Taylor, *The Principles of Scientific Management*, reprinted, Harper & Row Inc., 1964.
9) 양한수 · 박철민, 「글로벌 경쟁시대의 전략적 생산운영관리」, 삼영사, 1998, pp. 27～28.
10) 이경환 · 임재화, 「서비스 생산관리」, 경문사, 1999.

제 2 장

제품과 서비스의 설계

학습목표

- 제품과 서비스의 개념과 설계에 대해 이해한다.
- 제품수명주기의 이해와 단계별 관리방안에 대해 이해한다.
- 신제품개발의 절차와 고려요인에 대해 이해한다.
- 모듈러생산의 특징과 장단점을 구별한다.
- 가치의 개념과 가치분석의 특징에 대해 이해한다.
- 기능분석의 정의와 단계에 대해 이해한다.
- 동시공학적 설계의 특징에 대해 이해한다.
- 품질기능전개의 특징에 대해 이해한다.

현대 기업들이 시장에서 고객만족을 획득하기 위해서 생산되는 제품과 서비스를 어떻게 믹스할 것인가는 생산관리자의 주요한 의사결정 영역대상이다. 특히 제조기업에 있어서 제품과 서비스의 계획과 설계는 기획, 영업, 구매, 인사, 회계 등 다른 부문의 활동을 가능하게 하는 생산시스템의 환경을 이루고 있다.

예를 들어, 기업자금의 외부 지원이 없이는 기업의 자동화 설비나 기간 시설에 대한 투자는 불가능하게 되며, 물류서비스의 지원이 없이는 원재료의 공급 및 완제품의 유통이 불가능하게 되었다.

이러한 일련의 연계된 활동들을 통해 지속적인 제품 · 서비스의 계획과 설계 및 개발은 제조활동과 서비스활동간의 경계를 없애고 새로운 개념으로 제품과 서비스의 출현을 요구하고 있다.

따라서 제조기업에서 고객차별화된 제품 · 서비스의 설계능력을 보유하는 것은 뛰어난 성능을 바탕으로 다양한 유형의 제품을 설계할 수 있는 능력 이상으로 중요하게 인식되고 있으며, 특히 시장에서 소비자들의 구매행위에 절대적인 영향력을 미치고 기업의 제품 및 서비스 경쟁우위를 창출하는 데 있어서 결정적인 역할을 수행하는 요인이 된다.

1. 제품과 서비스의 설계

제품과 서비스의 계획과 설계는 고객의 요구사항을 인식하는 것으로부터 출발하여 기업이 가지고 있는 생산능력을 감안하되, 제품의 부가가치는 과거처럼 조립과 같은 노동집약적인 부문에서 발생하는 것이 아니라 신제품개발을 위한 설계와 같은 지식집약적인 부문에서 발생하므로, 고객의 다양하고 쉽게 변하는 취향에 맞는 제품을 신속하게 개발하여 적합한 시장에 내놓는 것이 바로 핵심경쟁력의 요체가 되는 것이다.

신제품이 시장에서 신속하게 진입할 수 있게 제품이나 서비스를 설계할 때는 다음과 같은 사항들을 고려해야 한다.

① 고객에게 제공하는 상품의 핵심되는 편익(core benefit)
② 동일한 경쟁상품과 비교우위
③ 실제 상품으로의 개발가능성

예를 들어, 휴렛 팩커드의 프린터는 여러 매체와 호환성①을 갖고 있고 우수한 인쇄상태, 사용의 편의성이 경쟁제품들보다 우위에 있도록 설계되고 제조되었다

한편, 아직도 세계적 기술수준과는 다소 차이가 발생하고 있는 우리나라는 신제품의 개발보다는 선진국 경쟁사의 제품을 모방하거나 외국기업과의 기술제휴 내지 기술도입에 의존하고 있는 실정이다.

무분별한 모방이나 외국 기술의 장기간 의존은 기술개발능력을 떨어뜨리기 쉽고, 또한 이러한 기술들은 대부분이 제품수명주기상의 성숙기나 쇠퇴기에 접어든 것일 가능성이 많으므로 생산관리자들은 글로벌 핵심경쟁력 확보라는 측면에서 신기술 및 신제품 개발에 대한 더욱 독창적인 노력을 기울여야 한다.

1.1 제품설계

제품설계란 상품가치를 나타낼 수 있도록 구성부품이나 활동을 구조화한 것이다. 기업은 보유하고 있는 자재, 설비, 기술 등을 이용하여 제품을 창조한다.

신제품의 도입 및 설계는 기업성장에 매우 중요하다. 왜냐하면 제품설계가 수요예측과 함께 생산의 선결조건이 되기 때문이다.

새로운 제품은 경쟁기업보다 우수해야 시장에서 고객에게 인정을 받는다. 그러므로 고객의 요구에 부응할 수 있는 제품을 설계해야 한다.

이를 위해서는 다음 그림과 같이 제품에 대한 아이디어상품, 진출시장, 또는 대상고객의 규정과 조사, 제품기능에 대한 정의, 제품사양에 대한 정의, 디자인의 분석과 같은 활동들을 필요로 한다.

---

① 호환성 문제는 컴퓨터, 소프트웨어, 통신, 사무용 설비 및 생산설비 분야에서 빈번하게 발생되는데, 심지어 경쟁사와도 호환성이 있는 제품 및 설비의 제공과 더불어 적극적인 서비스정책의 추진으로 시장경쟁력의 우위를 확보하는 것이 더욱 중요하게 되었다.

1) 제품아이디어의 개발

새로운 제품을 개발①하거나 혹은 기존의 제품을 개선할 때 그 바탕이 되는 아이디어는 기업의 연구개발(R&D)활동이나 시장에서 고객의 요구를 포착하는 활동을 통해 찾을 수 있다.

제품의 사용자인 고객과 가장 빈번하게 접촉하는 영업담당자들은 제품아이디어의 중요한 제공자들이며, 연구개발능력이 미약한 기업일수록 흔히 타사의 제품으로부터 아이디어를 얻는 경우가 많다.

그림 2-1 제품의 설계과정

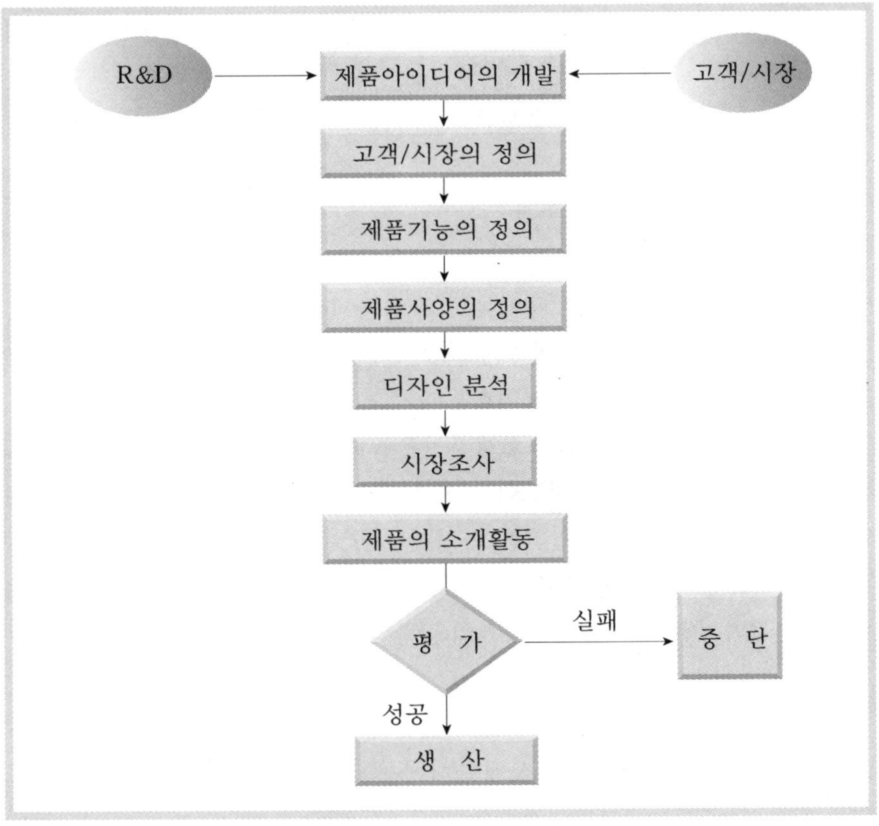

① 제품개발은 광의의 개념으로 볼 때, 연구개발에 포함되는 것이며, 제조기업에서의 신제품 개발업무는 연구개발단계의 응용연구와 개발연구에 속한다고 볼 수 있다.

2) 고객/시장의 정의

신제품이 대상으로 하는 고객이나 시장을 규정해야 하는 이유는 아무리 좋은 제품이라도 제품을 구입하는 고객이 없으면 상품가치가 없기 때문이다. 목표고객의 확보와 더불어 시장에서 판매되고 있는 경쟁사 제품의 특성과 가격, 고객선호도, 마케팅기법 등에 대한 정보도 유용하게 된다.

3) 제품기능의 정의

기술진에 의해 고객의 요구가 제품에 반영되도록 제품의 프로토타입(prototype)을 통해 제품의 크기, 형태, 색채 등의 요소들이 검토되는 단계이다.

나아가 개발된 신제품이 여러 가지 시장환경과 동일한 조건에서 설계된 기능을 발휘할 수 있는 것인지를 모의실험을 통해 철저하게 시험해야 하며, 생산하려는 제품이 적절성을 갖추고 있는지를 영업적, 기술적, 경제적 측면에서 함께 고려되어야 한다.

4) 제품의 소개활동

제품을 시장에 소개할 때에는 신제품을 도입할 것인지, 아니면 기본제품을 개량할 것인지를 결정해야 하는데, 이때 고려하게 되는 요소는 판매, 기술, 투자의 세 요소에 대한 위험성이다.

따라서 개발된 신제품의 소개활동은 시장에서 신제품이 고객들로부터 어떤 평가를 받고 있는지를 검토하여 계획된 설계목표와 부합하는지를 대량생산에 들어가기 전에 최종 확인하는 과정이다.

이는 고객의 요구를 충족시킬 수 있도록 제품의 기능과 외양적 속성을 고루 갖추되 기업과 소비자 모두의 입장에서 경제적 생산과 소비가 가능하도록 고려하는 것이다.

결국, 새로운 아이디어대로 설계된 제품이 실제로 공정현장에서 생산되려면 기술적으로나 기능적으로 설계단계에서 충분히 검토되어야 한다.

1.2 서비스의 설계

서비스설계는 제품설계와 기본적으로는 같은 것이지만, 서비스가 제품에 대해 상대적으로 무형성, 무재고성, 즉시성,① 인적 접촉성 등의 특징으로 인해 다음과 같은 내용상의 차이가 있다.

서비스설계는 제품설계에 비해 단순하다. 제품설계는 기계설비, 공정과 같은 기술적 · 공간적 제약을 많이 받지만 서비스는 무형성으로 인해 개발과정에서 평가나 판단이 어려우며, 인적 요인 중심이므로 가변성이 크다.

그러므로 서비스 설계시 중요시하는 요소는 다음과 같이 서비스의 내용, 수준, 생산원가, 표준화의 세 가지이다.

1) 서비스의 내용

결정적 순간(MOT: moment of truth)에 고객이 접하는 서비스는 고객 스스로가 자신의 선택이 최선이었다는 것을 알 수 있도록 서비스의 내용이 구성되어야 한다.

대부분의 서비스는 제한된 공간에서, 사람 중심으로 한시적으로 제공되고 있다. 예를 들어, 피자헛과 같은 패스트푸드점의 경우 피자와 식탁은 보조설비(facilitating goods)이며 피자의 맛, 종업원의 서비스, 실내장식 등은 감각적 효용(sensual benefits)을 충족시키는 명시적 서비스(explicit service)이다.

또 재래시장보다는 유명 백화점에서 옷을 구매하는 고객은 백화점에서 구매했다는 것만으로도 심리적 효용(psychological benefits)을 느끼는데, 이를 묵시적 서비스(implicit service)라 한다.

이상과 같이 서비스를 제공할 때 필요한 보조설비, 서비스를 받기 위해 고객이 소지하는 물건, 스키장에서의 스키, 골프장에서의 골프클럽 등 직접 고객이 느끼는 효과와 심리적 효과 등 이들 네 가지를 서비스 다발(service bundle)이라 부르기도 한다.

---

① 서비스는 생산과 동시에 소비되는 특성을 가지고 있다.

2) 서비스수준

고객의 서비스요구에 즉시 대응할 수 있는 시스템의 능력을 서비스수준(service levels)이라고 하는데, 서비스 대기고객의 대기시간이 짧을수록 서비스수준은 높다.

3) 서비스 생산원가

서비스의 질과 서비스 생산원가는 직접적인 관계가 있다. 서비스시스템이 처해 있는 지역사회의 소득수준이 향상되면 서비스의 질도 고급화되는 경향이 있다.

그러나 일반적으로 고객이 서비스원가를 낮추기를 원한다면 서비스설계자는 설계의 방법을 변경시켜야 하는데, 예를 들어 셀프서비스처럼 서비스기능의 업무를 고객에게 전가시킴으로써 생산원가를 낮추거나, 여행사에서 상품가치가 떨어지는 관광경로는 폐쇄하는 것처럼 서비스의 일부를 폐지하거나 변경하는 방법이 있고, 식당에서 종업원을 감원시키는 것처럼 서비스 제공시간을 늘리거나 서비스기회를 줄이는 방법도 있다.

4) 서비스 표준화

서비스를 생산하거나 제공하는 과정에서 서비스의 균일성을 유지할 목적으로 표준화를 시도한다. 일반적으로 법률상담, 병원 등과 같은 서비스시스템처럼 고객과의 접촉도가 높을수록 표준화는 어렵다.

그러나 패스트푸드점, 주유소, 카센터처럼 업무 자체가 간단하고 과정이 짧으면 표준화가 용이하다.

서비스의 표준화된 품질을 유지하기 위해 관리가 필요하다. 서비스의 품질은 일반적으로 제공된 서비스의 수준과 고객이 기대하는 서비스수준의 차이를 통해 고객이 지각하게 된다. 고객이 지각하는 정도, 즉 기대 이상의 품질을 제공하면 좋은 서비스라고 느끼고 기대 이하의 품질을 제공하면 불량서비스라고 느끼게 된다.

1.3 제품 및 서비스설계의 고려요인

기업이 성장하고 발전하기 위해서는 고객이 만족할 만한 제품 또는 서비스를 제공함에 있어서 경쟁기업에 뒤져서는 안 된다. 창조적이며, 표준화된 고품질의 제품 및 서비스를 고객에게 제공하기 위해서는 제품 및 서비스의 설계 시 다음과 같은 고려 요인들에 주의하여야 한다.

1) 단순화와 다양화

단순화는 제품의 수와 종류를 줄이는 것이며, 다양화는 그 반대개념으로서 여러 개의 제품 종류와 복합적인 구색을 뜻한다.

단순화는 설계의 복잡성을 줄이고 제품의 가지 수를 줄임으로써 부품구입 비용, 재고량, 생산비 등을 절감시킨다. 시장경쟁이 심할수록 기업은 고객을 확보하기 위해 다양화를 추구할 수밖에 없다.

2) 표준화

표준화(standardization)란 제품이나 부품에 대해 표준화된 규격을 사용하여 제품의 설계나 변경에 필요한 작업을 수립하는 과정이다. 서로 다른 제품에 사용되는 부품의 디자인을 표준화하면 재고부품의 종류를 감소시키므로 비용이 절감된다.

3) 모듈화

표준화가 발전된 개념이 모듈화(modulation)인데, 표준화된 구성품(module)의 수는 소수이지만 이를 다양하게 결합하여 제품다양화를 시도한다. 모듈을 사용하면 부품을 개개로 테스트하지 않고 모듈이 연관된 시스템을 테스트하므로 쉽게 불량품을 발견하는 이점이 있다.

모듈에 의한 설계는 기업으로 하여금 소비자들의 다양한 기호를 충족시켜주며, 대량생산에 의한 저렴한 비용의 이점을 누리게 해 준다.

2. 제품수명주기와 신제품개발

2.1 제품수명주기

기업의 환경변화 중에서 가장 직접적으로 기업에 영향을 미치는 것은 시장에서의 수요변화일 것이다. 즉, 시장에서의 제품수명을 말하는데 이것을 사람의 일생에 비유한 것이 제품수명주기(PLC: Product Life Cycle)이다.

사람이 회임, 출산, 영아, 유년, 소년, 청년, 장년, 노인, 사망이라는 과정을 밟아 육체적 및 정신적 특성이 변화해 가듯이 제품은 개발, 도입, 성장, 성숙, 포화, 쇠퇴, 폐기라는 과정을 밟는다. 제품수명주기는 일반적으로 도입기, 시장성장기, 시장성숙기, 쇠퇴기와 같이 4단계로 구분하는 것이 보통이다.

학자에 따라서는 제품수명을 “제품의 개발 · 판매기간을 통해서 기업이익 증감에 공헌하는 시간적 변화과정을 도시한 것”이라 하여 도입기(introduction stage) 앞에 개발기(development stage)를 넣기도 한다.

그림 2-2 제품의 수명주기와 매출대비 이익

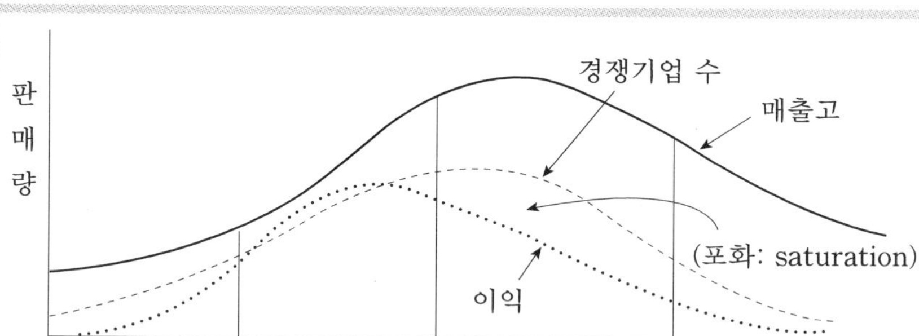

도입기 (introduction)	시장성장기 (growth)	시장성숙기 (maturity)	쇠퇴기 (decline)
광고를 통하여 신제품의 존재, 장점 및 용도를 고객에 알린다.	경쟁제품 사이에는 가장 좋고, 유용한 디자인을 찾아 기술면이나 성능면에서 차이가 많다.	거의 모든 기업간에 제품의 특성이 유사함으로 인해 집중적인 광고전이 된다.	광고비가 감소되고 기업간의 경쟁은 주로 가격, 품질 및 Service가 중심이 된다.

제품전략의 기초로서 가장 중요한 것은 무엇보다도 제품에 대한 올바른 수명주기를 파악하는 것이다. 이는 바로 신제품의 개발이나 기존제품의 개량 또는 기존 제품의 신용도개척 등의 타이밍과 그 방향을 시사하여 주기 때문이다.

특히 제품수익성의 관점에서 시장수요의 변화나 이익곡선의 추이를 보여주는 척도가 곧 제품수명주기이기도 하기 때문이다. 따라서 수명주기의 파악은 제품계획과 제품전략의 방향결정에 관한 보조수단이 됨과 동시에 기업의 제품수익성에 관한 예측수단이 된다고 할 수 있다.

제품의 수명주기를 매상고, 수익과 결부시켜 보면 【그림 2-2】와 같은 곡선변화를 보인다. 이 곡선변화에서 보듯이 제품의 매상고는 시장성숙기가 가장 높지만, 이익은 오히려 제품이 도입된 후 성장기가 최고인데, 성장기에는 매상고는 증가하나 이익은 서서히 감소되기 시작하고 있다.

따라서 기업은 시장 성장기에 이 제품에서 손을 떼고 기술 및 노하우를 후속기업에 넘기고, 새로운 신기술, 신제품으로써 시장진출을 시도하게 된다.

2.2 신제품개발

기업은 생산할 제품이나 서비스 제공능력이 없으면 존재가치를 잃는다. 더욱이 시장에서 끊임없이 변해 가는 소비자들의 다양한 요구에 부응할 수 있는 새로운 제품을 창출하는 노력을 게을리 하면 경쟁기업에 의해 시장에서 도태될 수도 있다.

따라서 기업이 계속 성장하려면 제품개발① 및 신기술 창조활동을 지속적으로 수행해야 한다. 일반적으로 기업의 제품개발 필요성은 다음과 같은 네 가지 이유 때문이다.

① 소비자의 수요변화에 대한 대응
② 새로운 시장의 개척
③ 경쟁우위의 확보
④ 현재 보유중인 생산능력과 판매능력의 최대한 활용

---

① 제품개발은 넓은 의미로 연구개발(R&D)에 포함되는 개념으로, 제조기업에서의 제품개발 업무는 연구개발단계의 응용연구와 개발연구에 속하는 것들이다.

시장에서 신제품에 대한 기회가 인지되면, 초기 기술적 · 경제적 실행가능성 연구를 통해 신제품개발의 타당성을 검토하게 된다. 여기에서 가능성이 결여되는 신제품, 서비스, 개발계획 등은 보다 더 가능성이 높은 개발프로젝트에 대한 인력과 개발자금이 투자될 수 있도록 초기에 취소하는 것이 기업의 입장

그림 2-3 신제품의 개발과정(product design and development sequence)

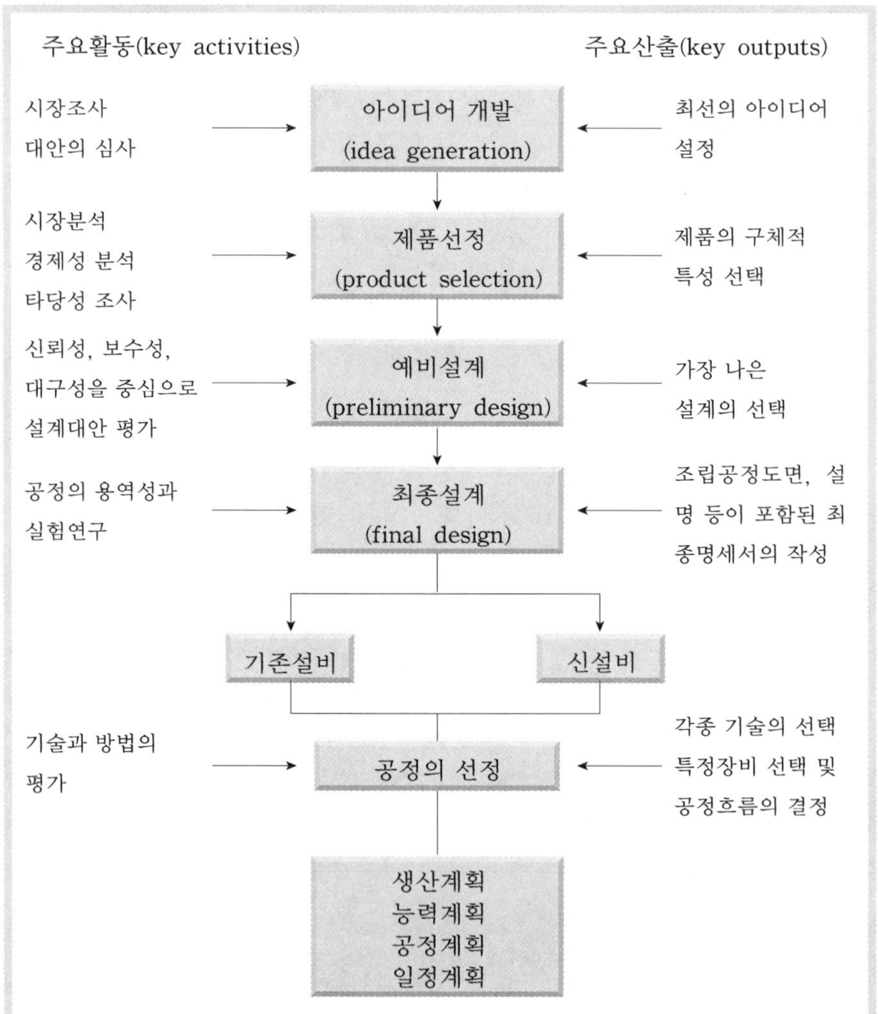

자료: R. Chase and N. Aquilano, *Production on Operations Management*, Irwin, 1985, p. 29.

에서는 유리한 판단이 되는 것이다.

새로운 제품을 개발하고 생산하는 과정은 【그림 2-3】에서 나타난 과정과 같이 아이디어 개발→제품선정→예비설계→최종설계의 단계를 거치게 된다.

1) 아이디어 개발단계(idea generation stage)

아이디어는 기업 내부와 외부 어디에서도 구할 수 있지만, 가장 정확하고 실질적인 시장정보로부터 획득된 아이디어는 신제품개발의 성패를 좌우할 만한 귀중한 자원이 된다.

기업 외부의 정보원에는 시장에서의 소비자 요구나 연구기관, 경쟁기업의 제품 등에서 아이디어를 얻으며, 기업 내부로는 관련부서의 종업원 및 연구개발 시스템(R&D system)들이 아이디어원천이 된다.

제안된 아이디어는 기술적 · 경제적인 타당성을 분석하는 과정에서부터

그림 2-4 신제품 개발과정에서의 아이디어 탈락

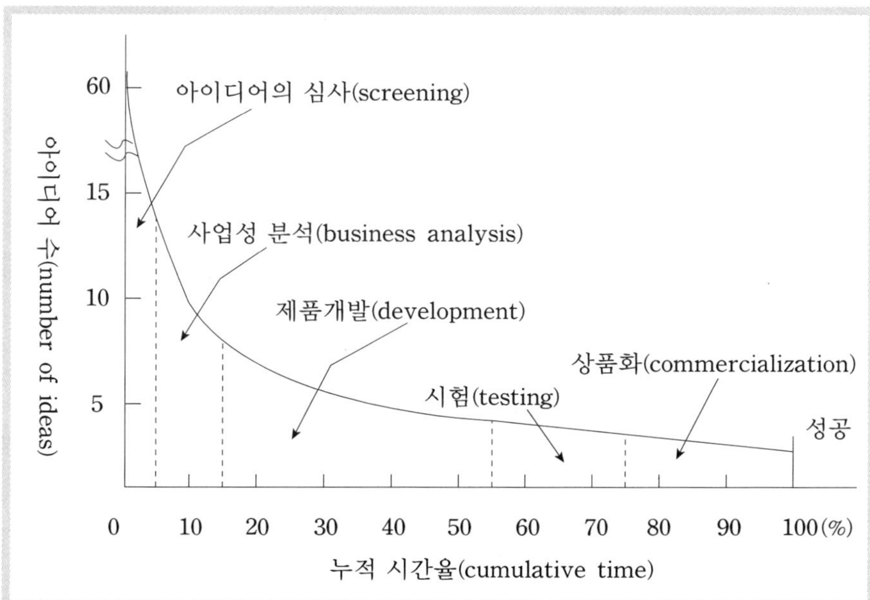

자료: David B. Uman, *New-Product Programs: Their Planning and Control*, New York, American Management Association, 1969, p. 67.

탈락이 되기 시작하여 제품개발과정, 시험단계, 시장도입과정을 거쳐 비로소 상품으로서 성공하게 되는데 【그림 2-4】는 이러한 과정에서 아이디어가 탈락① 하는 비율을 나타낸 것이다.

2) 제품선정단계(product selection stage)

앞에서도 지적했듯이 착상단계를 거친 신기술, 신제품에 대한 아이디어가 창출되었다 하더라도 이들이 모두 개발에 성공하는 것은 아니며, 또 개발에 성공한다 하더라도 시장에서 반드시 성공한다는 보장이 없다. 따라서 개발과정 초기단계에서 이들을 취사선택하는 검토과정, 즉 타당성검토(feasibility)를 반드시 거칠 필요가 있다.

이것은 개발된 제품이 그 시장에서 공헌이익이 낮거나 성장을 하지 못했을 때 발생할 기회손실을 최소화할 수 있기 때문이다.

그러므로 【표 2-1】과 같이 평가표(rating checklist)[1)]를 통해 심사를 해서

표 2-1 평가표

성공에 대한 고려요인	중요성 (가중치)	평점					평가 점수
		수(40)	우(30)	미(20)	양(10)	가(0)	
판　매	0.20		V				6
경쟁기업	0.05	V					2
특허가능성	0.05	V					2
자재조달 여부	0.10	V					4
판매량예측과 수요변동	0.10		V				3
현 공정에의 적합성	0.10					V	0
수익성의 잠재력	0.20		V				6
자금공급	0.20		V				6
	1.00						29

자료: B. Richman, "A Rating Scale for Product Innovation," *Business Horizons*, Summer 1963.

① 일반적으로 신제품 아이디어의 5% 정도만이 실제생산에 반영되며, 그 중에서도 10% 정도만이 제품화에 성공하게 된다.

아이디어를 선별하고 다음으로 사업성 지수(project value index)를 이용하여 타당성 및 경제성을 분석해 볼 필요가 있다.

이 표에서 만약 평가점수의 하한선이 20점이라면 이 표에서 29점을 획득한 아이디어는 선정평가에서 합격이 된 셈이다. 표에서 평가점수의 산정은 획득한 평점에 가중치를 곱한 점수가 되며, 이렇게 항목별로 평가된 점수를 합산하게 되면 그 아이디어의 최종 평가점수가 된다.

다음으로 제품을 선정하기 위한 아이디어의 제품화 가능성 즉, 타당성과 경제성을 측정하기 위한 사업성 지수를 아래의 공식에 의거하여 계산한다.

$$PVI = \frac{CTS \times CCS \times AV \times P \times \sqrt{L}}{TPC}$$

여기서

PVI = 사업성지수(project value index)

CTS = 기술성공률(chances for technical success on arbitrary rating scale)

CCS = 상업적 성공률(chances for commercial success on an arbitrary rating scale)

AV = 연간 판매량(annual volume 〈total sales of product in units〉)

P = 단위당 이익(profit in dollars per unit)

L = 제품수명기간(life of product in years)

TPC = 총투자액(total project cost)

결국 이와 같은 검토과정은 신기술, 신제품 아이디어의 경제적 · 기술적 · 관리적 가능성을 검토하는 것인데, 이익잠재력이 미약하거나, 기업의 경영목적에 어긋나거나, 자본한도액을 초과하거나, 기술력 혹은 관리한도를 벗어나거나, 기계설비 및 자재조달이 부적합할 때는 이 아이디어가 아무리 참신하다 하더라도 현실성이 없으므로 제품선정단계에서 기각하게 된다.

3) 예비설계단계(preliminary design stage)

개발대상으로 선정된 제품은 그것의 주요 속성──신뢰성, 유지보수성, 부피, 무게, 색상 등──과 기술적 기능을 명시하는 설계명세서(specifications)를 개발한다.

이 단계에서는 원자재 확보, 설비선정, 작업자 배정, 설비배치문제 등에까지 검토할 수 있도록 여러 가지 대안들이 마련된다.

4) 최종설계단계(final design stage)

이 단계에서는 제품원형(prototype)을 개발하여 이를 여러 가지 조건 아래서 시험하면서 완전한 제품이 나오도록 설계를 수정해 간다. 이때 신제품과 소요부품에 대한 최종적인 설계명세서와 조립도면을 작성한다. 가능하면 기술적으로 제품 · 부품의 적합성(compatibility)과 단순성(simplification)을 고려하여야 한다.

제품원형을 통해 기능시험 및 시장수용성 등이 고려되면서 최종설계가 확정되면 표준①을 설정하고 시판을 위한 생산준비단계에 들어간다.

이와 같이 설계의 최종단계에 오면 기능, 형태, 제조의 세 영역에서 다음과 같이 고려되어 설계가 도면 및 규격을 통해 확정된다.

기능설계(functional design)는 제품의 성능을 결정하는 것이므로 생산에 사용될 자재의 선정과 부품 및 제품의 신뢰성 등이 고려되고, 형태설계(form design)는 제품의 외관이나 미적 특징을 결정하는 것이다. 기능에 따라 형태가 영향을 받거나 또는 기능과 아무런 관련이 없을 수도 있다. 특히 소비재의 경우 기능 못지않게 색상, 형상, 패션이 판촉에 중요한 영향을 미친다.

제조설계(production design)는 경제적 생산에 초점을 두고 특정 작업방법을 통한 비용절감의 기회를 탐색하게 된다.

따라서 제조설계의 목적은 여러 가지 설계대안으로부터 가장 낮은 원가로 최대의 기능을 발휘할 수 있는 기능설계를 선정하는 것이라 할 수 있다.

이상과 같은 세 영역의 설계가 확정되면, 이는 도면(drawing)과 규격(specification)으로 나타나는데 도면은 제품이 부품(parts)에서 조립품(subassembly) 및 최종완제품으로 제조되어 가는 과정을 나타내며, 규격은 작업을 명확하게 할 수 있도록 부품이나 각 조립품에 대해 명시되어야 한다.

---

① 최근에는 최소의 비용으로 다양한 제품을 설계 및 생산할 수 있는 방법으로 모듈러 설계 방식(Modular Design Method)을 통해 제품 종류의 다양화와 표준화의 효과를 거둘 수 있게 하고 있다.

표 2-2 신제품개발을 위한 생산계획의 고려사항

분야	결 정	대 안
공장과 설비	공정의 단위	자체 설계 또는 외주
	공장의 크기	하나의 큰 공장, 또는 작지만 여러 개의 공장
	공장의 위치	판매시장과 가까운 곳, 또는 자원인접지역
	설비의 선택	일반목적 설비와 특수목적 설비 중 어느 것을 선택할 것인가?
생산계획과 조정	생산횟수	재고문제를 조절하기 위해 몇 번이나 생산할 것인가?
	재 고 량	재고량을 높은 수준으로 할 것인가, 낮은 수준으로 할 것인가?
	품질관리	낮은 비용을 택할 것인가, 아니면 비용이 높은 품질을 선택할 것인가?
	표준가격의 사용	공식적, 비공식적, 또는 둘 다 사용하지 않는 대안 중의 선택
작업과 감독	작업의 전문화	어느 정도로 전문화시킬 것인가?
	감독자	기술적으로 숙련된 일선 감독자와 그렇지 못한 감독자 사이의 선택
	감독의 정도	어느 정도로 세밀하게 감독할 것인가?
	임금제도	등급을 몇 단계로 할 것인가? 장려임금제와 시간당임금제 사이의 선택
제품설계와 기술	생산라인의 선택	주문생산으로 할 것인가, 대량생산으로 할 것인가?
	설계의 안정성	고정설계로 할 것인가, 아니면 기술적 변화를 고려할 것인가?
	기술적 위험	새로운 공정을 사용할 것인가?
	공학 또는 기술	처음부터 완전한 일괄설계를 택할 것인가, 아니면 필요할 때마다 설계를 하는 방법을 택할 것인가?
	제조기술자의 고용	얼마나 많은 수를 필요로 할 것인가?
조직과 관리	조직의 종류	기능적, 생산중심적, 지리적 조직 중 어느 것을 택할 것인가?
	시간의 실무적 사용	투자, 생산계획, 비용관리, 품질관리들 중 어느 곳에 가장 많은 시간을 할애할 것인가?
	예견되는 위험의 정도	정보에 근거한 결정
	관리직원의 고용관리 유형	관리직원을 많이 할 것인가, 적게 할 것인가? 어느 정도 깊이 관여할 것인가? 권위주의적 형태를 취할 것인가, 간접적 관리형태를 취할 것인가?

이때에는 반드시 일정오차가 허용되는데, 허용오차는 조립과 제조를 용이하게 한다. 이상과 같이 신제품 개발과정을 요약하면 다음과 같다.

아이디어 개발 → 제품선정 (아이디어평가와 사업성 분석) → 예비설계 → 최종설계 (원형개발을 위한 기능형태 · 제조설계) → 시장진출

이러한 과정을 거치면 【표 2-2】에서와 같이 생산계획수립을 해야 하는데, 주요 계획영역은 능력, 공정, 일정에 관련된 것으로 세 영역에 따라 여러 가지 결정사항들이 고려된다. 신제품개발을 위한 생산계획의 의사결정 분야와 결정대안은 【표 2-2】와 같다.

2.3 서비스상품의 개발전략

서비스상품을 개발함에 있어 마이클 포터(Michael Porter)의 경쟁전략이론을 도입하여 세 가지 전략을 설명한다.① 각 전략이 서비스상품 경쟁에서 우위를 점하기 위해 어떻게 사용되는지를 예와 함께 알아본다.

1) 원가주도 전략

원가주도 전략은 기술혁신뿐만 아니라 효율적인 규모의 시설, 철저한 원가 및 간접비용 관리를 필요로 한다. 무엇보다도 비효율적인 경쟁자들은 경쟁의 압력으로 인하여 고통을 받기 때문에 저비용 전략으로 경쟁에 맞설 수 있는 방어벽을 제공한다. 원가주도 전략은 맥도날드, 월마트, 페더럴 익스프레스의 성공에서 보았듯이, 때때로 하나의 산업 전체를 혁신시킬 수도 있다. 이뿐만 아니라, 서비스회사는 다음과 같은 여러 가지 접근방법을 사용하여 원가주도를 달성할 수 있다.

---

① 마이클 포터(Michael R. Porter)의 경쟁전략을 시몬즈 부부(James and Mona Fitzsimmons)가 그들의 저서 *Service Management*, ch. 4에서 인용, *Service Management*, 2nd edition, McGraw-Hill, 1998. "Generic Competitive Strategies," *Competitive Strategy*, New York, Free Press, 1980.

① 저가격 고객을 찾는다

어떤 고객은 다른 고객보다 더 적은 비용으로 서비스할 수 있다. 이러한 고객은 서비스제공자들에게 주요 목표가 될 수 있다. 예를 들어, United Services Automobile Association(USAA)은 장교(보상을 요구하는 데 있어 평균위험이 낮은 그룹)만을 대상으로 서비스를 제공하면서, 자동차 보험업계에서 확고한 위치를 차지하고 있다. 장교들은 상대적으로 근무지를 많이 이동하므로 전화나 우편으로 업무를 수행하길 원하고, 또한 그것에 익숙해져 있기 때문에 더 적은 비용이 들게 된다. USAA는 전화나 우편으로 모든 업무거래를 수행하기 때문에 전통적인 보험업자들처럼 고비용 인력이 필요없다. 다른 예로, 원하는 수량만큼 구입하고, 셀프서비스를 원하는 소비자들을 목표로 하는 샘스클럽과 프라이스클럽과 같은 회사를 예로 들 수 있다.

② 고객서비스를 표준화한다

법률서비스(legal service)와 가족건강관리센터는 낮은 비용으로 일상적인 전문서비스를 수행하기 때문에 매우 매력적이다.

③ 서비스 전달에서 개인적 요소를 줄인다

서비스 전달에서 편리성이 증가된다면, 개인적 요소를 줄이는 위험성 높은 전략을 고객이 받아들일 수 있다. 예를 들어, 현금자동인출기의 편리한 접근은 고객과 은행직원과의 개인적인 거래를 약화시키게 되어 결과적으로 은행은 거래비용을 줄이게 되었다.

④ 네트워크 비용을 감소시킨다

서비스제공자와 고객을 밀착시키기 위해 네트워크를 필요로 하는 회사는 특별히 높은 초기비용이 필요하다. 이에 관한 명확한 예로서, 전기회사는 전송라인에 상당한 고정비용을 부담한다. 페더럴 익스프레스는 거점과 지점(hub-and-spoke) 네트워크를 이용하여 네트워크 비용을 줄일 수 있었다. 멤피스를 최신의 분류장비를 갖춘 거점(hub)으로 삼고, 서비스가 제공될 도시 사이에는 직접 경로를 개설하지 않고서도 미국 전역에 익일소포배달을 할 수 있다. 이 회사는 새로운 도시를 추가할 때마다 서비스할 수 있는 연관 도시의 경로를 추가하지 않고, 거점 중심으로 단 하나의 경로만 추가하면 된다. 거점-지점 네트워크 전략의 효율성은 승객을 운송하는 항공사에서도 이용되고 있다.

⑤ 오프라인 서비스 운영을 활용한다

많은 서비스들(미용실, 여객)은 고객이 참여해야만 수행되기 때문에 본질적으로 온라인 상태이다. 그러나 고객이 참여하지 않아도 되는 상황에서 몇 가지 요소를 오프라인(off-line) 상태로 수행하면, 서비스 거래가 이원화될 수 있다. 예를 들어, 신발수선 서비스업은 고객들이 신발을 맡기고 찾아가는 간이장소를 여러 군데에 설치한다. 그러고 나서 다른 곳에(해외도 가능) 위치한 수선공장에서 고객 주문을 모두 합친다. 서비스를 오프라인 상태에서 수행함으로써 합병(주문의 합병)에서 나오는 규모의 경제, 저렴한 원가시설, 고객의 비참여로 상당한 비용을 절감할 수 있다. 간단히 말해서, 분리된 서비스는 제조공장처럼 운영될 수 있다.

2) 차별화 전략

차별화 전략의 특성은 독특하다는 인식을 가지게 하는 서비스를 창조하는 데 있다. 차별화 전략은 여러 가지 방법과 유형을 지니고 있다. 예를 들어, 브랜드 이미지(맥도날드의 금색 아치), 기술(스프린트의 광섬유 네트워크), 특성(아메리칸 익스프레스의 완벽한 여행서비스), 고객서비스(노드스트롬 백화점의 명성), 딜러네트워크(센추리 21의 전국적인 부동산 네트워크) 등이다. 차별화 전략의 근본적인 목표는 비용을 무시하지 않으면서 충성고객을 만드는 데 있다. 서비스를 강화하기 위한 차별화는 고객이 기꺼이 지불하려는 비용으로 이룩될 수 있다.

① 무형적 요소를 유형화한다

서비스는 무형적이며 고객에게 어떤 물리적인 기억도 남지 않는다. 많은 호텔들은 고객들이 호텔에 머문 것을 기억하게 하기 위해 호텔의 이름이 선명하게 새겨진 무료 화장도구를 제공하고 있다. 하트포드(Hartford) 스팀 보일러 검사 및 보험회사는 산업용 전기회사와 보험계약을 체결한다. 그러나 이 회사는 전통적인 보험회사와는 달리 잠재적인 문제발생을 막기 위한 정기검사를 실시하고 건의사항을 경영자에게 제공하는 등의 서비스를 제공한다.

② 표준제품을 고객화한다

기업은 고객화된 접촉을 이용함으로써 아주 적은 비용으로 고객으로부터 사랑받을 수 있다. 호텔 교환원은 반복되는 업무 속에서 고객의 이름을 기억함으로써 호텔에 대한 좋은 인상을 남길 수 있다. 미용실은 이발소와 차별화시키기 위해 많은 개인적인 특성을 추가해 왔다(예컨대, 개성적인 헤어스타일, 음료

수 바, 안온한 분위기, 무드 있는 음악 등). 버거킹은 맥도날드의 전통적인 패스트푸드 접근방식인 계획생산과 차별화하기 위한 시도로서 주문생산의 증대에 노력해 왔다.

③ 인식된 위험을 감소시킨다

많은 고객들은 서비스 구매에 대하여 정보 결핍을 느낀다. 자동차 수리와 같이 자기확신이나 지식이 부족한 서비스의 경우, 고객들은 작업에 대하여 추가시간을 내어 설명하며, 깨끗하고 잘 정돈된 시설을 제공하고 그리고 작업을 보증하려는 서비스제공자를 찾는다. 때때로 고객들은 추가적인 비용을 부담하더라도 고객과 서비스제공자 간의 신뢰를 구축할 수 있다면 "마음의 평화"를 느끼게 된다.

④ 서비스 요원의 훈련에 관심을 기울인다

서비스품질을 향상시키기 위한 개발과 훈련투자는 경쟁자가 모방하기 어려운 경쟁우위를 누릴 수 있게 한다. 훈련프로그램의 품질이 널리 알려진 기업이 있으며, 이러한 회사들은 대학과 같은 훈련센터를 설립해 왔다(예컨대, 아더 앤더슨의 교육시설, 맥도날드의 햄버거 대학 등).

⑤ 품질을 통제한다

서비스는 특성상 노동집약적 시스템을 갖추고 있기 때문에 복수 지점에서 일관성 있는 서비스품질을 유지한다는 것은 대단히 중요한 문제이다. 그래서 기업들은 서비스 요원의 훈련, 명백한 절차, 기술, 서비스 범위의 제한, 직접 감독 등의 다양한 방법으로 이 문제점에 접근하고 있다. 예를 들어, 매직팬(Magic Pan) 체인레스토랑은 유명한 후식을 생산하기 위하여 무결함 기계를 설계하여 일관성을 유지했다. 서비스품질에 대한 질문은 고객의 기대와 경험 사이의 잠재적인 차이(gap)로 인하여 더욱 복잡하다. 따라서 품질에 대한 고객의 기대에 영향을 주는 것은 중요한 문제가 된다.

3) 집중화 전략

집중화 전략은 목표시장에서 고객의 특별한 요구에 부응하는 데 필요한 이상적인 서비스를 구축한다. 이 표적시장은 특별한 구매그룹(예컨대, USAA와 군인), 서비스(예컨대, 탈장수술의 숄다이스병원, 익일배달의 페더럴 익스프레스), 지리적인 지역(예컨대, 월마트와 시골 구매자, 사우스웨스트 항공사와 다른 지역 항공사)이 될 수 있다. 이러한 집중화 전략은 넓은 시장을 서비스하려고 애쓰는 회사보다 더 효율적이거나 효율적으로 표적시장을 서비스할 수 있다는 전제를 기반으로 하고 있다. 결과적으로 기업은 보다 낮은 비용으로 고객의 욕구를 더 잘 충족시킴으로써 좁은 표적시장에서 차별화를 달성할 수 있다.

다비도우(Davidow)와 유탈(Uttal)은 목표고객의 선택이 성공적으로 집중화 전략을 달성하는 데 매우 중요하다고 주장하고 있다. 그들은 캘리포니아에 있는 한 은행인 팔로 알토(Palo Alto)에 대하여 설명하고 있는데, 이 은행은 한도를 초과하는 수표를 두 번 발행하면 계좌를 폐쇄함으로써 일반인들의 계좌 개설을 억제시키고 주로 부유층만을 목표로 하고 있다. 다비도우와 유탈은 집중화 전략을 위한 3단계 접근방법을 제시하였는데, 그 첫 번째 단계로 먼저 핵심서비스를 설계하기 위하여 시장을 세분화하고, 둘째, 가치에 따라 고객을 분류하고, 마지막으로 기대감을 인식된 성과보다 약간 낮게 설정한다.

집중화 전략은 원가주도 전략 또는(그리고) 차별화 전략의 응용부분이라고 할 수 있으며, 세 가지 일반적인 시장포지션 전략의 관계는 【그림 2-5】에 나타내었다.

그림 2-5 서비스의 경쟁전략

		전략적 우위	
		저비용	독특함
표적	전체시장	차별화 전략	원가주도 전략
	틈새시장	집중화 전략	

자료: Michael E. Porter, *Competitive Strategy: Techniques for Analyzing Industries and Competitors*, The Free Press, 1980.

3. 혁신적인 제품설계기법

3.1 모듈러설계와 생산

급속한 기술혁신을 통한 오늘날의 시장수요가 제품생산의 단순화(simplification)와 고객의 다양한 기호에 부응할 수 있는 제품 종류의 다양화(diversification)를 동시에 만족시킬 수 있는 새로운 방식을 요구하게 되는바 이를 충족시킬 수 있는 것이 모듈러설계 및 생산방식이다.

여기에서 모듈(Module)이란 사물을 구성하는 최소 단위를 의미하는 말로서 시스템장치에서는 시스템의 일정한 기능을 수행하는 부분을 단위로 하여 대체할 수 있게끔 설계된 부품으로서 각 제품에 공통적으로 들어가는 구성품을 의미한다.

모듈에 의한 설계는 제조업자로 하여금 고객들의 서로 다른 기호를 충족시켜 주며, 대량생산에 의한 저렴한 비용의 이점을 누리게 하여 준다.

사실상 한 가지 제품만을 생산하는 기업은 거의 없으며 대부분의 기업들이 여러 가지 유형의 제품을 생산한다.

여기서 제한된 부품으로 여러 가지 종류의 제품을 다양하게 만들 수 있다면 생산단가를 저렴하게 할 수 있을 뿐만 아니라 소비자들의 다양한 수요를 충족시킬 수 있게 된다.

모듈러설계(Modular Design)란 기업들이 다양한 고객의 요구사항을 수용하며, 아울러 대량생산의 원가우위를 유지할 수 있도록 다양한 방법으로 결합할 수 있는 부품과 서비스를 설계하고 생산하는 것이다.

한편, 모듈러생산(Modular Production)이란 모듈러설계를 바탕으로 표준화되고 다양하게 결합할 수 있는 부품을 개발하여 이들 부품의 결합에 의해서 제품의 다양화를 경제적으로 실현하려는 생산방식[2)]으로 다양하게 결합할 수 있는 부분품을 설계, 제조하여 최소 종류의 부분품으로 최대 종류의 제품을 생산하는 방식이다.

전통적인 대량생산에서는 부품의 호환성(interchangeability)을 기본적인

그림 2-6 모듈러생산과 제품의 다양화

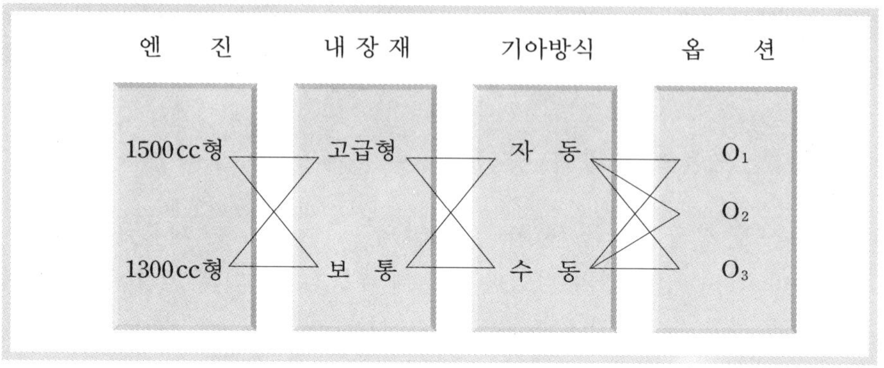

요건으로 하여 단일의 제품을 대량으로 생산할 수 있었지만, 모듈러생산에서는 부품의 호환성을 다른 품종에까지 확장시킨다는 점에서 차이가 있다.

모듈러방식을 주창한 M. K. Starr는 단일품종-대량생산-마케팅기능의 강화를 통한 다양화방안에서 모듈(module)에 의한 생산기능의 다양화를 바탕으로 한 마케팅기능의 다양화가 시장에서 소비자들의 다양한 수요를 충족시킬 수 있다고 하였다.[3)]

만일 자동차 생산을 모듈러방식에 의해 다양화한다면 다음 【그림 2-6】처럼 사용하는 모듈(module)의 수에 따라 생산되는 최종제품을 선택할 수 있는 다양화의 방법은 $2 \times 2 \times 2 \times 3 = 24$ 종류가 된다.

오늘날의 전자, 전기 및 기계제품들은 대부분 모듈개념을 이용하여 생산되는데, 가령 대표적인 시스템제품인 컴퓨터를 비롯하여 TV, 자동차, 통신기기들은 고장이 발생하면, 고장난 부분의 모듈만을 교체하면 간단하게 수리할 수 있으며, 또한 기능을 확장시키려 할 때에도 확장에 필요한 모듈만 더 첨가하면 시스템의 확장이 가능하게 된다.

따라서, 모듈러설계 및 생산방식의 장점은 종래의 대량생산방식의 부품호환성을 중심으로 한 동일제품의 대량생산에 비해 호환성개념을 단일 제품이 아닌 다양한 제품의 생산에까지 넓혀 생산하므로 경제적인 생산이 가능하게 되지만, 훨씬 많은 수량의 부품을 준비해야 한다는 점에서는 취약점이 될 수도 있다.

3.2 동시공학

동시공학(Concurrent Engineering) 개념이 등장하게 된 배경은 1980년대①부터 기업경쟁의 심화, 급속한 기술혁신, 제품의 다양화, 제품수명의 단축 등의 변화하는 환경에 재빨리 대처하기 위해서 업무처리효율의 향상과 신속한 의사결정이 가능한 생산체제를 갖추고자 노력하게 된 데에서 비롯되었다.②

단기간에 경쟁력 있는 상품을 개발하기 위한 방안으로, 제품개발의 여러 활동을 병렬적으로 처리하는 동시공학의 개념을 도입하게 된 것이다.

기업이 지속적으로 성장하고 발전하기 위해서는 고품질 제품(high quality)의 신속한 개발(short lead time)과 원가절감(low cost)이 중요한 사항이며, 부분간의 전문성이 심화될수록 이러한 동시공학의 필요성은 가중된다.

동시공학(CE: Concurrent Engineering)이란 제품 및 그에 관련된 제조 및 지원부문을 포함한 여러 과정을 동시적이며 병행적으로 설계하기 위한 시스템관점의 접근방법으로서, 동시공학의 목적은 제품의 설계에서부터 폐기에 이르기까지 제품의 전체 수명주기에 포함된 모든 요소를 처음부터 동시에 고려하고자 하는 것이다.

이는 제품개발자로 하여금 제품기획에서부터 폐기에 이르기까지 품질, 원가, 생산계획, 고객요구사항 등 제품의 라이프사이클상의 모든 요소들을 고려한다. 제품수명주기상의 여러 독립적 단위활동들 또는 이를 지원하는 시스템을 통합함으로써 기업의 경쟁력을 키우고 급변하는 시장환경에 능동적으로 대처해 나가는 방안을 제시한다.

동시공학을 기업이 신제품 개발현장에 적용한다는 것은 지금까지의 업무습관과 구조를 변화시키는 것을 필요로 하는데 이러한 변화를 통해 다음과 같은 것들을 얻고자 한다.③

---

① 동시공학에 대해서 처음 언급하고 연구한 기관은 미 국방성 산하 연구기관들이며, ARPA(Advanced Research Projects Agency)는 1982년 설계과정에서의 동시성을 높이기 위한 연구를 시작했으며, 5년 뒤인 1987년 연구결과 보고서를 발표하였다.

② Eli Goldratt가 친구의 사업을 위해 당초 개발했던 OPT(Optimized Production Technology)와 자원제약관리(Constraint Management)가 미국의 많은 기업에 도입되어 그 효과를 인정받으면서, 80년대 중반 GM을 비롯한 미국의 몇몇 제조업체에서 동시생산으로 발전시키게 되었다.

③ 1988년 12월에 발표된 미 국방성 산하 IDA(Institute for Defense Analyses)의 연구보고서와 Landon C. G. Miller, Concurrent Engineering Design, Society of

첫째, 제품개발의 전체적, 통합적이고 종합적인 개발을 실현, 하나의 프로젝트를 달성하고자 할 때 다기능의 전문화, 통합화에 따라 실행하는 스타일로 바꿀 필요가 있다.

둘째, 제품개발, 생산 및 공급의 흐름을 병행함으로써 짧은 기간에 개발흐름을 종료할 수 있는 스타일을 실현, 이를 위해서는 하나의 시점에서 생각하고 실행하는 항목이 폭넓게 늘어나야 한다. 이에 따라 개개인의 능력은 전문성과 다양성이 동시에 요구되며 구성원 사이의 경계를 넘어선 적절한

그림 2-7 순차설계방식과 동시공학적 설계방식의 비교

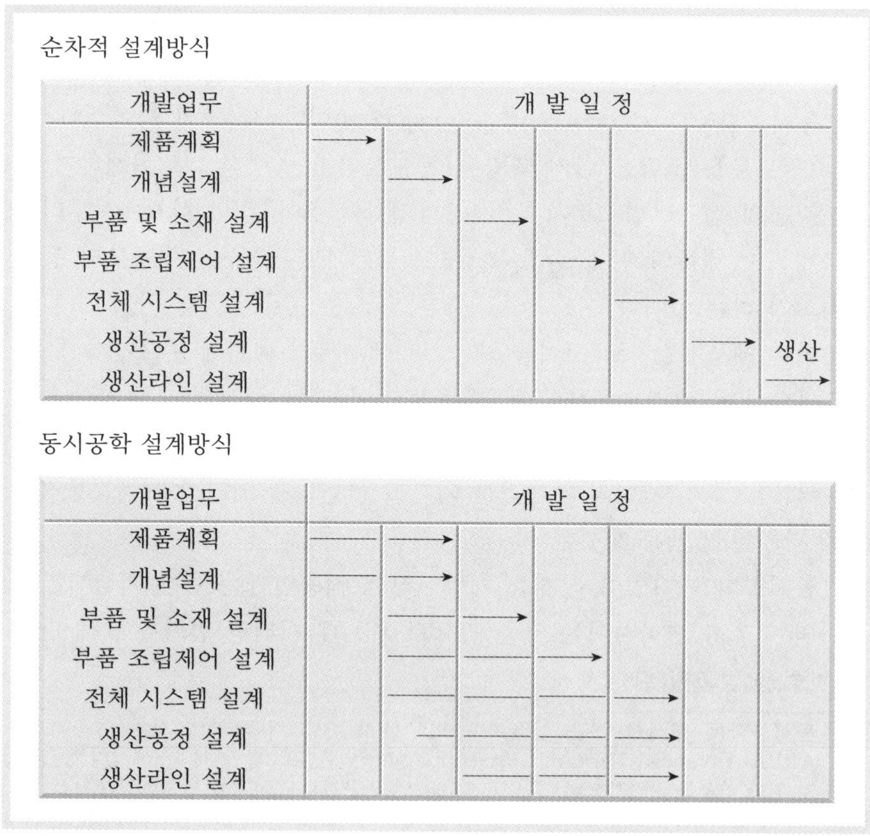

Manufacturing Engineers Dearbon, Michigan 48121, 1993 참조. 동시공학에서 중요시하는 부분은 제품설계이며, '동시설계공학(Concurrent Design Engineering)' 의 줄임말이라고도 볼 수 있다.

조화①가 중요하다.

셋째, 제품개발의 초기의 제품의 수명주기에서 요구를 명확히 파악하고 설계형의 개발, 스타일을 실현할 수 있게 한다. 즉 제품의 기능적 성능, 구조뿐만 아니라 품질, 생산성, 나아가서 서비스와 고객만족도, 마지막으로 재활용에 이르기까지를 개발 초기에 검토하는 것이다.

동시공학의 개념을 이해하는 가장 쉬운 방법은 기존의 방법론인 순차설계방식과 비교하는 것인데, 기업에서의 제품개발업무를 예로 들어 두 방법의 장단점을 살펴보면 【그림 2-7】과 같으며, 제품개발업무의 순차적 방법과 동시공학방법을 적용했을 때의 제품개발업무 프로세스를 나타내는 것이다.

각각의 개별업무 처리시간은 순차방식이 짧지만, 제품개발업무 전체의 시간은 동시공학방법이 짧다.

동시공학방법론은 기업경영활동이나 제품생산활동에 적용하여 많은 효과를 거둘 수 있다. 성공적인 적용사례가 많이 발표된 제품개발업무의 경우, 가시적 기대효과는 제품개발의 기간단축과 비용의 감소이다. 제품의 수명이 짧아지고 고객의 요구에 민첩하게 대응해야 하는 상황에서 제품개발기간의 단축은 매우 중요하다. 또한, 제조업의 경우 제품 전체비용의 70% 정도가 제품개발 및 설계단계에서 결정되고, 제조생산성의 70～80%가 제품설계단계에서 결정된다고 한다.

그러므로, 제품개발단계에서의 효과적인 설계와 개발은 바로 비용감소의 효과로 나타난다. 특히 설계단계에서 충분한 협의를 거치지 않고 생산을 진행하게 되면, 제품의 수명주기 뒷부분에서 제품의 변경사항이 발생하기 쉽고 그로 인해서 상당한 비용발생이 일어나게 된다.

동시공학을 통하여 많은 기업들이 성공한 사례를 간략히 조사분석한 결과[4]를 간단히 요약한다. ① 개발기간을 35～60% 단축시킬 수 있었다. ② 공학변경이 65～95% 감소되었다. ③ 중복작업이 75% 배제할 수 있었다. ④ 오류가

① 동시공학에서는 전통적인 설계공학에서 볼 수 없는 동시공학팀이 있다. 이 팀은 제품설계(Design)팀뿐만 아니라 제조(Manufacturing)전문가, 공정(Process)전문가, 판매(Marketing)전문가, 품질(Quality)전문가, 서비스 및 유지(Service/Maintenance) 전문가, 조립(Assembly)전문가, 포장(Packaging)전문가, 환경(Environment)전문가 등으로 이루어진다.

30~85% 감소되었다. ⑤ 제품출시 기간이 20~90% 감축되었다. ⑥ 생산원가가 30~45% 절감되었다. ⑦ 전반적인 품질이 100~600% 향상되었다.

3.3 품질기능전개

품질기능전개(QFD: Quality Function Deployment)는 신제품에 대한 개념의 정립, 설계, 부품계획, 공정계획, 그리고 생산계획과 판매까지 모든 단계를 통해 고객의 요구가 최종제품과 서비스에 충실히 반영되도록 하여 고객의 만족도를 극대화하는 데 초점을 맞추고 있는 품질경영의 방법론 중 하나이다.[5)]

QFD의 기본개념은 고객의 요구사항을 제품의 기술특성으로 변환하고, 이를 다시 부품특성과 공정특성, 그리고 생산에서의 구체적인 사양과 활동으로까지 변환하는 것이다. QFD의 전체적인 목적은 신제품의 개발기간을 단축하고 동시에 제품의 품질을 향상시키는 것이며, 이런 목적을 달성하기 위하여 신상품개발의 초기단계부터 마케팅부서, 기술부서 및 생산부서가 서로 밀접하게 협력해야 한다.

그림 2-8 품질주택의 구성

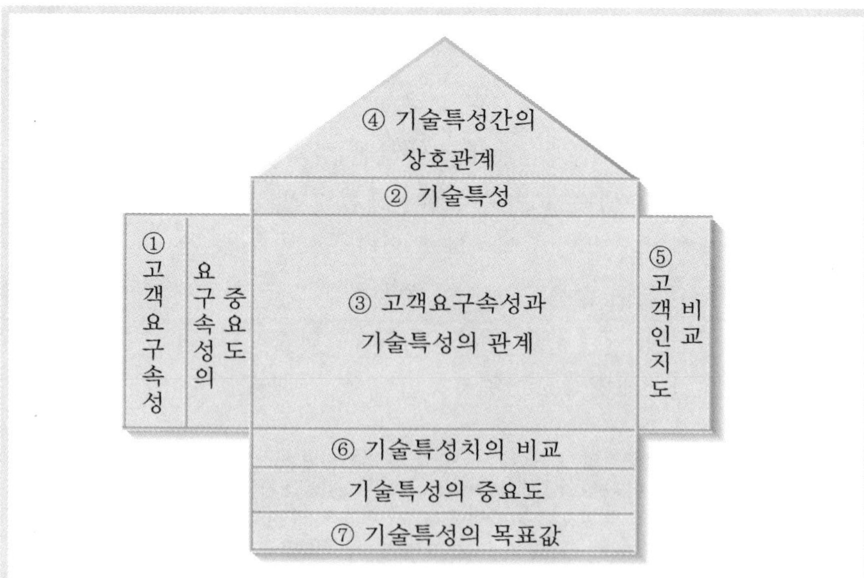

QFD는 1960년대 후반 일본의 아카오요지(赤尾洋二)에 의해 연구되기 시작하여, 1972년 미쓰비시 중공업의 고베 조선소에서 가치공학의 기능분석기법을 원용하여 원양어선 제작에 처음 개발되어 사용되었다.

엄격한 정부의 규제조항과 고객의 요구사항을 설계과정에서 동시에 고려하기 위한 수단으로 미쓰비시의 기술자들이 사용했던 행렬형태의 도표가 QFD의 시초가 되었으며, 앞의 【그림 2-8】에서와 같이 이 도표를 품질주택(HOQ: House of Quality)[6]이라 부르기도 한다.

1970년대 중반부터 도요타와 그 부품업체들에 의해 QFD는 더욱 발전되었다. 도요타는 QFD의 사용을 통하여 1977년부터 1984년 사이에 생산 직전 단계까지의 비용을 60% 가량 절감하였으며, 시장출고까지의 기간도 3분의 1 가량 단축하였고, 제품의 품질 또한 향상시킬 수 있었다.

이 외에도 일본에서는 1970년대 이후 가전기기, 집적회로, 건설장비, 합성수지, 섬유, 금속제품 및 소프트웨어의 개발에까지 QFD가 폭넓게 사용되고 있다. 미국에서도 1983년 Fuji-Xerox에서의 성공을 계기로 많은 회사들이 1980년대 중반부터 QFD를 사용해 오고 있으며, 현재는 Motorola, DEC, Hewlett Packard, AT&T, ITT, NASA, Kodak, Goodyear, Proctor & Gamble, NCR, Polaroid, Ford, GM 등을 비롯한 많은 기업들이 적극적으로 QFD를 사용하고 있다.

지금까지 언급한 QFD의 사례는 주로 제조업에서 수행되었던 것이나, 1980년대 후반부터는 QFD가 서비스업과 같은 비제조업분야에서도 활발히 사용되어 오고 있다. 서비스산업은 서비스 제공과정 자체가 최종상품이고 특히 다양한 고객계층을 상대로 하고 있다는 면에서 제조업과는 다르다고 볼 수 있다.

그러나 고객의 요구가 신제품개발에 최우선적으로 반영되어야 한다는 기본적인 측면은 기존 제조업의 경우와 동일하므로, QFD는 비제조업분야에서도 효과적으로 사용되어질 수 있다. 현재까지 발표된 사례로는 자동차 정비관리, 고객전화상담, 호텔경영, 교육제도, 국가보안, 환경보존 등 영역의 제한 없이 폭넓게 사용되고 있다.

3.4 가치 및 기능분석

1) 가치분석의 개념

생산현장에서는 특정한 자원이나 물자를 습관적으로 계속 사용한다. 그러나 부존자원의 유한성과 자원가격의 상승은 물자의 합리적 사용과 대체소재의 개발을 요구하고 있다.

더욱이 기업목표 중의 하나가 이윤추구에 있으니 만큼 모든 사용가능한 물자를 유효적절하게 사용하여 가치가 높은 제품을 생산한다는 것은 기업의 주요과제가 되므로 이를 효과적으로 달성하기 위해서는 가치분석/공학기법(VA/VE: value analysis/value engineering)을 도입해야 한다.

따라서 VA 또는 VE(이하 VE로 통일)란 제품 또는 자재 등에 내포되어 있는 불필요한 기능 또는 비용을 발견하여 이를 제거하고, 원가를 절감시키는 기법이라 할 수 있다.

쉽게 말해서 제품, 원재료, 에너지, 서비스, 기계설비 등이 지니고 있는 가치를 비용과 기능면에서 체계적이고 조직적으로 분석 · 검토하고, 그 결과를 원가절감에 이용하려는 '시스템적 사고방식'(systems approach)이 곧 가치분석기법인 것이다.

VE기법의 발단은 1947년 미국 GE社의 자재구매부서에서 비롯되어 1960년대에 미국 내에 정착되었다. 당시 GE社에서 단열재 구매를 담당하던 마일즈(L. D. Miles)는 다음 사례에서처럼 품질에 영향을 줌이 없이 제조원가를 절감하는 데 성공함으로써 가치분석기법을 개발해 낸 것이다.

이 기법은 철저한 가치추구의 개선기법일 뿐만 아니라, VE기술자를 중심으로 행하는 분석활동인 동시에 종합적인 조직활동에 의한 원가절감기법이기도 하다.

이러한 내용을 바탕으로 VE의 정의를 세분하여 정리해 보면, 최소의 라이프사이클 코스트로 필요한 기능을 확실히 달성하기 위하여, 제품/서비스의 기능적 연구에 쏟는 조직적 노력이라고 정의할 수가 있는데, 이와 같은 활동방법을 기업이 도입하여 적용하게 되면, 첫째 모든 물자가 유효적절하게 사용됨으로써 물자절약이 가능하고 가치가 높은 제품을 비교적 저렴한 가격으로 고객에게 제공할 수 있다.

둘째, 물자를 합리적으로 이용함으로써 불필요한 원가를 제거할 수 있어 생산원가를 절감한다.

셋째, 불필요한 기능 내지 중복된 기능이 있을 때나 기능의 발휘가 잘못될 때 발생할 불필요한 원가를 식별하고 이를 제거하는 방법을 명시한다.

끝으로 이 기법은 지금까지 답습해 왔을 잘못된 사고, 습관, 태도를 바로 잡고 아울러 물자와 시간을 절약하는 방향을 제시하여 준다.

2) 가치와 가치분석의 특징

상품은 각기 그 특성에 따라 가치를 지니고 있다. 이러한 가치의 개념을 여러 가지로 분류할 수 있으나, 가치분석에 있어서 일반적으로 중요시하는 가치의 개념은 주로 경제적 가치로 한정해서 생각할 수 있는바 이는 다음 네 가지의 개념으로 나눌 수 있다.

① 원가가치(cost value) - 물품을 만들어 팔기 위해 소요되는 모든 원가의 합계를 가치 개념으로 나타낸 것이다.

② 교환가치(exchange value) - 현재 물품의 가치와 다른 물품의 가치와의 상대적 또는 비교적인 관계이며, 소유자가 서로 다른 만큼의 만족을 얻는다고 생각, 교환해도 좋다고 느낄 수 있다는 데에서 생기는 가치개념으로, 한 상품이 다른 상품을 구매하거나 획득할 수 있는 다양한 형태의 능력을 내재하고 있는 것을 의미한다.

③ 귀중가치(esteem value) - 고객들이 소유하고 싶다고 생각하는 부가적인 요소, 즉 그 물품의 특성과 매력을 나타내는 가치 개념이다.

④ 사용가치(use value) - 물품이 가지고 있는 효능이 얼마나 사람들에게 유용함을 주고 욕구를 만족시키는가를 판단함으로써 생기는 가치의 개념으로 그 물품이 사용되는 목적을 달성하는지 여부의 척도로써 타인의 욕망이나 기대사항을 충족시켜 줄 수 있는 유용성(usefulness)을 가지고 있는 상품 자체로서의 가치를 의미한다.

이상의 네 가지 가치개념은 완전히 분리되어 독자성을 갖고 있는 것이 아니고 서로 중복 또는 보완적인 관계에 있으며, 이 중의 하나 또는 여러 가지가 다른 하나에 영향을 미친다.[①]

① 즉, 귀중가치와 사용가치가 교환가치에 영향을 미친다.

상품의 참된 가치라면 이상의 네 가지 가치개념을 두루 포괄해야 되지만, 가치분석에서는 원가가치와 사용가치가 중심개념이 되는데, 특히 사용가치는 가치분석에서 가장 중요시된다. 즉, 사용가치가 없는 물건은 교환가치나 귀중가치도 없는 것이라 할 수 있다.

가치판단은 항상 상대적이며 가치판단기준에 따라 설정될 수 있으나 주로 제품의 기능을 금액으로 표시한 값어치(worth)라고 정의한다. 제품의 값어치는 그 제품의 기능이 얼마의 금액인가를 표시함으로써 실제원가와 비교하기 위한 기초가 된다.

$$\text{가치} = \frac{\text{기능의 환산금액}}{\text{생산원가}} \times 100 = \frac{\text{값어치}}{\text{가치}} \times 100$$

100%의 가치는 그 제품의 실제가치의 값어치가 동일하게 될 때 이루어진다. 따라서 부적당한 재료, 비경제적인 제조방법, 불필요한 기능(고객의 요구를 넘는 기능)은 가치를 떨어뜨린다.

그러므로 가치분석에서 흔히 제시되는 가치결정을 위한 방식은 각 기능에 금액을 부여하여 특정제품이 달성하는 기능분석을 기초로 하고 있다.

이 때 기능은 직관적으로 평가되거나, 기능의 물리적 면과 원가간의 직접적 관계를 고려하여 평가된다.

제품의 가치를 높이려면 적정기능을 가급적 최소의 원가로 달성할 수 있는 방법을 모색해야 할 것이다. 이것을 다음과 같이 표시할 수 있다.

$$\text{가치(증대)} = \frac{\text{기능(적정)}}{\text{원가(최소)}}$$

이 경우 제품의 가치는 그 제품이 갖고 있는 기능에 대해서 지불해야 되는 최저의 원가 내지 가격이 된다. 따라서 가치분석에서는 그 제품의 기능에 대한 기능연구가 중심이 되어야 한다.

한편, 가치분석의 대상을 크게 나누면 물자와 서비스로 나눌 수 있을 것이다. 물자에는 제품, 장치, 설비, 시설, 보급품, 소모품, 에너지 등이 있으며 이들은 모두 가치분석의 대상이 된다.

서비스 또한 다양한 것으로 예컨대 병원에서의 의료봉사, 호텔에서의 봉사,

행정관서의 사무, 학교기관의 사무 등이 모두 가치분석의 대상이 될 수 있다.

가치분석을 수행할 때, 문제가 발생될 가능성이 높은 것부터 우선적으로 대상으로 삼아야 하는데, 대개는 언제나 문제가 되고 있는 것이나 특정기능에 대해서 코스트가 높지 않은가 의심하는 것, 어떤 물품의 구매에 성공한 경우 다른 품목에도 비슷한 방법이 적용될 가능성이 있는 것, 원가율이 높은 것, 고가품목(ABC관리품목 중 A품목), 적자제품 등이 주요한 대상이 된다.

가치분석은 종래의 다른 기법들과는 다른 다음과 같은 특징이 있다.

① VE는 과학적인 기능추구를 바탕으로 가치에 관한 문제해결을 한다.
② 제품의 성능이나 신뢰도를 저하시키지 않고 요구되는 기능을 최저원가로 달성한다.
③ 종래의 원가절감은 단편적이고 부분적으로 진행되는 데 반해, VE는 시스템적 접근을 시도함으로써 조직적이며 체계적으로 행하여진다.
④ VE는 거래처(외주공장)와도 적극적인 협력체제를 확립한다.
⑤ VE는 종합적인 조직활동을 통해 원가절감을 한다.

3) 고객의 관점에서 본 가치

고객의 관점에서 본 가치방정식은 다음과 같다.

$$\text{가치} = \frac{\text{고객에게 제공된 결과물} + \text{프로세스품질}}{\text{고객이 지불한 가격} + \text{서비스 획득비용}}$$

고객이 구매하려는 것은 결과물이지 제품이나 서비스 그 자체는 아니다. 즉, 제품을 사용하거나 서비스를 제공받은 뒤 고객이 느끼는 결과의 중요성에 따라 가치는 다르게 나타난다.

4) 기능의 개념과 기능분석

기능(Function)은 제품이나 서비스가 본래의 목적, 즉 고객으로 하여금 구매하도록 작용하는 특성 또는 용도적 역할을 뜻하는데, 이와 같이 특정의 목적을 달성하게 해주는 작용이라고 말할 수 있다.

기능은 보는 관점에 따라 여러 가지로 구분할 수 있으나, 가치분석과 연관된 범위로 한정해서 설명하고자 한다. 제품의 기능을 사용목적에 따라 구분하면, 사용기능(use function)과 미관기능(aesthetic function)으로 나눌 수 있다.

사용기능은 다시 그의 사용 목적이 필수적이냐 아니면 선택적이냐에 따라, 기본적 사용기능(절대적 기능)과 보조적 사용기능(희망적 기능)으로 나눌 수 있다.

전자는 필수불가결의 기능을 의미하며, 후자는 모양, 색깔 등과 같이 있으면 더욱 좋겠다는 희망적인 부대기능이다. 또한, 전술한 미관기능과 보조적 사용기능(희망적 기능)을 총괄해서 보조적 기능 또는 이차적 기능(secondary function)이라 부른다.

기본적 기능(basic function)은 본원적 주기능이므로, 제품설계에 있어서나 가치분석에 있어서 소홀히 다룰 수 없으므로 기능 전부를 잘 평가하고 분석하여야 한다. 보조적 기능도 기본적 기능에 대해서 이차적 기능이긴 하지만 대체적 기능을 발견할 수 있는 여지가 있다.

예를 들어, 의약품을 중심으로 생각해 본다면 의약품의 가치를 향상시키기 위한 한 방안으로 부재료를 대체하여 제품의 원가를 절감하고 본래의 가치 이상의 효과를 가져오게 할 수 있다. 즉, 지금까지 병에다 넣어 출하하던 정제 약품을 은박지 또는 비닐에 포장하게 되면, 약효를 지속시킬 수 있는 한 사용자에게는 아주 편리할 것이라는 착상(idea)의 도출이 바로 대체적 기능 또는 전이적 기능의 발견이라고 할 수 있다.

병과 은박지 또는 비닐은 약의 성분을 보존할 수 있는 것인바, 이에는 주기능과 보조기능으로 나눌 수 있다.

즉, 병과 은박지 또는 비닐의 주기능은 약의 효과를 오랫동안 지속시킬 수 있도록, 외부로부터 열, 빛 및 세균으로부터 오염되지 않게 하는 기능을 한다. 그리고 보조기능은 고객으로 하여금 약품에 대한 관심을 갖게 하여 상품으로

그림 2-9 기능분석

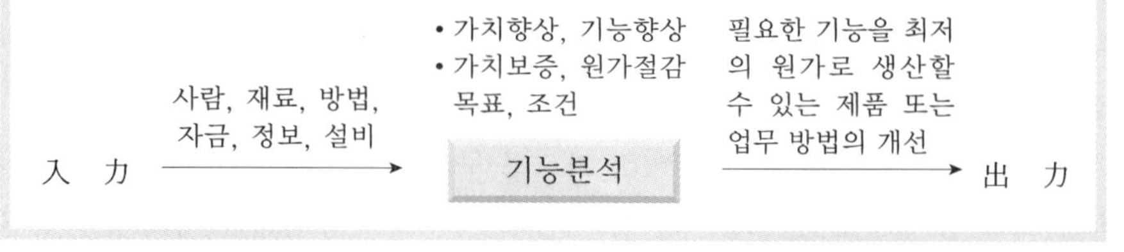

서의 가치를 보다 더 높이는 데 있다. 환언하면 상품의 형태 · 색채 · 규격 · 용도의 용이성 및 휴대의 간편성 등이 대체로 약품을 사용하는 고객에게 매력을 갖도록 하는 기능을 가리킨다.

가치분석법의 유일한 방법인 기능분석은 【그림 2-9】에서 보는 바와 같이 기능을 중심으로 현장문제에 접근함으로써 불필요한 기능을 발견하여 불필요한 원가를 제거한다. 그 순서는 기능의 정의, 기능의 평가, 대체안의 작성으로 이루어진다.

기능분석의 구체적인 방법은 다음 【표 2-3】과 같이 3단계 8질문법에 의거 실시하는 것이 일반적인 방법이다.

기능분석을 실시함에 있어서 기능 개선의 대상, 즉 문제점을 신속히 파악하기가 쉽지 않다. 더욱이 기업마다 생산제품이 같지 않을 뿐만 아니라 생산시설, 생산방법, 생산능력 등 제반 여건이 다르기 때문에 문제점을 올바르게 파악한다는 것은 어려운 일이다.

문제점의 파악방법으로서 3단계 8질문법을 이용하는 방법이 있겠으나, 기

표 2-3 기능분석의 3단계 8질문법

분석단계	질문법	목 적
기능의 정의	1. 그것은 무엇인가?(분석대상) 2. 그것은 무엇을 하는 것인가?(기능)	사용자 요구달성을 위한 기능을 명확히 하는 데 있다.
기능의 평가	3. 그 비용은 얼마인가?(기능별 비용분석) 4. 그 가치는 어느 정도인가?	각 부품에 투입된 비용을 기능 측면에서 평가하여 가치가 낮은 분야를 발견하고 개선노력을 집중한다.
대체안의 작성	5. 다른 것이 그 역할을 하는 것은 없는가? 6. 그 비용은 얼마인가? 7. 비용이 가장 싼 것은 어느 것인가? 8. 요구조건을 만족시킬 수 있는가?	효과가 기대되는 분야에 대해 새로운 대체아이디어를 발상하고 이를 기술적 · 경제적으로 평가하여 최종 개선안을 얻는다.

그림 2-10 VE활동의 단계와 역할 예

순서 1 : 테마의 선정	필요성, 관련성, 기대효과, VE기법의 적용성에 따라 가치향상 테마를 설정한다.
순서 2 : 정보의 수집	현황분석, 기능분석, 대체안에 대해 풍부한 정보를 수집한다.
순서 3 : 기능의 정의	대상이 되는 재료나 작업의 기능을 자세히 분석하여 기능을 알기 쉽게 표현한다.
순서 4 : 기능의 정리	명확해진 기능을 목적과 수단의 관계로 연결하여 1개씩 수정을 하면서 정리한다.
순서 5 : 기능의 평가	정리된 기능에 대해 가치를 산출하고 개선해야 할 문제의 기능과 개선목표를 설정한다.
순서 6 : 개선안의 입안	가치가 낮은 기능에 대해 끝까지 그 기능을 다할 수 있는 방법, 수단을 폭넓게 추출하여 평가, 구체화한다.
순서 7 : 개선의 실시	유력한 개선안을 압축해서 그 개선안에 대해 테스트를 하여 개선안 제안이나 구체적 실시를 시도한다.

업의 실정에 따라 보다 더 세부적이며 구체적인 체크리스트(check list)를 이용한다면 효과적이다. 체크리스트를 이용하면 문제점을 비교적 쉽게 파악할 수 있을 뿐만 아니라 가치개선의 착상도 쉽게 이끌어 낼 수 있다. 예를 들어, VE활동의 단계와 역할을 정리하여 제시하면 【그림 2-10】과 같다.

기능분석과 노력을 계속하게 되면 다음 【그림 2-11】처럼 보조적 기능(F_S)에 대한 비용요소는 점차 감소된다. 따라서 제품의 요구기능(F)을 보면 $F = F_b + F_S = F_S$ 가 되며, 생산량에 대한 비용곡선은 낮아진다.

기능과 비용곡선의 관계는 【그림 2-11】과 같은 그림으로 설명될 수 있다.

그림 2-11 기능과 비용곡선

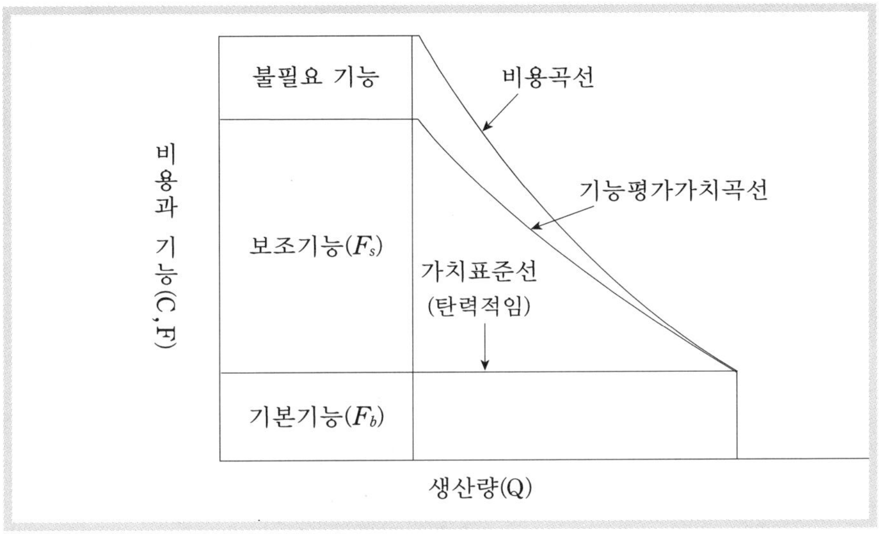

이와 같이 비용곡선을 가치표준이 되는 기본기능(F_b)에 접근시키는 것이 이상적인 목표이므로, 이 목표가 달성되었을 때 가치공식은

$$V=\frac{F_b+F_s}{C}=\frac{F_b}{C}$$

가 된다. 여기에서 가치비율이 $\frac{1}{10}$이라고 하면 이는 $F_b=1$에 대하여 C(cost)$=$10이라는 것이므로 C를 1까지 내릴 수 있는 여지가 있다.

즉, 90%의 원가절감을 할 수 있는 여지가 있음을 말해 준다. 원가절감의 여지를 발견하는 방법은 다음과 같은 세 가지 방법이 있다.

① 경험법 : 경험에 의해서 자기가 물건을 사고 돈을 지급한다면 그 물건은 얼마 정도의 가치가 있는가를 평가하는 방법
② 가치표준법 : 표준적인 기능평가
③ 비교에 의한 평가방법 : 물품과 물품을 비교하여 비용계산을 하는 방법

기능 전부를 평가분석하는 비용견적서를 구하기는 곤란하나, 주요기능만이라도 기능평가를 해야 하므로 이를 위하여 사용하는 방법이 비교에 의한 평

가방법이다. 하지만, 표준기능의 평가치를 구할 수 없다 하더라도 정의된 기능에 의한 최저비용의 기준은 구해야 한다.

표준원가와 실제원가를 비교하여 후자가 적으면 그 차액만큼은 비용절감의 여지가 있으며, 그 반면 후자가 높으면 비용이 높은 부문을 조사하여 비용절감을 해야 할 것이다.

기능을 잘 모르는 경우에 기능평가를 하려고 할 때는 표준품이나 시장에 있는 유사품을 조사하여, 그 중에서 타당하다고 생각되는 유사제품을 선택하는 것이 보통이다.

POM 사례 3

서비스산업시장의 경제적 효과

서비스시장 분야는 지난해 2월부터 이미 우루과이라운드(UR) 후속협상의 하나로 개방협상이 진행돼 왔다. 그러나 이번 도하회의에서 2003년 3월 31일까지 시장개방 양허안을 제출토록 규정됨에 따라 협상에 한층 속도가 붙게 됐다. 전문가들은 서비스시장이 대폭 개방되면 국민들의 후생과 편익은 증가하겠지만 국제경쟁력이 취약한 일부 산업은 도태될 가능성도 있는 것으로 내다보고 있다.

◇ 서비스 개방의 거시경제적 효과

대외경제정책연구원(KIEP)은 '뉴라운드 서비스협상이 한국경제에 미치는 영향' 보고서를 통해 뉴라운드로 인해 서비스교역 장벽이 33% 감축될 경우 국민후생이 0.9%(52억 달러) 늘어날 것이라고 밝혔다. 이는 유럽연합(0.94%), 일본(0.95%) 등의 증가폭과 비슷한 수준이지만 외국인투자 유치환경이 좋은 홍콩(1.78%), 싱가포르(2.62%) 등에는 훨씬 못 미치는 수치다.

또 도·소매, 운수, 보관 등의 부문은 긍정적 효과를 얻겠지만 음식점, 숙박, 부동산, 사업서비스 등 상대적으로 노동집약적인 부문은 부정적 충격이 클 것으로 예상했다. 반면 서비스개방은 서비스업종 자체보다도 고용, 중간재, 투자 등의 측면에서 파급효과가 큰 제조업이 더 많은 반사이익을 챙길 것으로 예측됐다.

◇ 서비스 분야별 현황

통신서비스 분야는 기간통신서비스 분야의 외국인 지분율 확대문제가 불거질 것으로 예상된다. 이동통신과 기간통신사업자의 외국인 지분이 현재는 최대 49%로 제한돼 있어 외국인이 실질적인 경영권을 행사하는 데 제약이 많기 때문이다. 50% 이상의 외국인 지분소유가 허용되면 통신시장은 약육강식의 정글의 법칙이 지배, 치열한 경영싸움이 불가피할 전망이다. 이와 함께 한국통신의 제1주주인 정부가 통신위원회를 통해 시장을 규제하는 현실에 대해 통신시장 규제의 중립성 확보라는 명분을 내세우며 수정압력을 가중시킬 것으로 보인다.

문화서비스 분야에서는 우선 라디오 · TV 방송의 경우 외국업체 진입금지, 종합유선방송, 위성방송사업, 방송채널사업 등에 대한 외국인 지분제한(33%), 전송망사업에 대한 지분제한(49%) 등에서 상당한 개방압력이 예상된다. 그러나 가장 큰 쟁점은 역시 한국영화의 의무상영일수(연간 146일)를 규정한 스크린쿼터제도이다. 최근 한국영화가 잇따라 히트하고 영화수출액도 99년 573만달러에서 지난해 705만달러로 늘어나고 있어 제도유지 논리가 점차 힘을 잃어가고 있다.

법률서비스 분야는 외국 로펌의 한국인 변호사 고용제한, 외국인 변호사 및 외국계 로펌과의 제휴제한, 전문가협회에의 가입제한 등에 대한 철폐 요구가 거셀 것으로 예상된다. 외국계 로펌이 한국인 변호사를 고용해 서비스에 나서면 중소로펌들은 추풍낙엽처럼 떨어져 나갈 가능성이 크다.

교육서비스 분야는 외국대학의 한국분교 설치문제가 최대쟁점이 될 것으로 보인다. 현행법상 대학 이상 교육기관에 대해서는 시·도당 외국대학의 분

주요국의 서비스개방 경제적 효과(서비스교육 장벽이 33% 감축될 것으로 가정)

나 라	수입(억달러)	수출(억달러)	국민후생 증가율(%)	실질임금 증가율(%)
일 본	143	167	0.95	0.20
미 국	333	355	1.65	0.43
캐 나 다	58	66	1.46	0.70
EU	308	256	0.94	0.20
홍 콩	37	26	1.78	1.90
중 국	38	45	0.79	0.20
한 국	37	35	0.91	0.61
싱가포르	8	6	2.62	3.46
대 만	18	19	0.49	0.40

〈자료: 대외경제정책연구원〉

교 한 개씩을 유치할 수 있도록 허용돼 있지만 학교운영 수익금의 대외송금을 허용하지 않는 조항으로 인해 외국대학이 분교를 설치한 사례가 전무하다.

의료서비스 분야도 교육과 마찬가지로 외국계 병원의 진출이 잇따를 것으로 보인다. 의료시장이 개방되면 외국계 병원이 병원을 개설하고 한국인 의사를 고용하는 사례가 발생해 고소득층을 중심으로 이들 병원에 몰리게 되면 병원의 연쇄부도가 불가피할 전망이다.

한편 에너지서비스 분야의 개방확대는 전력서비스를 독점 제공하고 있는 한국전력의 민영화와 결부돼 있다. 다시 말해 외국기업들이 독점의 점진적 해제, 외국인 참여에 대한 제한폐지 등을 요구할 것이므로 한전 민영화

서비스산업 개방의 산업별 효과 전망 (단위: %)

산 업	2000년 5월 자유화수준 대비 25% 추가 개방		
	고 용	중간재	투 자
농축수산 · 광업	3.43	0.54	2.39
음식료품	1.79	0.96	−1.59
섬유, 의류	12.45	7.94	12.41
목재, 종이, 인쇄	3.25	1.93	0.22
석유, 석탄	10.50	2.43	9.23
화학제품	3.70	1.56	0.81
비금속, 금속	2.82	1.34	−0.27
일반기계	4.67	2.89	2.16
전기, 전자	3.41	1.27	0.35
수송장비	4.22	2.73	1.59
기타 제조업	6.54	4.16	4.62
전기, 가스, 수도	2.87	0.66	−0.29
건 설	−0.59	−0.40	−4.65
도 소 매	3.97	1.56	1.37
음식점, 숙박	−5.82	−3.46	−11.56
운수, 보관	4.83	2.91	2.22
통신, 방송	0.45	0.19	−3.39
금융, 보험	0.77	0.55	−2.85
부동산, 사업서비스	−3.95	−1.29	−9.06
교육, 보건	0.19	0.17	0.00
문화오락	0.23	0.13	−3.57
기타 서비스	0.72	0.69	0.00

〈자료: 대외경제정책연구원〉

시 아예 외국자본이 참여하는 방안을 마련할 필요가 있는 것으로 지적되고 있다. 이 밖에 건설서비스 분야는 토지이용 및 건축규제, 지분소유 등에 대한 제한철폐와 개발도상국들의 건설인력 수입요구가 클 것으로 보인다. 그러나 국가별 건설인력 이동은 사회안전망이 아직 확립되지 않은 우리나라로선 선진국에 비해 훨씬 심각한 후유증을 겪을 것으로 분석되고 있다.

아울러 UR협상에서도 타결되지 못한 해운서비스와 육류도매업을 제외하고는 대부분 개방돼 있는 유통서비스 분야도 지분소유 부문에서는 외국의 주요목표가 될 것으로 예상되고 있다.

〈자료: 국민일보, 2001. 11. 17〉

■ 내용요약(Chapter Summary)

신제품은 기업의 이미지를 제고시키고, 종업원을 고무시켜 회사가 발전하고 번영하는 데 필수적인 요소이지만, 제품설계와 개발의 과정은 길고도 지루한 과정이다. 전통적인 순차설계방법(serial design)으로는 급변하는 시장 경쟁을 뒤따라갈 수가 없으며, 이제 설계에 대한 새로운 패러다임은 제품과 공정 의사결정을 동시에 수행해 주고, 제조개념의 설계와 설계팀을 활용하며, 설계 기술자의 역할에 변화를 요구하고 있다.

설계 품질을 개선해 주는 방법들에는 가치분석(value analysis), 품질등급(quality classification), 품질기능전개(quality function deployment), 확고한 설계에 대한 다구치방법 등등이 포함된다.

서비스설계는 소비자가 서비스제공을 서비스 그 자체의 한 부분으로 고려하기 때문에 제품설계보다는 훨씬 더 복잡하다. 따라서 서비스설계는 물리적 환경뿐만 아니라 서비스제공자와 같은 요인까지도 포함하게 된다.

■ 참고문헌(References)

1) R. Chase and N. Aquilano, *Production on Operations Management*, Irwin, 1985, p. 29.
2) 이순룡, 「제품 서비스 생산관리론」, 법문사, 2001.
3) M. K. Starr, "Modular Production—A New Concept," *Harvard Busi-*

ness Review, Nov. -Dec. 1965.

4) Krajewski and Ritzman, *Operations Management*, 4th ed., Addison-Wesley Publishing Co., 1996.
5) A. March, "Usability: The New of Product Design," *Harvard Business Review*, Sept. -Oct. 1994.
6) Hauser J. R. and Clausing D., "The House of Quality," *Harvard Business Review*, May-June 1988.

제 3 장

입지선정과 설비관리

학습목표

- 생산시설의 입지계획과 입지 의사결정과정에 대해 이해한다.
- 입지 의사결정과정에서의 고려요인과 입지 의사결정기법들에 대해 이해한다.
- 설비관리의 의의와 설비배치의 목적에 대해 이해한다.
- 집단관리기법의 개념과 활용상 이점에 대해 이해한다.

1. 생산시설의 입지결정

1.1 입지선정과 의사결정요인

생산시설의 입지선정은 기업의 운영비용, 제품 및 서비스의 가격결정, 시장에서의 경쟁력에 영향을 미칠 뿐만 아니라 소비시장, 경쟁기업, 교통, 자연환경 등 많은 동태적 변화와도 깊은 관계를 갖는 것이어서 기업의 경영활동에 있어서 전략적 결정이 이루어져야 할 의사결정문제이다.

입지를 선정하여 결정하는 것은 기업활동 전반에 걸쳐 장기적으로 영향을 끼치므로 기업의 단기전략뿐만 아니라 장기전략에도 잘 부합하는 것이어야 하며, 경영자의 장기적인 안목이 필요한 의사결정이라고 할 수 있다. 즉, 생산자로부터 소비자에 이르는 모든 생산-분배시스템(production-distribution system)의 핵심과제로서 생산시설의 입지문제를 다루어야 한다.

그림 3-1 입지결정의 시스템적 관점

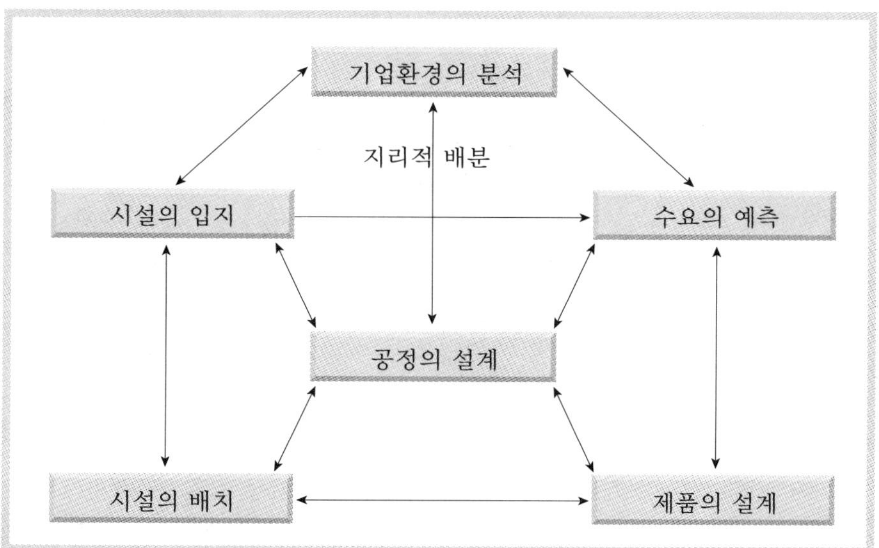

자료: K. N. Dervitsiotis, *Operation Management*, McGraw-Hill, 1981.

입지(location)는 【그림 3-1】과 같이 환경의 분석, 수요의 예측, 공정의 설계, 시설의 배치와 관계가 있으므로 이들을 시스템적 관점에서 다루어야 한다.

이것은 입지문제가 기업환경과의 관계에서 고찰되어야 함을 의미한다. 시스템을 분석할 때에 가장 중요한 고려요인은 비용요소이다. 그것은 각종의 사회적 · 법적 · 정치적 제약 아래서 노동력과 원료, 에너지 등을 투입함에 있어 어느 입지가 가장 경제적인가를 판별하는 요인이 비용이기 때문이다.

입지결정문제와 관련된 유형적 비용요소(양적 요인)로는 다음과 같은 것들이 있는데 이들은 입지의 경제적 타당성을 검토할 때 이용되는 중요한 결정변수가 된다.

① 지역비(regional cost)
부동산 가격, 인건비, 세금 등 선정된 지역과 관련된 모든 비용
② 수송운송비(distribution cost)
공급처와 수요처간에 원료 및 제품의 수송 · 분배와 관련된 비용
③ 원료비(raw-material cost)
수자원, 전력 및 원료공급을 포함한 제 투자요소의 확보에 소요되는 비용

이와 같이 양적 요인분석을 통하여 경제적 타당성이 검토되었다고 하더라도 보다 완벽한 입지결정을 위해서는 질적 분석①의 뒷받침이 필요하다. 한편

표 3-1 제조업과 서비스업의 입지결정 고려요인

구 분	제 조 업	서비스업
의사결정 고려요인	• 노동력 확보와 노사 분위기 • 소비자와의 근접성 • 공급자 및 자원근접성 • 수송수단의 이용가능성 • 제도적 지원 및 법적 제약	• 고객의 방문용이성 • 수송비용 및 시장근접성 • 경쟁자와의 입지근접성 • 입지 특유의 요인들 －주거밀도 －교통흐름

자료: Lee J. Krajewski and Larry P. Ritzman, *Operations Management: Strategy and Analysis*, Fourth edition, Massachusetts, Addison-Wesley, 1997.

으로, 제조업과 서비스업에 따라 입지선정을 위한 의사결정에 고려해야 할 질적 요인들에는 【표 3-1】과 같은 요인들이 있다.

이와 같은 양적 · 질적 요인들 중에서도 특히 원료의 공급, 시장근접성, 수

그림 3-2 입지결정과정

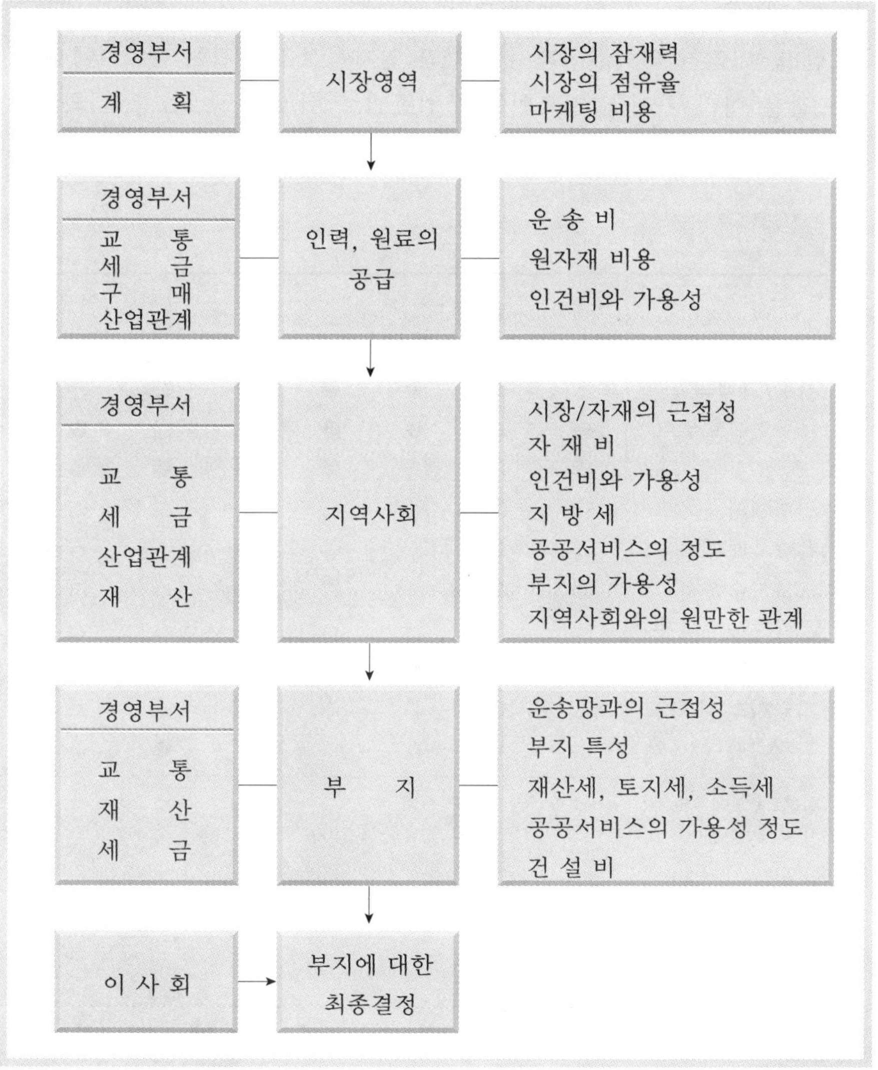

① 질적 요인분석의 방법으로 각 요소에 상대적 평점을 주어 평가자의 주관에 의해 체크를 하게 하는 평점법(Point Rating)이 흔히 이용된다.

송의 편의성, 노동력과 임금수준, 기후 및 공업용수와 같은 자연적 조건, 공해처리, 토지가격 등과 같은 세부적 요인들에 대해서는 치밀한 분석을 필요로 한다.

따라서 창업이나 새로운 공장증설을 고려할 때는 앞에서 논의한 입지요인을 고려하면서 【그림 3-2】의 과정을 통해 입지결정을 해야 한다. 즉, 선택된 의사결정기준들을 이용하여 시장영역에서 특정부지의 단계로 범위를 좁혀가면서 단계별로 의사결정을 하게 된다.

한편, 이러한 의사결정과정에 따라 입지선정을 수립할 때, 위에서 살펴본 바와 같은 여러 가지 입지요인들이 업종별로 어떠한 중요도를 나타내는지를 살펴보면 아래의 【표 3-2】와 같이 나타낼 수가 있다.

표 3-2 업종별 입지요인 중요도

입지요인	광업, 중공업	경공업	R&D, 기술산업	창고업	소매업	고객 서비스	의료 서비스	공공 서비스
시장/고객의 근접	△	●	●	●	◎	◎	◎	◎
노동력 · 노무비	●	◎	●	●	●	◎	●	●
노동조합의 강도	◎	◎	△	●	●	●	●	△
원자재의 근접도	◎	◎	△	△	△	△	△	△
운송 · 배송비용	◎	●	△	◎	●	△	△	△
도로 · 수송시설	◎	●	△	◎	●	△	△	△
동력 · 용수비용	◎	●	△	△	△	△	△	△
건설 · 토지비용	●	◎	●	●	●	●	●	●
지역사회 매력도	△	●	◎	△	△	△	△	△
환경 · 제한 구역	◎	●	△	△	△	●	△	△

범례: ◎=매우 중요, ●=중요, △=약간 중요.
자료: 이순룡, 「제품 서비스 생산관리론」, 법문사, 2001, p. 341.

1.2 입지결정방법

입지결정에 있어서는 고려해야 할 요인들의 수가 많고 다양하기 때문에 일반적으로 적용할 방법을 만들어 내기가 어렵다. 따라서 최적결정을 추구하기보다는 대체로 만족할 수 있을 결정을 추구하는 것이 바람직하다. 왜냐하면 입지결정이란 장기적인 결정이며 미래의 각 입지요인 변화에 대한 정확한 예측을 하기가 어렵기 때문이다.

공장 입지결정의 평가기준은 비용최소화 기준이 일반적이나, 은행이나 병원, 식당 등 서비스의 경우 수익최대화 기준이 선호되며, 구급차나 소방차 등 응급서비스의 시설 입지에는 반응시간최소화 기준 등이 보편적으로 적용되는 기준이 된다.

입지를 선정하는 방법에는 양적 요인에 의한 방법, 질적 요인에 의한 방법, 양적 요인과 질적 요인의 절충방법이 있다. 양적요인에 의한 방법에는 입지후보별로 입지결정에 수반되는 비용을 비교하여, 총비용이 최소가 되는 곳을 입지로 선정하는 총비용비교법, 입지후보지별로 입지결정에 수반되는 비용을 고정비와 변동비로 구분하고, 조업도의 변화에 따른 비용의 변화를 입지분기도표로 작성하여 분석하는 입지분기점분석법, 특정제품의 공장과 시장을 여러 곳에 가지고 있는 기업이 기존의 여러 공장과 함께 신규공장의 입지를 선정하는 수송법이 있다.

질적 요인에 의한 방법에는 금액으로 나타낼 수 없는 여러 가지 질적 입지요인들을 파악하여 이들을 중요도에 따라 평가하고 서열을 부여함으로써 입지를 선정하는 단순서열법, 여러 가지 입지요인들을 파악하여 요인별로 가중치를 부여한 다음, 입지후보지별로 요인별 점수를 합산하여 입지를 선정하는 요인평정법이 있다.

아래에서는 입지선정방법 중 양적 요인에 의한 손익분기점분석과 수송법에 의한 중위수법에 대해 살펴보고, 질적 요인에 의한 방법으로는 요인평정법에 대해 간략히 살펴보기로 한다.

1) 손익분기점분석(B.E.P. analysis)

제품에 대한 수요량이 입지의사결정의 중요한 요인이 될 때에는 손익분기점분석이 유용할 수 있다. 각 입지의 고정비와 변동비의 비용구조가 다르고 입지가 수요량 변화에 영향을 끼치지 않는다면 각각에 대하여 손익분기점분석을 해 봄으로써 최적입지를 선택할 수 있게 된다. 즉, 특정수요량에 대하여 최소비용을 나타내는 입지가 어디인가를 찾는 것이다. 이는 공장이나 창고의 입지와 같이 소비자기 그 위치에 무관심한 경우에 적용된다.

그러나 수요량이 입지에 따라 다른 경우도 있는데 소매점이나 서비스점일 때이다. 즉, 고객은 멀리 있는 소매점이나 세탁소에 가려고 하지 않을 것이므로 입지가 소매점이나 세탁소의 판매량에 큰 영향을 미치게 된다. 이런 경우에는 각 수요량에 따른 비용과 수익의 계산을 하여 각 입지를 비교해야 한다.

2) 중위수법에 의한 분석

중위수법(median model)은 원자재공급처와 수요시장이 주어진 위치에 있고, 이들 중간에 위치할 한 개의 공장입지를 찾아낼 때 총수송비가 최소가 되는 지점을 찾아내는 수송해법의 한 방법이다.[1] 이 분석방법은 특정제품의 시장과 공장을 여러 곳에 갖고 있는 기업에서 복수 공장의 입지를 결정하는 복수 공장 입지결정(multiple location decision)에는 부적합하다.

3) 요인평정법

요인평정법(Point Rating)은 앞에서와 같이 한 곳의 입지를 결정하기 위해 여러 가지 대안들을 평가할 때 활용하게 되는데, 고려되는 입지요인별로 가중치가 부여된 요인평정표에 요인별로 평점(100점 만점)을 부여하여 산정한 요인별 점수(가중치×평점)의 합계가 가장 큰 대안(후보지역)을 선정하는 방식이다.

평가자의 주관이 평점에 반영될 수 있음으로 인해, 질적 요인분석법이라고도 하는데, 질적 분석이 곤란한 경우에는 순익분기점분석이나 선형계획법과 병행하여 사용하기도 한다.

2. 설비관리와 효율적 설비배치

2.1 설비관리의 의의

설비(facilities)란 일반적으로 유형고정자산의 총칭으로서, 건물, 구축물, 기계 및 장치, 차량운반구, 선박, 공구, 기구 그리고 비품 등을 말하는데, 설비관리(facilities management/plant engineering)란 이와 같은 설비를 활용함으로써 기업이 목적하는 수익성 내지는 생산성을 높이는 활동을 말한다.

이러한 개념의 설비 유형에는 장기간의 생산활동에 사용되도록 제공되는 것으로 다음과 같이 구분해 볼 수 있다.

① 생산설비: 기계, 선반, 공구 등 제품의 생산에 관련된 모든 설비
② R&D설비: 제품의 설계나 연구개발활동에 관련된 모든 설비
③ 수송설비: 차량, 운반구 등 제품의 수송에 관련된 모든 설비
④ 판매설비: 전시장, POS 장비 등 제품의 판매에 관련된 모든 설비
⑤ 저장설비: 원자재, 부품 및 제품 등을 저장 보관하는 데 관련된 모든 설비
⑥ 관리설비: 사무실, 방화설비, 복지후생설비 등

설비관리활동을 시간적인 흐름에서 보면 【그림 3-3】에서 보는 바와 같이 설비의 조사, 연구, 설계, 제작 및 설치에 이르는 설치과정과 설치된 후 운전 및 보전을 계속하다가 점차로 노후화, 구식화되어 결국에는 폐기하기에 이르는 사용과정으로 대별된다. 전반의 설치과정을 설비계획이라 부르며, 후반의 사용과정을 설비보전이라고 부른다.

설비자체의 경제성은 설비계획시에 충분히 예측되어야 한다. 즉, 투자자본이 될 수 있는 대로 단기간에 회수된다는 입장에만 집착하지 말고 그 설비의 사용기간 전체에 걸쳐서 설비가 올리는 수익과 설비에 소요되는 비용을 산출하여 이를 수익성의 척도로서 사용한다. 이때 수익률은 다음 공식에 의하여 계산한다.

$$\text{수익률} = \frac{\text{수익}}{\text{설비투자액}} = \frac{\text{수입} - \text{비용}}{\text{설비투자액}}$$

오늘날 기업에서는 설비계획시에 장래의 운전과 보전을 고려한 수익성을 예측하고, 또한 현 보유설비의 운전과 보전에 의하여 얻어진 기술적 · 경제적 자료를 설비계획에 피드백시켜 설비계획과 보전을 통하여 설비의 수익성을 높여 가는 종합적인 설비관리의 체계화가 진행되고 있다.

다음 【그림 3-3】에서 보는 바와 같이 설비의 조사, 설계, 제작, 설치, 운

그림 3-3 설비관리의 영역

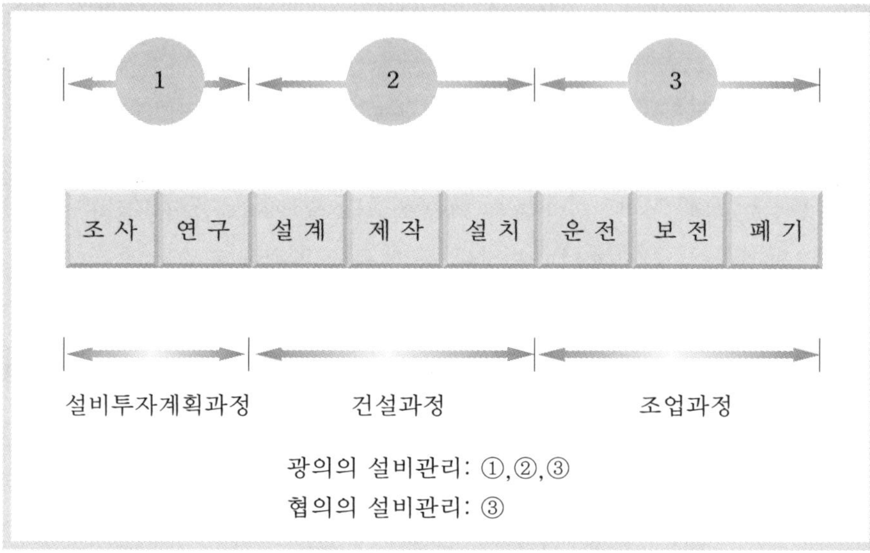

전, 보전, 폐기에 이르기까지 설비의 일생을 통하여 설비를 잘 활용함으로써 기업의 생산성을 높이게 하는 활동에서 ①, ②, ③을 총칭하여 광의의 설비관리(PE: plant engineering)라 하고, ③을 협의의 설비관리(facilities management)라고 한다. 따라서 광의의 설비관리에서 해당하는 PE는 기계, 전기, 토목, 건축, 화학 등 개개의 고유기술을 종합하고, 그 위에 산업공학, 시스템과학 등의 관리기술을 부가한 종합기술이라고 할 수 있다.

2.2 설비배치의 목적

설비배치(layout of facilities)는 생산활동의 최적흐름을 실현함으로써 생산시스템의 유효성을 높일 수 있도록 생산설비들을 특정위치 내에 공간적으로 적절히 배치하는 것을 말한다.

설비배치①는 재화나 용역을 효율적으로 산출하기 위하여 생산시스템 내에

① Plant Layout이란 말로도 쓸 수 있는데, Plant란 용어는 공장에서 이용가능한 모든 물리적 생산수단을 포괄해서 사용한다. 이러한 개념을 사용하면 그것은 건물, 시설물, 기계, 도구들, 서비스, 기계류, 작업장 기계를 포함하게 된다.
John L. Burbidge, *The Principles of Production Control*, MacDonald and

서 기계공학 · 건축공학 · 경제학 · 경영학 등의 개념과 관련을 맺고 있기 때문에 생산기계시스템 설계의 복잡한 면을 나타내고 있다. 그래서 설비배치를 효율적으로 하기 위해서는 광범위하고 통합적인 접근방법이 필요하다.

설비배치의 기본목적은 생산시스템에서 창조되는 가치를 최대로 하기 위해 기계, 인원, 자재 및 서비스분야의 배열을 최적화하는 것이다.

① 공정이동의 최소화: 생산공정을 통한 자재, 설비, 작업자 이동에 소요되는 시간과 경비를 최소화하는 것이다.
② 작업자에게 미치는 위험을 감소: 작업자들의 건강과 안전에 대한 위험을 최소화하기 위해 배치를 적절히 해야 한다.①
③ 생산공정의 균형유지: 공정에서 제품의 과도한 재고를 방지하고 반제품의 배치실수(misplacement)에서 오는 손실을 막도록 정확한 위치에 기계를 배열해야 한다.
④ 작업환경의 최적화: 과도한 소음, 먼지, 진동, 연기, 열기를 내는 설비는 작업자나 정밀한 작업설비에 영향을 주므로 작업환경의 최적화를 고려한 배치가 되어야 한다.
⑤ 설비투자의 최소화: 공장건설에는 막대한 자금이 소요되므로 투자효율을 높이기 위해서는 이용할 수 있는 모든 공간을 활용해야 하며, 차후에 발생하게 될 추가적인 설비배치에 대해서도 융통성이 확보되어야 한다. 즉, 장기간 사업에서는 수요의 잠재적인 증가가 반드시 고려되므로 단층의 건물은 2층을 증축할 수 있도록 설계하고, 지금은 사용하지 않지만 전선이나 수도관을 설치하고, 필요한 때는 쉽게 재배치할 수 있도록 기계 또는 사무실 공간 등을 배열한다면 확장이 최소의 비용으로 쉽게 될 것이기 때문이다.
⑥ 노동력의 효과적 활용: 바람직한 설비배치는 노동력을 효과적으로 활용할 수 있도록 설계되어야 한다. 즉, 작업자나 사무원이 그 역할을 수행하는 데 있어서 작업의 능률과 안전을 고려하여 경비와 시간을 최소로 하는 지점에 위치하도록 배치해야 한다.

Ecans, 1975.

① 환기장치, guard rail, 작업자와 기계의 명확한 분리, 절단기와 톱날에 방호물 설치 등.

일반적으로 생산시스템은 단속적 생산시스템(intermittent-production system)과 연속적 생산시스템(continuous-production system)으로 구분되는데, 전자는 후자보다 재고관리비가 높고 여러 갈래의 통로로 자재운반기구가 움직이며 다목적 기계를 사용하는 데 비해, 후자는 공장 안에서 생산이 빠르고 일정하게 이루어지며, 고정된 통로로 자재운반기구가 움직이며, 특수기계를 많이 요구하는 생산시스템이다.

이러한 시스템은 두 가지의 기본배치유형과 밀접한 관련이 있다. 전자는 보통 공정별 배치(process layout)를 이용한다. 이 배치에서는 작업인원, 자재, 기계, 그리고 지원부서가 수행해야 할 기능이나 공정을 중심으로 그룹을 형성한다. 후자는 보통 제품별 배치(product layout)①를 이용한다. 이러한 배치는 인원, 자재, 기계, 지원부서를 특수한 제품이나 서비스를 생산하는 일련의 작업에 투입하는 것이다.

2.3 유형별 설비배치의 특징

설비배치를 위한 의사결정은 각 설비의 위치를 결정하는 것 이상으로 중요하며 어떤 설비들을 배치에 포함시킬 것인가? 각각의 설비들은 어느 정도의 공간을 필요로 하는가? 그 공간들은 어떻게 구성할 것인가? 등은 모두 중요한 고려요인들이다. 주로 사용되는 배치의 유형은 공정별, 제품별, 혼합형, 위치고정형 등의 네 가지이며, 이 중 어떤 것을 선택할 것인가는 그 기업의 위치전략과도 연관된다.

제품별 배치는 특정제품을 생산하는 데 필요한 기계설비를 제조과정의 순서에 따라 배치하는 방법으로, 연속생산공정이나 소품종 대량생산방식에 적합하다. 공정별 배치는 설비를 공정(기능)별로 한곳에 집합시키는 방법으로 단속생산공정, 다품종 소량생산에 적합하다. 위치고정형 배치는 제품의 특징 때문에 제품을 움직이는 것이 아니라 제품은 한곳에 고정시키고, 제품생산에 필요한 원재료, 기계설비, 작업자 등을 제품의 생산현장에 이동시켜서, 생산하는 방법으로 프로젝트생산 공정, 크고 복잡한 제품의 생산에 적합하다.

설비배치의 분석을 살펴볼 때, 제품별 배치는 생산물의 흐름이 일정하고

---

① 제품별 배치의 가장 대표적인 예는 자동차 조립라인이다.

특정제품의 생산과정순으로 설비가 배치되며, 물자는 이들 생산라인을 따라 흐르기 때문에 공정간 생산능력과 공정의 흐름이 균형을 이루지 못하는 경우에는 공정의 정체나 유휴가 발생한다.

따라서 제품별 배치의 핵심문제는 각 공정이 지니고 있는 능력을 충분히 발휘하면서 전체 공정이 원활히 진행되도록 생산라인의 능력을 균형적으로 배열하는 것이다. 공정별 배치는 다양한 제품을 생산하는 경우에 적합한 설비배치 방법인데, 다품종 소량생산체제에서는 제품의 종류마다 생산방식과 생산흐름이 다르기 때문에 기계설비 내지 공정들을 적합한 장소에 경제적으로 배치하는 것이 핵심문제이다.

유형별 배치의 장단점을 살펴보면 다음과 같이 비교해 나타낼 수 있다.

1) 공정별 배치의 장단점

기계 공장에서 흔히 볼 수 있는 배치 형태로 병원의 검사실, 수술실 등의 서비스업에서도 이러한 시설 배치를 하는 경우가 많으며, 다른 말로는 작업배치(Job Shop Layout)라고도 한다.

장점으로는 제품의 다양성, 작업에 따른 기계배치, 작업자의 할당에 대한 신축성이 크며, 다목적 용도의 기계들은 일반적으로 제품별 배치에서 사용되는 특수목적의 기계보다 저렴한 편이며, 급속히 마모되거나 무용화되는 예가 드물다. 기계가 고장이 나면 다른 기계를 대체하여 작업을 할 수 있으나, 제품별 배치는 이러한 점이 불가능하다.

또한, 기계와 보조설비의 설비비용이 적게 들고, 이 배치의 기계들은 제조순서에 의하지 않고, 각각 떨어져 있어서 소음, 먼지, 진동, 연기, 열기 등을 발생시키는 기계와의 분리가 가능하다. 그리고 제품별 배치에서 볼 수 있는 기계와 고정된 컨베이어로 된 배치와는 달리 job shop 또는 batch 생산형태이므로 작업자별로 작업이 분배될 수 있어서 장려임금제(incentive pay system)를 사용할 수 있다.

반면에, 단점으로는 이러한 설비배치에서는 자재운반이 대단히 느리고 혼잡하게 되며, 제품별 배치에서 볼 수 있는 공정경로(fixed-path)를 사용하지 않고 작업에 따라 특정한 경로가 필요하기 때문에 주문에 따른 공정계획이나 일정계획을 수립할 수 없다. 즉, 공정별 배치는 생산공정의 균형유지가 어렵다. 따라서 생산비율(rate of production)이 일반적으로 제품별 배치보다는 낮다. 또한 제품별 배치에 비해서 반제품이나 원자재의 재고량이 많기 때문에 재고비용이 높으며, 각 제품별 원료, 인원, 기계 사용 등을 기록해야 하므로 원가계산이 어렵다. 따라서 많은 양의 생산에는 적합하지가 않다.

2) 제품별 배치의 장점

제품별 배치는 대개 TV, 자동차 조립공장, 식료품공장과 같이 물품의 흐름이 일정하게 연속되는 소품종 대량생산과 식당이나 항공기 탑승수속 등에서 볼 수 있는 배치유형이다.

이 유형의 장점으로는 우선 조립라인(assembly line)이나 연속공정을 활용하면 단위당 생산원가는 공정별 배치에서보다 훨씬 낮게 된다. 그래서 라인형 생산이라고도 한다. 작업장 내에서 자재나 제품을 신속하게 이동할 수 있으므로 보통 단위당 운반비용이 낮으며, 공정별 배치보다 필요한 재고량이 적다. 그리고 일단 계획이 수립되면 공정계획이나 일정계획이 공정별 배치보다 간단하며, 작업이 규칙적이므로 감독 및 통제의 범위가 넓어 감독비용이 절감된다.

하지만, 제품별 배치①는 기계의 고장이나 작업자의 결장으로 인해 공장 전체가 조업중단을 하는 경우가 발생할 수 있고, 제품의 일정한 생산량에 맞추어 생산시스템이 설계되고, 공정간의 균형을 이루어 놓았기 때문에 생산량을 증가시키려면 할 수 없이 새로운 생산시스템을 만들 수밖에 없다. 이로 인해 비교적 가변성이 부족하게 되므로 생산설계가 확실해야 하고, 부품의 호환성이 있어야 한다. 따라서 설계변경에 많은 시간과 비용을 투입해야 한다.

한편으로는 작업이 기계의 속도에 맞추어 진행되기 때문에 작업자 한 사람 한 사람을 대상으로 하는 장려금계획(individually based incentive plans)을 수립하거나 운영하기 어렵다.② 그래서 대부분의 공장들은 위의 두 유형의 장 · 단점을 보완하기 위하여 공정별 배치와 제품별 배치를 결합시켜 이용하고 있다.③

---

① 제품별 배치를 채택할 수 있는 조건: ① 적당한 장비이용률을 유지할 수 있는 충분한 생산량, ② 안정된 제품수요, ③ 제품의 표준화, ④ 부품의 호환성, ⑤ 연속적인 자재공급.

② 이런 결점을 보완하기 위해 group incentive plans가 세워지기도 한다.

③ 이를 혼합형 배치라 부르기도 한다.

3) 고정형 배치

마지막으로 고정된 위치에 생산될 제품을 두고 기계, 인원, 자재 및 보조 설비들이 이동되어 오는 고정형 배치유형(fixed-position layouts)이 있다. 이러한 유형의 예는 대형조선소에서 볼 수가 있는데, 용골(keel)이 놓여지면서부터 배가 완전히 건조되어 진수되기까지 배는 한 자리에 계속 고정되어 있고, 필요한 모든 도구, 인원 및 기계들이 배가 있는 곳까지 운반되어 온다. 이 외에도 항공기, 다리, 댐, 도로, 건축물 등 대형 건조물에서 고정형 배치를 볼 수 있다.

표 3-3 배치유형별 특성 비교

특성 \ 유형	제품별 배치	공정별 배치	고정형 배치
제품특성	• 안정된 산출물로 대량의 표준화된 제품을 생산 (소품종 대량생산)	• 다양한 산출, 다품종 소량, 또는 대량의 제품생산 가능	• 소량의 개별특정 제품
제품흐름	• 직선흐름	• 분산흐름형태; 각 주문과 제품의 독특한 작업의 순서 요구	• 제품흐름 없음
작업자의 숙련도	• 부과된 속도로 일상적인 작업이나 반복작업을 수행하는 데 고도의 전문화된 작업내용을 가진다.	• 엄격한 감독 없이 적절한 적응도를 가지고 수행할 수 있는 반숙련공 • 숙련공에 의한 비전문작업	• 고도의 직무변동이 종종 필요; 특정한 직무 할당과 위치의 다양화, 설비와 노동력이 필요한 곳으로 이동, 작업숙련도 높다.
지원정도	• 자재, 인력, 직무분석	• 일정계획, 자재조작	• 고도의 일정계획

이상에서 설명한 기본적인 세 유형의 특성을 요약하면 위의 【표 3-3】과 같다.

한편, 배치유형별 원가 측면의 특성을 비교해 보자면, 우선 고정비(fixed costs)면에서는 고정형 배치가 가장 낮고 제품별 배치가 제일 높으며, 변동비(variable costs)면에서 보면 고정형이 제일 높고 제품형이 가장 낮음을 알 수 있다.

이러한 원가관계 때문에 손익분기점은 고정형에서 공정형, 제품형으로 갈수록 상향이동하고 있다. 그리고 공정형이 고정형보다 더 경제적이 되는 생산량(V_1)보다 제품형이 공정형보다 더 경제적이 되는 생산량(V_2)이 위쪽에 있음을 알 수 있는데, 대부분의 기업이 제품별 배치를 사용하고 연속적 생산시스템을 개발하려고 하는 이유도 바로 이 때문이다.

보통 이러한 생산방식은 대량생산으로 최저단가를 유지한다. 그래서 대량생산공장들이 왜 공정별 배치나 제품별 배치를 선호하고, 고정형 배치를 사용하지 않는가 하는 데 대한 해답도 여기에서 찾을 수 있다.

생산량이 적은 공장은 공정별 배치나 고정형 배치를 사용하는 것이 이익신장에 유리할 것이다. 지금까지 설명한 세 유형을 비용면에서 비교하면 【그

그림 3-4 세 유형의 원가 비교

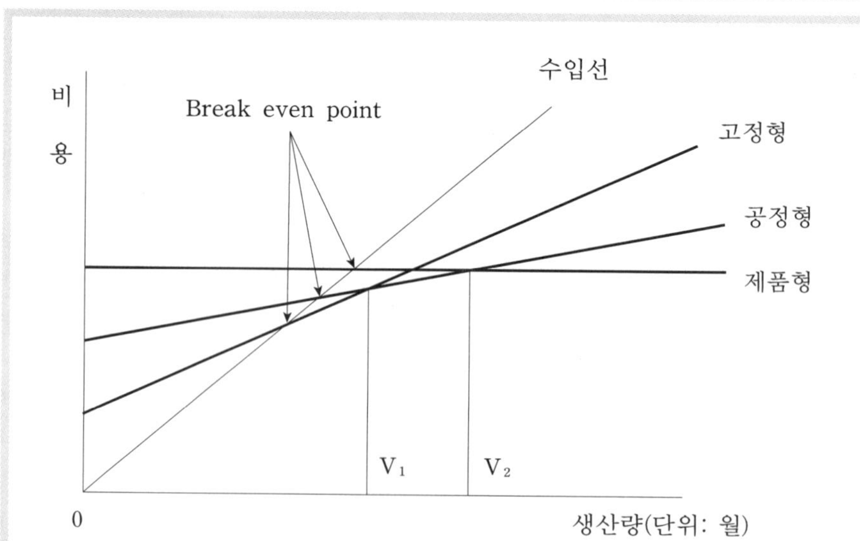

림 3-4]와 같다.

3. 집단관리기법

3.1 집단관리기법의 개념

현재 기업들이 채택하고 있는 설비배치의 추세를 보면 공정별 배치와 제품별 배치의 중간 형태인 혼합형 배치를 도입하고 있는 추세이며, 특히 제품별 배치로 생산을 하던 기업에서 이러한 혼합형 배치로 전환하고 있는 경우가 많다.2)

이는 소비자의 욕구가 다양화된 시장구조에서는 동일한 기능을 가진 제품이라 할지라도 디자인, 형태, 질 등의 다양한 변화가 요구된다. 이것은 시장에서 제품에 대한 소비자의 감각이 획일성보다는 각자의 개성에 따르기 때문에 일어나는 변화라고 볼 수 있다.

따라서 다품종소량 생산시스템(job shop production system)의 문제는 현대 생산관리에서 더욱 큰 비중을 차지하게 되었다. 즉, 기업의 전략은 공정별 배치의 유연성과 제품별 배치의 효율성을 모두 갖춘 생산시스템을 개발함으로써 경쟁우위를 확보하고자 하는 것이다.

그러나, 현실적으로 볼 때 생산시스템에서 다품종 소량생산이 여러 가지 어려운 관리문제를 수반하고 있으나 시장수요량의 크기라는 불가피성 때문에 다품종 생산을 견지하면서도 이 특성을 소품종 대량생산(line or flow production)이 이점으로 접근하는 생산정책이 필요한 것이다. 즉, 작업내용이 유사한 것을 같은 집단(group)으로 분류하여 실질적으로 부품군의 수를 줄이고 생산량을 조절하는 방식을 필요로 하게 된 것인데, 여기에 적합하게 사용할 수 있는 기법이 집단관리기법(GT: group technology)인 것이다.

집단관리기법은 제2차 세계대전 중 독일에서 생산부문에 parts family concept를 적용하여 효과를 거둔 뒤, 이 개념이 1948년경에 스웨덴에, 1954년경에는 소련에 건너가 1960년에 S. P. Mitrofanov에 의해 집단관리기법으로서의 기본 골격이 정비되었다.

Mitrofanov는 각종의 상이한 부품의 유사성에 착안하여 이 부품들을 몇 가지 그룹단위(cell)로 분류하여 기계생산에 활용했는데[3] 이 아이디어가 유럽의 여러 나라에 파급되고 또 서구의 기업에서 컴퓨터 활용기술(computer technology)의 발달과 함께 생산관리부문에 응용될 수 있도록 변모되었다.

Mitrofanov 이후 이탈리아의 Patrignani가 생산준비시간의 감소를 위한 연구에 이 개념을 활용해서 성공하자 프랑스, 영국으로 전파되었다.[4] 특히 영국 정부는 Group Technology Center를 설립하고, 대학에서도 연구와 교육에 관심을 보여 본격적인 발전을 보기에 이른다.[5]

동양에서도 일본이 정부의 지원에 힘입어 최초로 도입하여 이용하기 시작했는데 기계연구기관과 기계산업진흥회에서 연구 · 보급의 주도를 했다.[6]

미국의 경우를 보면 종전 이후에도 내외의 경제여건이 대량생산체제를 고수함이 기업입장에 유리했으므로 한동안 이 체제를 그대로 견지하여 1970년대에 이르기까지 집단관리기법의 도입에 대해 별로 노력을 기울이지 않고 있었다.

그러나 근년에 자국시장에나 해외시장에서 공산품부문이 일본 산업에 비해 경쟁력이 뒤떨어지는 현상이 일어나게 되자 산업재무장(re-industrialization)의 분위기가 일어났고. 아울러 미국의 각종 기업이 컴퓨터활용을 고도화하여 기업경영의 전반에 걸쳐 활용영역이 넓어지자 이 기법에 대한 연구에 주력하게 되었다.

한편, 집단관리기법의 개념을 정의하는 데에는 일반적으로 두 가지 관점이 있는데, 첫째는 일반관리상의 다양한 문제들을 그 유사성에 따라 분류하여 한 가지 해결방안으로 많은 문제들을 한꺼번에 처리함으로써 시간, 경비, 노력 등을 절약하는 효율적 문제해결방법이라는 광의의 정의와, 둘째는 제품과 공정의 유연성을 확보하기 위한 생산관리의 한 기법이라고 하는 협의의 관점으로 구분된다.

이는 제품을 생산함에 있어 제품이 갖는 기술적 유사성(similarity of manufacturing technique)에 따라 몇 개의 집단으로 나누어 생산함으로써 표준부품(standardized parts)의 대량생산에서 기대되는 경제적 이점을 다품종 소량 생산시스템에 의해 실현하려는 관리사고인 것이다.

따라서 생산관리 현장에서는 협의의 구체적 개념을 수용하여, 다품종 소량 생산형태에서 유사한 가공물들을 하나의 집단(group)으로 구별하여 설계, 가공, 작업준비, 재고 및 저장관리를 체계적으로 행함으로써 경제적 · 능률적 생산을 모색하게 된다.

3.2 활용상의 이점

대부분의 다품종 소량생산시스템에서는 기계설비가 공정별로 배치되어

표 3-4 집단관리기법의 효과

구 분	효과내용
집단배치 측면의 이점	• 제품별 생산시간이 전반적으로 감소되며, • 짧은 주기의 생산발주가 가능함으로 해서 재고품의 감소와 시장변화에 민감하게 대응할 수 있다. • 부품생산에 대한 작업자의 책임을 분명히 하며 간접작업자를 감소시킨다. • 자재취급에 소요되는 경비, 생산발주비, 사무비 등 단위 생산량에 투하되는 비용(간접비)이 감소될 수 있다.
생산관리시스템 개선측면의 이점	• 불용자재의 감소로 직접재료비를 줄일 수 있고, • 공정간의 재고품을 줄일 수 있고, • 간접작업자를 줄일 수 있다. • 작업자가 여러 종류의 기계에 대한 지식을 습득할 수 있으며 특정부품에 대한 전문가로 발전할 수 있다.
노무관리적 측면의 이점	• 반복작업을 감소시키고 작업내용을 다양화한다. • 직무확대를 통해 집단의식(소속감, 협동심 및 공동목표달성)에 대한 의지를 기를 수 있다. • 제품완성에 대한 만족감을 준다. • 타 작업집단과의 협조를 통하여 알력이 해소되므로 인간관계가 원만해진다.

자료: R. B. Chase and N. J. Aquilano, *Production and Operations Management*, Richard D. Irwin, Inc., 1981.

고정된 설비를 거쳐가는 시간이 길고, 한 기계에서 서로 작업방법이 다른 부품이 바뀌어 가며 작업을 함으로써 작업준비시간도 길다.

따라서 유사한 가공물들을 한데 모아서 집단화하고 그룹별로 적절한 기계설비와 공구를 사용하여 제조함으로써 준비, 공정간 이동 및 가공대기시간을 감소시킬 수 있을 뿐만 아니라 작업방법이 유사하므로 원료의 낭비와 불량품을 감소할 수도 있다.

이러한 결과는 기계와 작업의 능률이 신장되어 생산성향상을 가져오고 제조시간 단축과 재고감축을 통해 평균생산비를 절감하게 한다.

이를 구체적으로 살펴보면 위의 【표 3-4】와 같이 GT기법을 활용했을 때의 효과를 집단배치, 생산관리시스템 및 노무관리적 측면에서 나누어 파악할 수 있다.

POM 사례 4

녹슬지 않는 칼, 녹슬지 않는 품질

(VICTORINOX의 Swiss Army Knife)

비행기 안에서 갑자기 한 어린이가 숨 넘어가는 소리를 질렀다. 커다란 사탕이 목에 걸린 것이었다. 아이의 부모는 물론, 승무원들의 얼굴이 하얗게 질렸다. 마침 승객 중에 의사가 있어 아이를 살폈는데, 여행 중이라 그 의사에게도 아무런 의료기구가 없었다. 잠시 생각하던 의사는 승객들 가운데 스위스 아미 나이프(Swiss Army Knife)가 있는지를 물었다. 그리고 한 승객이 건네준 아미 나이프를 불로 소독한 뒤 그것으로 수술을 시작했다. 수술용 메스만큼이나 예리했기 때문에 가능한 일이었다.

영화의 한 장면이 아니라 1976년 인도항공 524편에서 실제로 일어났던 일이다. 이때 스위스 아미 나이프의 성능이 로이터통신, AP통신 등 통신사 전파를 타고 전 세계로 퍼져나갔다.

스위스 아미 나이프를 더욱 유명하게 만든 사람은 맥가이버이다. TV 영화 시리즈에서, 주인공 맥가이버가 스위스 아미 나이프 하나로 위기를 모면하고 악당들을 물리치는 장면을 보기란 어려운 일이 아니었다. 맥가이버 신드롬까지 생겨났을 정도로 큰 인기를 끌면서, 스위스 아미 나이프는 아예 맥가이버 칼로 불리기 시작했다.

어쨌든 오늘날 스위스 아미 나이프를 모르는 사람은 별로 없다. 하지만 맥가이버 칼은 알아도, 이 칼이 스위스 중소기업 빅토리녹스(VICTORINOX)사 제품이란 사실을 아는 사람은 많지 않다. 제조사의 명성이 제품의 인지도를 따르지 못하고 있는 것이다. 그만큼 제품의 성능이 뛰어나다는 뜻도 된다. 스위스 아미 나이프에는 빅토리녹스의 모든 것이 녹아 있다. 스위스 아미 나이프의 전 제품에는 상단에 빅토리녹스사의 로고가 선명하다. 은색 십자가 안에 방패를 새긴 로고다. 이 로고에는 빅토리녹스의 창업과 성장 배경이 담겨 있다. 빅토리녹스의 로고가 스위스 국기에서 비롯되었다고 잘못 알려져 있으나, 실은 스위스 군대의 상징을 표현한 것이다.

1890년 경 스위스 군은 군용 칼을 독일 남부 졸링겐 지방에서 수입하고 있었다. 그런데 어느날 칼 엘스너라는 젊은이가 칼을 군납하겠다고 나섰다.

그는 1884년 1월 1일부터 취리히 남쪽으로 100km 떨어진 이바크(Ibach)시에 대장간을 차리고 부엌용 칼, 과도, 면도칼, 외과수술용 칼 등을 제작해온 터였다. 사람들은 신출내기가 운영하는 대장간이라면서 거들떠보지도 않았다. 엘스너가 만든 제품들은 그의 어머니 소유의 모자 가게에 진열되어 어머니의 단골들에게나 이따금 팔려나가는 정도였다.

하지만 엘스너는 실망하지 않고 5년여 동안 대장간에 묻혀 지냈다. 차츰 부지런하고 제간 좋은 엘스너의 칼이 이바크시 사람들 사이에서 입소문을 타기 시작했다. 자신이 만든 칼에 자부심이 대단했던 그는 스위스 군대가 외국에서 수입한 칼을 쓰고 있다는 것에 자존심이 상했다. 그래서 주변 동료들을 설득, 대장간연합회를 구성한 후 자신들이 군납용 칼을 납품하겠다고 스위스 정부에 청원서를 넣은 것이다.

담당 정부 관료는 한 젊은이의 치기로 여겨 무시해버렸고, 엘스너의 청원서는 책상 서류더미들 사이에 묻혀버렸다. 엘스너는 급기야 정부와 군 관료들을 직접 찾아다니며 독일산 수입품보다 성능 좋은 제품을 만들 수 있다고 설득하기 시작했다. 더욱이 국내 산업을 보호하고 고용을 확대하기 위해서라도 군용 칼은 자국에서 생산된 것을 써야 한다며 뜻을 굽히지 않았다.

1891년 10월, 마침내 군도 엘스너에게 설득됐다. 국내에서 제조된 칼을 사용한다는 계약서에 서명한 것이다. 엘스너는 이 군납용 칼에 스위스 군을 상징하는 로고를 새겨 넣었고, 이것이 오늘날 빅토리녹스의 로고로까지 이어 내려오게 된 배경이다. 그리고 당시 사용한 제품의 이름이 바로 스위스 아미 나이프였다. 군대 생활을 하는 동안 빅토리녹스 제품을 사용해 본 군인들은 사회에 나가서도 반드시 이 칼을 찾게 되었다. 엘스너는 거칠고 무거운 단점을 보완, 무게를 줄이되 다양한 기능을 첨가한 주머니칼을 시장에 내놓았다. 2차대전 때 독일을 점령한 연합군은 독일군 면세점에 비치된 스위스 아미 나이프를 써 본 후, 그 성능에 매료되어 본국으로 대량 구입해 갔다. 이를 계기로 미국을 비롯한 연합국으로부터 주문이 쇄도하기 시작했다. 이때 형성된 디자인 원형이 오늘날도 그대로 사용되고 있다. 한 손에 쏙 들어오는 크기, 타원형을 양쪽으로 늘인 듯한 모양, 선명한 빨간색, 그 속에 숨어 있는 칼과 갖가지 다양한 용도의 공구들. 115년 전 스위스인들이 사용하던 것이나 오늘날 세계 각국 매장에 진열된 것이나 스위스 아미 나이프의 모양새는 별반 달라진 것이 없다. 만년설이 쌓인 알프스산맥 끄트머리에 위치한 공장도 처음 그 자리에 변함 없이 붙박여 있다. 북단층 건물이 4층 높이로 키가 조금 커졌을 뿐이다. 1층 로비는 제품 판매장으로 단장되어 1년 내내 빅토리녹스 제품을 값싸게 구입하려는 세계 각국 관광객들로 빈틈이 없다. 사장은 물론, 직원들도 대를 이어 근무한다. 이들은 여름에는 자전거로, 겨울이면 버스로 출퇴근 한다. 그들 속에는 창업자 칼 엘스너의 손자 칼 엘스너 3세 회장과 칼 엘스너 4세 사장도 섞여 있다.

12살 때부터 아버지 어깨너머로 칼 제조법을 배웠다는 엘스너 3세는 자신이 칼 전문가인 것을 무척 자랑스럽게 여긴다.

그를 회장이라 부르는 직원은 없다. 선생님 혹은 마이스터(장인)라고 부르며, 커피 심부름을 시키기도 한다. 우리 기업 풍토에서는 찾아보기 힘든 풍경이지만, 회장에게 커피를 주문하는 것 역시 창업주 때부터 이어 내려오는 전통이다. 사용자와 근로자를 구분하지 않는, 모두가 주인인 회사가 바로 빅토리녹스이기 때문이다.

칼 엘스너 3세는 스웨터를 입고 후덕한 할아버지 모습으로 사무실과 공장을 누빈다. 그에게는 자기 방 한 칸이 따로 없다. 7평 남짓한 방에 사장인 아들, 직원 세명이 함께 근무한다.

비서가 있을 턱이 없다. 점심식사도 집에서 싸온 샌드위치와 커피가 전부다. 브랜드 가치만 1억 달러가 넘는, 지난 20년간 흑자만 기록해온 빚 한푼 없는 회사의 대주주라는 게 믿기지 않는다. 하지만 이들에게는 너무나 자연스런 일상의 풍경이다.

빅토리녹스에서 그동안 변한 대목은 단 하나, 품질. 창사 이후 지금까지 무엇 하나 달라진 것이 없지만 품질만큼은 하루가 다르게 향상돼 왔다. 그 결정체가 스위스 아미 나이프 최고의 히트상품 스위스 챔프이다. 용도에 따라 다르게 사용할 수 있는 2~3개의 칼을 비롯하여 가위, 드라이버, 핀, 이쑤시개 등 31가지 도구가 주머니 칼 한 개 제품 속에 담겨 있다. 거기다 바늘, 실, 밴드 등을 곁들이고도 무게는 고작 185g에 불과하다.

수십 개의 도구들이 중지 손가락만 한 주머니칼 속에 다 담겨 있다는 사실이 놀랍다. 지난 115년 동안 빅토리녹스사는 겉모양의 원형을 살리면서도 보다 많은 도구가 들어가고, 편리하면서 안전하게 사용할 수 있도록 내부 대자인을 부단히 변형시켜 왔다. 덕분에 챔프 같은 놀라운 제품을 선보여 칼의 예술품으로 대접받기에 이르렀다. 실제로 미국 뉴욕 모던 아트 뮤지엄과 독일 뮌헨 국립 어플라이드 아트 뮤지엄에 현대 예술품의 하나로 전시되어 있다. 한편 스프링의 발전이 없었다면 오늘날의 빅토리녹스도 없었을지도 모른다. 스프링은 도구를 움직이는 역할을 맡고 있어 다용도 주머니칼에 꼭 필요한 부품이다. 때문에 빅토리녹스는 스프링 개발에 막대한 연구개발비를 투입해 왔다. 45가지 기능을 갖춘 스위스 챔프가 빛을 본 것도 그 때문이다.

그토록 다양한 기능을 갖추고 있음에도 불구하고 칼은 칼로서의 역할에 충실할 때 최고의 가치를 부여받는다. 주머니칼에 불과할망정 칼로서의 구실을 제대로 하지 못하면, 수십 가지 기능도 소용 닿지 않는 장신구에 지나지 않게 된다.

뭐니 뭐니 해도 빅토리녹스 주머니칼 품질의 핵심은 칼. 품질관리는 원재료에서 시작된다. 독일과 프랑스로부터 엄격한 검사를 거친 원재료를 수입한다. 자체 연구소에서 다시 한번 품질검사를 한다. 원재료는 항상 6개월 치 이상 확보하고 있다. 원재료 시장의 수급 변화에 구애받지 않고 안정적으로 사용하기 위해서다.

1920년대까지만 해도 철이었던 원재료를 새로 개발한 스테인리스로 바꾸었다. 이로써 녹슬지 않는 칼이 등장하게 된 것이다. 새로운 원재료의 위력은 회사명까지 바꾸게 할 정도로 막강했다. 1909년 이후 타계한 칼 엘스너의 어머니 이름 빅토리아를 회사명으로 사용하다가 1921년 스테인리스의 만국공용어인 이녹스(Inox)를 합쳐 빅토리녹스라고 바꾸었던 것이다.

새로운 재료, 오랜 기간 칼만 제작하며 쌓아올린 노하우, 임직원의 장인정신으로 만들어지는 스위스 아미 나이프. 최근 들어 첨단 기계설비까지 거기에 보태졌다. 그 과정을 통해 탄생하는 제품은 예외 없이 RC(록웰: 단단함을 나타내는 단위) 56 이상. 가위나 손톱깎이의 경우도 RC 53, 병따개와 스프링은 RC 49 이상을 유지한다. 중국산 모조품이 제아무리 기를 써도 꿈쩍 않을 수 있는 위력은 여기에서 비롯된다. 전통 · 품질 · 디자인. 스위스 아미 나이프를 명품의 반열에 올려놓은 삼박자이자, 빅토리녹스를 세계적인 중소기업으로 성장시킨 힘이다. 빅토리녹스는 매년 2,600만 개의 제품을 팔아 2억 달러 이상의 매출을 올리고 있다. 제품 가운데 90% 이상은 세계 100여 국가로 수출된다.

〈자료: "세계의 중소기업," 생산기술, 2001년 9 · 10월호〉

■ 내용요약(Chapter Summary)

입지선정은 조직이 내릴 수 있는 가장 중요하고도 전략적인 결정이며, 물류와 유통기능은 위치결정에 있어서 가장 중요한 요인 중의 하나이다. 입지선정은 경영에 있어서 오랜 기간 의미를 가져왔으며, 결정이 잘못되었을 때 이를 번복하기가 쉽지 않은 업무이다.

정확한 입지를 결정하는 데 있어서 가장 중요한 요인들 중에는 유통과 운송의 방식 및 경로가 있다. 이들은 위치결정과 직접적으로 연관되어 있는 잠재적인 고비용의 기능들이다. 이 장에서 효율적인 수송경로의 결정을 지원해주는 수송방법을 포함하여 여러 가지 계량적 기법들에 대해 논의하였다.

설비의 효율적인 관리를 위한 방안으로는 개별 생산환경에서의 배치생산에 대한 공정별 배치와 조립라인에서의 대량생산에 대한 제품별 배치의 특징과 설계에 대해 논의했었다.

신제품 도입, 급속한 기술변화 그리고 격심한 경쟁 등 최근의 제조환경에서 제조시스템의 적응능력은 필수적인 것이다. 그러므로, 모든 유형의 배치는 유연성을 강조하고 있다. 준비시간은 조립라인상에서 하나의 모델 이상으로 생산하는 것이 가능하도록 단축되고 있다. 유연생산시스템은 전송되어 처리되어지는 파레트의 치수에 적합하게 될 모든 품목들을 처리하도록 설계되어지고 있다. 셀 배치를 적용하고 있는 몇몇 회사들은 제조 셀들이 필요에 따라 손쉽게 재배열될 수 있도록 기계에 휠과 다리를 설치하고 있다. IBM은 작업자들이 점심식사를 하는 동안 조립라인들이 재배열되어질 수 있는 모듈 컨베이어 시스템을 시험하고 있는 중이다.

요약하면 배치설계의 주된 목적은 운영관리시스템의 제반공정에 효율을 극대화시킴과 동시에 사용되는 물적 · 인적자원, 장비, 그 외 제반시설에 소요되는 비용을 최소화하는 데 있다. 따라서 배치분석은 효과적인 운영관리를 위한 중요한 관리기능이라고 할 수 있다.

■ 참고문헌(References)

1) R. Vergin and J. Rogers, "An Algorithm and Computational Procedure for Location Facilities," *Management Science*, 13, 6(Feb. 1967); E. Adam and R. Ebert, *Production and Operations Management*, 1987.
2) 이명호 · 유지수, 「경쟁우위확보를 위한 생산관리」, 박영사, 1999.
3) S. P. Mitrofanov, *Scientific Principles of Group Technology*, Part 1~3 (English from the Russian by E. Harris), National Lending Library for Science and Technology, 1966.
4) G. M. Ranson, *Group Technology, A Foundation for Better Total Company Orientation*, McGraw-Hill, 1972.
5) J. B. Coates, "The Economics of Production Processes with Particular Reference to Presswork," Ph. D. thesis, Department of Engineering Production, University of Birmingham, 1973.
6) 人見勝人, 「생산공학(生産工學)」, 共立出版株式會社, 第Ⅱ章.

제 4 장

작업과 공정의 관리

학습목표

- 작업관리의 개념과 시간연구, 동작연구, 인간공학을 통한 작업관리기법에 대해 이해한다.
- 공정관리의 의의와 효과적인 공정관리의 유형에 대해 이해한다.
- 공정의 설계 및 분석기법에 대해 이해한다.
- 공정불균형의 문제 해결을 위한 여러 가지 방안들에 대해 이해한다.

1. 작업관리

작업관리(work management)란 생산활동을 구성하는 요소가 되는 작업 단위 또는 개별작업 등을 조사 · 연구하여 무리와 낭비가 없이 작업이 원활히 수행되도록 최선의 작업방법을 합리적으로 설계 · 표준화하고, 이에 따라 작업 활동을 조직 · 지휘 · 통제하는 생산관리의 한 영역이다. 여기에서 말하는 작업 단위 또는 개별작업을 담당하는 주체는 작업자이며 작업관리의 대상인 객체는 개개의 작업이 된다.

작업관리는 테일러와 길브레스의 시간연구와 동작연구에서 비롯되었으며, '작업관리'란 말은 우리나라와 일본에서 사용되는 용어로서, 유럽에서는 '작업연구(Work Study)', 미국에서는 '작업의 설계와 측정(Design & Measurement of Work)'으로 사용된다.

독일에서는 작업관리에서 말하는 작업이란 Arbeit를 말하는 것이며, 이 개념에는 '작업'이라는 객관적인 측면과 '노동'이라는 주체적 측면이 포함되어 있다. 즉, 제조과정을 형성하고 있는 것은 각 공정이며, 각 공정은 하나 이상의 작업단위로 구성되어 있다.

생산능률을 향상시키기 위해서는 우선 단위작업의 능률화를 도모하여야 할 것이고, 다음으로 단위작업으로 구성되고 있는 공정의 능률화를 기하여야 할 것이다. 따라서 단위작업의 능률화를 도모하는 것이 작업관리이며, 공정의 능률화를 도모하는 것이 공정관리인 것이다.

작업관리의 목표는, 작업의 능률화, 작업시간의 단축, 품질의 개선과 균일화, 원가절감인데 이상과 같은 목표의 실현은 결과적으로 생산성 및 경제성 향상을 가능하게 하지만, 작업현장에서 작업의 주체인 작업자의 만족이 결코 소홀히 되어서는 안 된다.

작업관리를 학자들은 작업연구(work study), 방법연구(method engineering), 방법개선(method improvement), 작업단순화(work simplification), 작업측정(work measurement), 동작연구(motion study), 시간연구(time study) 등으로 표현하고 있다. 그러나 표현의 차이는 있을지 모르나 궁

극적인 뜻과 내용은 같은 것이라고 하겠다.

반즈(R. M. Barnes)는 작업관리의 구체적인 내용을 동작연구와 시간연구로 구분하고 있으며, 동작연구의 주목적은 작업을 개선하여 표준작업을 결정하는 데 있고, 시간연구의 주목적은 표준시간을 설정하는 데 있다고 하였다.

작업관리의 내용을 작업관리절차에 따라 제약요인과 측정기법으로 구분하여 정리하자면 【그림 4-1】과 같이 나타낼 수가 있겠다.

그림 4-1 작업관리의 내용

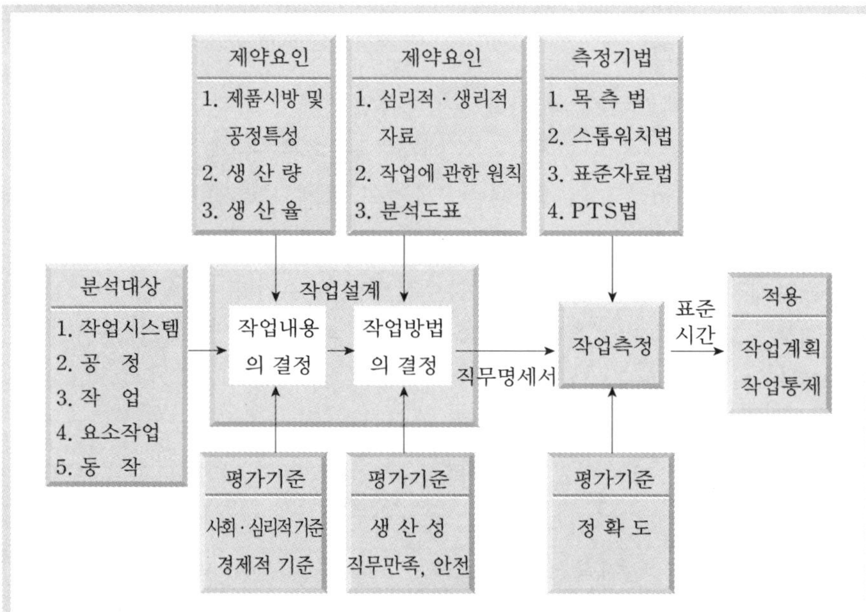

자료: 이순룡, 「제품 서비스 생산관리론」, 법문사, 2001.

1.1 동작연구

동작연구(motion study)의 목적은 각 작업을 단위별 · 요소별로 분해하고 구분해서 작업을 수행하는 데 요구되는 합리적인 작업방법을 결정하고, 불필요한 작업이나 동작을 제거하는 데 있다. 그리고 보다 좋은 순서나 배열로 바꾸어 작업자의 생산능률을 향상시키고 작업자의 피로감을 감소시키는 방법을 개발하는 것이다.

동작연구를 채택할 경우 작업방법의 개선만이 포함되는 경우도 있지만, 대부분의 경우는 작업자의 개선도 수반되기도 한다.

이렇게 개선된 작업방법을 표준화해서 작업자를 교육하며, 표준시간을 결정하기 위한 자료를 얻는다. 동작연구기법에는 서블릭(Therblig)분석, 관찰법, 미시동작연구, 동작경제원칙 등이 있는데 이들에 대해 간략히 살펴보고자 한다

1) 서블릭분석(Therblig analysis)

서블릭(Therblig)은 길브레드(F. B. Gilbreth)가 창안한 것으로서 자기 이름을 거꾸로(Gilbreth spelled backwards) 한 것이다. 이것은 완전한 최소 단위의 단일동작이며, 모든 동작에 공통적으로 포함되어 있으므로, 서블릭분석에 의해서 동작개선이 가능하다.

서블릭이라는 것은 인간이 행하는 작업동작을 최소단위까지 분석하면 18개의 기본적인 동작으로 분석할 수 있다는 것이며, 이 18개의 기본적인 최소단위 작업동작을 기호①로써 표시한 것이다. 서블릭기호는 다음의 【표 4-1】과 같다.

이와 같은 기호를 사용하여 작업자의 직업을 관측 · 연구하여 필요 없는 동작을 제거 또는 개선하여 최선의 작업방법(the best way)을 찾게 된다. 이런 뜻에서 서블릭을 '동작의 요소' 라고도 한다.

2) 관 찰 법

관찰법은 육안으로 작업동작을 관찰하여 작업을 개선하는 방법이다. 따라서 관찰법은 먼저 앞에서와 같은 서블릭분석을 충분히 이해하고 있어야 한다. 그리고 서블릭기호를 잘 암기하고 있으면서 천천히 여러 번 동작을 반복하여 순서적으로 서블릭기호로 기록한다. 이때 최초부터 천천히 동작을 시연하게 하여 정확한 동작을 관찰할 수 있도록 유의해야 한다.

즉, 현장작업에서의 시범동작을 천천히 하게 하여 2～3명이 같이 동시에

① 원래 Gilbreth가 고안했을 때의 기호는 18가지였으나 두 번째 기호인 "find"는 첫 번째 기호인 "search"의 결과이므로 이를 생략하고 17가지 기호를 활용한다.

관측하여 검토하면서 서로 작업동작과 기록속도가 일치하도록 연습하면 된다.

표 4-1 서블릭기호

번호	명 칭	기 호		기호의 설명
1	찾는다(search)	SH	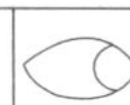	눈으로 물품을 찾는 모양
2	찾아냈다(find)	F		눈으로 물품을 찾아낸 모양
3	선택한다(select)	ST		선택한 것을 지시하는 모양
4	빈손(transport empty)	TE		빈 접시의 모양
5	쥔다(grasp)	G		물품을 쥐는 모양
6	운반한다(transport loaded)	TL	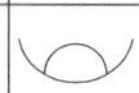	접시에 물품을 올려 놓은 모양
7	위치를 바로 한다(position)	P		무게가 손의 끝에 있는 모양
8	결합한다(assemble)	A		결합시킨 모양
9	사용한다(use)	U		컵을 세운 모양
10	분해한다(disassemble)	DA	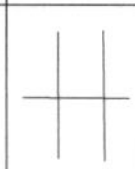	결합시킨 물품에서 하나를 분리시킨 모양
11	놓는다(release load)	RL		접시를 거꾸로 한 모양
12	조사한다(inspect)	I		렌즈 모양
13	준비한다(pre-position)	PP		컵을 세워 놓은 모양
14	피할 수 없는 지연 (unavoidable delay)	UD	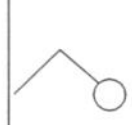	사람이 넘어지는 모양
15	피할 수 있는 지연 (avoidable delay)	AD		사람이 잠자는 모양
16	쉰다(rest)	R		사람이 의자에 앉은 모양
17	생각한다(plan)	PN		머리에 손을 대고 생각하는 모양
18	쥐고 있다(hold)	H	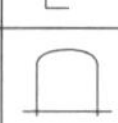	자석이 물품을 잡아당긴 모양

3) 미시동작연구

미시동작연구는 필름(film)에 의한 분석방법이므로 필름분석이라고도 하며, 작업을 영사기 또는 VTR(video tape recorder)로 촬영하여 작업방법의 개선, 표준시간의 개선 및 작업교육을 하는 데 활용하는 기법이다.

영사기로 촬영 · 분석하는 방법에는 보통 촬영법으로 측정하는 micro motion study(매초 16 frame 또는 24 frame)와 memo motion study(매초 1 frame 또는 매분 100 frame)가 있다.

이러한 기법은 작업자의 동작을 필름에 의하여 재현할 수 있을 뿐만 아니라, 최소단위 동작마다의 정확한 작업속도를 파악할 수 있는 장점이 있으므로, 눈으로 관측하기 힘든 미세한 동작까지 정확하게 포착해서 분석할 수 있는 것이다. VTR촬영은 영사기보다 활용이 간편하고 또 영상을 재현할 때도 다양한 기술이 개발 · 사용되기 때문에 근래에 보급이 확산되고 있다.

1.2 시간연구

시간연구(time study)는 원래 테일러(F. W. Taylor)가 임률①을 결정하기 위하여 사용한 것으로 작업자가 개개의 작업공정 또는 작업단위로 이루어진 표준작업량②을 수행할 수 있는 표준작업시간을 설정하는 것이 그 목적이었으며, 나아가 작업 전체의 계획적 수행에 기여하도록 연구되었다.

표준시간을 설정하려면 작업방법 및 작업조건부터 표준화되어야 하는데, 작업자가 표준적인 노력으로써 표준화된 작업조건하에, 표준적 작업방법에 의해서 표준작업량을 달성하는 데 필요한 시간을 가장 합리적인 방법으로 표준화해야 한다. 이러한 표준화는 실제작업시간을 측정하고, 여기에 여유시간을 합하여 표준시간을 설정한다.

따라서 전술한 동작연구는 Gilbreth에 의해서 작업동작의 개선을 목적으

---

① 작업자가 표준작업량에 도달하는지의 여부에 따라 임금이 지급되는 '차별적 고임금(differential piece rate plan)'을 연상하게 함으로써 노동자를 조정 · 관리하려는 연구를 말한다.

② 노동자가 도달할 수 있는 하루의 작업량을 과업이라 하고, 과학적인 방법에 의해 측정되어 설정된 과업을 노동자의 표준작업량이라고 한다.

로 시작된 것이고, 시간연구도 동작연구와 같은 목적으로 사용하게 되었으나 동작연구가 전제되어야 한다.

일반적으로 시간연구에 있어서 분석단위가 클 때는 시간연구기법을 사용하지만, 분석단위가 최소단위로 세분될 때는 동작연구기법을 사용한다. 그러므로 시간연구는 표준시간의 결정뿐만 아니라, 작업중의 동작이나 가공 조건을 개선하고 소요시간을 결정하는 작업연구의 대표적 기법이라고 말할 수 있다. 이것은 일정 · 공수 · 여력 · 원가 · 능률평가의 척도가 될 뿐만 아니라, 요소화된 최소시간은 단위당 고정비를 절감케 하고, 경제성을 높이는 관리 요인이 된다.

그러나 시간연구의 근본적인 목적은 역시 표준작업시간의 설정 그 자체에 있으며, 표준작업시간의 일반적인 설정방법으로는 경험법과 시간연구법, 견적법(PTS) 등이 있다.

1) 경 험 법

가장 오래된 측정기법으로서 과거의 실적과 자료를 토대로 하거나 또는 특정작업을 전문적으로 수행해 온 숙련된 작업자의 경험적 추정치를 근거로 표준을 설정하는 방법이다. 이 방법은 표준작업시간의 설정이 쉬워 경제적이고, 개인적인 책임감을 촉진시키기도 하지만, 지나친 경험에 의한 판단은 오히려 주관적인 편견과 자칫 부실로 이어질 수도 있으므로 사용에 신중한 판단과 객관적인 판단이 요구된다.

2) 시간연구법

이 방법은 스톱워치나 film에 의한 기록장치 등을 이용하여 작업을 직접 측정 내지 관찰하는 방법으로 가장 널리 활용되는 작업측정기법이다. 시간연구법의 절차는 다음과 같다.

① 분석대상작업의 선정과 요소작업의 분할
② 측정횟수의 결정
③ 평균작업시간의 산출
④ 정상시간의 산출

⑤ 표준시간의 산출

미국 산업에서 조사된 자료[1)]에 의하면, 표준시간설정에 사용되는 작업측정기법으로 시간연구법이 가장 많이 사용되고 있다. 시간연구법에 의한 작업측정기법의 유형에는 스톱워치법(stop watch time method), 필름분석법(film method), VTR분석법(video tape recorder method), 컴퓨터분석법(computer aided time study) 등이 많이 사용되고 있다.

3) 견 적 법

견적법(PTS: Predetermined Time Standards system)은 작업동작에 대하여 미리 결정된 표준시간(predetermined time standard)을 이용하는 방법으로서 작업자의 기본동작에 대하여 그 성질과 주어진 조건에 따라서 미리 동작시간 표준을 정하여 두고 대상작업의 각 동작시간 표준을 선택·집계하여 그 작업의 정상시간 또는 표준시간을 구하므로 스톱워치를 필요로 하지 않는다.

테일러의 시간연구는 '적정한 하루의 작업량', 다시 말하면 과업을 과학적으로 설정하기 위해서 표준작업시간을 결정하는 것이 가장 중요한 목적이다. 그러나 실제시간관측에서 얻어진 시간표준을 적정한 표준시간으로 하기 위해서는 평준화법을 사용하지만, 이것도 개인의 주관적인 편견과 오류가 부득이하게 개입하게 되므로 노동조합의 반대가 심했다. 이러한 곤란을 극복하기 위해 미국에서 고안한 방법이 PTS법이다.

1.3 인간공학

인간공학(human factors engineering or ergonomics)[①]이란 인간과 기계간의 특성관계를 파악하여 하나의 시스템으로서 인간-기계시스템(man-machine system)의 효율을 증진시킬 수 있도록 인간의 특성에 맞는 기계설비를 설계하려는 이론으로서 작업자가 안전하고 쾌적한 환경조건에서 작업할 수 있을 뿐만 아니라 기계가 하는 일의 질도 향상시키는 데 그 목적이 있다.

---

① Ergonomics는 '작업'을 뜻하는 희랍어 ergon에서 유래된 말이다.

인간공학의 목표는 작업의 안전 · 속도 · 정확성 등을 높여서 일의 성과를 높이고 교육 · 훈련을 줄이며, 인간의 오류로 인한 안전사고를 줄여서 작업자가 편안하고 편리하게 작업하도록 하는 것인데, 맥코믹(E. McCormick) 등은 다음과 같이 세 가지로 인간공학의 개념을 요약하고 있다.[2)]

첫째, 인간공학의 초점은 인간이 만들어 사용하는 물건, 기구 및 환경을 설계하는 과정에서 인간을 우선 고려하는 데 있고, 둘째 그 설계과정은 사람이 활용하기 용이하도록 실용적 효용(effectiveness and efficiency)을 높일 수 있고, 인간의 가치(건강, 안정, 만족 등)를 유지하거나 높일 수 있어야 한다. 그리고 접근방법은 사람이 사용하는 물건, 기구 및 환경을 설계함에 있어서 인간의 육체적 특성이나 행동에 관한 정보를 체계적으로 적용할 수 있어야 한다.

따라서 인간의 특성에 적응하는 제품이나 서비스의 설계가 주된 연구분야가 되는데, 인간신체의 각 부분과 능력, 신체의 각 부분을 사용할 때와 물체를 나를 때의 제약에 대한 측정과 통계적인 분석이 바로 그것이다.

이러한 측정과 통계작업을 통해 분석된 자료는 공구, 기계, 자동차, 의류, 신발 등의 설계에 투입되는 중요한 정보가 되며, 생산공정에 투입하는 설비를 결정하는 요인이 된다.

그러나 이 시스템에서의 주체는 어디까지나 작업자인 인간이므로 인간작업 · 능률에 관한 내적 · 외적 제 조건에 관한 연구, 생체가 갖는 생리적 · 심리적인 기본특성, 인간능력과 그 한계 등의 연구들이 필요하기 때문에 인간공학은 심리학, 사회학, 생리학, 이학, 공학 등의 학문을 수용하게 된다.

1.4 인간공학의 발전

인간공학은 제2차 세계대전 중에 제기되기 시작하여 훗날 산업계에 파급이 되었는데 앞에서도 언급한 것처럼 인간이 지닌 능력과 한계를 고려하여 시스템의 구성요소의 선택, 설계, 정비에 강조점을 두면서 인간-기계시스템의 효율적이며 안전한 운영에 관심을 고조시키고 있다.

작업자로서의 인간의 안전하고 적절한 작업상태를 달성하기 위하여 작업연구의 중요성을 강조했던 가장 첫 번째 인물은 1882년에 사망한 폴란드 교육자인 Wojciech Jastrzebowski이었다. 금세기 초반에는 유럽, 특히 독일과 영국의 일부 생리학자들이 작업과 운동생리학에 관한 기초적 관점들에 대한 연구에 적극적인 참여를 하였다. 작업생리학에 대한 첫 번째 연구기관은 Max Rubner에 의해 1913년 베를린에 설립되었는데, 그 이름은 'Kaise-Wihel-Institute Für Arbeits Physiology' 이며, 후에(1929) 이 연구소는 '응용 작업생리학' 분야에서 가장 중요한 교본(Applied Work Physiology)의 저자인 Grunther Lehmann의 지도하에, Dortmund에 있는 작업생리학 Max-Planck 연구소로 알려졌다. 영국에서는 A.V. Hill에 의하여 1925년부터 2차 세계대전 초기까지 '살아 있는 기계' 로서의 인체기능에 대한 기초적인 이해를 위해 중요한 연구업적들이 연속적으로 이루어졌다. 미국에서는 D. B. Dill에 의해 형성된 연구그룹은 2차 세계대전 동안 연구소가 해체되기 전까지 작업생리학 분야에 중요한 공헌을 이루었던 '하버드 피로연구소' 였다.

전쟁 중에 응용인간공학(applied human factor) 과학자들은 인간공학이라 불리워지는 분야에 참여하게 되었다. 이들은 인체에 적합한 항공기 조종실, 운용자의 편의와 효율을 고려한 계기판 배열 등과 같은 물리적인 시설들에 대한 개선에 심혈을 기울였다. 그들 대부분은 심리학자였지만, 작업팀은 생리학, 인류학, 그리고 공학자들을 포함하고 있었다.

이러한 유형의 활동은 전쟁이 끝난 후에도 미국과 유럽간에 'human factor research' 라는 이름으로 특히 군대와 항공우주 분야에서 계속되었다. 연구영역은 시뮬레이션 운용, 조정실 디자인, 커뮤니케이션 시스템, 스트레스 반응 등과 같은 것이었다. 1950년대 초반에는 이러한 분야에 대한 연구는 Ergonomics라는 용어로 불리게 되었는데, 이 범주에는 인간요소와 인간공학은 물론이고 작업생리학, 작업심리학의 전 주제를 포함하여 작업과 관계 있는 분야들은 거의 대부분 포함되어 있었다.

최근 10년 동안 인간공학자들은 인간능력 한계 내에서 작업환경이 유지되도록 하는 데 경이적인 노력을 기울여 왔다. 그들은 작업장에서 작업자세, 작업범위, 테이블 높이 등의 개선과 그들이 사용하는 적절한 공구에 대한 개선 등을 통하여 작업장환경을 개선하였다. 그러나 아직은 고통스러운 일시적 근육 긴장, 근육-골격 장애의 고통 등으로 고생하는 수는 증가하고 있고 또한 이러한 증상은 만성불치의 근섬유근육통 등으로 발전하고 있는 것이다. 이는 인간의 마음과 신체에 적합하지 않은 지속적인 집중과 신경근육 긴장을 유지한

상태에서 정적이고, 단조롭고, 지속적 반복작업형태에 노출된 결과이다. 따라서 인간공학자들만에 의한 예방적 차원에서 해결하는 데는 한계가 있다. 인간공학자들은 이 같은 경우 어떻게 앉아야 하고, 어떻게 도구를 사용해야 하는가를, 각각의 노동자들에게 일깨워 주었음에도 직업병의 수는 증가하고 있는 것이다. 따라서, 이러한 나쁜 영향을 예방하는 차원의 활동이 아니라, 인간공학자들은 한층 강도를 높여서 작업기계로서의 그릇된 인간신체 사용에 대한 처리 차원에서 접근하여야 할 것이다.

현 시점에서 중요한 문제는 병가에 의한 비용요인이 증가하고 있다는 것인데, 이는 과도하게 지속된 정적 작업 스트레스에 의한 것인데, 대부분의 경우 피할 수 없는 임상적인 징후를 초래하였고 일부 경우는 직접적인 임상징후 내지는 병으로 진행되고 있다는 것이다. 그러므로, 이 문제는 더 이상 생리학적인 문제가 아니라 병태생리학이나 병리학적인 문제들인 것이다.

이러한 현상은 작업생리학의 주제가 산업의학과 산업위생분야로 근접하고 있음을 의미하는데, 이는 작업생리학자들이 그들의 생리학적 지식과 생리학적 방법 및 기술을 적용함으로써 괄목할 만한 공헌을 세웠음을 말한다. 작업생리학과 산업위생의 결합은 이미 1911년에 작업생리학 연구소 설립에 대한 그의 제안에서 언급된 Max Rubner의 기본 개념과 맥을 같이한다는 것은 흥미로운 일이다. 그의 제안에서 Max Rubner는 연구소의 활동은 작업환경의 효과와 같이 서로 다른 직업들, 나이, 성별, 인종, 섭취 음식의 차이 등에 의한 인간의 육체적인, 정신적인 지구력을 포함해야 한다고 말하고 있다.

1.5 인간과 기계의 특성 비교

일반적으로 인간은 다음의 【표 4-2】에서 요약한 것과 같이 기계에 비하여 창조적으로 사고하고 판단하면서 보다 일관된 행동을 신속, 정확하게 지속적으로 일을 처리한다.

기계에 비해 인간의 능력에는 한계가 있으므로 인간-기계시스템의 효율적인 계산은 작업자를 훈련시키기보다 오히려 기계의 작업특성을 작업자에게 맞도록 수정함으로써 할당된 작업이 더 쉽게 이루어질 수 있음을 알 수 있다.[3)]

표 4-2 인간과 기계의 특성 비교

인간의 특성	기계의 특성
1. 희미한 빛이나 낮은 소리를 느낄 수 있다.	1. 인간이 인지할 수 없는 전파 · 광선 등을 감지한다.
2. 빛과 소리의 패턴을 인식할 수 있다(인식력).	2. 인간에게 해로운 여건 속에서도 견딜 수 있다.
3. 즉흥적으로 융통성을 발휘한다(융통성).	3. 제어신호(control signal)에 신속히 반응한다.
4. 오랜 동안 많은 정보를 기억하여 두었다가 적절한 시기에 되기억한다(기억력).	4. 인간보다 더 큰 힘을 원활하고 정밀하게 발휘할 수 있다.
5. 귀납적으로 추리한다(추리력).	5. 반복적이며 정규적인 작업을 계속 변함 없이 수행한다.
6. 판단할 수가 있다(판단력).	6. 계산을 신속 · 정확히 할 수 있다.
7. 개념을 전개하여, 방법을 창조할 수 있다(창조성).	7. 정보를 간단히 기억하고 이를 깨끗이 지울 수도 있다.
8. 문제를 해결할 수 있다(해결력).	8. 여러 기능을 동시에 행할 수 있다.

자료: E. J. McCormick, *Human Factors in Engineering and Design*, 4th ed., McGraw-Hill, 1976.

1.6 작업생리학

작업생리학자의 주 역할은 작업에 대한 개인적 능력에 영향을 줄 수 있는 여러 요소들── 육체적 작업수행을 위하여 사용되는 화학적 에너지가 근육수축으로 변환되는 것 등── 에 대한 이해를 돕기 위한 것이다. 어느 정도 수준의 근육활동은 모든 부류의 작업── 심지어, 대부분의 지식기반 직업이나 일상생활의 대화── 에서 요구되기 때문에 작업생리학은 수(手) 작업에 관련된 근로자에게만이 아닌 여러 분야에서 관심의 대상이 되고 있다. 더욱이, 에너지전환과정(energy-yielding process)에 영향을 주는 여러 요소들은 생리학적 특성(physiological in nature)뿐만 아니라, 작업 자체의 특성과 작업이 수행되어지는 환경에 부가하여, 작업자의 건강상태와 동기부여를 포함한 심리적,

임상적 관점 등 다양한 분야를 포함하고 있다.

1) 서비스기능

이미 지적한 바와 같이, 기본적으로 육체적 작업을 수행하기 위한 능력은 우리가 섭취하는 음식에서 생성되는 화학적 에너지가 기계적 에너지로 전환하는 근육세포의 능력에 전적으로 달려 있다.

즉 작업근육섬유에 대한 영양분과 산소를 순서적으로 전달하는 서비스기능(service functions)에 달려 있다.

이것은 영양소의 섭취, 저장과 동원, 그리고 폐를 산소의 호흡과, 에너지를 공급할 목적으로 영양분을 산화하기 위하여 근육으로 가는 심장혈관 시스템에 의한 산소 공급활동을 포함하고 있다.

2) 훈련과 적응

이러한 일부의 서비스기능들은 육체적 훈련에 의하여 개선을 할 필요가 있다. 훈련효과의 중요한 부분은 심장의 박동량(stroke volume)을 증가시킨다는 것인데, 이는 심장과 출력이 증가하여 폐로부터 근육으로 공급되는 산소의 양을 증가시킬 수 있다는 것이다. 조립라인 작업자에 대한 연구에서 볼 수 있듯이 육체적으로 적응한 작업자들은 적응하지 못한 사람보다 작업 후에 피로를 덜 느끼고 있었다.

3) 신체적 요소들

건강상태

육체적 기능은 사실은 개인의 건강상태에 의해 영향을 받게 된다. 그러나 이러한 관계는 결코 절대적이거나, 명확한 것은 아니다. 그래서, 주목할 만한 연구성과들이 이 분야에 대한 필요성을 절실하게 느껴 왔던 건강하지 못한 장애자나 불구자들에 의하여 이루어져 왔다. 다른 한편으로는, 건강한 사람들도 주관적으로 느끼는 여러 형태의 불편들로 인하여 맡은 일을 할 수 없다고 한다.

만성적 질병(chronic disease)의 경우와 달리, 대부분의 개인적 건강상태는 상대적인 것이다. 즉 절대적으로 건강하거나 절대적으로 아픈 상태가 아닌 그 중간의 상태나 좀 덜 건강하거나 좀 덜 아픈 상태에 있게 되는 것이다. 확실히, 이러한 상태는 개인의 작업능력에 영향을 주게 된다. 개인이 결근할 정도로 너무 아파서 작업을 못 하겠다고 느끼는 시점은 수행되는 작업의 형태에 따라서 다를 것이며, 개개인에 따라서 매우 큰 차이를 가진다.

성 별

근본적으로 말해서, 무거운 중량물 들기나 매우 무거운 육체적 작업부하가 주어지는 경우를 제외하면, 남성이 하는 일을 여성이 동일하게 수행할 수 없는 일은 거의 없다.

사실, 그간의 경험에 의하면, 여성이, 대부분의 경우, 남자보다 우월함을 보여주고 있는데, 특히, 정확성, 끈기, 변화성 그리고 인내력을 요구하는 작업에 있어서는 더욱 그러하였다. 시각적 정확성은 남자가 조금 나은 반면에, 여자의 색 관찰력은 남자보다 아주 우월하다. 냄새에 의해 물체를 인식할 수 있는 능력은 여자가 남자보다 더 낫고, 소리에 의한 인식, 특히 높은 주파수 소리의 경우에 있어서 그러하고, 나이가 들어도 소리에 대한 청취능력은 남자보다 좋다는 것이다. 여자의 피부는 남자의 피부보다 더 민감하다. 그간의 자료를 토대로 보면, 덥거나 추운 환경에 대한 내성에 있어 남자와 여자가 차이가 있다는 실질적인 기록은 없다. 최대호기력(the maximal aerobic power), 즉 개인의 육체적 작업능력을 대표하는 최대산소흡입량은 사춘기의 소년과 소녀의 경우에 별 차이를 보이지 않는다. 평균적 여성의 힘은 남자의 경우에 비해 65% 내지 75% 정도이다. 이것은 남자와 같은 동일한 육체적 작업을 하는 여성은 같은 급료를 받기 위하여 남자보다 25~30% 정도 더 노력해야만 함을 의미한다. 그러나 가볍고 적당한 육체적 작업의 경우에 있어서는 그다지 중요한 것은 아니다.

여성은 대체로 남자에 비해 지방을 제외한 신체질량(fat-free body mass)에 있어서는 킬로그램당 동일한 최대산소흡입량을 가진다. 약 14세 이후의 여성의 낮은 최대산소흡입량은 대부분 그들의 높은 지방조직 함유량에 의해 좌우된다. 또한, 여성의 낮은 혈중 헤모글로빈 농도는 성별간의 최대호기력(aerobic power)의 차이와도 관련이 있다.

영양상태

10일 이상의 기간 동안 단백질의 섭취와 다양한 영양분의 섭취 후 칼로리 측면에서 아주 세밀하게 수행된 실험실 연구결과에 의하면 실내온도는 육체성능에 별 영향을 미치지 못한다. 그러나, 영양결핍과 추위로 인한 스트레스는 인체성능을 저하시키는 효과를 가져왔다. 이와 유사하게 Crowdy는 일정한 기간 동안 제한된 식사량으로 생활한 집단의 인체성능에 대한 실험 결과 어떠한 명확한 부정적 효과도 발견할 수 없었다. 육군사관학교의 연구에서, 수면부족과 동시에 섭취하는 음식물을 줄이고 5일 동안 매우 힘든 작업에 노출되었을 때 섭취 음식물의 감소는 작업수행에 현저한 영향을 주지 못하였으나 수면부족은 현저한 영향을 주고 있음을 보였다.

개 인 차

특별한 기술과 기능적 능력에 따른 개인적 차이는 선천적으로 부여되었거나 그렇지 않거나 간에 그러한 기술과 능력이 필요한 여러 가지 직업(항공기 조종사 등)에서 분명히 나타나고 있다. 이러한 사실은 적절한 선발절차가 필요함을 입증하는 것이다.

작업수행능력에 있어서 개인적 차이의 정도는 아마도 동일한 성별과 동일한 나이의 개인집단에 있어서도 최대산소흡입량과 같은 기본적 기능에서 만도 큰 차이(분포)를 가지는 것을 보면 고려의 대상이 된다. 이점은 극단적 면에서부터 두세 가지의 다른 요소까지 다양하게 나타나고 있다.

4) 심리적 요소

자세

분명히, 일반적으로 일을 하는 자세, 특히 자기 직업에서 일하는 자세는 작업수행도에 영향을 준다. 전통적으로, 어떠한 작업은 대체로 여자에게 적합하고 또 어떤 작업은 남자에게 적합하게 보인다. 이러한 경향은 세계적인 산업화 부분에서 그 추세가 바뀌고 있는 반면, 이러한 자세는 여전히 후진적 사회에서는 아직 유지되고 있다. 여하튼, 자신의 일에 전념하고 좋은 작업을 수행함으로써 자부심을 가지려는 개인의 의지는 개인간에, 또 집단간에도 크게 차이가 나고 있다.

동기부여

동기부여는 인간이 추구하는 모든 종류의 일에서 큰 역할을 한다. 생물학적으로 말하면, 보상과 처벌은 작업에 대한 우리의 태도와 목적을 수행하는 데 있어서 우리가 가진 모든 수단을 동원하는 우리의 의지를 결정하는 데 있어서 여전히 기본적 역할을 수행한다. 우리의 심적 상태에 있어서 이러한 관점은 작업팀에서나 직장에서 자신의 역할에 대한 인식과 밀접한 관련이 있다. 만일 일에 참여하지 못하였을 경우, 책임감에 대한 강한 의식은 그가 실수를 했다든지 동료에게 실망을 주고 있다고 느끼게 할 수도 있다. 대부분의 경우, 고정 급료에 반하여 부분적 작업시스템은 더 열심히 일할 수 있도록 하는 동기부여 요소가 될 것이다. 음식물섭취와 수면부족이 수반된 장기간의 격렬한 육체적 활동을 포함하는 야전임무수행(field trials)에 있어서, 우리는 피실험자에 대한 책임감이나 지휘임무의 부여로 단기간 동안 정신적 수행능력을 향상시키고 있다는 것을 알 수 있었다.

수면부족

2~3일 이상을 더 연장하여 일을 할 때, 수면부족은 정신적 작업수행의 현저한 퇴행을 가져올 것이다. 정신적 작업이란 정보처리, 인식작업(perceptual-motor task), 단어회상(word recall), 수리적 문제해결, 시각적 감시작업, 청각적 작업과 기억작업 등을 포함한다. 수면부족 효과는 일관적이고 지속적인 정신적 작업의 경우에 있어서 특히 현저하게 나타난다.

우울함, 반항심, 근심, 긴장, 혼란, 심지어 환각을 포함한 정서적인 영향은 수면부족이 있은 며칠 이후에 현저하게 나타난다.

스트레스

인간이 극복할 수 있는 스트레스는 어느 정도까지는 정신적 긴장과 지적 활동을 높여 주는 자극제의 역할을 하지만, 다른 한편으로는 극복할 수 없는 스트레스의 경우 그 자신을 연류된 문제들에 사로잡히게 만들어 개인의 잠재의식에 영향을 줄 수도 있다.

이것은 그가 직면한 작업에 집중하고 전개되는 상황을 극복하기 위한 능력을 방해할 수도 있다.

오늘날의 인간공학은 이와 같은 논리적 근거에 기초를 두고 연구되어야 하며, 관련학문을 바르게, 그리고 충분히 이용함과 아울러 인간-기계시스템 중 특히 인간요소(human-factor)가 가진 특성을 관찰 및 측정하고 자료의 처리에 주의를 기울여야 한다.

이상을 요약하면 인간공학이란 생리학 · 심리학 · 의학 등의 정보를 정확하고 충분하게 이용하고, 필요한 자료의 수집과 처리에 최신의 과학적 기술을 사용함으로써 인간에 적합하고, 전체로써 최대의 효율을 발휘할 수 있는 인간-기계시스템을 설계하기 위한 분야라고 정의할 수 있다.

2. 공정관리

2.1 공정관리의 의의와 기능

1) 공정관리의 의의

공정관리(production control)란 투입된 원료나 자재(raw material)가 일정한 생산공정(process)[①]을 거쳐서 일정한 시간에 가공처리된 후, 완제품이 되어 산출될 때까지의 일련의 제조과정(manufacturing process)을 보다 합리적인 방법으로 수행하기 위하여, 이를 계획하고 관리 · 통제하기 위한 기술적인 활동을 뜻한다.

공정관리(production control)에 대한 정의는 논자에 따라 다르나 ASME(미국기계기사협회)의 관리용어 정의에 의하면, 공정관리란 "공장에서 원자재로부터 최종제품에 이르기까지 원재료나 부분품의 가공 및 조립의 흐름을 순서 있고 능률적인 방법으로 계획하고(planning), 순서를 결정하고(routing), 예정을 세워(scheduling), 작업을 할당하고(dispatching), 독촉하는(expediting) 절차"라고 정의할 수가 있겠다.

즉, 일정한 품질과 수량의 제품을 소정의 기일까지 생산하기 위하여 인력, 기계설비, 원료 및 재료 등 생산에 관계되는 모든 요소를 효과적으로 운용하는 과정[②]이라 하겠다.

---

① 원자재를 소비하여 가치를 창출하는 하나의 변형과정으로서 'Process'를 생산공정이라고 하는데, 이는 제조공정에만 국한된 의미가 아니라 서비스과정에도 동일하게 적용될 수 있다.

② 이것은 생산 · 운영관리(production/operations management) 활동 중 한 가지의 활동이기도 하지만, 협의의 의미에서는 생산관리(production control)라고도 말한다.

2) 공정관리의 기능

공정관리의 대상은 제조현장과 제조과정이다. 공정관리의 기능은 생산을 실시하기 이전의 계획업무와 생산을 실시한 이후의 통제업무로 구분할 수 있는데, 계획업무는 공정계획(routing)과 일정계획(scheduling)으로 세분된다.

공정계획에 있어서 가장 중요한 내용은 공정간의 충돌현상을 최소화하기 위한 공정의 균형화(line balancing), 가장 경제적인 작업순서와 방법, 제품이 통과해야 할 최단경로 등을 결정하는 것이다. 한편, 일정계획은 공정계획에 따라서 각 공정별로 부하량(loads)을 고려하여 작업의 시작일과 종료일 등을 결정하는 기능이다.

통제업무는 작업분배(dispatching)와 작업통제(follow up)로 세분된다. 작업분배는 계획기능에 따라 작업을 준비하는 과정이다. 즉, 작업지시서, 작업지도표, 재료청구서, 기계 조정명령서 등을 작성하는 작업 준비기능을 갖고 있다.

이에 대하여 작업통제업무는 계획과 실제 결과에 차이가 생기는 경우 이 양자 사이에 차이가 발생되지 않고 일치될 수 있도록 그 진척 정도를 조정하고 통제하는 업무상의 기능이다.

이상과 같은 것들을 공정관리의 4대 업무기능이라고 하며, 이를 요약해

표 4-3 공정관리의 4대 업무기능

업무구분	실행기능	기능내용
계획업무	공정계획 (Routing)	공정의 균형과 경제적 작업의 수행을 위한 공정의 순서와 경로를 결정
	일정계획 (Scheduling)	작업의 부하량을 고려하여 공정별 시작일과 종료일을 결정
통제업무	작업분배 (Dispatching)	작업지시서 등 계획된 작업의 시작을 위한 준비과정
	작업통제 (Follow-up)	차이발생을 예방하기 위해 계획과 실제의 진척 정도를 관리 통제

보면 위의 【표 4-3】과 같이 정리할 수 있다.

2.2 공정의 유형

생산공정을 원활하게 통제하기 위해서는 작업의 물적 흐름에 의한 주요공정들을 인식하고, 각 주요공정의 특성[4)]에 대해 이해를 해야 한다.

공정은 생산시스템 내에서 고객의 주문형태와 생산되는 제품의 품종 그리고 생산량에 따라 그 흐름방식이 영향을 받아 연속생산, 반복생산, 단속생산, 개별생산 등으로 나누어지는데, 이를 【그림 4-2】와 같이 정리해 볼 수가 있으며, 개별적인 생산시스템의 공정유형에 대해서는 아래에서 살펴보고자 한다.

그림 4-2 생산공정의 유형

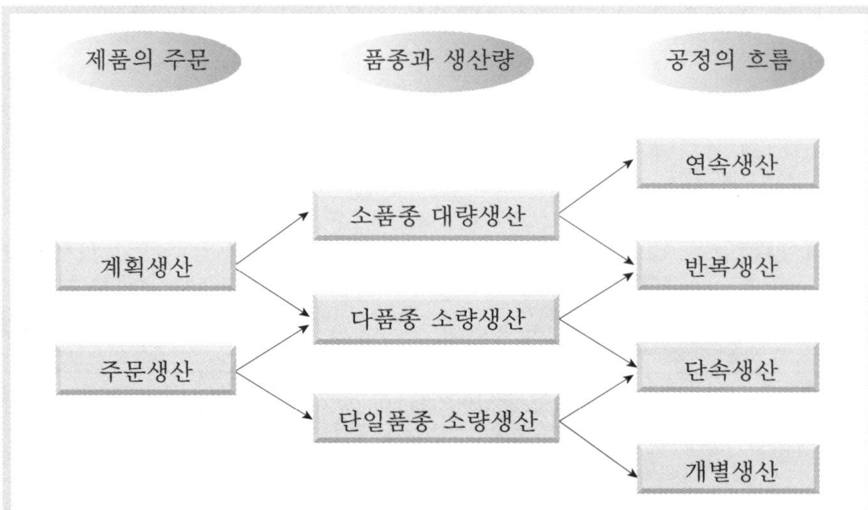

1) 단속공정

단속공정(intermittent processes)은 생산의 흐름이 단속적이라는 데에서 나온 말로서 유사한 기능을 수행하는 범용의 기계 또는 작업장을 함께 그룹화하는 공정별 배치를 취한다. 공정별로 배치하는 것은 생산되는 모든 자원을 어떤 특정의 제품이나 서비스에 집중시키지 못하고 다양한 제품을 소량 또는 중량으로 생산하고자 하는 기업에 적합한 공정배치유형이다.

단속공정에서는 똑같은 제품을 연속적으로 생산하지 않고 로트(lot)① 또는 배치(batch)의 형태로 생산한다. 그래서 단속공정에서의 생산관리자는 각 부품과 조립품들에 대한 경제적인 로트②나 배치의 크기를 결정하여야 한다.

단속공정에서는 이렇게 다양한 제품들이 소량 또는 중량으로 생산하기 때문에 개개 작업에 대한 공정의 흐름이 각각 다르다. 또한 제품들이 다양한 경로를 거치기 때문에 공정이 자주 중단되는데, 이러한 중단이 제품의 생산시간을 길게 하는 주요원인이 되고, 일반적으로 단속공정에 있어서 제품생산시간은 제조시간보다 비제조시간이 더 많이 소요되므로 재공품을 많이 만들어 내는데, 이러한 이유 때문에 단속공정에서는 다음에서 설명하는 라인공정에 비해 재공품재고가 상당히 많게 된다.

단속공정은 제품이 아닌 공정을 중심으로 설계되어 있기 때문에 공정지향적(process focus)이라 한다. 단속공정에서는 기계도 특수기계를 사용하지 않고 다양한 제품을 생산하는 상용기계(general-purpose machines)를 사용한다. 그러므로 작업자의 기술수준도 대체적으로 높다. 이렇게 볼 때, 단속공정을 통해 생산되는 제품의 생산원가도 대체적으로 높은 편이다.

그러므로 단속공정은 표준화가 안 되어 있고, 생산량이 적은 다품종 소량생산에 알맞은 공정형태이다. 또 단속공정은 제품수명주기의 초기단계에 적합하며, 또 고객의 특별한 수요를 충족시키고자 하는 주문생산에 적합한 공정형태이다.

이러한 단속공정은 다시 생산량의 규모에 따라서 소량생산을 하는 Job Shop과 중량생산을 하는 Batch Shop으로 분류된다. Job Shop과 Batch Shop은 대개 고객의 주문에 의해서 제품을 생산한다. 그러나 Batch Shop에 비해 Job Shop에서의 생산량이 월등히 적다. 그래서 Job Shop에서는 고객이 하나, 둘, 또는 몇 개 정도의 제품을 주문하는 것이 보통이다. 반면에 Batch Shop에서는 Job Shop보다 많은 양의 제품을 생산하지만, Job Shop보다는 적은 품목의 제품을 생산한다. Job Shop과 Batch Shop은 전부 재고

① 로트(lot)는 동일한 조건하에서 동시에 한 묶으로 생산된 제품의 크기이다.
② 경제적인 로트의 경우 단속공정과 연속공정의 구분이 어려운데, 이러한 경우에 소·중 로트는 단속공정으로 대 로트는 연속생산으로 구분할 수가 있다.

보다는 주문에 의해서 생산하기 때문에 고객으로부터 주문을 받은 다음, 그 제품에 적합한 원자재와 부품 또는 조립품을 구매하여 제품을 생산한다.

Job Shop의 예로는 자동차 정비소, 병원, 치과를 그리고 Batch Shop의 예로는 출판사, 다양한 식단을 가진 식당, 제과점 등을 들 수 있다. 대체적으로 이러한 단속공정은 제조업체보다는 서비스분야에 많다. 왜냐하면 고객의 욕구가 서비스산업에서는 상당히 다양하기 때문이다.

2) 연속공정

연속공정(continuous processes)이란 일반적으로 장치산업(process industry)을 의미한다. 연속적이라는 것은 제품의 생산이 도중에 중단되지 않고, 지속적으로 계속 이루어지는 것을 말한다. 그래서 도중에 재공품을 저장하는 곳이 없다.

연속공정은 공정의 흐름이 공정 중심으로 되어 있지 않고 제품 중심으로 되어 있다. 즉, 제품을 중심으로 기계나 설비가 배치되어 있기 때문에 연속공정을 제품지향적(product focus)인 라인공정이라 한다. 라인공정(line processes)은 기계 또는 작업장을 어떤 특정제품을 생산하는 공정경로의 흐름에 맞춰 배치한 공정형태이다. 그러므로 라인공정을 흐름공정(flow processes)이라고도 한다.

연속공정은 초기에 막대한 자본을 필요로 하기 때문에 시설의 이용률을 보증하여야 한다. 그리고 대표적인 연속생산 공정인 장치산업은 수많은 컨베이어와 파이프, 탱크, 밸브 등으로 구성되기 때문에, 공정 설계의 초기에 공정의 배치를 신중하고 장기적으로 결정해야 한다.

연속공정은 막대한 자본에 의해서 이루어지기 때문에, 연속공정에서 인건비가 차지하는 비율은 상당히 낮으며, 작업자의 수도 무척 제한되어 있다. 연속공정은 또한 공정의 유형 중에서 자본의 집중도가 제일 높은 공정형태이며, 고정비용이 높기 때문에, 한번 가동하면 상당한 기간 동안 생산을 계속하여야 한다. 예를 들면, 병유리를 제조하는 데 있어서 용해로에 한번 불을 붙이면 3년간 끌 수 없다. 그러므로 연속공정은 하루 24시간씩 쉬지 않고 가동을 한다.

연속공정은 생산이 말 그대로 연속적으로 이루어지기 때문에 반드시 투입물을 항상 보유하고 있어야 한다. 연속공정은 또 조립라인처럼 생산이 미리 정해진 순서를 따르지만 공정은 거의 자동화되어 있다. 그리고 설비와 기계도 거의 특수한 설비와 특수기계이기 때문에 통제도 거의 전산화되어 있다.

또한 연속공정은 하나의 자동화된 거대한 기계에 의해 공정이 이루어지기 때문에 일반적으로 공정에 대한 선택의 폭이 좁다. 【표 4-4】에서와 같이, 연속공정은 고도로 표준화된 단일 또는 소품종의 제품을 대량으로 생산하는 공정에 가장 적합한 공정의 형태이다. 화학, 제지, 맥주, 철강, 유리, 전구, 전기, 전화, 석유, 제분, 시멘트, 고무, 페인트, 우유, 제약, 플라스틱, 가스, 설탕 등

표 4-4 생산활동별 생산의 형태

생산형태	생 산 활 동		생산방식
	제조활동	서비스활동	
단속생산	프로젝트생산 : 예) 교량, 댐, 고속도로 건설 등의 대규모 공사	프로젝트사업 : 예) 미사일개발, 조력발전 타당성 조사	프로젝트 생산
	개별생산 : 예) 맞춤구두, 의류, 선박, 청부주택, 특수공작기계	맞춤서비스 : 예) 진료, 자동차수리, 건축설계, 기업진단, 외서번역, 전세버스	개별생산
	로트생산 : 예) 금속, 기계가공업, 주물, 의류, 구두, 가구, 도자기	표준화한 서비스	로트생산
연속생산	① 기계공업적 연속생산 (대량생산) 예) TV, 자동차, 전구, 볼트, 너트 ② 장치산업적 연속생산 (흐름생산) 예) 맥주, 비료, 석유, 종이, 시멘트	예) 즉석식품(커피, 햄버거) 판매, 냉면 전문, 세탁, 보험가입자의 장기건강진단, 은행예금 창구의 서비스, 정기노선버스, 열차의 운행, 주민등록사무	연속 (대량/흐름) 생산

이 연속공정에 속하는 분야이다.

3) 반복공정

반복공정(repetitive processes)은 라인공정에 속하지만 엄밀하게 말하면 단속공정과 연속공정의 중간형태를 취하는 라인공정의 일종이라고 볼 수 있다. 반복공정은 일반적으로 조립라인 공정을 의미하며 대량생산(mass production)을 하는데, 생산속도를 균일하게 하기 위해 연속적으로 움직이는 이동 컨베이어(moving conveyor)를 대개 사용한다.

반복공정은 유사한 제품군을 생산하기 위해서 필요한 작업장을 작업순서에 맞게 배치하며, 제품은 미리 정한 비율로 일련의 공정단계를 거친다. 반복공정의 하나의 변형으로서 혼합형 조립라인(mixed model assembly line)이 있는데, 이것은 동시에 어떤 제품의 몇 가지 변형을 생산할 수 있는 조립라인이다.

조립라인에 있어서 관리자의 주요한 임무는 작업의 속도를 원활히 유지하는 것이다. 이것은 각 작업의 상호연관성 때문에 발생한다. 개개 작업의 사이클타임을 감소하는 것도 중요하지만, 전체적인 균형을 이루는 것이 보다 중요하다. 이러한 임무를 효과적으로 달성하기 위해서는 작업수순, 원 · 부자재 투입시기, 설비관리방안 등에 대해 정확한 계획을 필요로 한다.

자동차, 라디오, TV, 냉장고, 오토바이, 장난감, 컴퓨터, 전자계산기, 완구, 카메라, 카페테리아, 패스트푸드(fast food) 식당 등의 조립생산이 반복공정에 속한다.

4) 프로젝트공정

일반적으로 프로젝트(project)공정은 대규모 작업이므로 작업자나 설비 또는 기계를 직접 제품생산 장소로 이동시켜 작업하므로 고정위치공정(fixed-position process)이라고도 한다. 프로젝트는 규모가 큰 단일제품을 대부분 하나만 생산하는 주문생산이기 때문에 프로젝트에는 재고가 없고, 반드시 주문에 의하여 제품을 생산한다. 프로젝트는 이렇게 대규모의 단일제품을 생산하기 때문에, 생산경로 및 생산방법이 각각의 프로젝트마다 동일하지 않고 프로젝트를 수행하는 데 걸리는 시간도 비교적 길고 비싸다.

프로젝트공정은 다른 공정과 달리 특히 독창성과 정해진 기간 내에 정해진 비용으로 완수되어야 하기 때문에 시간을 상당히 중요시한다. 또 프로젝트는 정해진 우선순위에 의해 단계별로 공정이 진행되어야 하기 때문에 스케줄링(scheduling)이 상당히 중요하다. PERT(project evaluation and review technique)와 CPM(critical path method)은 프로젝트의 스케줄링을 다루는 중요한 기법들이다.

프로젝트는 다량의 제품이나 서비스를 판매하는 것이 아니라, 독창성 있는 제품이나 서비스를 고객에게 판매하는 공정이다. 그래서 교량, 건물, 영화, 항공기, 콘서트, 미사일, 선박, 건축물뿐만 아니라 시장조사, 이벤트, 계획, 여론조사, 소프트웨어 개발과 같은 서비스도 프로젝트이다.

2.3 공정의 설계와 분석

공정설계(process design)는 투입된 요소들을 업무 또는 작업의 순서에 맞게 물류와 정보의 흐름에 따라 제품이나 서비스를 생산할 수 있게 설비와 생산방법을 선택하는 생산 및 서비스활동으로서, 공정의 선택과 설계는 기업의 생산 전략과 자원획득능력, 작업자와 장비, 정보를 배합하는 장기적인 관점의 의사결정[5)]의 영역이다.

또한, 공정설계는 제품생산의 다양한 방법, 공정의 형태, 기계설비, 작업흐름과 방법 등을 정의하게 되는데, 투입요소들의 획득가능성이 변동할 때나 생산시스템의 신설 또는 확장시, 신제품(서비스)의 개발이나 개량이 발생할 경우, 경쟁력확보를 위해 현생시스템의 혁신적 개선이 요구될 경우 등에 있어서 이와 같은 공정설계의 요구가 발생하게 된다.

공정설계의 주요한 산출물로는 【그림 4-3】에서 보는 바와 같이 공정절차표(routing sheet or operation sheet)가 있는데, 공정상의 모든 작업내용, 작업순서, 작업자, 시간을 규정하는 한편, 필요한 도구와 설비의 유형 등에 대한 정보를 제공하므로 작업을 규제할 수 있게 해 주므로 일정계획의 근거가 되기도 한다.

만일 계획생산을 한다면 수요를 예측해서 단속공정이나 연속공정을 사용하여 제품을 생산하게 되면 재고가 발생하게 되는데, 주문생산을 한다면 고객

그림 4-3 공정절차표의 사용예

부 품 명 ______ 제 조 명 령 #______ 로트수량 ______ 개시일 ______

부품번호 ______ 발 행 일 ______ 납 기 일 ______ 완료일 ______

재료명세 ______ 재료소요량 ______ 발 행 자 ______ 검사자 ______

작업순서	작업내용	사용기계	표준작업시간	준비시간	작업자	완성품수
1	철판절단	K 절단기	2분	2분	갑	20
2	구멍뚫기	드릴 B	3분	1분	을	20
3	끝내기 연마	연마기 C	2분	1분	병	20
4	검 사	검사대	2분	1분	정	20

으로부터 주문이 있을 때에만 단속공정을 통해 생산하므로 재고가 발생하지는 않게 된다. 이때 연속공정은 꾸준히 생산이 발생되므로 전문화된 기계설비 및 방법이 사용되고 표준화된 제품을 반복생산(repetitive manufacturing)하기 때문에 자본집약적 특성을 띠게 된다.

반대로, 단속공정은 가공흐름의 경로가 품목마다 다르지만 같은 종류의 기계설비가 한 작업장에서 사용되므로 범용의 설비를 배치하게 되며, 작업자의 숙련된 기술에 의존하게 됨으로써 노동집약적 특성을 갖게 되는 특성이 있다.

1) 공정의 결정

공정을 설계할 때 고려해야 하는 결정요인들[6]에는 노동력, 시장수요, 자본, 원자재, 관리기술, 생산기술 등의 6가지를 들 수 있으며, 공정을 결정할 때 시장수요에 따라 크게 영향을 받는 생산량의 크기는 매우 중요한 평가기준이 되는데, 【그림 4-4】에서와 같이 생산량이 많으면 자본집약도와 수직적 통합의 정도가 높고, 반대로 생산량이 적으면 이들의 정보가 낮은 대신 자원의 유연성이나 고객 관여도가 높아지게 된다.

따라서 Krajewski와 Ritzman(1997)은 공정을 결정하거나 설계할 때에

그림 4-4 생산량과 공정결정요인간의 관계

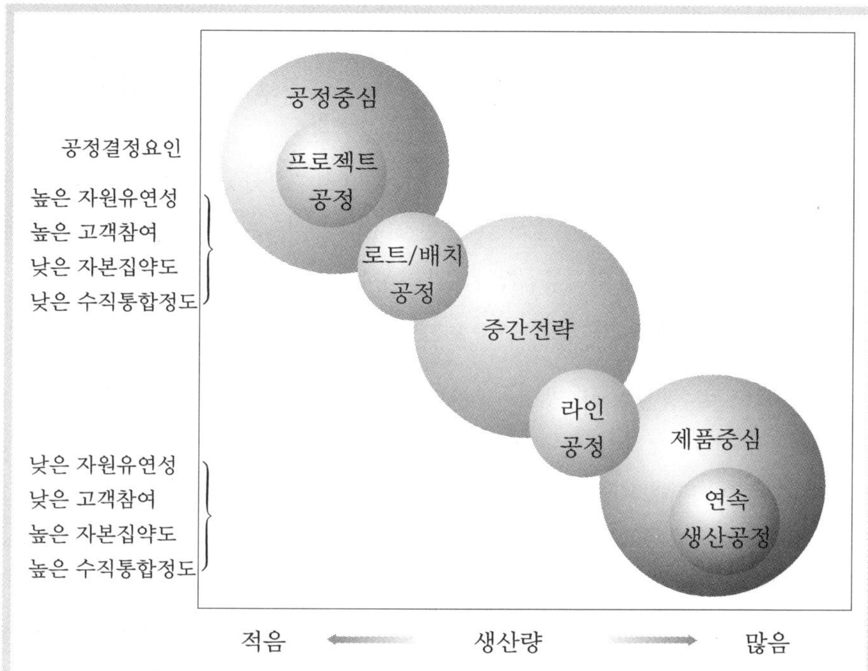

자료: Lee J. Krajewski and Larry P. Ritzman, *Operations Management: Strategy and Analysis*, Fourth edition, Massachusetts, Addison-Wesley, 1997.

고려하게 되는 요인으로 다음과 같은 네 가지 요인을 설명하고 있다.

① 고객관여도(Customer Involvement) : 고객이 생산공정이나 서비스과정에 참여하거나 작용하는 것으로서, 관여의 범위는 셀프식당이나 주유소나 아파트의 내장재 색상, 크기, 모양 등 시방을 지정하는 것에 이르기까지 다양하다.

② 자본집약도(Capital Intensity) : 공정에 투입되는 설비와 작업자의 숙련된 기술간의 구성비를 말하며, 일반적으로 설비에 투입되는 비용이 클수록 자본집약도가 높게 나타난다.

③ 자원유연성(Resource Flexibility) : 수명주기가 짧거나 고객의 요구사항이 많은 신제품이나 서비스를 제공하는 공정이라면, 자원의 이용률을 높이기 위해서 생산설비가 범용적이어야 하고 작업자들은 다양한

작업을 수행할 수가 있어야 한다.

④ 수직적 통합(Vertical Integration) : 기업은 투입물을 구매하고, 산출물을 소비자에게 판매한다. 이때 경영자는 투입물을 산출물로 전환시키는 과정에 있어서, 즉 원자재의 획득에서부터 최종제품의 납품에 이르는 과정 중에서 어떤 부문을 직접 소유하고 운영할 것인가를 결정하여야 한다. 이것을 수직적 통합이라 한다. 원자재의 확보에서부터 완제품의 납품에 이르기까지 공급망(supply chain) 전체를 공정에서 반영하고 있어야 하며, 공급망을 관리하는 과정이 많을수록 수직적 통합의 정도가 높게 나타난다.

일반적으로 생산량이 많고 생산의 반복도가 높을 때에는 수직적 통합을 확장하는 것이 바람직하다. 또 사업에 핵심적인 활동도 기업이 직접 소유하고 관리하는 것이 바람직하다. 그러나 수직적 통합은 자원의 탄력성을 감소시킨다. 이것은 수직적 통합을 하기 위해서는 막대한 설비와 기계에 투자를 하여야 하기 때문이다.

그러므로 수직적 통합을 할 때에는 통합하는 부문이 미래에 있어서 기업에 어떤 영향을 끼치는가를 반드시 검토하여야 한다. 수직적 통합은 다시 후방통합과 전방통합으로 구분된다.

후방통합(backward integration)은 생산활동을 하는 데 필요한 투입물, 즉 원자재를 공급하는 방향 쪽으로의 통합을 말한다. 이것은 대체적으로 원자재, 부품, 노동력, 설비 등에 대한 통합을 의미한다. 예를 들면, 자동차회사가 직접 타이어공장을 운영하고, 생선통조림회사가 직접 어업활동을 하고, 또는 무역중개업자가 직접 제품을 생산하는 것이다. 통합의 주요 결정요인은 통합했을 때의 공급비용과 현재의 공급비용의 차이이다. 그러나 통합은 언제나 공급을 확실하게 해 준다.

반면에 전방통합(forward integration)은 제품을 판매하는 시장 쪽으로의 통합을 의미한다. 그래서 전방통합은 대체적으로 유통구조(소매상, 도매상 등) 쪽으로 흡수를 한다. 예를 들면, 반도체회사가 컴퓨터를 생산하거나, 또는 생산업자가 직접 무역중개업까지 하는 것이다. 전방통합의 주요 결정요인은 비용의 비교와 수요에 대한 신뢰문제이다.

2) 제품-공정행렬

제품구조는 표준화 정도가 낮은 한두 개의 제품생산, 다품종 소량생산, 소품종 대량생산, 표준품 대량생산으로 흔히 구분되는데 이러한 제품구조와 생산시스템의 공정기술은 【그림 4-5】와 같은 행렬로 나타낼 수 있다.

제품-공정행렬에서 행은 개별생산공정에서 연속생산공정으로 이르는 과정에서의 주요 단계를 나타내며, 열은 제품의 초기 도입에서 표준화 제품에 이르기까지 제품수명주기상의 중요 단계를 나타내고 있다.

제품이 일련의 단계를 거치는 것과 마찬가지로, 공정 또한 일련의 단계를 거친다. 제품수명주기와 공정수명주기는 대각선상에서 보다 적합하게 된다.

예컨대 다품종 소량생산과 묶음생산공정은 적합하나 표준품 대량생산과 낱개생산공정은 경제성이 없다. 【그림 4-5】에서 빗금 친 영역은 경제성이 없는 영역을 나타내고 있다. 제품구조와 공정기술에 따라 경쟁유형, 생산과업 및 운영통제방법에는 차이가 있다.

그림 4-5 제품-공정행렬(Product-process matrix)

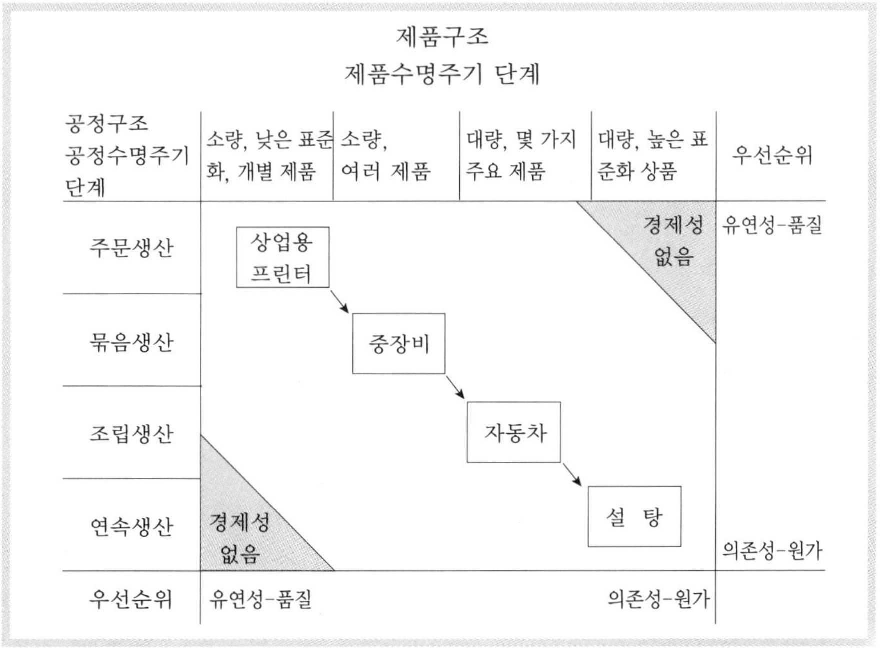

예를 들면 【그림 4-5】에서 보는 바와 같이 표준화 정도가 낮고 소량생산에 가까운 경우 생산과업의 우선 순위는 유연성과 품질에 있는 반면, 표준화 정도가 높고 대량생산에 접근할수록 생산과업의 우선 순위는 공정간의 상호의존성과 원가에 있음을 알 수 있다.

공정기술은 제품의 원가, 품질, 납기, 유연성 등과 같은 생산시스템의 성과에 영향을 미친다. 그러므로 공정기술의 선택은 경쟁전략에 입각한 생산전략적 관점에서 이루어져야 한다.

예를 들어 비용우위전략에서는 낮은 제조원가가 중요하므로 이를 위해서 대량생산과 제품 중심적인 공정기술이 바람직하다.

반면에 혁신적인 제품설계에 의한 차별화를 추구할 경우 이에 부응하기 위하여 생산시스템은 유연성이 확보된 공정 중심적인 기술이 요구된다.

3) 공정분석

공정분석(Process Analysis)이란 생산물의 흐름의 관점에서 원자재와 같은 투입물이 가공되고 운반되어 점차적으로 완제품과 같은 산출물로 변환되어 가는 과정을 공정이라는 분석단위로 설정하고 이러한 공정을 분석 · 검토하여, 공정에서의 불합리성을 제거하기 위한 기법을 말한다.

한편, 제조공정의 과정을 분석하고 결정할 때, 제품의 생산과정이 복잡할 경우에는 보편적으로 흐름도(flow chart)를 사용하여 공정간의 관계와 흐름을 나타내게 되는데, 이러한 흐름도에는 조립도표(assembly drawing), 조립분석표(assembly chart/Gozinto chart),[7] 작업공정도표(operation process chart), 공정분석도표(flow process chart), 인간 · 기계도표(man-machine chart)가 있다.

① 조립도표(Assembly Chart/Gozinto Chart)[①]

조립도표는 제품의 전반적인 구조와 조립순서를 나타내는 데 쓴다. 수많은 부품으로 구성되는 제품의 조립공정은 매우 복잡하므로 이를 일목요연하게 나타낼 수 있는 도표로서 가공, 조립, 검사의 순서를 알 수 있다.

조립도표와 같이 부품들이 결합되는 방법과 그 조립순서를 배열한 분석표

---

① 이탈리아의 수학자인 고진토(Zepartzat Gozinto)가 고안하였기 때문에 명명된 것임.

로서 제품 구조와 조립방법을 알 수 있다. 작업단계는 ○, 검사는 □로써 표시되는데 보통은 조립도표와 통합해서 작성한다.

표 4-5 조립도표

구 분 / 제정자	작 업	운 반	검 사		대 기		복 합	
			수 량	품 질	지 체	저 장	작업·검사	수량·품질검사
① ASME기호 ② 한국공업규격 (KSA3002)	○	⇨	□		D	▽	▣	
① M.E.Mundel ② 일반기호	○	○ →	□	◇	▽(이중)	▽	▣	◈

② 작업공정도표(operation process chart)

작업공정도표는 모든 작업을 단계별로 나타낸다는 점에서 조립분석표와 같지만, 부품이나 자재가 제조공정에 투입되는 지점을 비롯하여 작업 및 검사의 순서를 나타낸다는 점에서는 조립분석표와 차이가 있다. 이 도표에는 조립도표에서와 같은 운반이나 저장의 기능이 없고, 각 작업별로 소요되는 시간과 위치 등 공정분석에 이용되는 정보를 표시하며, 일반적으로 단위작업이나 작업공정간의 관계를 분석하는 데 사용되며, 설비배치를 행하는 경우에는 기본 정보를 제공할 수도 있다.

③ 공정분석도표(flow-process chart)

공정분석도표(flow-process chart)는 【표 4-6】에서 보는 바와 같이 공정을 작업 · 운반 · 검사 · 지연 및 저장의 다섯 가지 활동으로 표시하여 각 활동이 필요하며 제지, 결합, 지연, 순서변경활동에 대한 개선안을 모색함으로써 공정의 효율성 분석을 할 때 활용된다.

④ 인간-기계도표(man-machine chart)

인간-기계도표는 작업자와 그가 다루는 설비의 동시활동을 나타내는 도표이다. 따라서 이 도표는 한 작업자가 한 기계를 다루거나, 여러 사람이 여러

그림 4-6 작업공정도표

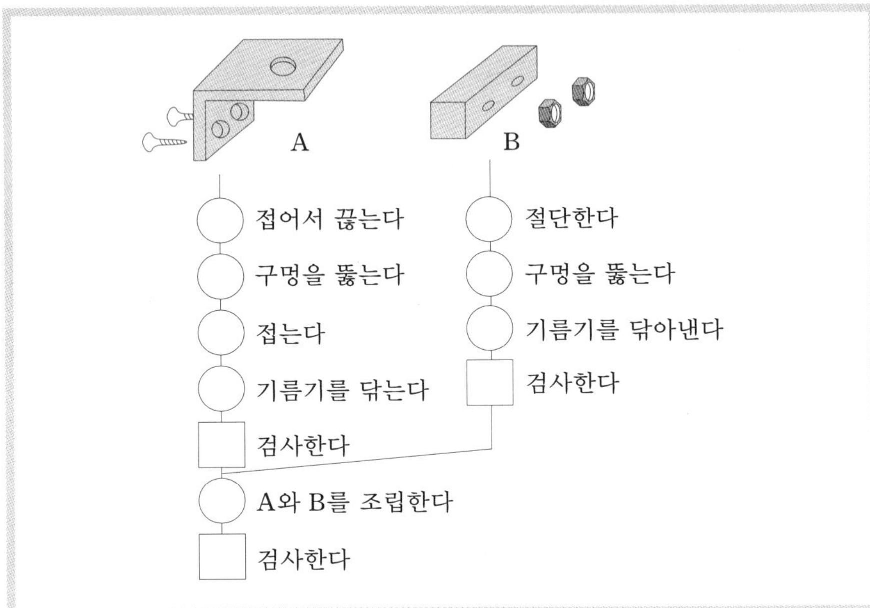

표 4-6 공정분석도표

기 호	명 칭	설 명
○	작 업	한 장소에서 제품 또는 작업대상물에 행해지는 작업활동
⇨	운 반	작업물이 한 장소에서 다른 장소로 이동
□	검 사	제품의 품질과 수량을 표준과 비교검토
D	지 연	작업물의 정체 및 일시적인 작업대기
▽	저 장	다음 작업을 위해 기다리는 자재의 재고 또는 계획적인 보관

기계를 다루는 작업활동을 분석할 때 사용된다.

인간-기계의 관계는 작업주기(work cycle)를 구성하는 여러 가지 부분과 작업을 완성하는 데 소요되는 시간을 나타냄으로써 도표화된다. 여기서 주기란 하나의 작업활동이 결합되는 데 소요되는 시간의 길이이다.

3. 공정계획과 문제해결

3.1 공정계획과 LOB

원활한 공정 흐름을 유지하기 위한 공정계획기법으로 일반적으로 사용되고 있는 LOB(line of balance)는 도표를 이용하여 계획과 실적을 활동별로 비교하고, 그 차이를 시정하여 진도 예측을 정확하게 하기 위한 역순조립 생산계획기법이라고도 한다.

이 기법은 1951년 미국의 해군특별사업국(navy special projects office)에 의해 개발되어 1962년의 현재의 형태로 인정받게 된 것이다.[8)]

LOB는 주로 완제품을 생산하는 데 필요한 부분품, 반제품 등을 합리적으로 생산하기 위해서 도표를 이용하여 작업공정별 일정을 역순으로 계획하는 것이다. 즉, 이 기법을 활용하는 가장 중요한 목적은 완제품을 생산하는 과정에서 각 부분별로 완성해야 할 일정과 각 공정간의 균형유지를 위한 계획을 역순으로 수립하는 데 있다.

그러므로 LOB는 생산제품의 기계설비배열에 대한 기초계획을 수립하는 데 사용하거나, 아니면 생산사이클(production cycle)과 그 진척도를 분석 · 판단하는 데 사용한다면 매우 유용할 것이다.

1) 기초공정 네트워크

LOB체계의 기본요소 중의 첫째는 생산계획이다. 【그림 4-7】에서 그러한 계획의 한 예를 볼 수가 있는데, 이 경우 완제품 한 단위를 생산하는 데 필요한 각 공정별(단계별) 일정과 출하시점(shipment point)까지의 단위계획을 한눈에 파악할 수가 있는 것이다.

이때 시간 단위는 출하시점 이전까지의 소요일정을 측정하여, 그것을 눈금으로 표시한 것이다.

이와 같이 LOB기법은 각 공정별 소요시간을 역순으로 결정하는 생산계획 기법이라 할 수 있다. 따라서 이것은 일종의 공정계획과 같은 것이므로 완제품 한 단위를 조립하는 데 필요한 생산공정을 네트워크 다이어그램(Network Diagram)으로 표시하는 CPM계획이나 PERT기법과 유사한 점이 많다.

그림 4-7 기초공정 네트워크

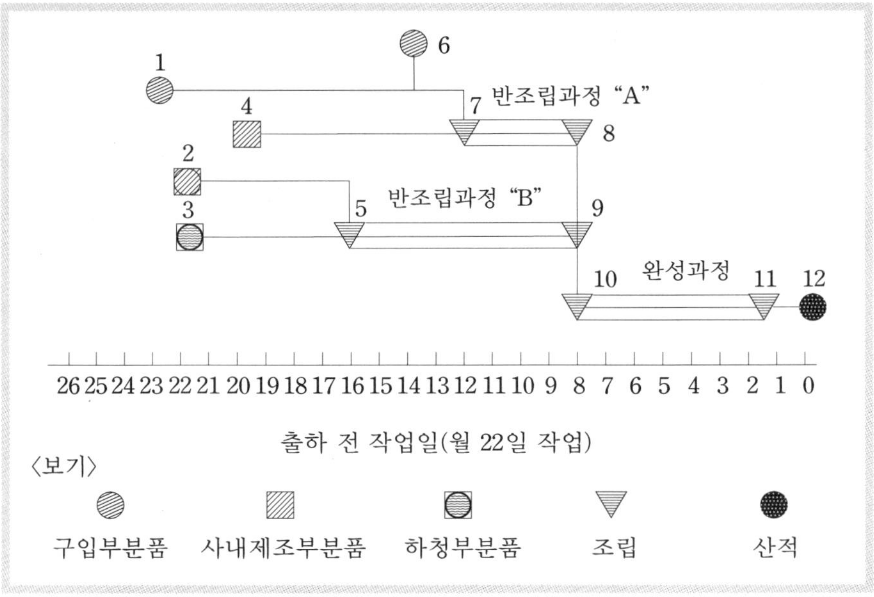

2) 목표차트

LOB체계의 또 하나의 목적은 목표차트(objective chart)와 진행차트(progress chart)를 생산계획과 일치시키는 방법이다.

목표차트는 출하될 완제품의 수량에 대한 월별 누적계획표이다. 그 예는 다음의 【그림 4-8】에서 볼 수 있는 바와 같이 진행차트는 목표차트처럼 수직 눈금으로 구분해서 표시하고, 이 양자를 대응시키는 동시에 공동 종좌표상에 양자를 서로 상대적인 위치에 배열함으로써 목표와 진도정도를 비교할 수 있다.

여기에서 횡좌표는 생산계획상의 작업구분 포인트를 표시하고, 그 첫 번을 1로 하는 일련번호를 순서대로 표시한 것이다. 【그림 4-8】에 나타난 사항은 6개월에 걸쳐 60대의 완제품이 인도되어야 한다는 뜻이고, 이 60대는 직선으로 나타난 그래프대로 인도되어야 하므로 이 직선은 누적 인도대수를 뜻한다. 이런 누적곡선은 계약상의 요구에 따라 그 모양을 달리 할 수가 있다.

진행차트상의 LOB는 인도곡선의 모양 및 생산계획상에 나타난 선도기간 (lead time)에 의해서 좌우된다. 이 도표에서 LOB는 지정된 일자에 준비되어 있어야 할 부품의 양이다. 이 경우 완제품 인도를 위한 최종확인은 늦어도 6월 1일 이전에 이루어져야 되며, 이것은 6월 1일까지는 완제품 10대가 인도되어야 한다는 것을 의미한다.

그림 4-8 LOB의 체계

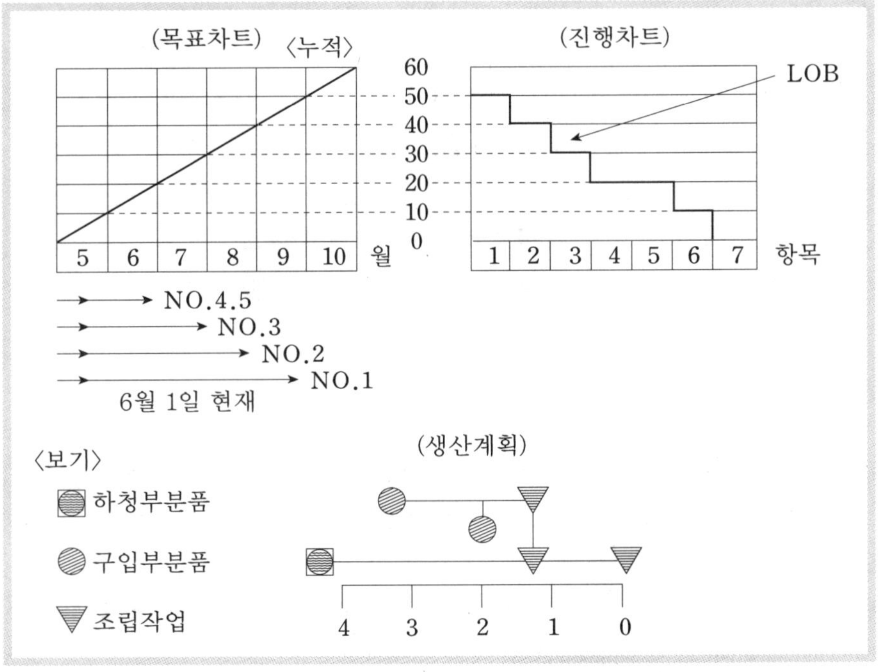

3.2 공정불균형의 해결방안

제품과 서비스의 생산과 운영활동을 합리적으로 수행함에 있어서 일정기간중의 투하자본과 생산설비를 최대한으로 활용하고 생산능률을 극대화하는 한편, 생산기간과 납기를 단축하도록 과학적으로 생산관리활동을 전개하는 것이 공정시간계획이다. 생산관리에서는 이러한 시간적 관리체계를 공정시간관리라 부른다.

공정관리의 업무는 영업부에서 새로운 주문을 받았을 때부터 시작된다. 주문을 받으면 그 품종, 수량, 납기, 가격 등의 조건에 관하여 공장의 수용능력이나 재고량 등을 감안하여 관계부서와 협의해서 납기를 조정하는 한편, 공장 내부에 대해서는 제조지시서를 발행하게 되고, 이에 따라서 각 부문별 활동이 개시된다.

일반적으로 원재료가 투입되어 완제품이 될 때까지는 여러 공정을 통과해야 된다.

선행단계의 공정과 후속단계의 공정간에는 생산처리능력이나 작업주기(cycle time)가 각기 다르므로 정체시간(waiting time)과 애로공정(bottle neck)이 발생하여 공정간의 균형(line balancing)이 깨어진다. 특히 양산체제하의 조립생산공정에 있어서는 전공정의 흐름이 마치 하나의 생산라인으로 연결된 것과 같이 이를 조정할 필요가 있다. 이러한 애로공정을 합리적으로 해결하기 위해서는 라인밸런싱이나 프로세스믹스, 대기행렬이론 등과 같은 방법들이 사용되고 있다.

1) 라인밸런싱(LB: Line Balancing)

전술한 바와 같이 애로공정을 최소화하고, 효율적으로 공정관리활동을 전개하기 위해서는 작업주기 또는 주기적인 공정소요시간이 평준화(line balancing)를 유지하여야 한다.

특히 조립생산 공정에 있어서 선행공정과 후속공정의 작업처리능력이 균형되지 않으면 처리능력이 약한 조립공정에서는 처리능력이 강한 공정에서 흘러 들어오는 물량을 감당할 수 없으므로 작업량이 밀리고 공정대기현상이 일어나는 반면, 처리능력이 강한 공정에서는 처리능력이 약한 공정에서 흘러 들어오는 작업량이 처리능력에 미치지 못하여 유휴현상을 초래하게 된다. 이와 같은 공정상의 유휴현상 또는 대기현상들을 공정지연(balance delay)이라고 부르고, 이를 가능하면 최소화하여 공정간의 균형을 유지해야 하는데 이를 해결하기 위해 활용하는 기법이 라인밸런스이다.

공정간의 라인밸런스를 취해 주는 방법은 여러 가지가 있을 수 있으나, 쉬운 방법으로는 작업시간 조정, 제품수량 조정, 작업인원 조정, 기계설비 조정 등과 같이 공정 내부의 제 요소를 먼저 조정하는 데 착안하는 것이다.

이 중에서 William Voris는 그의 저서 *Production Control*에서 기계설비와 작업인원 조정을 중요시하고, 이 양자를 적절히 조정함으로써 공정간의 균형을 도모할 수 있다고 하였다.[9)]

2) 프로세스믹스

앞에서 설명한 것처럼 공정 내부 자체를 조정하여도 여러 가지 제약조건으로 라인밸런스가 여의치 못할 때는 차선의 방법으로 프로세스믹스(process mix)를 고려할 필요가 있다.

공장 자체의 설비능력이나 기술적인 처리능력이 불충분하여 경제적인 측면에서 볼 때, 특정제품이나 특정공정은 오히려 외주가공을 하는 것이 더욱 유리할 경우가 있을 것이다. 이런 경우 프로세스믹스 또는 제품믹스(product mix) 문제를 잘 이해하고 활용하는 것이 효율적으로 공정관리를 수행하는 요건이기도 하다.

즉, 연속생산인 경우에는 계획생산량을 맞추어 공정을 편성할 수 있으나, 수주생산의 경우에는 수주하는 제품의 종류별 절대량과 제품믹스에 의한 비율에 따라 특정공정의 부하량이 변화하게 된다.

이런 경우 전술한 바와 같이 취약공정에서는 앞 공정에서 흘러온 수량을 처리하지 못하여 반제품 상태의 재공품재고가 증가한다. 그 반면에 처리능력이 우수한 공정에서는 흘러오는 수량이 처리능력에 미치지 못하기 때문에 유휴시간(idle time)이 생긴다.

그러므로 현재의 처리능력으로서는 어느 제품을 어느 정도 수주하는 것이 가장 좋은가 하는 것을 판단하여 제품믹스를 생각하고, 또 한편으로는 설비와 기술, 그리고 경제적 견지에서 필요한 부품을 외주가공하는 프로세스믹스를 생각하는 것이 유리할 때도 있다. 이러한 제품믹스와 프로세스믹스는 결과적으로 애로공정을 해소하고 공정간의 균형을 유지할 수 있게 해준다.

3) 대기행렬이론

대기행렬[①]이론(waiting line or queuing theory)이란 행렬을 만들어 대기하고 있는 여러 가지 현상을 보다 신속하고 합리적으로 해결하기 위하여 확률적인 방법으로 공정의 정체문제를 해결하는 이론이다.

이 이론은 덴마크의 전화기사인 얼랑(A. K. Erlang)이 전화교환시설을 설계하기 위해서 1909년에 전화교환에 대한 이론적 해석을 시작한 것이 시초이며 제2차 세계대전 후에는 경영학의 연구분야에도 이 이론을 도입 · 적용하게 되었다.

대기행렬이론이 적용되는 문제로서는 기차표를 사기 위하여 대기하고 있는 행렬을 위시하여 병원, 도서관, 식당, 영화관, 항공기의 착륙대기 등 여러 가지 사례를 들 수 있다.

① 대기행렬이란 고객들이 도착하여 기다렸다가 서비스를 받고 떠나는 시스템의 행렬을 말한다. 이러한 대기행렬 시스템을 연구하는 학문이 대기행렬이론이다.

POM 사례 5

'바보상자'를 만든 천재

"이것은 금세기의 가장 참을 수 없는 골칫거리가 될지도 모른다."

작가 E. B. 화이트가 처음 텔레비전 시험방송을 지켜본 후 했던 말이다.

오늘날 다섯 살짜리 미국 어린이가 TV 시청으로 보내는 시간은 대학생이 4년간 강의실에서 보내는 시간보다 길고, 성인들은 깨어있는 시간의 4분의 1을 TV 앞에 앉아있다고 한다. 사람들은 안방에 앉아서도 닐 암스트롱이 달 표면을 걷고, 케네디 대통령이 오스왈드에게 저격당하는 장면을 생생히 지켜볼 수 있었다. 그래서 생겨난 표현이 바로 '지구촌'. 텔레비전이 없었더라면 사람들은 가족과의 대화에 좀 더 많은 시간을 할애하고, 들음들음으로만 상품정보를 얻고, 좀 더 많은 책을 읽고, 가수보다는 총각선생님들의 인기가 높았을지 모른다. 지구는 좁혀 놓았으나 가족과 이웃, 친지는 멀어지게 만들고, 각종 정보를 홍수처럼 쏟아놓으면서도 사람들을 점점 바보로 만들어 버리는 텔레비전. 과연 누가 이 애물단지를 세상에 내놓았을까.

텔레비전(Television)은 '멀리'라는 뜻의 희랍어 'Tele'와 '본다'의 의미를 가진 라틴어 'Videre'의 합성어. 말 그대로 움직이는 영상을 먼 곳으로 전송하는 장치이다. 텔레비전 발명에 얽힌 역사를 보다 쉽게 이해하기 위해서는 우선 그 원리를 알아야 할 필요가 있다.

송신된 텔레비전 신호를 받아 화면을 읽으려면 수신된 전기신호의 강약을 빛의 강약으로 바꾸는 에너지 전환장치가 필요하다. 이 역할을 담당한 것이 브라운관. 내부의 전자총에서 발사되는 전자빔이 브라운관의 형광면을 주사하게 되는데, 이 주사선에 의해 화면이 구성된다. 한 장의 화면은 1초 동안 30매가 주사되며, 우리 눈의 잔상시간(殘像時間)이 1/16초이므로 화면의 정지를 눈치채지 못한 채 연속적으로 움직이는 것처럼 느끼는 것이다. 컬러 신호처리(Chroma Processor) 회로는 화면에 색을 재생시키는 데 필요하며, 이 회로의 유무에 따라 컬러 텔레비전과 흑백 텔레비전으로 나뉜다.

텔레비전의 발명가에 관한 한 미국과 영국은 아직까지도 설전을 끝내지 않고 있다. 서로 자국 발명가의 작품이라고 주장하고 있으니 말이다.

어쨓든 맨 처음 텔레비전 제작의 단초를 제공한 과학자는 스웨덴의 화학자 레르셀리우스였다. 그는 셀레늄이라는 이름의 새로운 금속을 발견했는데, 이 중금속은 광 에너지를 전기 에너지로 전환시키는 특성을 갖고 있다. 셀레늄을 이용해 광선효과를 만듦으로써 이론적으로는 화면을 전송할 수 있는 최초의 길이 열렸던 것이다.

두 번째 중요한 실마리를 제공한 사람은 니코브(Nipkow)였다. 그가 만든 주사디스크(Stanning disk)는 구체적인 대상을 비춤으로써 그 내용과 이미지를 실레늄 광전자(Photocell)를 통해 전기신호로 바꿀 수 있도록 했다. 독일에서는 1897년, 브라운(F. Brown)이 음극선관(Tatho de)을 발명했고, 이것이 1907년 러시아의 로징(Boris Rosing)에 의해 세계 최초의 전자화면기(Electronic Picture View)로 구현됐다. 오늘날과 같은 브라운관을 개발한 것이다. 브라운관은 유리로 제작된 진공 용기, 전자총, 편향계, 형광면(화면)으로 구성돼 있으며, 그 핵심기술은 역시 전자총에 있다고 할 수 있다.

니코브의 주사디스크는 베어드(J. L. Baird)의 기계식 텔레비전을 잉태하게 한 씨앗이 되었는데, 한편 여기 물을 준 사람으로 러시아의 즈보리킨(V. K. Zworykin)을 빼놓을 수 없다. 텔레비전 수상기의 원조격인 이코노스코프(Iconoscope)를 발명했기 때문이다.

어쨌든 영국인 존 로지 베어드는 연속되는 사업 실패로 병을 얻어 절망적인 나날을 보내고 있었다. 스코틀랜드 출신 전기기술자이자 발명가였던 그는 비누, 젤리, 사탕 등의 사업에 손을 댔지만 지독히도 운이 따라주지 않았던 것이다. 실의의 날을 보내고 있던 베어드에게 250파운드의 자금을 대준 사람은 그의 아버지였다. 거기 힘을 얻은 베어드는 곧 런던의 작은 다락방에 틀어박혀 오랫동안 구상해 왔던 텔레비전 시스템 연구에 착수했다.

숱한 실패와 절망의 반복 끝에 원시적이고 조악한 수준일망정 최초의 텔레비전 개발에 성공한 것은 1924년이었다. 그가 못 쓰는 기구를 이용해 만든 기계식 텔레비전은 오늘날 우리가 보고 있는 전자식과는 다른 구조를 갖고 있다. 24개의 구멍이 뚫린 니코브 원판을 1분에 6백 번 회전시켜 이를 통과한 빛을 전기적 신호로 바꿈으로써 영상을 재현해내는 원리. 베어드는 한 백화점 판촉행사에서 최초의 기계식 텔레비전을 선보였다. 이 때 처음 화면에 등장한 것은 '빌'이라는 이름의 인형이었다. 사람은 윌리엄 테인턴으로, 그는 베어드가 운영하고 있던 사무실의 나이 어린 사환이었다.

1926년 1월 27일, 베어드는 영국 왕립 아카데미 회원들 앞에서 본격적인 텔레비전 실험을 시도했다. 회원들 앞에 놓인 인형이 무선장치를 통해 멀리 떨어진 브라운관 화면에 그대로 재현되는 순간이었다. 비록 주사선이 30개에 불과하고 초당 프레임도 10개뿐인 조잡한 형태였지만, 빛을 받은 인형의 명암이 선명하게 드러나는 입체적인 영상이었다. 베어드는 그때부터 자신이 만든 기계를 일컬어 '텔레바이저'라고 불렀다. 이날의 실험이 런던 타임스에 대대적으로 보도되면서, 베어드와 텔레바이저의 이름은 전 세계로 퍼져나갔다. 하지만 이전까지 존재하지 않았던 최고의 발명품을 개발해 놓고도 성공은 좀체 찾아와 주지 않았다. 1927년, AT&T사(社)가 베어드의 발명을 능가하는 실험에 성공했기 때문. AT&T사는 유선을 통해 뉴욕에서 워싱턴까지의 320km를 전송하는 데 성공했다. 그러자 베어드는 곧장 반격에 나서 런던에서 글래스고까지의 700km 전송을 성공시켰다. AT&T의 반격도 만만치는 않았다. 이번에는 유선이 아닌 전파를 이용, 43km 떨어진 거리까지 화면을 띄웠던 것이다. 이에 뒤질세라 베어드는 1928년, 영국으로부터 대서양을 건너 미국으로 화면을 전송하는 데 성공했다.

이렇게 해서 베어드와 AT&T의 싸움은 베어드의 승리로 마감되는 듯했다. 그런데 1929년, 영국의 BBC방송이 세계 최초의 실험적인 TV 방송을 시도했다. 베어드는 자신의 기계식 텔레비전이 표준으로 채택돼야 한다는 믿음을 갖고 있었다.

당시 미국에서는 제너럴 일렉트릭, AT&T, RCA 등의 세계적인 기업들이 전자식 카레라를 개발 중이었고, EMI는 '에미트론'이라는 이름의 카메라를 개발해 한층 선명한 화면 구성에 성공한 상태였다. BBC는 어떤 시스템을 채택할지를 놓고 두 가지 방법에 대해 각각 일주일씩의 시험방송을 실시했다.

결과는 베어드의 참패. BBC는 자사의 정규 TV방송을 시작하면서 EMI의 전자식 TV를 선택했고, 이것은 주사선이 240여 개나 됐다. 선명도 면에서도 베어드의 기계식에 비해 2배 이상 더 높았다. 오늘날까지 텔레비전의 진정한 발명가가 누구인지를 놓고 미국과 영국이 설전을 계속하고 있는 이유가 바로 여기에 있다.

BBC의 결정으로 큰 타격을 입은 그는 자신의 시스템을 살리려는 노력들마저 번번이 실패로 돌아가자 치유 불가능한 절망에 사로잡혔다. 이 불행한 발명가는 이후 좌절과 고독 속에서 남은 여생을 보내다 1946년 58세의 나이로 삶을 등졌다.

베어드의 불행과는 상관없이 1939년에 이르자 영국에서만도 텔레비전 시청자가 2만여 명에 이르렀다. 프랑스는 1935년 에펠탑 꼭대기에 TV 송신기를 매달았다. 미국에서는 RCA가 1936년, 엠파이어 스테이트 빌딩 정수리에 송신기를 설치했다. 그러나 급속도로 번지던 텔레비전의 인기는 2차 세계대전으로 차단당했다가 전쟁이 끝난 후에야 일반 가정에까지 보급될 수 있었다.

우리나라에서 처음으로 영상을 띄워보낸 것은 RCA였다. 서울 중심가 곳곳에 40대의 TV가 설치되었는데, 당시 인기 가수였던 현인, 남인수, 백설희 등이 노래하는 모습을 본 사람들은 아예 넋이 나갔다. 지금과는 달리 녹화가 안 되던 시절이어서 모두 생방송으로 진행할 수밖에 없었다. 덕분에 방송 진행 도중 스튜디오의 문이 벌컥 열리며 '자장면 왔어요!"라고 소리치는 중국집 배달원의 모습이 그대로 방송을 타기도 했다.

〈자료: "역사를 바꾼 기술인," 생산기술, 2001년 7·8월호〉

■ 내용요약(Chapter Summary)

생산활동을 구성하는 요소가 되는 작업단위 또는 개별작업 등을 조사 · 연구하여 무리와 낭비가 없이 작업이 원활히 수행되도록 최선의 작업방법을 합리적으로 설계 · 표준화하고, 이에 따라 작업활동을 조직 · 지휘 · 통제하는 생산관리의 한 영역으로서 작업관리는 작업의 능률화, 작업시간의 단축, 품질의 개선과 균일화, 원가 절감의 목표를 가지고 있다.

공정은 생산시스템 내에서 고객의 주문형태와 생산되는 제품의 품종 그리고 생산량에 따라 그 흐름방식이 영향을 받아 연속생산, 반복생산, 단속생산, 개별생산 등으로 나누어지는데, 각각의 생산공정을 원활하게 통제하기 위해서는 작업의 물적 흐름에 의한 주요 공정들을 인식하고, 각 주요 공정의 특성에 대해 이해를 해야 한다.

제품과 서비스의 생산과 운영활동을 합리적으로 수행하기 위한 공정관리의 업무는 영업부에서 새로운 주문을 받았을 때부터 시작된다. 주문을 받으면 그 품종, 수량, 납기, 가격 등의 조건에 관하여 공장의 수용능력이나 재고량 등을 감안하여 관계부서와 협의해서 납기를 조정하는 한편, 원재료가 투입되어 완제품이 될 때까지는 여러 공정을 통과해야 된다.

선행단계의 공정과 후속단계의 공정간에는 생산처리능력이나 작업주기(cycle time)가 각기 다르므로 정체시간(waiting time)과 애로공정(bottle neck)이 발생하게 되는데, 이러한 애로공정을 합리적으로 해결하기 위해서는 라인밸런싱이나 프로세스믹스, 대기행렬이론 등과 같은 방법들이 사용되고 있다.

■ 참고문헌(References)

1) R. S. Rice, "Survey of Work Measurement and Wage Incentives," *Industrial Engineering*, July 1977.
2) E. McCormick and M. Sanders, *Human-factors Engineering and Design*, McGraw-Hill, 1982.
3) Martin K. Starr, *Production Management, System and Synthesis*, Prentice-Hall, Inc., 1972.
4) 안영진 · 유영목, 「생산운영관리」, 박영사, 2000.
5) Lee J. Krajewski and Larry P. Ritzman, *Operations Management: Strategy and Analysis*, Fourth Edition, Massachusetts, Addison-Wesley, 1997.
6) Roger G. Schroeder, *Operations Management: Decision Making in the Operation Function*, 3rd ed., McGraw-Hill, 1989.
7) R. B. Chase and N. J. Aquilano, *op. cit.*, pp. 41~43.
8) James J. O'Brien, *Scheduling Handbook*, New York, McGraw-Hill Book Company, 1969.
9) William Voris, *Production Control*, third edition, Richard D. Irwin, Inc., 1996.

제 5 장

생산계획의 수립

학습목표

- 생산계획의 범위와 특성에 대해 이해한다.
- 수요예측의 개념과 수요특성에 따른 예측계획과 방법에 대해 이해한다.
- 총괄생산계획의 의의와 고려요인 및 전략과 기법에 대해 이해한다.
- 생산능력의 개념과 생산능력계획의 고려요소에 대해 이해한다.

1. 생산계획

1.1 생산계획의 개념

생산계획(production planning)이란 장차 수행하여야 할 생산관리기능이 적시에 적절하게 운영될 수 있도록 일정한 방안을 설정해 주는 것인데 생산관리시스템에 있어서 기본이 되는 체계적 계획을 뜻한다.

즉, 생산계획은 수요예측(demand forecasting)을 토대로 생산하여야 할 제품의 품종과 수량, 생산공정, 생산일정, 작업인원 배치, 설비배치 등에 관하여 가장 경제적이며 합리적인 방법에 관한 예정된 의사결정(anticipatory decision making)의 체계라 할 수 있다.

그런데 계획과 실제는 실천과정에서 반드시 일치하는 것은 아니며, 계획과 실제에 차이가 발생하는 경우에 이를 항상 수정(subject to revision)하여 계획과 실제가 일치하도록 관리 · 통제하여야 한다.

이러한 생산계획은 생산활동의 방향과 기준을 구체적으로 결정하는 것이지만, 대상의 성격이나 계획의 목적에 따라 변경될 수도 있다. 그러나 이것은 생산 그 자체만의 문제라기보다 어디까지나 판매계획이 전제가 되며, 판매계획에 앞서서 이익계획 및 재무계획이 수립되어야 한다.

따라서 재무계획, 조달계획, 생산계획, 판매계획 등은 독자적인 관계에 있는 것이 아니라, 각각 조직적이고 체계적으로 연관되어 있어서 경영계획기능의 기본적 네 측면을 형성한다.

【그림 5-1】을 보면 전체 경영계획구조와 생산계획과의 관계를 쉽게 알 수 있다.

그림에서 보는 바와 같이 전체 경영계획과 연관된 생산계획의 단계별 계획 내용을 좀더 구체적으로 살펴보면 다음과 같다.

1) 기본계획

기본계획은 준비계획, 선행생산계획, 종합계획, 또는 대일정계획이라고도

그림 5-1 전체 경영계획구조와 생산계획

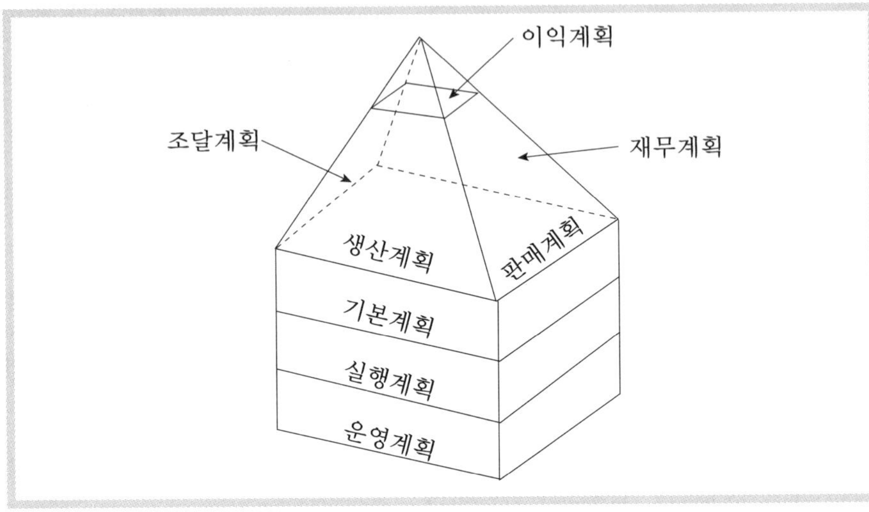

한다.

기본계획의 수립은 최고경영층에 의해 이루어지며, 그 결정은 실행계획과 실시계획을 수립할 때 기본 또는 전제가 되는 것이다.

따라서 기본계획에서는 판매, 조달, 재무 및 기술 전반에 대한 계획과 함께 생산제품의 종류 · 수량 · 시기 등이 계획된다.

2) 실행계획

실행계획을 생산관리의 입장에서는 제조계획 또는 생산계획이라고도 한다. 이것은 최고경영층에서 결정된 기본계획을 좀더 구체화한 것이며, 생산을 실시하는 데 선행해서 생산을 용이하게 하기 위한 제2단계의 생산계획이라고도 할 수 있다.

이 계획은 부문관리층인 제조부서에서 수립하는 것으로 여러 가지 생산요소로서 원재료, 작업인원, 기계설비를 결정하고 확보하는 것이 주요 활동이다.

3) 운영계획

운영계획은 작업계획, 실시계획이라고도 하며, 생산담당 부서로부터의 제조지시에 의해서 실제제조작업의 진척까지 관리하는 기능을 갖고 있다. 이 계

그림 5-2 생산계획의 기간별 수립과정

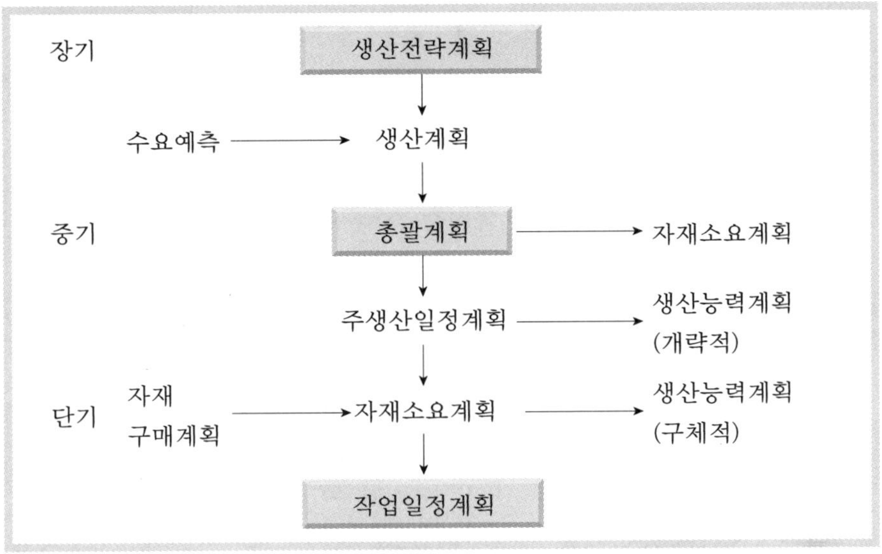

획에서는 실행계획에 의거해서 각 작업자, 기능별 작업의 내용 · 수량, 그 시기 등을 결정하는 것이다.

따라서 이 계획을 수립하는 데 있어서는 각 작업자 · 기계가동능력의 표준을 파악해서 반영해야 한다. 이러한 요소를 정확하게 파악하지 못하면 작업의 지연, 납기지연 등을 유발하게 된다.

다음으로 생산계획을 기간별로 더 세분화하여 보면 위의 【그림 5-2】와 같다.

이 그림에서 보는 바와 같이 생산시스템에서의 장기계획은 1년 이상의 기간에 매년 수립되며, 중기계획은 6개월을 전후로 매월 또는 매 분기마다 수립되고, 단기계획은 수 주간 동안의 계획으로 매주 또는 매일 수립되는 경우가 많다.

생산계획은 주어진 기업환경하에서 판매할 제품라인을 선정하고, 품질과 가격, 시장침투계획 등을 수립한다. 생산계획은 전략계획을 바탕으로 수요예측과 가용자원을 고려하여, 보다 세밀하게 수립하는데 특정 제품과 시장이 파악된다.

총괄생산계획(aggregate planning)은 총생산비용을 최소화하는 노동력과 재고, 특정제품에 대한 중기계획이다. 보통 1년을 단위로 하여 이를 월별 또는 분기별로 나누어 수립한다.

총괄생산계획에서는 예측한 수요를 충족하기 위해 필요한 인력, 작업시간, 기계설비의 능력, 재고수준을 결정하고 이를 현재의 수준과 비교하여 수요가 공급을 초과할 경우에는 자재보충계획(Replenishment Planning)도 검토하게 된다.

주생산일정계획(master production scheduling)은 제품생산에 대한 시간적 양을 결정하는 것이다. 총괄생산계획을 통해 제품그룹별 생산기간과 생산수준 그리고 고용수준 등이 결정되면 이 자료를 토대로 개별제품별로 생산기간과 생산수준을 결정하여 보통 1주일 단위로 수립①되며, 이것은 개별제품의 생산에 필요한 부품이나 원자재의 소요량 및 소요시기 등을 결정하는 기반이 된다.

자원소요계획(resource requirements planning)은 총괄계획을 실행할 수 있는 생산능력계획인데 주요 자원에 대한 현재 보유능력을 총괄적으로 파악하는 계획이다.

자재소요계획은 원자재, 부품, 반제품, 조립품 등의 납기와 작업소요량을 생산에 잘 반영해 주기 때문에 요구되는 자재가 필요한 시기에 공급되는 것이 가능하고, 제품의 생산일정이 바뀌게 되면 그에 따라 소요자재의 입고시기와 입고량도 조절해 줄 수가 있다.

단기계획은 중기계획을 좀 더 자세하게 상세히 수립한 것으로 자재소요계획(material requirements planning)은 최종제품을 납기일 내에 생산하기 위해 소요되는 자재와 소요량을 결정하는 계획이다.

생산능력계획(capacity requirement planning)은 자재소요계획을 실행하기 위해 생산능력을 확인하는 계획이다. 구매계획(purchasing planning)은 최종생산을 위해 필요한 소요자재의 구매에 대한 계획이다.

1.2 생산계획의 특성

기업의 장래는 항상 부분적인 무지(partial ignorance)에 의한 불확실성의 베일에 가려져 있으므로 계획수립에 위험과 혼란이 따르기 쉽다. 이러한 위험과 혼란을 줄이기 위해서는 기업 내외 환경에 대한 변화를 미리 예측하고, 이

① 길게는 6개월 또는 1년까지도 계획의 범위가 확장되기도 한다.

그림 5-3 제품생산 서비스 주기

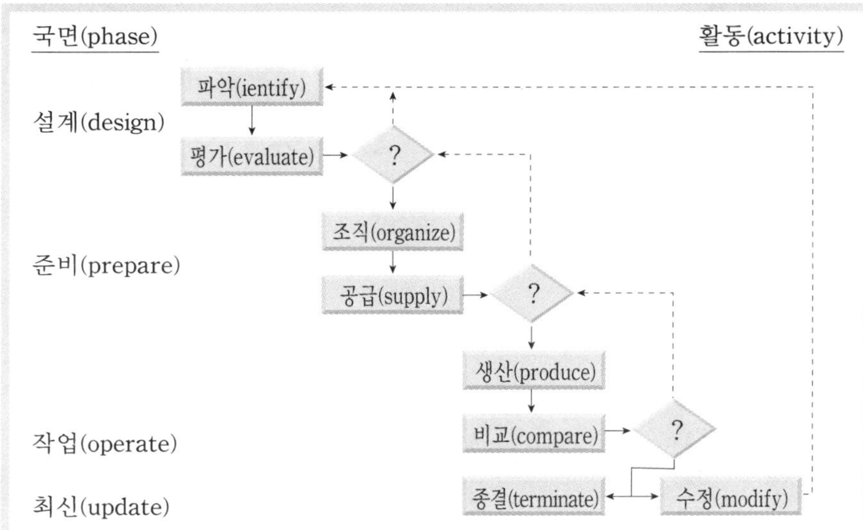

를 생산계획 수립에 반영시켜야 한다.

【그림 5-3】은 제품 · 서비스 개발의 전형적인 국면을 나타내고 있다.

생산시스템이 지속되기 위해서는 동적이어야 함을 이 그림의 주기에서 강조하고 있는데, 물론 전성기에 있을 때는 정적인 시스템(static system)도 존재할 수 있으나, 항상 생산시스템을 개선할 수 있는 수정계획이 나와야 할 것이다.

즉, 내외적 경영환경이 갑자기 변화된다면 이에 대응할 수 있게끔 상황적합 계획안(contingency plan)이 마련되어야 할 것이다. 그래서 제품수명주기에 있어서의 각 국면(each phase in the production life cycle)은 계획 · 분석 · 통제의 기능 및 피드백을 전제로 변하게 되는 것이다.[1)]

1) 계획전제

모든 계획이 다 그러하지만 생산계획도 계획전제(planning premises)가 필요하다. 즉, 예측자료(forecast data)나 적용가능한 기본자료, 기본방침(basic policy) 등으로 계획상의 가정(planning assumption)이나 환경조건을 먼저 파악해야 되는데 이것을 계획전제라고 한다.

이 가운데서 특히 예측(forecasting)은 계획전제에서 가장 중요한 요인이

그림 5-4 주요 전제요인

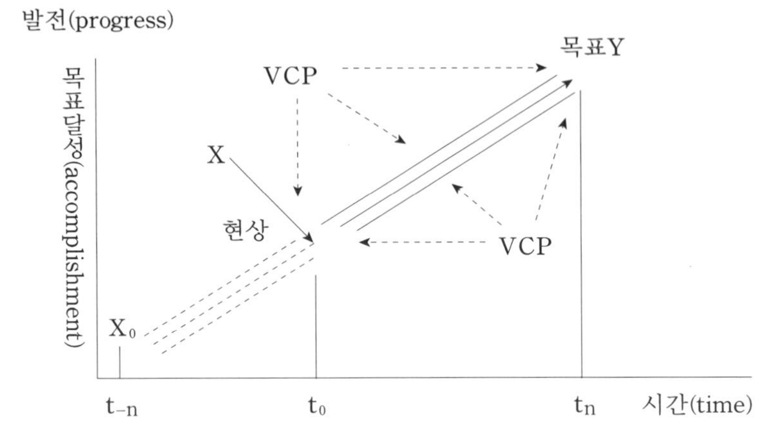

VCP : 다양한 주요 전제요인

된다. 사실 어떤 의미에서 계획수립이란 장래에 대한 합리적 접근(rational approach)이라고 할 수 있는데, 【그림 5-4】에서와 같이 현재의 상황 X 에서 장래의 목표 Y 에 접근하려고 할 때, 계획입안자가 알 수 있는 것은 시점 t_0 이전의 정보뿐이므로 실제 출발점은 $X_0(t_{-n})$가 된다.

그런데 장래에 대한 불확실성이 완전히 배제되어 있다면, 의사결정경로인 XY선을 긋는 것은 비교적 쉬울 것이나, 실제에 있어서는 환경요인의 변화 때문에 XY선을 긋기가 어려울 것이므로 XY 경로를 결정함에 있어 가장 중요한 요인들을 고려하게 되는 예측활동이 계획전제라고 보면 된다.[2)]

계획을 수립함에 있어 계획전제에 대한 확실한 정보가 없이 직관이나 추측에 의해 판단을 잘못하면 시행착오(trial and error)의 어리석음을 범하기 쉽다. 이러한 주관적 판단만으로는 요행이 아니면 손해를 보는 식의 계획을 수립하게 된다.

그러므로 평가된 자료를 토대로 한 사실(facts)이나 데이터로써 판단을 정확히 하여야 한다. 이와 같이 충분한 정보를 바탕으로 설정된 계획은 시행착오를 줄임으로써 실행가능성을 높여주게 된다.

이러한 계획전제가 파악되면 여러 가지 대체안을 평가할 수 있는데, 이에 대한 결정경로를 탐색하면서 선택적 여과(selective filtering)에 의해서 최선의 대체안을 선택하게 된다. 또한 그 활동과정의 가능한 결과(probable outcome)를 추측함으로써 계획상의 위험과 혼란을 방지할 수 있다.

2. 수요예측

기업에 있어서 예측은 불확실한 미래를 내다보는 창으로서 기업의 활동, 특히 자원을 확보하고 활용하여 배분하는 것의 기초가 된다.

경영자가 계획을 수립할 때에는 미래에 이루어지게 될 경영활동의 방향을 지금 결정하는 것인데, 이러한 방향의 결정과 함께 경영계획을 수립하는 첫 번째 단계인 제품과 서비스에 대한 미래의 수요예측과 이러한 수요를 충족시키기 위해 생산해야 할 산출물의 소요자원을 추정하는 것이다.

2.1 수요예측의 개념

생산관리에서 예측이란 시장에서 요구하는 제품과 서비스의 양적, 시간적, 질적 및 장소에 대한 미래의 수요를 평가하는 과정이다(forecasting is the process of estimating future demand in terms of the quantity, timing, quality, and location for desire products and services).[3)]

생산시스템 운영의 효율을 높이기 위해서는 생산율, 고용수준, 재고수준, 설비의 확충 및 경신 등 여러 가지 문제에 대해 계속적인 의사결정을 필요로 한다. 이 경우 의사결정자가 합리적으로 의사결정을 하려면 반드시 미래에 대한 예측을 포함해야 한다.

미래를 예측하기 위해서는 과거에 발생하였던 상황에 기초를 두므로 과거 사실에 대한 정보를 정확하게 수집 · 분석해 두어야 한다. 미래를 정확하게 예측해 주는 방법은 존재할 수가 없다. 아무리 학문이 발달하고 컴퓨터와 같은 첨단기계를 활용된다 하더라도 다가올 미래가 예측된 대로 진행된다고 장담할 수는 없기 때문이다.

그러나 예측이 절대적 정확성이 보장되지 않는다 하더라도 시행착오를 최소한으로 줄일 수 있기 때문에 예측의 노력을 게을리 할 수는 없다.

대개 예측의 기간은 장 · 중 · 단기로 나눌 수 있는데, 단기예측(short-term forecasting)은 1년 미만, 특히 3개월을 전후한 분기예측이 해당된다. 따라서 중 · 장기예측보다는 정확할 수 있으므로 일상적인 생산시스템 운영의 세부적인 지침이 될 수 있으나, 중 · 장기예측(intermediate term/long term forecasting)은 1～3년, 3～10년의 기간을 잡아 포괄적이고 종합적인 계획을 수립할 때의 지침이 된다. 예를 들어 생산라인, 공장입지, 공장 생산능력의 예측이 이에 해당된다.

일반적으로 수요의 변동은 다음과 같은 네 가지 형태로 나타난다.

① 추세변동(trend variation, T): 수요가 장기간 동안 일정하게 증가 또는 감소하는 형태로서 시계열의 일반적인 형태로 나타난다.
② 순환변동(cyclical fluctuation, C): 경기순환과 같이 장기적으로 몇 년간 지속되는 추세변동이 일정주기로 상하 움직임을 반복적으로 나타낸다.
③ 계절적 변동(seasonal variation, S): 일년중 계절적 요인에 따라 주기적으로 발생하는 단기변동.

그림 5-5 추세변동

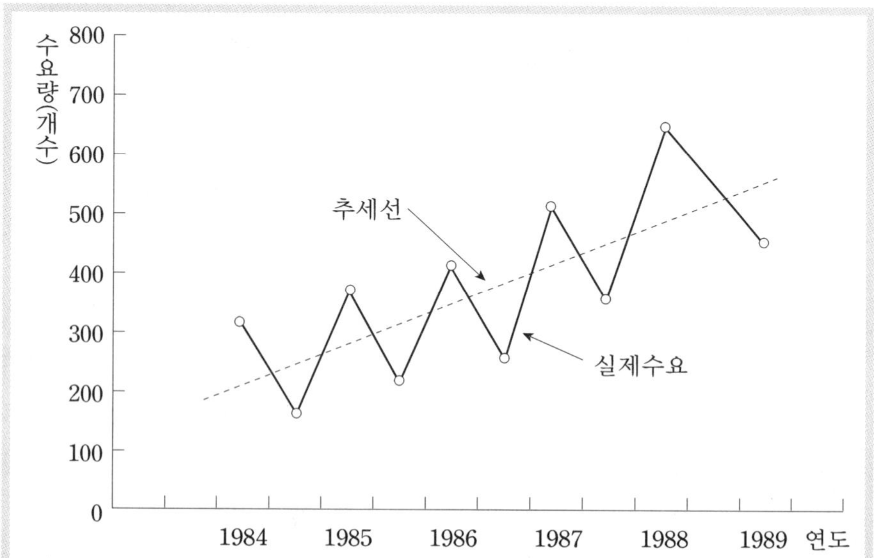

그림 5-6 순환변동

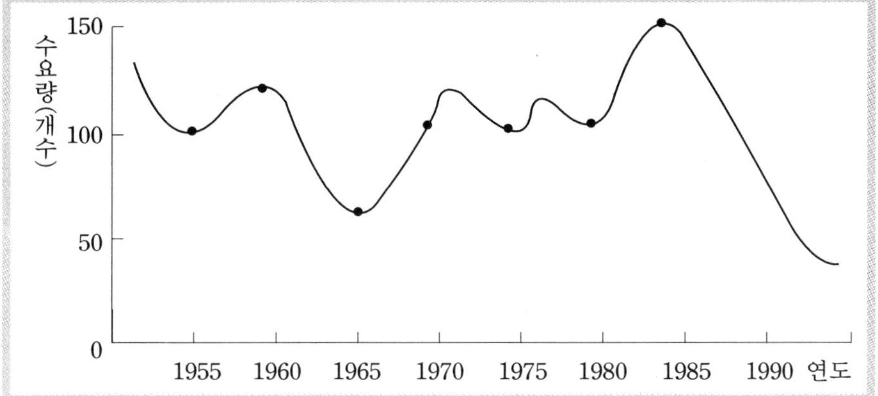

④ 불규칙 변동(irregular variation, R): 수요의 추세가 앞의 세 가지 형태로 나타나는 것이 아니고 천재지변이나 파업 등과 같이 돌발적이고 우연한 사건에 의해 변동하는 것.

급변하는 시장과 고객의 수요를 정확히 예측한다는 것은 기업의 생산성에 다음과 같은 효과를 제공할 수가 있게 된다.

우선, 수요변화에 대응할 수 있도록 생산계획의 수립을 가능하게 해준다.

그림 5-7 계절적 변동

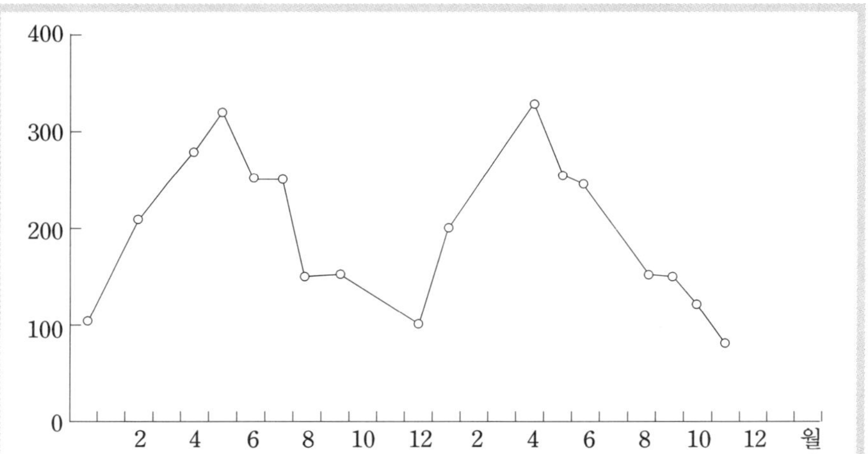

그림 5-8 불규칙 변동

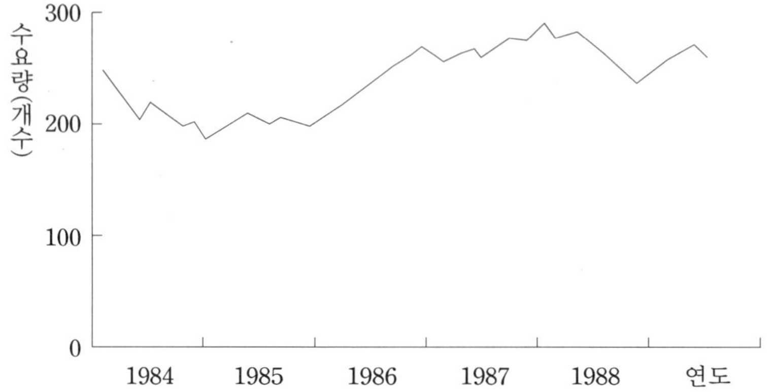

예측된 수요에 맞게 불필요한 설비투자를 회피하며, 생산능력을 최대한 활용할 수 있게 해주며, 요구되는 생산량을 충족하는 생산자원들을 제때에 확보하고 또한 작업인력에 대한 고용을 안정시켜 안정적인 생산성 향상에 기여할 수 있게 해준다.

2.2 수요예측계획과 방법

경영계획을 수립하기 위한 수요예측에 따라 영향을 받게 되는 각종 하위계획들과의 연관 관계를 살펴보면 다음 【그림 5-9】와 같이 나타낼 수가 있다.

그림 5-9 수요예측과 관련계획

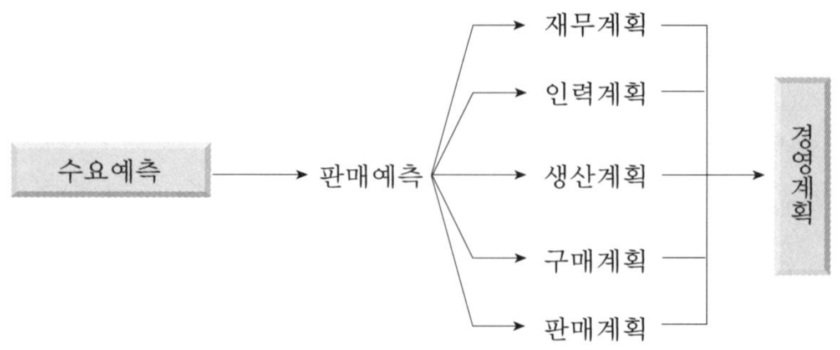

그림 5-10 수요예측기법

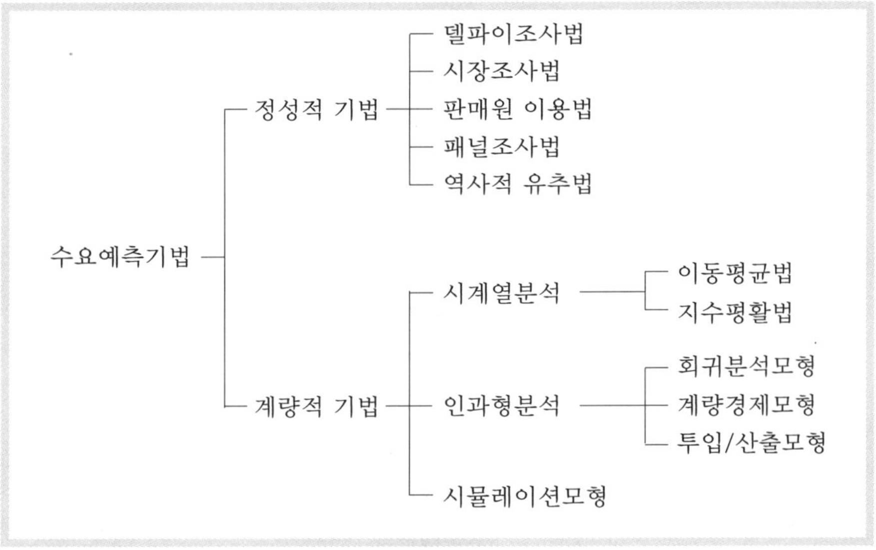

한편으로 수요예측 방법은 크게 두 가지가 있는데, 위의 【그림 5-10】과 같이 첫째는 정성적 방법(qualitative method)이며, 둘째는 정량적 방법(quantitative method)이다.

또한 후자는 다시 시계열방법(time series analysis)과 인과형방법(causal method)으로 구분한다.

따라서 예측모형은 위의 분류 중 어느 한 방법을 활용함으로써 구축되는데 이 모형을 활용함에는 다음 【그림 5-11】과 같은 제 요인의 제약을 받는다.

앞에서도 언급했지만, 모든 경우에 통용될 수 있는 단 하나의 우수한 예측모형은 없다. 같은 기업에서도 각각의 제품에 대해 필요한 모형이 채택되어 쓰여져야 하겠지만, 예측한 출력자료에 너무 맹목적으로 집착하지 말고 경험에 의한 객관적인 판단 및 신중한 직관력(intuition)을 동원하여 예측자료를 충분히 검토하는 것이 바람직하다.

일반적으로 예측방법을 선택할 때에는 여러 가지 요인을 고려해야 하며, 이러한 고려요인들에는 경제성과 정확성, 예측 기간, 제품 및 서비스의 특성, 이용가능한 자료의 특성 등이 있는데, 이러한 요인에 따라 다양한 예측기법을 적용할 수가 있다.

그림 5-11 예측모형의 영향요인

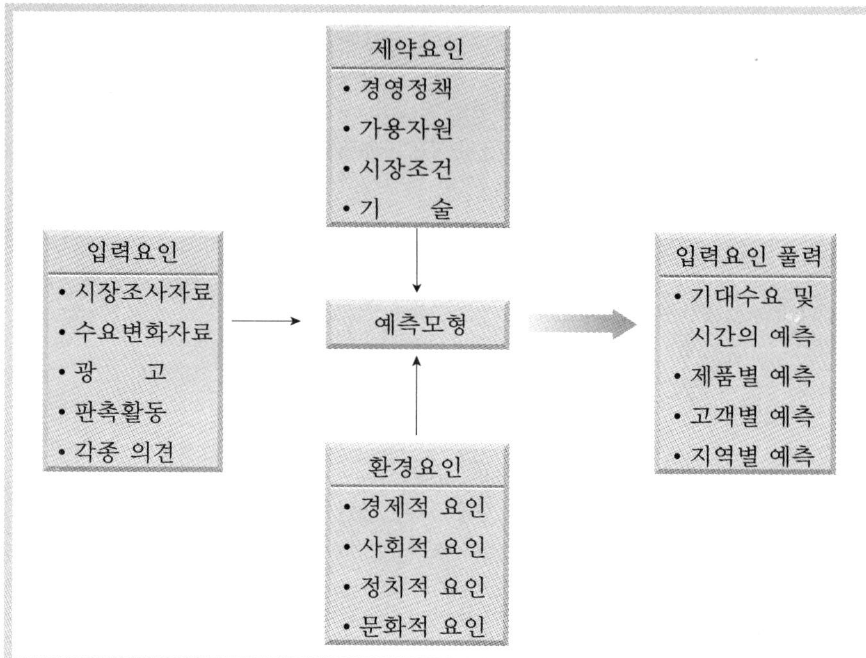

1) 델파이법(Delphi method)

주로 기술예측(technology forecasting)에 사용하는 정성적 기법(qualitative technique) 중의 한 방법으로서 일반적으로 장기예측에 활용된다. 각 전문가들에게 비공개적으로 순환적인 집단질문(feedback review)을 통해 회수결과를 종합하고 요약함으로써 하나의 예측자료를 얻게 된다. 이러한 방법을 통해서 참가자가 처음에 가지고 있던 의견이 다양하기 때문에 불일치가 발생함에도 불구하고 대부분의 참가자가 궁극적으로 합의한 예측을 유도할 수가 있다.

하지만 이러한 방법은 참가자들의 직접적인 관계가 배제되므로 영향력이 있는 특정인의 작용을 최소화할 수는 있으나, 참가자의 수와 질문지 배부의 횟수에 따라 많은 시간과 비용이 소요된다.

2) 시장조사법(market survey)

정성적 방법 중에서 가장 정교한 방법으로 소비자의 의견을 수집(우편 ·

전화 · 직접방문)하여 통계적 분석을 거쳐 시장에 대한 가설을 검증한다. 표본, 조사 질문서, 소비자의 응답이 정확하다면 유용한 예측결과를 기대할 수 있는 방법이기는 하나 질적 방법 중에서 가장 많은 시간과 비용이 소모된다.

3) 전문가 의견(panel consensus)

한 사람의 의견보다 다수의 의견을 수합하는 과정에서 유용한 정보를 획득하려는 의도로써 위원회를 구성하고, 전문가들은 공개적으로 자유로이 의사를 표시하도록 한다.

이 방법은 설득력이 강한 전문가에 의해 영향을 크게 받을 단점이 있어 질적 방법 중 정확성에 있어 가장 낮지만 비교적 단기간에 저렴한 비용으로 예측정보를 얻을 수 있다.

4) 시계열분석법(time series analysis)

시계열이란 일별, 주별, 월별, 분기별처럼 일정한 시간 간격으로 발생한 관측자료를 순서대로 나열한 것으로 【그림 5-12】에서 보는 바와 같이 시계열 분석은 이러한 과거자료로부터 일정한 방향이나 크기의 추세를 파악하여 미래

그림 5-12 시계열분석과 이동평균선

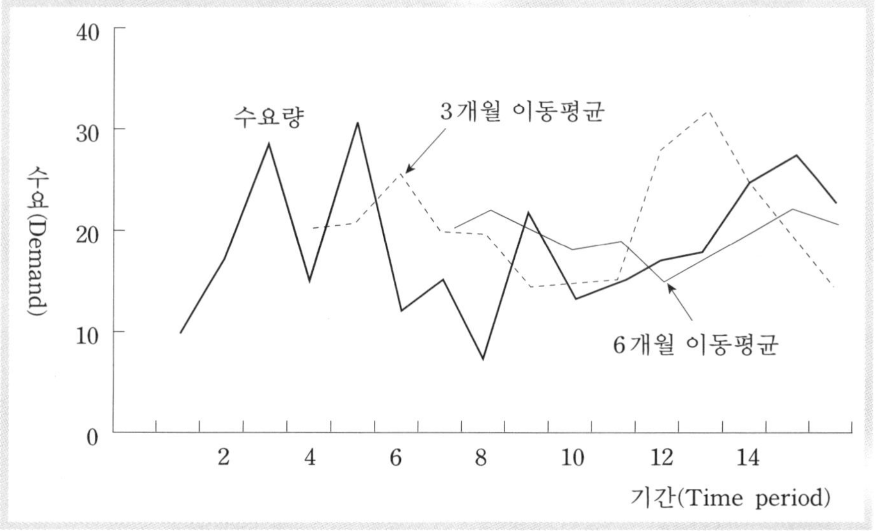

를 예측한다.

이 분석법은 과거의 역사적 자료에 전적으로 의존하기 때문에 정확한 과거자료를 전제로 하며 장기보다는 단기예측에 유용하다. 이 방법에는 이동평균법, 지수평활법, 최소자승법 등이 있다.

① 이동평균법

이동평균법(moving average method)은 일정한 관측기간 동안 얻어진 자료의 평균값으로서, 최근 자료를 첨가하고 오래된 자료는 삭제하면서 경향을 예측하는 방법으로서, 불규칙변동(random variation or noise)은 여러 가지 요인에 의해 발생되는데 정확하게 예측할 수 없어 불규칙변동을 고르게 한 방법이다.

단순이동평균법(simple moving average method)은 가장 가까운 과거의 일정기간에 해당하는 시계열의 평균값을 바로 다음 기간의 수요예측치로 사용하는 방법이다.

가중이동평균법(weighted moving average method)은 일정기간의 단순이동평균값에 가중치를 높여 적용한다.

② 지수평활법(exponential smoothing method)

이 방법도 일종의 가중이동평균법이지만, 최근의 가중값을 줄 때 지수적으로 처리하여 예측값을 유도함으로써 현재에 가까운 수요일수록 차기 예측에 큰 영향을 주게 된다. 즉, 기간에 부여하는 가중치는 과거로 올라갈수록 지수함수적으로 감소한다. 이 방법은 시계열방법 중 단기예측을 할 때 가장 많이 활용된다.

③ 최소자승법(least squares method)

앞의 【그림 5-12】에서 실제값과 추세값의 편차를 자승한 값의 총합계가 최소가 되도록 하여 자료를 추세로서 판단하려는 방법으로 추세를 나타내는 식은,

$$Y = a + bX$$

Y: X로 표시되는 연도의 시계열에 의한 Y의 예측값,
a: 상수(X가 0일 때 Y값),
b: 추세선의 기울기.

예를 들어 1월 90대, 2월 70대, 3월 80대, 4월 85대, 5월 82대의 자동차를 판매한 대리점의 6월 판매량을 예측하면,

月	X	Y	XY	X^2
1	0	90	0	0
2	1	70	70	1
3	2	80	160	4
4	3	85	255	9
5	4	82	328	16
計	10	407	813	30

$$b=\frac{n\Sigma XY-\Sigma X\Sigma Y}{n\Sigma X^2-(\Sigma X)^2}=\frac{5(813)-(10)(407)}{5(30)-(10)^2}=-0.1$$

$$a=\frac{\Sigma Y-b\Sigma X}{n}=\frac{407-(-0.1)(10)}{5}=81.6$$

따라서,

$$Y=81.6-0.1(5)$$
$$=81.1\fallingdotseq 81(\text{臺}).$$

5) 회귀분석(regression analysis)

이는 독립변수와 종속변수의 상에 존재하는 함수관계를 나타내는 회귀방정식(regression equation)을 설정하고 독립변수의 특정한 값으로부터 종속변수(판매량)의 값을 측정하는 기법이다.

이때 종속변수에 가장 큰 영향을 미치는 하나의 독립변수와의 관계를 규명하는 단순회귀분석(simple regression analysis)과 둘 또는 그 이상의 독립변수와의 관계를 규명하는 다중회귀분석(multiple regression analysis)이 있다.

이와 같이 앞에서 살펴본 다양한 예측기법들의 특징과 이용분야, 예측의 기간별 정확도, 상대적 예측비용 등을 비교해서 정리하면 다음의 【표 5-1】과 같이 나타낼 수가 있다.

표 5-1 예측기법과 특징

	주요수요 예측기법	기법의 특징	이용분야	정확도 단기	정확도 중기	정확도 장기	상대적 비용
질적 기법	델파이 (Delphi)법	특정제품이나 수요대상에 대하여 전문가나 담당자들이 관련된 정보를 수집해가며 개별적으로 예측을 하되 그 결과가 분명하게 될 때까지 반복한다(전문가 상호간의 영향을 배제하기 위해 직접토론은 하지 않는다).	기술예측 장기예측 신제품 판매 이익예측	中上	中上	中上	中高
	시장조사 (market research)	실제 시장에 대하여 조사하라는 내용에 대한 가설의 설정과 조사·실험을 실시한다.	상 동	上	中	中	高
	전문가의견 (panel consensus)	관련업계의 전문가, 학자 또는 판매담당자들의 의견을 수집하는 주관적·비과학적 판단 기법	상 동	中下	中下	中下	低
양적 기법	이동평균법 (moving average)	과거의 시계열자료를 일정기간을 대상으로 산술평균 또는 가중평균치를 구하며 계절 및 불규칙요인을 제거하는 기법으로서 평균은 이동식으로 산출한다.	소량 다품목의 재고관리 주가예측	中下	下	매우 불량	소액
	지수평활법 (exponential smoothing)	가중평균의 일종으로 최근 수요에 더 많은 가중을 두어 평활시키는 기법	생산 및 재고 관리, 이익예측, 자금 확충계획 수립	中下	中上	매우 불량	소액
	박스젠킨스법 (Box-Jenkins model)	지수평활법의 일종으로서 시계열 자료의 사용으로 인한 예측오류가 최소화되도록 매개변수를 추정사용한다. 계산이 복잡하나 정확함.	계획생산의 제조 및 재고관리, 재료계획	최상	中	不良	中高
	계량경제모형 (econometric)	예측변수들의 종속적 회귀방정식을 연립적으로 추정하고 회귀변수를 이용한 변수간 상호관계를 토대로 경제	제품별 수요 예측, 이익예측	최상	최상	上	高

	활동, 즉 수요량을 예측하는 기법					
회귀분석법 (regression analysis)	수요량은 시장의 경영이나 여러 변수들과 관계를 가지고 있으며, 최소자승법을 이용한 방정식에 의해 평가된다.	제품별 수요예측, 이익예측	최상	최상	下	中

자료: J. C. Chambers, S. Mullick, and D. Smith, "How to Choose the Right Forecasting Technique," *HBR on Management*, Harper & Row Publishers, 1975.

3. 총괄생산계획

제조기업에서 새로운 제품을 만들기 시작해서 계속 같은 제품을 만들 경우에 생산성이 높아진다. 왜냐하면 작업자가 새로운 제품생산에 숙련될수록 시간당 생산량은 대체로 증가할 것이고, 원가절감이 이루어지기 때문이다.

그러나 사전에 치밀한 계획이 없이 생산을 시작했다가 작업자가 그 일에 숙련될 무렵 원자재가 없어 생산을 중단하고, 현재 보유 또는 구하기 쉬운 원자재로 또 다른 제품을 생산한다면, 가장 높은 원가를 발생시키고 말 것이다. 이러한 이유는 대개,

① 원자재가 부족 또는 없거나,
② 설비를 충분히 사용할 수 없을 때나,
③ 완제품 생산에 필요한 부분품을 완벽하게 보유하지 않았거나 적기에 구입할 수 없을 경우 등이다.

그러므로 생산계획을 세울 때는 다음 【그림 5-13】의 계획모형에서 보는 바와 같이 우선 원자재 구입에서부터 기계사용시간, 작업자의 훈련방법 등을 빠짐없이 계획하고, 다음으로 실제 작업장에서 일하는 관리자나 작업자들의 의사도 이 계획안에 반영시켜야 한다.

미국에서는 많은 경영자들이 실제 공장에서 일하고 있는 관리자나 작업자들과 직접 대화를 나누면서, 경영진에서 계획한 내용이 어떤지 상의하는 것을

그림 5-13 생산시스템의 계획모형

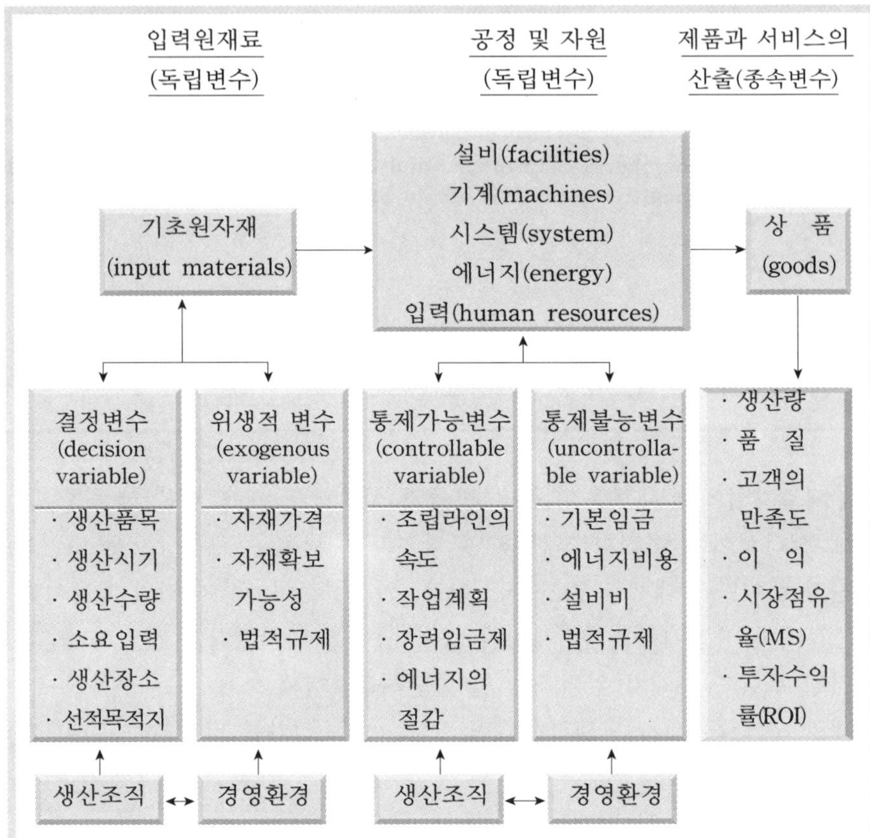

자료: Sang M. Lee, *Introduction to Management Science*, The Dreden Press, 1983.

많이 볼 수 있다. 이는 계획입안에 필요한 정보를 공장실무자들이 많이 알고 있기 때문이다.[4)]

이러한 생산계획은 다음과 같이 구분할 수 있는데, 물적 형성을 중심으로 한 공장계획과 제조활동의 기준을 밝히기 위한 제조계획, 생산계획의 전제가 되는 생산예측, 생산지시, 발주방식 또는 목적에 따라 품종계획, 수량계획, 일정계획이 있고 작업자와 기계설비를 조정하는 공수계획 등이 있다.

생산해야 할 품종이 결정되면 그 다음에는 품종별 생산수량을 결정해야 한다. 이 결정에는 여러 가지 기법이 개발되어 있는데 총괄생산계획(aggregate production planning)이 널리 활용된다.

3.1 총괄생산계획의 고려요인

총괄생산계획(aggregate production planning)은 보통 1개월에서 1년까지의 중 · 단기계획으로서 변동하는 수요를 경제적으로 만족시키기 위하여 필요한 생산자원, 즉 고용수준, 생산율, 원자재 및 반제품의 재고수준 등과 같은 관리 가능한 변수들을 통제함으로써 생산의 양과 시기를 조절하는 기법이다.

생산시스템은 제품생산에 있어 작업자수, 품종수, 생산율, 자재 등 여러 가지 생산요인들이 복합적으로 관계되기 때문에, 생산율 및 제 수준의 조정은 이들 생산요인들에 대한 최적의 조합(optimum mix) 및 총괄(aggregate)을 함에 있어 비용중심으로 조정을 하게 된다.

이와 같이 총괄생산계획은 고객서비스, 재고자산투자, 고용수준 등과 같은 문제에 대한 기업의 전략을 반영하기 때문에 생산관리자의 중요한 일상적

표 5-2 총괄생산계획시 고려되는 비용항목

구 분	비용 내용
작업자의 고용비용과 해고비용	고객수요로 인한 생산량과 설비증가로부터 발생되는 작업자 수에 따라 증감하는 비용으로서 고용비용은 모집, 선발, 훈련비를 포함하며, 해고비용은 해고를 보상하는 데 소요되는 퇴직금, 퇴직위로금, 재취업보조금 등 제반 비용이 포함된다.
잔업비용과 유휴시간비용	잔업비용은 정상적 작업비용 이상으로 지불하게 되는 비용이며, 또 유휴시간비용은 생산을 하지 않는 유휴시간에 정상작업임금을 지불하는 것이다. 근래에는 대개의 제조기업에서 시장에서의 수요변화로 인해 발생되는 공정에서의 유휴시간을 줄이기 위해 일용직 또는 한시적 근로자를 채용하기도 한다.
재고유지비용	부품 및 제품 한 단위를 재고로 일정한 기간 동안 보관 · 유지하는 데 소요되는 비용으로서 자본비용, 기회비용, 보관비용, 진부화에 따른 비용 그리고 불량으로 인한 폐기비용 등이 포함된다.

추후납품비용	수주 즉시 인도하지 못한 데서 발생하는 재고부족비용으로서 신용의 상실과 장래 판매기회상실 등과 관련된 비용으로서 정확하게 산출하기는 어렵다. 최근에는 이러한 납품지연비용을 페널티로 부과하여 대금정산에서 공제하는 기업이 늘어나고 있다.
하청비용	공정의 흐름을 원활히 하기 위한 프로세스믹스의 일환으로 활용하게 되는 하청기업에 지불하는 비용으로 보통 자체생산시 발생되는 비용보다는 높게 나타나는 경우가 많은데, 이는 하청기업의 제조간접비 등과 같은 요소들이 하청비용에 포함되기 때문이다.

관리업무가 되고 있다. 총괄생산계획을 수립할 때 고려되는 비용은 위의 【표 5-2】와 같이 다섯 가지 항목으로 구성되어 있다.

3.2 총괄생산계획의 전략

제품생산에 사용할 수 있는 총괄생산계획의 변수들은 고용수준, 재고수준, 생산율,[①] 납품지연 및 하청 등인데, 이 가운데 하나의 변수를 계획수립에 사용하면 순수전략(pure strategy), 두 개 이상의 변수를 혼합하여 사용하면

표 5-3 총괄생산계획의 변수와 대응전략

통제변수	전략대안	총괄계획전략	전략유형
고용수준	① 고용수준의 크기를 조정함으로써 생산율을 증감시켜서 수요변동에 대응하는 전략	수요추구전략	순수전략 (Pure Strategy)
생 산 율	② 고용수준은 고정시키고 생산율을 조정하여 수요변동에 대응하는 전략		
	③ 하청계약 수량의 조정으로 수요변동에 대응하는 전략		

① 생산율(Production Rate)은 주어진 자원에 대한 생산량의 비율을 말하며, 수요가 증가할

재고수준	④ 재고수준의 조정으로 수요변동에 대응하는 전략 ⑤ 마케팅 기능(가격, 납기, 광고 등의 통제)에 의해 수요변동에 대응하는 전략	생산평준화 전략	
	⑥ 이상의 제 전략을 적절히 조합(mix)하여 수요변동에 대응하는 전략		혼합전략 (Mixed Strategy)

혼합전략(mixed strategy)이 된다. 각 전략을 비교하여 설명하면 【표 5-3】과 같이 나타낼 수가 있다.

다음의 【그림 5-14】에서 보는 바와 같이 수요추구전략(chase strategy)은 수요가 변동함에 따라 고용수준이나 생산율이 이에 따라 움직이게 되며, 생산평준화전략(level strategy)은 수요가 변동하더라도 이를 재고로 흡수하면서 생산율을 일정하게 유지해 나가는 전략을 말한다.

이들은 모두 단일변수를 대상으로 하는 순수전략(pure strategy)이지만, 실제로는 이와 같이 재고수준이나 생산율, 고용수준 등과 같은 단일변수만으로는 총괄생산계획을 통제하기가 어려우므로 둘 이상의 변수들을 함께 고려하는 혼합전략(mixed strategy)이 채택되는 경우가 많다.

그림 5-14 수요추구전략과 생산평준화전략

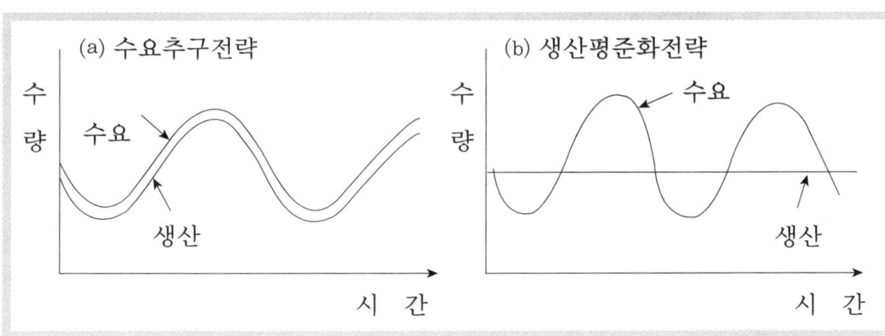

경우 가장 일반적으로 사용하는 방법은 초과노동(Overtime)을 이용하여 생산량을 증가시키는 것이다.

한편, 서비스산업에서의 수요변동에 대응하는 전략변수로는 서비스의 특성상 무형의 무재고 특성으로 인해 재고수준보다는 고용수준이 흔히 적용되는데,[5] 따라서 서비스의 총괄생산계획을 충원계획(staffing plan) 또는 능력계획(capacity plan)이라고도 부른다.

3.3 총괄생산계획의 기법

총괄계획을 수립하는 기법은 여러 가지가 있으나 크게 다음과 같이 세 가지로 분류할 수 있는데, 이 중 대표적인 기법으로 사용되는 도시법, 선형결정규칙, 탐색적 결정규칙 등에 대해 살펴보고자 한다.

① 도시법(graphic & charting method)
② 수리적 최적화 모형(mathematical optimization method)
- 선형계획법(linear programming method)
- 선형결정규칙(LDR: linear decision rule)

③ 휴리스틱기법(heuristic method)
- 탐색적 결정규칙(SDR: search decision rule)
- 경영계수이론(management coefficiency theory)

1) 도시법(graphic & charting method)

생산품종이 소수이거나 간단한 제조공정에서의 수량계획에 이 방법을 활용하는데, 예측된 수요와 현존 생산능력을 비교할 수 있는 표의 작성을 통해 대안을 수립하는 간편한 방법이다. 도시법은 시행착오법(trial & error method)이라고도 불리워지는데 이해하기가 쉽고 사용방법이 비교적 간편하다는 장점이 있는 반면에, 도표에서 나타내는 모델이 정태적이며 여러 가지 계획안 중에서 최적안을 제시할 수 없다는 단점도 있다.

2) 선형결정규칙(LDR)

2차 비용함수에 의한 선형결정법이라고도 불리우는 선형결정규칙①은 수

① 총비용함수인 2차 함수로부터 2개의 선형결정규칙(LDR)을 이끌어 내기 때문에 이름을 선형결정규칙이라 말한다.

리적 모형의 대표적인 방법으로서 도시법이 가지고 있는 시행착오적인 결정과정을 시간적으로 개선하는 데 유용하다. 선형결정규칙은 1955년 홀트(C. Holt), 모딜리아니(F. Modigliani), 무드(J. Muth) 및 사이몬(H. Simon)에 의해 개발되었다.

이 방법에서는 미래의 변동하는 수요에 대응하여 생산율과 고용수준을 평준화하는 것은 극히 어렵고 복잡하기 때문에 이들 문제를 총괄적으로 해결하기 위해 다음과 같은 세 가지 전략대안, 즉 첫째 고용수준의 조정으로 수요의 변동에 대응하는 전략, 둘째 고용수준은 고정시켜 놓고 잔업, 유휴, 하청 및 교대조의 증감으로 생산율을 조정하여 수요의 변동에 대응하는 전략, 마지막으로 재고수준으로 수요의 변동에 대응하는 전략 등을 전제로 하고 있다.

모형의 주요한 내용은 생산계획과 관련되어 있는 제반 비용, 즉 정상임금, 해고 및 고용비용, 잔업수당, 재고비용 등을 각 부문별로 수식화하고 이들을 종합하여 모형화한 것이다. 그리고 목적함수를 최소화하기 위하여 결정변수에 관하여 편미분함으로써 최적의 생산율과 고용수준을 모형등식으로 유도하는 것이다.[6)]

① 문제의 정의와 가정

생산계획문제는 요소가 확률적으로 변동하는 일정한 계획기간에서 생산율, 고용수준 및 재고수준을 평준화하여 전체 계획기간의 총생산비용을 최소화하는 것이다. 생산계획문제에 대한 가정은 다음과 같다.

첫째, 수요는 확률적(stochastic)으로 알려져 있다.

둘째, 전체 계획기간은 12개월이며 각 계획기간의 길이는 같다.

셋째, 생산품목수는 단일품목이며 생산단계도 단일단계이다.

넷째, 재고부족은 허용되어 있다.

마지막으로 생산능력과 저장능력은 일정하다.

② 구성 비용

이 기법에서는 총비용함수의 구성요소비용을 다음 네 가지의 가설적 비용형태(hypothetical cost behavior)로 보고 이들 비용곡선에 대한 비용함수들을 각기 제시하고 있다(【그림 5-15】 참조).

선형결정규칙 모델에서 사용되는 근사비용함수 중 정규작업 임금코스트

그림 5-15 LDR모델에 사용되는 비용함수와 그래프

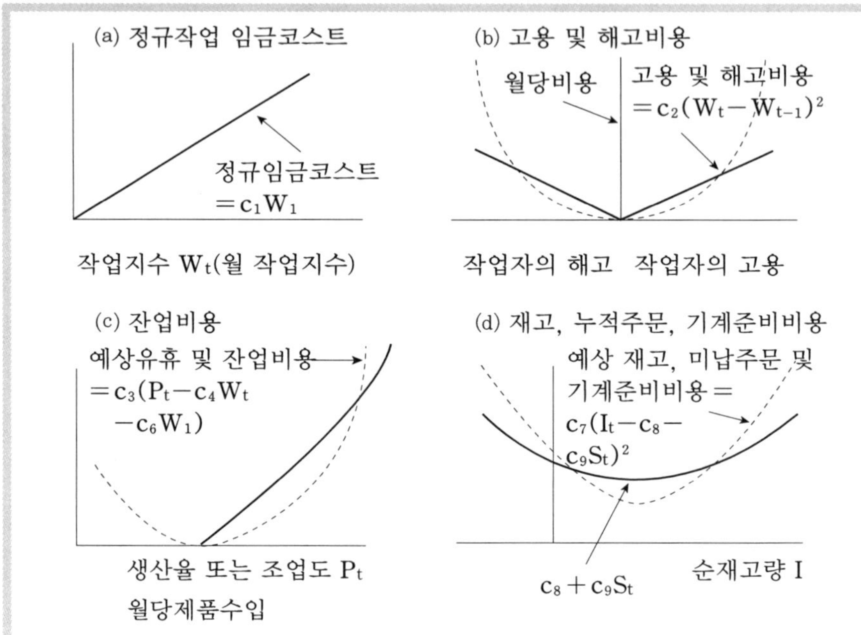

자료: C. C. Holt et al., "A Linear Decision Rule for Production and Employment Scheduling," *Management Science*, vol. 2, No. 1(Oct. 1995).

함수에서는 매월 한 번씩 노동력의 크기(고용수준)을 조정하고, 이에 따라 그 달의 정규작업시간의 임금을 고용자들에게 지급한다고 가정하고 있다. 따라서 정규작업 임금코스트는 【그림 5-15】의 (a)와 같은 비용선으로 나타낸다.

작업자의 고용 및 해고비용함수는 작업자를 고용할 때나 해고시킬 경우에 모집비용 내지 퇴직금 등이 지급되는 것을 가정해서, 이때 발생되는 비용을 【그림 5-15】의 (b)와 같은 비용곡선으로 나타내고 있다. 따라서 이때의 모델은 2차 함수식으로 나타낸다.

잔업에 관한 비용함수는 고용수준을 일정하게 유지할 경우, 생산율의 변화에 따라 정규시간 이외의 초과근무나 또는 유휴노동력이 생길 수 있는데, 이러한 초과근무(잔업)시에는 초과수당이 지급되며, 반대로 유휴노동력이 생길 때는 노동력을 활용하지 못함으로써 야기되는 기회손실을 계산할 필요가 있다. 이 경우의 비용곡선을 선형결정규칙 모델에서는 【그림 5-15】의 (c)와 같이 나타낸다.

재고, 납품지연 및 기계준비에 관한 비용함수는 재고량이 적정 재고수준을 벗어날 경우, 다시 말해서 적정 재고량보다 많을 경우에는 최대 재고비용이 발생하며, 그 반대일 경우에는 부족재고비용, 즉 품질이나 납품지연으로 인해 손실이 발생한다.

한편, 재고수준의 변동에 따라서 기계준비비용이 변동하는 것으로, 가령 총재고(aggregate inventory)를 적게 정하면, 재고수준을 균형시키기 위해서 로트당 생산량의 크기가 적어지므로 이에 따라 생산(준비)횟수는 늘게 되어 결국 기계준비비용은 증가된다. 이들 비용은 【그림 5-15】의 (d)에서와 같이 U자형의 비용곡선으로 나타나며 이 모델은 2차 비용함수식으로 표시한다.

3) 탐색적 결정규칙(SDR)

탐색적 결정규칙과 경영계수이론은 휴리스틱기법①의 일종인데, 선형결정 규칙에서의 노동수준(노동자수), 생산율(잔업), 재고수준 등의 크기에 제한을 두지 않음으로 인해 생산율과 작업자수가 마이너스로 나타나게 된다는 등의 단점을 극복하기 위해 적용되는 휴리스틱기법(heuristic method)은 복잡한 상황을 지침

표 5-4 총괄생산계획 모형의 특징 비교

구 분	특 성	장 점	단 점
도시법	시행착오방법을 따르며 정보취득은 경영자의 판단에 의존	이해가 쉽고 사용이 간편하다.	경영자의 주관적 의사반영이 높다.
LDR	고용수준과 생산량을 정하는 2차 비용함수의 사용	비선형 비용함수의 허용최적안 제시, 이론적 가치	복잡하여 이해하기 어렵고, 결과가 항상 실제적인 것은 아니다.
SDR	생산능력의 여러 가지 조합을 탐색하여 최저비용의 대안을 찾아낸다.	광범위한 허용함수의 취급적응성 쉽게 변화시킬 수 있다.	항상 최소비용값이 찾아지는 것은 아니다.

① 수리적 최적화기법(mathematical optimization method)과는 달리 총괄생산계획의 문제를 경험적 또는 탐색적으로 해결하려는 방법이다.

경영 계수 이론	필요한 생산능력을 예측하기 위해 경영자의 과거결정을 토대로 한 회귀모형의 개발	비용이나 제약조건의 형태에 구애받지 않으며 과거 경험과 직접적인 관련성을 가지고 있다.	의존적이며, 타기업에의 적용이 어렵다

이나 결정원칙을 이용하여 단순화하려는 방법으로서 비록 최적화된 해는 구하지 못하지만 주어진 기본비용과 운영상의 가정들을 최적화하려는 방법이다.

SDR은 총괄적 생산계획문제를 컴퓨터 탐색을 이용하여 결정변수의 값을 찾아내는 새로운 기법으로서 터버트(W. Taubert)에 의해서 개발된 모형이다.[7)]

이상과 같이 살펴본 총괄생산계획 모형들의 특징과 장·단점에 대해 비교하여 정리하면 【표 5-4】와 같다.

4. 생산능력계획

4.1 생산능력의 개념

생산능력(production capacity)이란 생산시스템의 양적 공급능력인데, 어떤 생산시스템이 특정기간에 특정제품이나 용역을 최대로 생산 또는 처리할 수 있는 산출량으로서 일정한 기간에 생산하는 한계능력의 개념이다.

기업의 생산능력은 여러 가지 요인의 영향을 받지만 그 중에서도 가장 중요한 것은 공장, 기계 등과 같은 자본설비의 규모이다.

종래의 전통적 생산관리에서는 설비에 투자된 대규모 자본으로 인해 규모의 경제를 실현하는 데 관리의 초점을 두었다.①

① 제조기업은 전통적으로 규모의 경제(economies of scale)를 추구한다. 이는 대량생산을 하면 고정비가 분산되어 단위당 평균비용이 감소하기 때문에 나타나는데, 이상적인 규모의 경제는 단위당 생산비가 최저가 되는 최적조업도에서 이루어진다. 그러나 경쟁이 치열한 고객지향시장(customer-oriented market)을 지향하는 생산을 할 때에는 시장수요와 판매가격 등을 고려하여 단위당 이익이 최대가 되는 최유리규모(most profitable size)를 추구해야 한다.

어떤 생산시스템을 가진 기업이라도 생산제품이 시장수요를 충족시켜 주려면 충분한 생산능력을 갖추어야 한다. 만약 현재의 생산능력이 부족하면 추가 생산능력을 확보하기 위하여 생산시스템을 재설계하기 위한 생산능력계획(capacity planning)을 수립하여 규모와 시기, 장소 등을 확정해야 한다.

생산능력계획의 수립절차는 다음과 같은 과정을 통해 이루어진다.

첫째, 수요예측과 기존 생산능력의 측정,

둘째, 요구되는 생산능력의 크기 결정,

셋째, 생산능력의 확장 또는 축소대안의 제시와 평가,

마지막으로 최적의 생산능력계획을 선정하는 과정을 따르게 된다.

생산능력을 측정하는 데는 【표 5-5】에서 보는 바와 같이 산출량(output)을 기준으로 하는 방법과 가용자원, 즉 투입량(input)을 기준으로 하는 방법이 적용된다.

생산능력은 결국 시스템 활용효율(efficiency)이나 이용률(utilization)로써 그 유효능력을 판정하게 된다. 여기에서 유효능력(effectiveness)은 주어진 여건, 즉 작업조건, 제품표준, 설비배치, 수요량 등의 여건에 따라 일정기간 중에 생산할 수 있는 생산량으로서 존재능력(capacity: 생산시스템이 내외의 여건에 영향을 받음이 없이 일정 기간중 생산가능한 최대의 생산량)과 구별된다.

$$\text{효 율} = \frac{\text{실제 산출량(actual output)}}{\text{유효능력(effective capacity)}}$$

$$\text{이용률} = \frac{\text{실제 산출량}}{\text{설계능력(design capacity)}}$$

예를 들어 자동생산설비가 A, B 두 라인이 있을 때, A 라인은 시간당 2,000단위를, B 라인은 시간당 1,000단위를 생산한다. A 라인은 지난달에 가

표 5-5 생산능력 측정방법

투입량(input)	산출량(output)
항공운수업(좌석)	자동차제조업(생산대수)
병 원(병상수)	철강업(생산톤수)
백화점(매장평수)	전 력 회 사(발전량)

표 5-6 생산능력의 영향요인

구 분	영향요인	
공장요인 (physical factors)	• 공장입지 • 공장 및 건물 설계와 배치 • 운반시설	• 공장환경
제품요인 (product factors)	• 제품설계 • 품질요건	• 품목구성 • 원자재 구성 및 소요량
공정요인 (process factors)	• 공정 및 설비의 생산량 • 공정 및 설비의 정도	
인적요인 (human factors)	• 작업내용 • 작업환경 • 경험, 보수 등	• 작업방법 • 작업의 질
가동상의 요인	• 설비보전	• 예방보전

동률이 설계능력의 70%, B 라인은 90%였다. 실제 A 라인은 1,500, B 라인은 900단위를 시간당 생산했다. 지난달의 A, B 라인의 이용률과 효율은 다음과 같이 구한다.

$$\text{효 율: A 라인} = \frac{1500}{2000 \times 0.7} = 107\%$$

$$\text{B 라인} = \frac{900}{1000 \times 0.9} = 100\%$$

$$\text{이용률: A 라인} = \frac{1500}{2000} \times 100 = 75\%$$

$$\text{B 라인} = \frac{900}{1000} = 90\%$$

생산능력에 영향을 주는 요인은 자재, 노동, 자금, 시장, 공장요인, 제품요인, 공정요인 등이 있는데 이들 중 핵심적인 것을 간추려 설명하면 앞의 【표 5-6】과 같이 나타낼 수가 있다.

따라서 생산시스템을 설계할 때에는 유효능력[①]을 합리적으로 선정한 다음

① 일정기간 중에 생산가능한 산출량으로 시스템능력(system capacity)이라고도 부른다.

이를 토대로 해서 장래 생산능력의 크기를 감안하여 설비 능력을 결정하게 된다. 또한 생산시스템을 운영함에 있어서도 설비의 유효능력을 가급적 설비가 가지고 있는 실제 능력에 가깝도록 관리해야 한다.

4.2 생산능력계획

생산활동의 계획과 통제는 생산량에 대한 시간적 관리에 그 중점을 둔다고 볼 수 있다. 따라서 능력계획을 수립하려면 단기와 장기로 나누어야 한다.

단기적 능력계획은 1년 이내의 단기예측에 따라 월별 또는 분기별로 생산능력을 조정해 가고 장기적 능력계획은 3년 이상의 미래를 예측하여 능력의 판단 · 조정 활동을 수행하는 것이다. 단기 및 장기능력의 판단과 조정은 다음과 같이 한다.

1) 생산능력의 단기조정

단기조정은 현재 주어진 조건하에서 생산에 필요한 필요능력(capacity requirement)을 판단하고 가용능력(available capacity)을 조정하는 것이다. 따라서 특정기간의 유효능력(effective capacity)을 고려해서 다음 【표 5-7】에서 보는 바와 같이 조정하게 된다.

2) 생산능력의 장기조정

장기적 관점에서는 ① 시설의 확장 또는 감축, ② 투자의 효과, ③ 규모의 경제를 고려하여 사업기회를 포착해야 한다.

4.3 생산능력계획의 고려요소

1) 규모의 경제

규모의 경제란 공장이 커지고 생산량이 많아짐에 따라 연속적으로 생산되는 제품들이 고정비를 흡수하기 때문에 산출물의 단위당 평균비용이 감소하는 것을 말한다.

규모의 경제는 공장이 너무 커서 자재흐름과 인력조정에 많은 비용이 초

표 5-7 생산능력의 단기조정방법

조정방법	조정내용
고용수준의 변동	소요능력이 증가 또는 감소하는 데 따라 종업원을 채용하거나 해고하는 방법
작업시간의 변동	종업원의 현 인원을 유지하면서 작업시간을 조절하는 방법이다. 첫째는 동일한 작업자에게 규정시간(8시간) 이상으로 작업시키는 잔업(overtime), 둘째 생산능력이 수요감퇴로 남게 되면 작업자를 해고시키는 대신에 일정기간 동안 작업자를 선별적으로 쉬게 하거나 전체적으로 조업을 단축시켜 가용능력을 감소시키는 유휴 또는 조업단축(idle time), 셋째는 고용수준의 변동과 작업시간 변동의 혼합형으로서 작업교대조(shift)를 편성하는 것이다.
종업원 훈련	현 종업원 수로 생산능력을 확대시키기 위해 훈련을 통해 전문성을 높인다
하 청 (subcontracting)	자사의 생산능력이 부족한 경우 타회사에 부족한 기계시간이나 작업시간을 할당함으로써 시설확장이나 고용수준의 증가 없이 생산능력을 보충하는 방법
재고수준의 변화	계절적 또는 불규칙한 수요변동에 대비 가용능력의 과부족을 재고수준 변화로써 대처하는 방법이다
미납주문(backlog) 및 납기의 연기	재고를 비축하는 대신 거래선과의 조정으로 주문받은 물량을 생산능력에 따라 제조시기를 늦추는 방법
기타 조정	제품설계 변경, 설비나 기계의 정비, 제품가격 조절을 통해 조정

래되어 새로운 공장을 물색해야 될 때까지 계속된다. 규모의 경제는 크기가 서로 다른 공장의 단위당 평균비용을 비교해 봄으로써 단위당 평균비용이 최소지점에서의 생산능력을 말하는 최적운영수준과 관련지을 수 있다.

최적규모와 최적운영수준을 찾는 것은 어려운 일이지만 경영자들은 종종 각각의 설비에 대해 최대규모에 관한 정책을 수립한다. 이 경우 어려운 점은 서로 다른 산출물과 설비규모에 대해 비용이 어떻게 변하는지를 예측하는 것이다.

2) 생산능력이용률

회사가 생산능력을 사용하는 정도를 생산능력이용률(capacity utilization rate)로 정의하며, 다음과 같이 계산된다.

$$\text{생산능력이용률} = \frac{\text{실제 이용된 생산능력}}{\text{설계된 생산능력}}$$

3) 여유생산능력(capacity cushions)

여유생산능력이란 기대수요를 초과하는 생산능력을 말한다. 예를 들어 설비에 대한 월 기대수요가 10,000개이고 설계용량이 월 12,000개라면 이것은 20%의 여유생산능력이 있음을 말한다. 20%의 여유생산능력은 83%(=100% ÷ 120%)의 생산능력의 이용률과 같다.

기업의 설계능력이 수요를 만족시키는 데 필요한 능력보다 적을 경우 음의 여유생산능력(negative capacity cushion)을 갖는다고 한다.

4) 생산능력의 유연성

생산능력의 유연성이란 고객이 원하는 제품이나 서비스를 타경쟁사보다 빨리 인도할 수 있는 능력을 말한다. 그러한 유연성은 유연공장, 유연공정, 유연작업자 그리고 다른 조직의 생산능력을 이용하는 전략 등을 통해서 얻어진다.

① 유연공장: 유연공장의 궁극적인 목적은 0의 변환시간을 갖는 것이라고 할 수 있다. 이동식 장비, 조립식 벽, 쉽게 접근할 수 있고 재배치할 수 있는 도구들을 사용함으로써 유연공장은 실시간(real time) 변화에 적응할 수 있는 것이다.

② 유연공정: 유연공정은 한편으로는 유연생산시스템으로, 다른 한편으로는 쉽게 준비할 수 있는 장비로 요약될 수 있다. 이러한 기술적 접근들은 한 제품라인에서 다른 제품라인으로 값싸고 신속하게 변화하도록 해 줌으로써 범위의 경제를 가능하게 해 준다. 또한 규모의 경제도 따로 생산되는 것보다 혼합되어 생산됨으로써 달성될 수 있다.

③ 유연작업자: 유연작업자란 여러 기술을 갖고 한 종류의 과업에서 다른

종류의 과업으로 쉽게 변환할 수 있는 능력을 가진 작업자를 말한다. 그들은 전문화된 작업자들보다 더 광범위한 훈련을 필요로 하고 또한 그들의 작업활동에 있어서 빨리 변화할 수 있도록 경영자와 스탭들이 도와주어야 한다.

④ 외부 생산능력의 사용: 다른 조직의 생산능력을 사용함으로써 유연성을 창조하는 두 가지 보편적인 전략에는 하청이나 생산능력의 공유가 있다.

5) 생산능력의 균형

완벽하게 균형을 갖춘 작업장에서는 공정 1의 산출물은 정확하게 공정 2의 입력물이 되고 공정 2의 산출물은 정확하게 공정 3의 입력물이 된다. 그러나 실제에 있어서는 이처럼 완벽한 설계는 불가능하거나 바람직하지 않다. 그 이유의 하나는 각 공정에 대한 최적운영수준은 일반적으로 서로 다르기 때문이다.

예를 들어, 부서 2가 월간 75에서 85단위까지가 가장 효율적일 때 부서 1에서는 월간 90에서 110까지가 가장 효율적일 수 있기 때문이다. 또 다른 이유는 자동화된 생산라인을 제외하고는 제품수요에서의 변동과 공정 자체가 불균형을 초래하기 때문이다.

이러한 불균형을 다루는 방법은 여러 가지가 있다. 하나는 병목현상을 나타내는 공정에 생산능력을 추가시키는 것이다. 이는 장비를 임대하거나 또는 하청을 통해 추가생산능력을 구입하는 것이다.

두 번째 방법은 일할 거리가 있도록 병목공정 앞에 완충재고를 두는 것이다. 이것이 바로 동기생산방식(synchronized production approach)의 중심개념이다.

세 번째 방법은 다른 부서가 의존하는 설비들을 이중으로 갖는 것이다.

6) 생산능력의 집중

1974년에 스키너(Skinner)에 의해 도입된 집중화 공장(focused factory)의 개념에 의하면 상당히 제한된 생산목표에 생산설비를 집중할 때 그 생산설비가 가장 잘 운영된다는 것이다. 예를 들면, 생산성과의 모든 면(비용, 품질, 유연성, 신제품 소개, 신뢰성, 단납기, 저투자)에서 앞서려고 기대해서는 안 된다는 것이다.

오히려 기업의 목표에 가장 기여하는 제한된 업무를 선택하는 것이 바람직하다. 그러나 현실은 생산기술에 있어서 커다란 발견이 주어지면 모든 것을 잘 하려고 하는 쪽으로 나가려고 한다. 이러한 모순을 어떻게 대처할 것인가? 여기에 대한 답은 목표를 동시에 달성할 수 없다면 초점을 좁히는 것이 최선이다.

생산능력의 집중개념은 스키너의 PWP(plants within plants) 즉, 공장 내 공장이란 체계로 운영될 수 있다. 집중화된 공장은 여러 개의 PWP를 가질 수 있고 각각의 PWP는 같은 공장 내일지라도 서로 다른 제품에 대해 분리된 하부조직, 장비, 공정선택, 인력관리정책, 생산통제방법 등을 가질 수 있다.

이를 통해 조직의 각 구성요소에 대해 최적운영수준을 찾을 수 있고 이에 따라 집중화 개념을 운영수준까지 가져갈 수 있는 것이다.[8)]

POM 사례 6

사진 대중화의 아버지 이스트먼

다른 많은 발명품들이 그렇듯 카메라도 어느 날 아침 느닷없이 뚝 떨어진 '하늘 아래 새로운 것'은 아니다. 카메라의 모태인 회화에서부터 광학원리, 렌즈와 거울, 은용액 정착법, 인쇄술 및 제지산업 등 여타 관련 분야들의 발전과 그 집적을 통해 탄생한 합작품인 것이다. 그럼에도 불구하고, 오늘날 우리가 한 장의 사진 속에서 돌이킬 수 없는 먼 옛날을 정지된 순간으로 추억할 수 있는 것은 니엡스와 이스트먼, 두 명의 뛰어난 발명가들 덕분이 아닐 수 없다. 이들이 아니었더라면 사진의 대중화는 훨씬 더 훗날로 미뤄졌을 것이고, 그랬더라면 영화나 컴퓨터도 오늘날과 같은 형태의 발전을 기약할 수 없었을 것이 자명한 까닭이다.

'카메라(Camera)'는 '카메라 옵스큐라(Camera Obscura)'에서 온 말이다. 이 말은 '어두운 방', 즉 암실을 뜻하는 용어이다. 어두운 방 한쪽 벽에 뚫린 작은 구멍으로 새어 들어온 빛이 구멍 저쪽의 영상을 방 안 맞은편 벽에 거꾸로 맺히게 하는 원리를 뜻한다.

어두운 벽 한쪽 벽면에 맺힌 영상을 관찰했던 최초의 인물은 아리스토텔레스. 그러므로 영역을 넓게 확장할 경우 카메라 옵스큐라의 원리를 가장 먼저 이용한 이는 BC 3세기 경의 아리스토텔레스가 되는 셈이다.

1300년 후 아라비아의 과학자 알하젠은 빛이 들어오는 구멍의 크기에 따라 영상의 선명도가 달라진다는 사실을 발견해 냈다. 이것이 조리개에 대한 최초의 연구라 할 수 있다. 카메라 옵스큐라의 원리가 보다 구체적이고 정확한 묘사법을 획득하는 것은 이로부터 5백년 후 레오나르도 다빈치에 이르러서였다. 이후 발전과 개량을 거듭하며 칼 디아노의 볼록렌즈, 발바로의 조리개 발명으로 한층 풍성해졌다가, 17세기 독일의 요한 찬(Johann Zahn)에 의해 이동할 수 있을 정도로 소형화되기에 이른다. 처음에는 방이었다가 작은 오두막으로, 그다음엔 가마로, 다시 작은 천막으로 축소되다가 급기야 옮아다닐 수 있을 만큼 작아진 것이다.

지적했다시피 사진의 모체는 회화다. 사실 회화적인 필요성이 카메라의 발명을 불러왔다고 해도 과언은 아니다. 회화와 사진은 3차원의 입체 공간을 2차원의 평면 위에 고착시켜 놓는다는 점에서 닮은꼴이다. 사진의 발걸음이 회화보다 늦을 수밖에 없었던 것은 종이와 연필 외의 여러 도구들, 즉 렌즈나 필름, 인화 약품 따위 과학기술의 부산물을 필요로 했기 때문이다.

그런가 하면 회화와 사진 공통의 화두는 빛이다. 사진술이 태동하기 훨씬 전부터 화가들은 드로잉 분야에 카메라 옵스큐라를 이용했는데, 작은 구멍이나 렌즈를 통해 들어온 빛이 거울에 반사, 초점판 유리에 맺히는 상의 윤곽을 베끼기 위해 탁상용 카메라 옵스큐라를 사용하곤 했다. 원근법에 대한 개념이 정립되면서 대상을 보다 정확하게 묘사하고자 하는 욕구가 카메라 옵스큐라의 발전을 도왔던 것이다.

시간의 화살표가 18세기 산업혁명 시기에 닿으면서부터 자본가 계급이 생겨났는데, 이들에 의해 그 수요가 폭발적으로 늘어난 장르가 바로 초상화였다. 초상화의 수요증가에 따라 화가들은 더욱 편리한 카메라 옵스큐라를 요구하게 되었고, 인상주의의 태동은 이 같은 현상을 더욱 부채질했다. 빛의 걸음걸이가 사물을 어떻게 변화시키는가에 집착했던 인상주의 화가들은 인간의 시각에 의해 재구성되는 세계를 흠모했고, 여기 사진술이 이용됐다. 즉 빛발이 어떻게 세계를 시시각각 변모시키는지, 그 우발적인 한 순간을 포착하려는 회화적 시도 속에 필연적으로 카메라의 잉태가 도사리고 있었던 것이다.

사진술은 크게 화학적 부문과 광학적 부문으로 대별된다. 19세기 초의 프랑스에서는 카메라 옵스큐라, 렌즈의 발전으로 광학적 토양은 마련되었으나 아직 화학적 성숙이 그를 따르지 못하고 있었다. 농업국가에서 근대

국가로 옮아가고 있던 당시의 프랑스는 기존 회화적 이미지에 대한 반발, 시각적 기호의 증대, 대량 복제 욕구 등 사진술이 발아될 수밖에 없는 사회적 분위기가 성숙해 있는 상태였다.

요셉 니엡스(J. N. Niépce, 1765~1833)도 화가였다. 기울기 시작할 무렵의 태양, 포도주빛으로 물든 하늘, 그 하늘 아래 고즈넉하게 펼쳐진 숲과 마을. 니엡스는 종종 아름다운 풍경을 바라보며 한숨을 짓고는 했다. 이토록 눈부신 자연의 한순간을 영원히 정지시켜 간직할 수는 없을까.

1822년, 그는 한숨만 짓고 있을 것이 아니라 자신의 꿈을 실현시킬 구체적인 작업에 착수하기로 결심했다. 화상의 이미지 제작에 몰두한 지 4년, 마침내 인류 최초의 사진이 탄생했다. 원시적인 카메라와 금속 감광판, 빛에 민감한 화학약품을 이용해 8시간 동안 빛에 노출시킨 후 외부의 풍경을 사진으로 담는 데 성공한 것이다. 사진에 담겨진 최초의 세계는 니엡스의 집 밖 풍경, 즉 굴뚝과 비둘기집, 안뜰과 곡물창고가 있는 목가적 풍경이었다. 니엡스는 이것을 헬리오그라피(Heliography)라고 불렀다.

여기서 자신감을 얻은 그는 동료 화가인 다게르와 함께 본격적인 사진 연구에 착수하지만, 얼마 안 가 세상을 등지고 말았다. 공동연구자를 잃고 홀로 남은 다게르는 실의에서 벗어나자마자 특유의 근성과 사업수단을 발휘하게 된다. 금속 감광판에 수은이 작용할 경우 더욱 선명하고 온전한 상이 나타난다는 사실을 발견한 그는 현상과 정착과정을 이용, 은판사진술을 내놓기에 이른다. 다게르가 발명한 은판사진술은 1839년 8월 19일, 프랑스 과학아카데미에 공표됐는데, 이로써 상업적 카메라가 판매될 수 있는 본격적인 길을 연 셈이다.

비슷한 시기, 바다 건너 영국에서는 탈보트가 독자적인 방식으로 사진술을 개발해 냈다. 네거티브(Negative), 포지티브(Positive) 방법을 이용한 다량의 사진을 얻는 데는 성공했으나 이때 사용된 종이의 화질이 나빴던 탓에 널리 쓰이지는 못했다.

1840년, 이 단점을 보완한 사람이 아처였다. 그는 콜로디온 프로세스에 의한 습판사진을 발명했는데, 유리판을 베이스로 이용해 네거티브를 얻은 후 종이 위에 포지화상을 얻을 수 있었다. 그러나 이 또한 촬영, 현상, 정착에 이르는 일련의 과정이 젖은 상태에서 이뤄져야 한다는 단점을 극복하지는 못한 것이었다.

그리고 1879년 영국의 캐넛과 베네트가 젤라틴 막에 감광성 빠른 유제를 입혀 롤필름을 개발했는데, 이 롤필름 시대의 개막으로 마침내 휴대용 카메라가 탄생되었던 것이다.

1870년대의 사진사들에게는 사진술보다 건장한 체력이 더 중요했다. 이동할 때마다 암실을 지고 다녀야 했기 때문이다. 따라서 이 문제를 해결하는 것이야말로 사진사들의 수고로움을 더는 길임과 동시에 사진의 대중화시대를 여는 길이기도 했다.

은행원이었던 조지 이스트먼은 카리브해의 절경을 사진에 담아오는 여름휴가를 계획하고 있었다. 바다의 푸른 심연으로 떨어지는 낙조. 생각만으로도 가슴이 뛰는 계획을 세워놓고 정작 그는 암실을 지고 다녀야 한다는 현실 앞에서 절망했다. 결국 그는 휴가를 뒤로 미루고 카메라의 크기를 줄이기로 마음먹었다.

1886년 6월, 이스트먼은 획기적인 카메라를 선보이면서 자신의 이름을 딴 회사를 설립했는데 이것이 바로 그 유명한 코닥(Kodak)이다.

이제 사진사들은 코닥 카메라에 장착된 필름을 모두 사용한 뒤 코닥사로 보내기만 하면 현상과 인화, 재충전된 필름을 돌려받을 수 있게 되었다.

이때 카메라 한 대 가격이 25달러, 필름을 다시 끼워주는 데 10달러를 받았다. 당시 양복 한 벌 값이 15달러였던 것을 감안하면 엄청난 가격이 아닐 수 없다. 이스트먼은 1900년에 사진촬영방식을 대폭 혁신, 단돈 1달러짜리 브라우니 카메라를 내놓았다. 사진 찍는 일은 꿈조차 꾸지 못했던 사람들이 너도나도 이 카메라를 사들였다. '대중을 위한 사진.' 이스트먼의 오랜 꿈이 실현되는 순간이었다.

이스트먼의 탄력 있고 강한 롤필름은 영화의 시초가 되는 에디슨의 활동사진 발명을 가능케 한 동력이기도 하다. 카리브해를 포기한 대신 그는 인류에게 사진과 영상시대를 열어줄 수 있었다. 이 위대한 발명가는 그러나 개인사적으로는 그리 행복한 삶을 살지 못했다. 훗날 권총자살로 생을 마감하면서 그가 남긴 마지막 말은 이렇다.

'내가 할 일은 끝났다. 더 기다려야 할 필요가 있는가.'

〈자료: "역사를 바꾼 기술인," 생산기술, 2001년 1 · 2월호〉

■ 내용요약(Chapter Summary)

생산계획(production planning)이란 장차 수행하여야 할 생산관리기능이 적시에 적절하게 운영될 수 있도록 일정한 방안을 설정해 주는 것인데, 수요예측

(demand forecasting)을 토대로 생산하여야 할 제품의 품종과 수량, 생산 공정, 생산일정, 작업인원 배치, 설비배치 등에 관하여 가장 경제적이며 합리적인 방법에 관한 예정된 의사결정(anticipatory decision making)의 체계라 할 수 있다.

생산시스템 운영의 효율을 높이기 위해서는 생산율, 고용수준, 재고수준, 설비의 확충 및 경신 등 여러 가지 문제에 대해 계속적인 의사결정을 필요로 한다. 이 경우 의사결정자가 합리적으로 의사결정을 하려면 반드시 미래에 대한 예측을 포함해야 한다.

모든 경우에 통용될 수 있는 단 하나의 우수한 예측 모형은 없다. 같은 기업에서도 각각의 제품에 대해 필요한 모형이 채택되어 쓰여져야 하겠지만, 예측한 출력자료에 너무 맹목적으로 집착하지 말고 경험에 의한 객관적인 판단 및 신중한 직관력(intuition)을 동원하여 예측 자료를 충분히 검토하는 것이 바람직하다.

일반적으로 예측방법을 선택할 때에는 여러 가지 요인을 고려해야 하며, 이러한 고려요인들에는 경제성과 정확성, 예측기간, 제품 및 서비스의 특성, 이용가능한 자료의 특성 등이 있는데, 이러한 요인에 따라 다양한 예측기법을 적용할 수가 있다.

생산시스템은 제품생산에 있어 작업자수, 품종수, 생산율, 자재 등 여러 가지 생산요인들이 복합적으로 관계되기 때문에, 생산율 및 제 수준의 조정은 이들 생산요인들에 대한 최적의 조합(optimum mix) 및 총괄(aggregate)을 함에 있어 비용중심으로 조정을 하게 된다.

■ 참고문헌(References)

1) James L. Riggs, *Production Systems*, pp. 25~26.
2) Harold Koontz and Cyril O'Donnell, *Principles of Management*, McGraw-Hill, 1972.
3) K. N. Dervitsiotis, *Operations Management*, McGraw-Hill, Inc., 1981.
4) Bruno A. Moski, *Manufacturing Management and Engineering Handbook*, Prentice-Hall, Inc., 1979.
5) W. E. Sasser, "Match Supply and Demand in Service Industries," *Harvard Business Review*, Nov.-Dec. 1976.
6) C. C. Holt, F. Modigliani, J. F. Muth, and H. A. Simon, "A Linear Decision Rule for Production and Employment Schduling," *Management Science*, Oct. 1955.
7) W. Taubert, "A Search Decision Rule for the Aggregate Scheduling

Problem," *Management Science*, vol. 14, No. 6(Feb. 1968).

8) 황규승 · 박명섭 · 박광태, 「생산관리」, 홍문사, 2000.

제 6 장

프로젝트계획과 관리

학습목표

- 프로젝트의 정의와 전통적인 프로젝트 관리기법에 대해 이해한다.
- PERT/CPM프로젝트 관리기법에 대해 이해한다.
- 프로젝트 일정계획을 위한 네트워크의 작성과 일정 계산방법에 대해 이해한다
- CPM에 의한 일정계획과 비용감축방안에 대해 이해한다.
- 비용경사곡선의 개념과 특급계획, 연장계획의 적용방법에 대해 이해한다.

1. 프로젝트관리

공장 내에서의 개별생산관리는 주로 생산의 소요능력 판단과 이에 대한 가용능력을 제품 또는 주문에 따라 개별적으로 조정 · 통제하는 것이라 할 수 있다. 그러나 댐의 건설, 공장 건설, 아파트 건설, 신제품 개발, 우주선 건조 등과 같이 작업공정이 단속적이고 비반복성을 띤 대형사업, 즉 프로젝트(project)는 많은 단위의 일(unit projection)들이 동시에 이루어지고, 작업내용이 특별한 규격에 따라 구별되므로 이와 같은 작업단위 상호간에 균형문제를 해결할 필요가 있다.

일반적으로 이러한 프로젝트는 장기에 걸쳐 적절한 의사결정과 많은 투자를 요구하기 때문에 앞에서 공부한 바와 같이 단기적이며 개별 생산관리시의 의사결정과는 달리 개별단위와 전체의 통합 · 조정이라는 특수한 문제에 당면하게 된다.

프로젝트관리에 영향을 미치는 요인으로는 시간, 비용, 자원 등이 있는데, 우선 시간요인은 프로젝트 시작과 종료에 대한 파악이 중요하며, 부득이한 이유로 프로젝트가 지연되거나, 아니면 계획된 시간보다 빨리 종료하게 되는 경우 등에 영향을 미치는 주요 활동(critical activities)을 집중적으로 관리하는 것이 필요하다.

따라서 프로젝트관리자는 주요 활동과 주요 활동이 아닌 활동들을 명확히 구분하여야 하며, 이에 따라 비용과 인력, 설비 등의 자원배분과 통제를 한다.

1.1 프로젝트의 의의

프로젝트란 각 부문(department)이나 각 사업부(operation division) 혹은 부서(section)간에 기술적 내지 관리상 복잡한 교차적 관계가 있는 개발계획적 성격을 띤 사업이다.

예를 들어 제품 개발, 신규사업 개발, 공장 건설, 대형 컴퓨터의 도입 설치, 시장 개발이나 판매 캠페인 등이 이에 속한다. 이와 같은 프로젝트를 중심

그림 6-1 프로젝트 관리과정

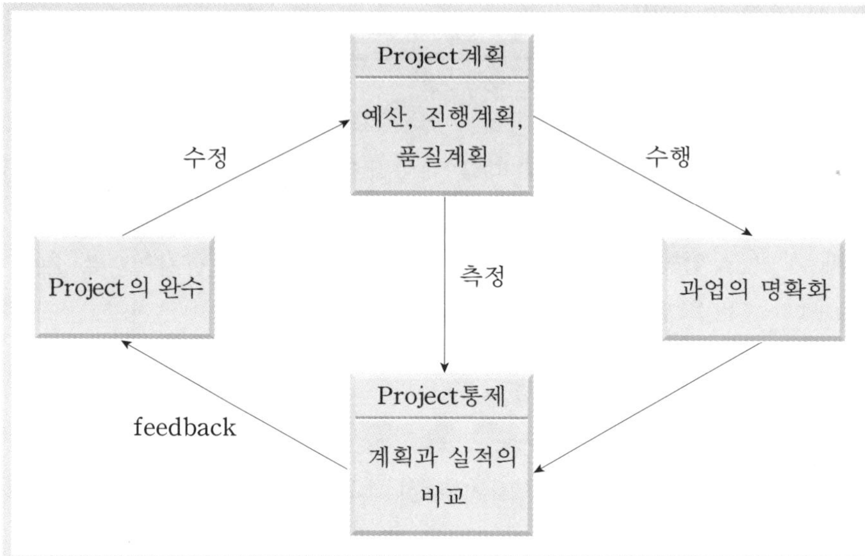

으로 운영되는 경영을 프로젝트관리(project management)라 한다.

프로젝트관리는 앞의 【그림 6-1】에서 보는 바와 같이 프로젝트계획, 프로젝트실행(과업의 명확화), 프로젝트통제, 프로젝트완수 등의 네 단계를 통해 이루어진다.

프로젝트 계획수립에 있어서 첫 번째 단계는 프로젝트의 범위와 목적에 따라 수행해야 할 개별활동과 이들의 수행순서를 결정하고, 예산과 진행을 위한 인력, 재료 및 설비 확보방안을 마련한 뒤, 품질과 신뢰성 확보를 위한 계획을 포함하게 된다.

한편, 프로젝트의 통제는 과업의 실행으로부터 발생된 실적결과를 정확히 측정하고 정의된 계획과 비교 · 검토하여 차이가 발생되면 신속한 조치를 취하는 피드백을 통해 비용발생을 억제하고 시간초과를 조절하게 된다.

프로젝트의 실행은 과업의 명확화를 통해 정의된 주요 활동과 주요 단계를 과학적인 관리기법을 사용함으로써 원활한 프로젝트의 진행관리와 효과적인 실적관리를 수행할 수가 있다.

따라서 이 장에서는 장기적이며 비반복적이고 자원활용의 규모가 커서 업무내용이 복잡한 대형 프로젝트의 관리를 위해 개발된 PERT/CPM(Program Evaluation & Review Technique / Critical Path Method)기법을 중심으로 설명하기로 한다.

1.2 전통적 프로젝트 관리기법

공정관리나 일정관리는 작업환경이 변화하는 것을 주의깊게 관찰하고, 그 조건의 변화에서 일어나는 혼란에서 작업활동을 보호함으로써 일정을 정상적으로 관리할 수 있게 해주는 관리활동인데, 특히 일정관리는 생산활동을 주로 시간적인 측면에서 관리하는 것으로 이를 시각적으로 관리하기 위해 도표화하여 체계적으로 관리하는 방법으로서 간트도표(Gantt Chart)를 많이 이용한다.

간트도표는 제1차 세계대전중 미국인 Henry L. Gantt에 의하여 연구 고안된 것으로 생산관리에 있어서뿐만 아니라, 판매관리, 원가관리, 그리고 상여금지급 등에도 응용되고 있으며, 그 종류도 10여종이 된다.

【그림 6-2】에서와 같이 간트도표의 원리는 계획된 작업량과 실제로 달성한 작업량을 동일도표상에 일정과 관련시켜서 나타내는 것이다. 그러므로 계획과 실제의 시간적인 상호관계를 일목 요연하게 나타낼 수 있다.

간트도표는 직선만을 사용하는 것이 특색이며, 이것은 어떤 원인과 결과를 나타내는 것은 아니다.

그림 6-2 간트도표의 예

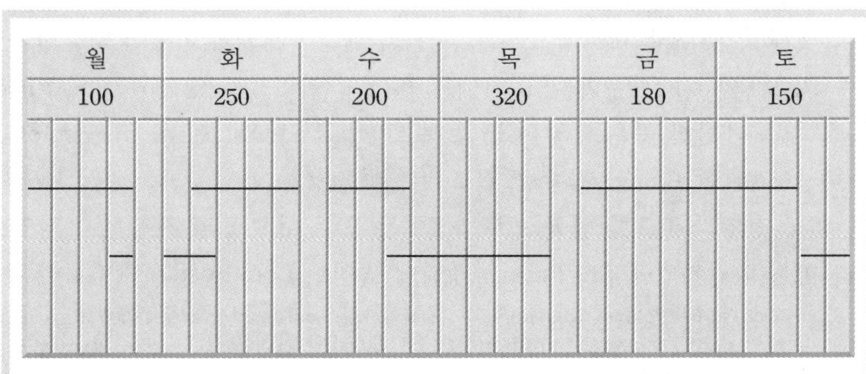

따라서 작업이 복잡하지 않고 소규모의 프로젝트에는 간트도표가 작성하기 간편하고 비용도 저렴하여 적합한 방법이 되나, 프로젝트의 규모가 크고 소요되는 작업의 수도 복잡하며, 중장기적인 기간의 프로젝트에는 이와 같은 막대 도표로만으로는 적합하지가 않으며, 이러한 결점들을 보완하기 위해 컴퓨터에 의한 네트워크 계획기법이 등장하게 되었으며, 대표적인 네트워크 계획기법이 PERT/CPM기법이다.

1.3 PERT/CPM기법

PERT/CPM은 앞에서 지적한 바와 같이 프로젝트를 효과적·조직적으로 수행할 수 있도록 시간, 인력, 자금 등과 같은 제한된 자원(resources)의 배분과 공정 등을 합리적으로 계획·통제하는 계량적 접근법(quantitative approach)이며, 특히 계획공정표(network diagram)를 중심으로 관리활동을 분석·통제하는 경영과학(Operations Research)기법의 일종이다.

근래에 와서 사회 각 분야에서는 시스템의 분석과 설계 및 운용을 효과적으로 하기 위해 이 기법을 사용하여 종전과 같은 평면적이고 단순한 관리기법으로서는 도저히 감당할 수 없는 복잡한 일들을 해결하고 있다.

이 기법을 적용하기 위해서는 다음과 같은 세 가지 요건을 갖추어야 한다.

첫째, 어느 특정 프로젝트가 완료될 때까지 처음 단계부터 최종단계까지의 모든 활동, 과업, 직무 등이 구분·파악되어야 한다.

둘째, 활동요소가 구분되면 기술적·관리적 관점에서 이들 활동요소가 네트워크를 중심으로 연결이 가능해야 한다.

셋째, 모든 활동요소에 소요될 자원의 배분·계산이 이루어져야 한다.

PERT와 CPM은 개발 초기에는 별개의 기법으로 창안되었다. PERT기법을 처음 개발한 곳은 미국 해군의 특별사업국(SPO: special project office)[①] 이며 1958년에 Polaris잠수함 건조계획에 적용하여 성공함으로써 1962년 이후 미국 정부의 주요한 신규 프로젝트에는 모두 이 기법을 사용하게 되었다.

한편 민간기업에서도 Polaris계획에 참여한 Lockheed사와 GE사 등에서

① SPO요원들과 Polaris Missile의 주 계약회사인 Lockheed사의 우주개발부 및 경영진단회사인 Booz, Allen & Hamilton사(社)와 특별계약 아래 새로운 관리수단을 개발하기 위해 Operations Research Team을 발족했다.

그림 6-3 간트도표에 의한 공정계획

공사구분	공사수량	시행시기		
		8월	9월	10월
가설공사		2		
토 공 사		5		
기초공사		3		
철근콘크리트공사		21		
벽돌공사			10	
타일공사			3	
목 공 사		30		
방수공사			2	
홈통공사			2	
미장공사			10	
창호공사			20	
유리공사			2	
칠 공 사				7
잡 공 사				7
위생공사		10		
난방공사		10		
전기공사		5		

도 자사 내의 신규사업에 PERT를 사용하기 시작했으며 이에 자극을 받은 다른 회사에서도 이를 적용하게 된 것이다.

PERT와 유사한 수법으로 개발된 CPM은 미국 Dupont사의 M. R. Walker와 Remington-Rand사의 J. E. Kelly가 당시 회사의 신규설비 및 투자수요에 대한 계획이 너무 복잡하고 거대하여 이에 대처할 수 있는 집단 기술력(massive engineering)의 증진과 투자효율을 높이는 데 중점을 두고 새로운 일정계획기법의 연구에 착수하여 1957년에 CPS(critical path scheduling)를 탄생시키고, 그 후 CPM이라 부르게 되었다.

그림 6-4 PERT네트워크에 의한 공정계획

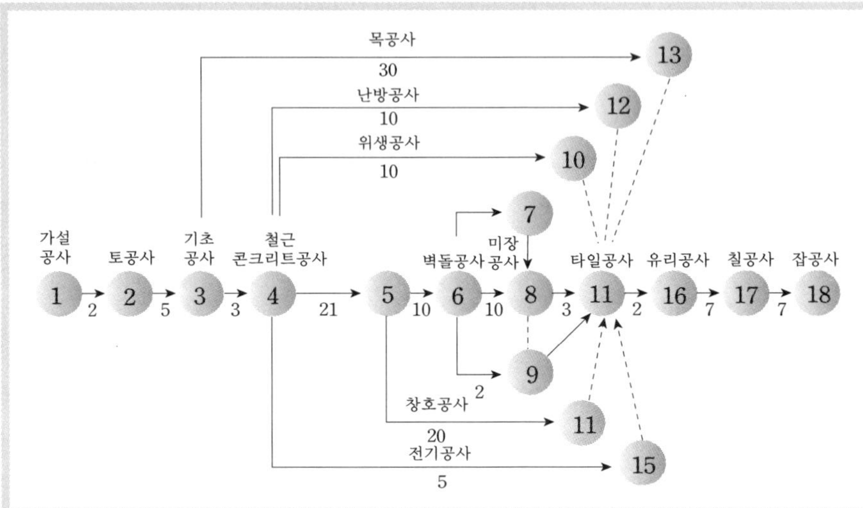

이와 같이 새로운 기법을 연구개발한 주체는 달랐지만 양 기법이 갖고 있는 네트워크분석을 통한 시간계산과 최소비용 평가방법(MCX: minimum cost expediting)의 이론적 골격은 양자가 유사하므로 1962년 이후로부터 하나의 통일된 기법으로 인식하게 되어 경영의사결정 분야에서 가장 잘 알려진 네트워크 분석모델이 되었다.

PERT/CPM에서 주요한 개념①으로 활용하고 있는 네트워크기법의 원리는 종래 작업계획과 통제수법으로 써 오던 전통적 프로젝트 관리기법인 Gantt Chart에 의한 공정계획표의 결점을 보완하고 개선한 것이라 할 수 있다.

예를 들어 건축공사의 경우에서 양자를 비교해 보면 【그림 6-3】과 【그림 6-4】에서 나타내는 것처럼 Gantt Chart에서는 작업의 순서가 복잡할 경우 세밀한 일정계획을 수립하기 어렵고 일정관리의 중점을 어느 단계에 두어야 할지 판단하기 어려웠다. 또한 공정상호간의 유기적인 연관성과 종속관계를 파악하기도 어려우며, 작업공정이 변경되었을 경우 계획수정의 탄력성이 없으며, 사전 예측이나 사전 통제가 곤란하였다.

---

① 한국 기업에서는 1966년 대림산업의 미군 비행장 공사관리를 위해 미군 당국이 요청하여 PERT/CPM에 의한 계획공정도를 작성한 것이 최초의 적용이었다.

이러한 한계를 해결하기 위해 PERT네트워크를 활용하게 되면 공정상호간의 관련성이 명확하기 때문에 변화에 대한 탄력성이 있고, 적시에 적절하게 계획을 수정 · 보완할 수 있게 되었다. 또한 프로젝트조직의 상하 구성원간에 의사소통이 원활해지며, 과학적인 자료의 제시가 가능해져서 최적안의 선택이 가능하고, 효과적인 일정통제 및 예산통제가 가능하여 진척관리를 효율적으로 수행할 수 있으므로 실행단계나 해당 부서의 책임소재가 명확하게 파악될 수가 있다.

이 기법을 적용할 때는 【그림 6-5】와 같은 절차를 통해 이루어지는데, 이러한 절차는 계획과 시행과정에서 되풀이되어 적용되는 것이므로 계획 전체의 변동사항을 잘 파악하여 적시조정이 가능해지는 것이다. 그러므로 PERT/CPM은 다음과 같은 프로젝트의 경우 그 적용효과가 크게 된다.

① 프로젝트의 진행내용이 복잡하여 상호관련된 공정활동의 수가 많을 경우
② 프로젝트수행에 필요한 활동내용이 명확하게 파악되었을 경우
③ 프로젝트수행이 지연됨에 따라 비용이 계획보다 초과되거나, 계획된 일정을 단축해야 할 긴급한 상황이 일어났을 경우

그림 6-5 PERT/CPM의 적용절차

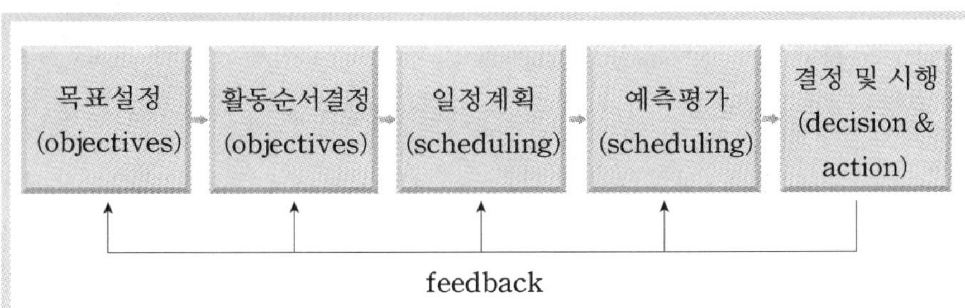

2. 프로젝트 일정계획

2.1 네트워크

네트워크는 어떤 프로젝트에 관한 계획구조와 순서를 표시하는 것이므로 활동의 흐름과 정보의 내용을 정확하게 나타내어야 한다. 즉, 진행되는 순서대로 원(node/event)과 화살표(arrow/dotted arrow)로 표시해 나가는데 네트워크를 작성하기 전에 반드시 다음 정보를 명확히 해 두어야 한다.

첫째, 프로젝트의 목적을 분명히 하고,

둘째, 목적을 달성하기 위해 누가 무엇을 어떻게 할 것인지 책임의 구분과 소요자원의 할당이 정확하게 이루어져야 하고,

셋째, 활동의 전·후 순서가 명확히 정의되어 있어야 한다.

이와 같은 세 가지 정보를 바탕으로 프로젝트를 분해하여 감으로써 네트워크를 작성할 수 있게 된다.

1) 네트워크의 구성요소

① 단계(event or node) : 단계는 선행단계의 작업활동의 완료임과 동시에 후속단계의 작업활동의 시작을 뜻하는 순간적인 시점으로서 둥근 원형의 기호(O)로써 표시한다.

$$T_i \quad ⓘ \xrightarrow{(te)ij} ⓙ \quad T_j$$

그리고 한 개별활동의 착수단계(start)를 beginning event(i)라고 하며, 완료단계(finish)를 ending event(j)라고 한다. 한 활동의 착수단계와 완료단계를 event(ij)라고 한다. 또한 전체 네트워크상에서 최초 단계를 initial event라고 하며, 최종의 단계를 terminal event라고 한다. 이러한 단계는 다음과 같은 세 가지 성질을 지니고 있다.

그림 6-6 단계의 활동

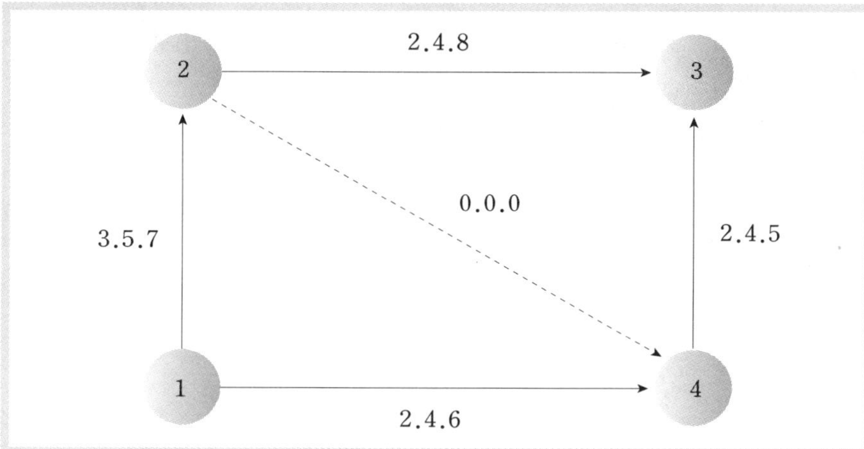

첫째, 선행단계의 공정활동과 후속단계의 공정활동 사이를 표시한다.
둘째, 작업의 개시 또는 완료를 의미한다.
셋째, 기간 또는 자원을 일절 소비하지 않는 순간적인 시점이다.

② 활동(activity or job) : 활동은 하나의 단계에서 다음 단계를 진행하기에 필요한 시간 및 자원을 표시하는 것으로 화살표(→)로써 나타낸다.

즉, 작업의 실시를 표시하며, 시간소비 부분이며, 인원 · 물자 · 장소 · 설비 또는 기타의 자원을 필요로 하는 것이다. 이러한 내용을 그림으로 표시하면 【그림 6-6】과 같다.

이 그림에서 보면 원 내에 있는 1, 2, 3, 4는 각각 단계를 표시한다. 가령 ①에서 ②로 향하는 화살표는 작업 ①의 종료에서 작업 ②의 시작을 의미하고, 그 옆에 기입된 숫자는 그 작업에 필요한 세 가지의 시간 추정치인 낙관 시간치, 비관 시간치, 최적 시간치를 표시한 것이다.

그리고 event ①은 두 개의 화살표가 출발하고 있는데, 이와 같이 두 개 이상의 화살표가 출발할 경우, 이것을 분지단계(burst event)라 하고, event ④와 같이 두 개 이상의 화살표가 결합되는 것을 합병단계(merge event)라고 한다.

이와 같이 프로젝트가 크면 클수록 network diagram도 커지며 복잡해

그림 6-7 선행단계와 후속단계

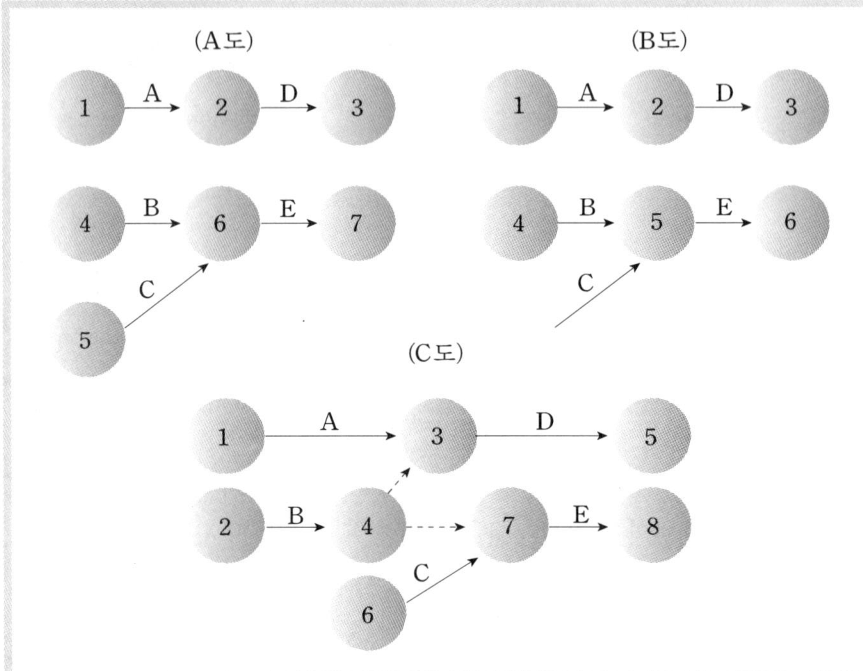

진다. 그러나 중요한 것은 프로젝트를 실시하는 데 있어서 실제의 진행을 완전히 관리통제할 수 있도록 아주 정확하게 단계와 활동에 대한 범위가 결정되어야 될 것이다.

③ 명목상의 활동(dummy activity) : 명목상의 활동은 시간 또는 자원을 필요로 하지 않는 활동으로서 점선 화살표(--→)로써 표시한다. 즉, 실제의 작업이 아니라, 다른 작업과의 상호관계를 표시하기 위해서 사용되는 모의화살표이다. 따라서 이것은 시간 또는 자원을 소모하지 않는다.

【그림 6-7】에 의해서 이것을 설명하면, (A)도의 경우, 작업 D는 작업 B, C, E에 관계없이 작업 A가 완료되면 자동적으로 작업을 시작할 수 있다.

만일 작업 D가 작업 A 이외에 작업 B, C에도 관계가 있으므로 A, B, C가 완료되지 아니하면, 작업을 착수할 수는 없다고 할 경우에는 (B)도와 같이 명목상의 활동으로 표시해야 된다.

그러나 만일 작업 D는 작업 A와 작업 B만 완료되면 작업을 착수할 수 있고, 작업 C와는 관계가 없을 때는 (C)도와 같이 된다.

이상과 같은 경우를 종합하면 활동은 다음과 같은 세 가지 의미를 지니고 있음을 알 수 있다.

첫째, 활동의 성격에 의하여 선행단계와 후속단계를 구분한다.

둘째, 실제의 활동은 실선으로 표시한 화살표로 표시하고, 명목상의 활동은 점선 화살표로 표시한다.

셋째, 화살표는 동적 상태를 표시한다.

여기서 선행단계(predecessor)는 대상활동을 위해 미리 이루어져 있어야 할 활동매듭이며 후속단계(successor)는 대상활동이 끝나면 곧 이어서 착수해야 할 활동매듭이다. 분기와 합병단계는 활동이 동시에 발생하거나 진행해야 할 병행활동(parallelled activity)의 경우에만 발생한다.

이상을 요약하여 정리한 것이 다음 【표 6-1】이다.

표 6-1 요약표

기 호	내 용
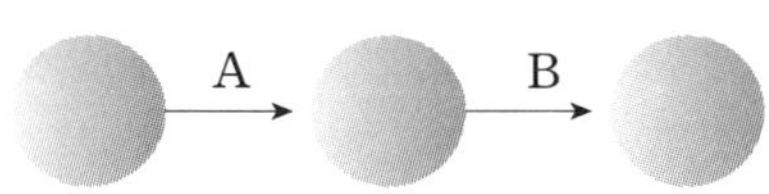	Activity B는 Activity A가 완료됨으로써 비로소 착수할 수 있다(A는 선행활동, B는 후속 활동).
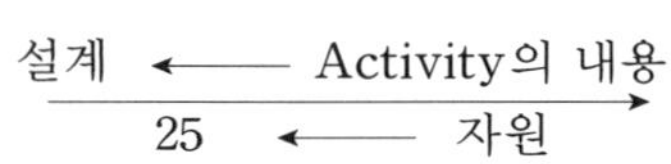	화살표에는 Activity에 대한 활동내용과 자원을 표시한다.
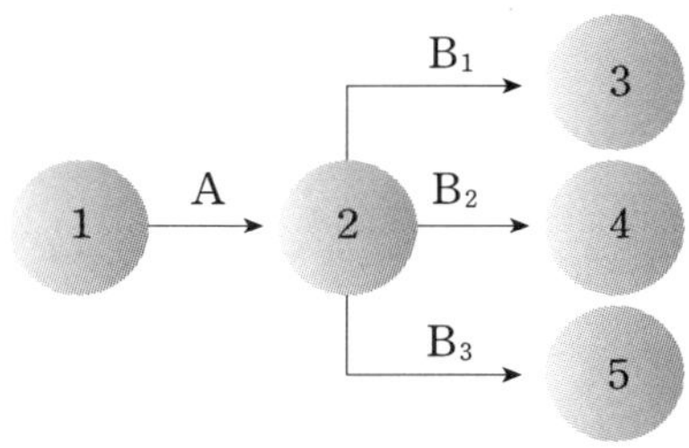	Activity B_1, B_2, B_3는 Activity A가 완료될 때까지는 시작할 수 없다. (Activity A는 B_1, B_2, B_3 중 어느 것이든 시작하기 전에 환효하지 않으면 안 된다.) 이때 b_1, b_2, b_3는 병행활동이 되며 Event ②는 Burst Event가 된다.

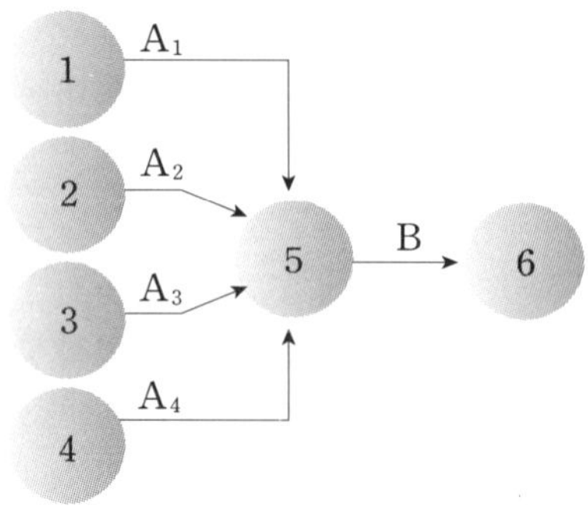

Activity B는 A_1, A_2, A_3, A_4가 모두 완료되어야만 비로소 시작할 수 있다. 즉 Activity B의 착수는 A_1, A_3, A_4의 완료 여하에 따른다(그러나 B의 선행활동인 A_1, A_2, A_3, A_4가 시간적으로 동시에 완료하는 것을 의미하지 않는다). 이때 Event ⑤는 Merge Event가 된다.

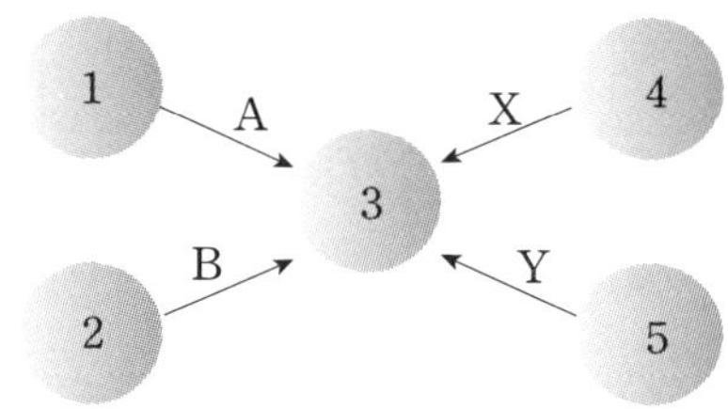

Activity X와 Y는 Activity A와 B가 모두 완료되기 전에는 시작할 수 없다. 그러나 X와 Y는 서로 관계없이 시작하는 수도 있다. 여기서도 A, B와 X, Y가 동시에 완료되거나 시작한다는 것은 아니다.

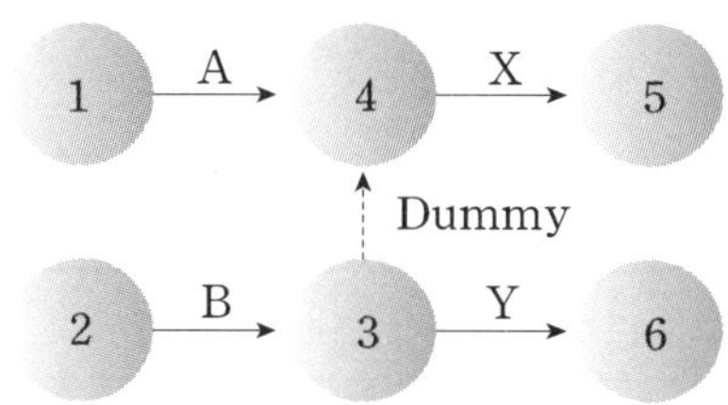

Activity A와 B는 모두 Activity X를 시작하기 전에 완료하지 않으면 안 된다. Activity Y는 Activity B가 완료되면 시작할 수 있으며, Activity A에서 구애받지 않는다. Event ③에서 ④로 가는 점선은 Dummy Activity다.

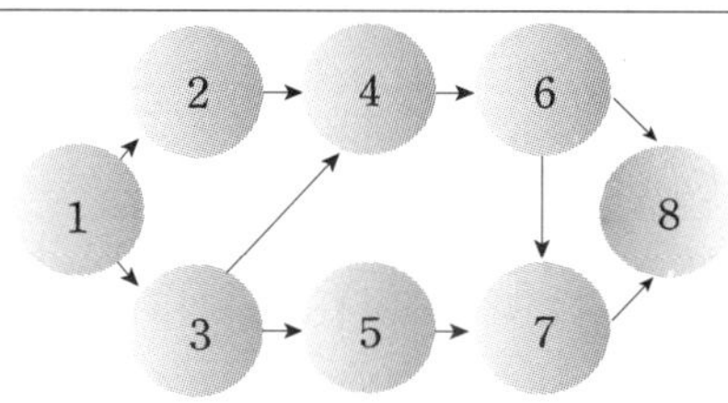

하나의 Network Diagram에서 Event는 순서대로 번호를 넣어 표시하는데, Initial과 Terminal Event는 가급적 한 개로 만드는 것이 좋다.

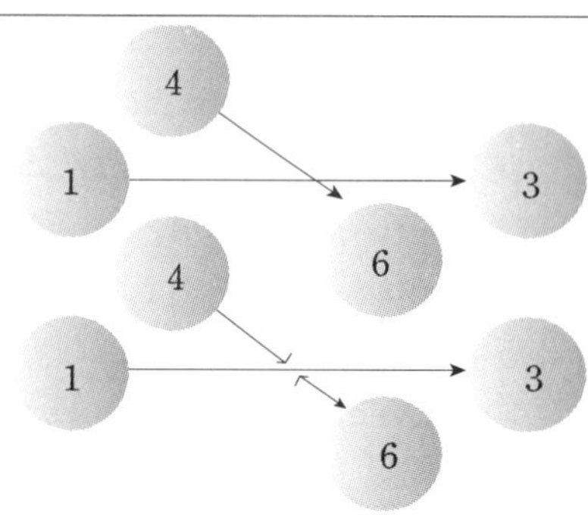

화살표가 겹칠 경우의 표현방법인데 화살표를 직접 가로질러 가는 방법만은 피해야 한다.

2.2 일정계산과 여유시간[1)]

1) TE의 계산

어떤 단계(event/node)의 TE(earliest expected node time)란 이 단계에 도달할 일정 중에서 가장 빠른 시간이나 다음 활동을 시작함에 있어 가장 이른 시간을 의미한다.

이러한 TE의 계산은 전진계산(forward pass rule)을 하게 되는데, 선행단계의 TE에 후속활동의 *te*값을 가산하면서 최종단계(terminal event)로 나아가는 계산법이다.

아래의 ①번 계산식에서 보는 바와 같이 이때 최초 단계의 TE값은 0(TE=0)이 되는데, 왜냐하면 그 단계 이전에는 활동이 존재하지 않기 때문이다.

① $(TE)_1=0$

② $(TE)_2=(TE)_1+(te)_{1,2}=0+5=0$

$(TE)_3=(TE)_2+(te)_{2,3}=5+18=23$

$(TE)_4=(TE)_2+(te)_{2,4}=5+24=29$

$(TE)_5=(TE)_2+(te)_{2,5}=5+12=17$

③ 단계 7에 대한 경로는 ③ → ⑥, ④ → ⑥, ⑤ → ⑥의 새 경로가 있으므로,

$(TE)_3+(te)_{3,6}=23+38=61(\max)$

$(TE)_4+(te)_{4,6}=29+16=45$

$(TE)_5+(te)_{5,6}=17+27=44$

위의 세 가지 값 중에서 최대치는 61이므로 $(TE)_6$의 값이 된다. 그러므로 이 프로젝트의 가장 빠른 완료일정은 61이 된다.

만약에 단계가 여러 활동들에 의해 묶이는 합병단계(merge event)의 경우는 각 활동경로(path)별로 선행단계의 TE에 후속활동의 *te*를 합해서 얻은 수치 중에서 최대치를 그 단계의 TE값으로 취한다.

$$(TE)_6=(te)_{1,2}+\text{최대}(18+38,\ 24+16,\ 12+27)$$
$$=(te)_{1,2}+[(te)_{2,3}+(te)_{3,6}]=5+[18+38]=61$$

그림 6-8 네트워크 다이어그램의 계산예

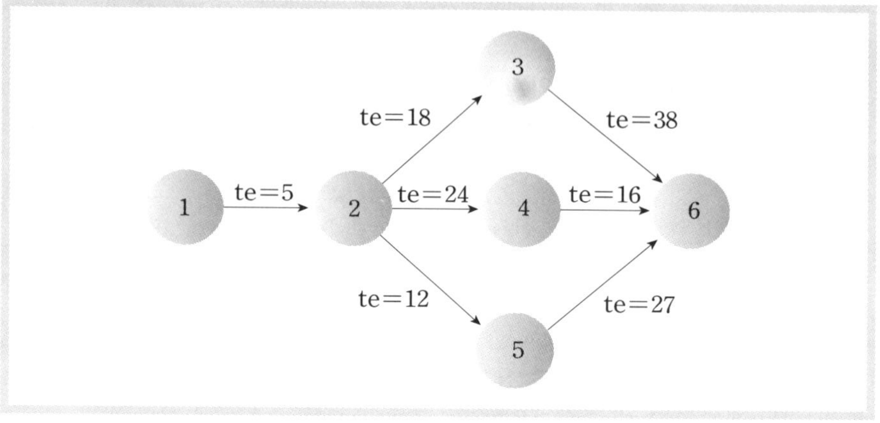

2) TL의 계산

어떤 단계의 TL은 이 단계에 도달해야 할 가장 늦은 허용시간(latest allowable node time)으로서, 이는 TE에 대응되는 개념이며, 허용의 범위는 최종 완성일정에 영향을 주지 않는 범위를 말한다. 만약 이 시간치보다 늦게 도달하면 프로젝트에 소요되는 총시간이 그만큼 연장되게 된다.

이의 계산은 후진계산(backward pass rule)으로서, 반드시 최종단계로부터 시작하여 착수단계 방향으로 역산(逆算)하는데, 후속단계의 TL값에서, 선행활동의 *te*값을 감산하여 선행단계의 TL값을 구한다.

이때 최종단계의 TL값은 바로 그 단계의 TE값과 같으며, 후진계산 중에 분기단계에서는 각 경로의 최소치를 그 단계의 TL값으로 한다.

앞의 【그림 6-8】의 계산 예를 다시 인용하면,

① 최종단계의 TE=TL이므로

$(TL)_6=61$

② 어떤 단계가 분기단계(burst event)가 아닐 때는 그 단계의 TL은 후속단계의 TL에서 선행활동의 *te*를 감하여 구한다.

$(TL)_3=(TL)_6+(te)_{3,6}=61-38=23$

$(TL)_4=(TL)_6+(te)_{4,6}=61-16=45$

$(TL)_5=(TL)_6+(te)_{5,6}=61-27=34$

③ $(TL)_3-(te)_{2,3}=23-18=5(min)$

$(TL)_4-(te)_{2,4}=45-24=21$

$(TL)_5-(te)_{2,5}=34-12=22$

위와 같은 계산과정에서 최소치는 5이며, 이것이 $(TL)_2$의 값이 된다. 즉, $(TL)_2=5$가 되며,

④ 착수단계와 TL값은 역시 TE값과 마찬가지로 0이 된다.

3) 여유시간(Slack Time)의 계산

각 단계의 TE와 TL을 구하게 되면, 최종단계에서 최종일정이 변경되지 않는 범위 내에서 각 단계마다 여유시간을 계산할 수 있게 된다.

이 여유시간은 TL과 TE의 차(TL－TE)로 계산되는데, 이를 단계 여유(Slack: S)라고 한다. 단계 여유 S의 값은 다음 세 가지로 나타낼 수 있다.

① 정여유(positive slack)

TL－TE>0, 즉 S>0인 상태로서 그 단계에 여유가 있음을 나타낸다.

② 영여유(zero slack)

TL－TE=0, 즉 S=0인 상태로서 그 단계에 여유가 없는 경우인데, 중점적으로 관리해야 될 대상(critical path)에 해당한다.

③ 부여유(negative slack)

TL－TE<0, 즉 S<0인 상태로서 작업을 예정기일 내에 완성할 수 없는 경우에 나타난다.

4) 주공정

네트워크를 작성하여 가장 빠른 시간(TE)과, 가장 늦은 허용시간(TL), 여유시간(S)을 계산하면 여유가 전혀 없는 단계들이 나타나는데 이들을 연결해 가면 주공정 또는 애로공정(CP: Critical Path)이 형성된다.

만약 이렇게 형성된 공정단계들 중에서 어느 단계라도 일정이 늦추어지면 그 일정만큼 최종단계의 완성일이 지연되므로 프로젝트관리자는 네트워크상에서 굵은 선으로 표시한 주공정을 중점 관리하게 된다.

여기서 주의해야 할 점은 주공정은 반드시 하나만 있는 것이 아니고, 하나

그림 6-9 주공정을 찾기 위한 네트워크 다이어그램의 계산예

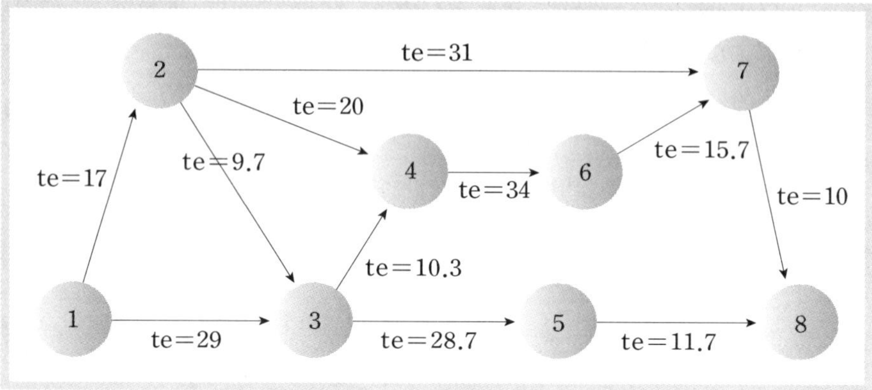

또는 여러 개가 있을 수 있고 경우에 따라서는 네트워크 전체가 주공정이 될 때도 있다.

앞의 【그림 6-9】에서 네트워크 다이어그램상의 경로를 통해 주공정을 찾아가는 계산예를 아래에서 살펴보고자 한다.

① TE의 계산

$(TE)_1=0$

$(TE)_2=$①−②$=17$

$(TE)_3$ ①−③$=29$(max)

①−②−③$=17+9.7=26.7$

$(TE)_4$ ①−②−④$=17+20=37$

①−②−③−④$=17+9.7+10.3=37$

①−③−④$=29+10.3=39.3$(max)

$(TE)_5$ ①−②−③−⑤$=17+9.7+28.7=55.4$

①−③−⑤$=29+28.7=57.7$(max)

$(TE)_6$ ①−②−④−⑥$=17+20+34=71$

①−②−③−④−⑥$=17+9.7+10.3+34=71$

①−③−④−⑥$=29+10.3+34=73.3$(max)

$(TE)_7$ ①−②−⑦$=17+31=48$

①−②−④−⑥−⑦$=17+20+34+15.7=86.7$

①−②−③−④−⑥−⑦=17+9.7+10.3+34+15.7=86.7

①−③−④−⑥−⑦=29+10.3+34+15.7=89(max)

$(TE)_8$ ①−②−⑦−⑧=17+31+10=48

①−②−④−⑥−⑦−⑧=17+20+34+15.7+10=86.7

①−②−③−④−⑥−⑦−⑧=17+9.7+10.3+34+15.7+10=96.7

①−③−④−⑥−⑦−⑧=29+10.3+34+15.7+10=99(max)

①−③−⑤−⑧=29+28.7+11.7=69.4

② TL의 계산

$(TL)_8=99$

$(TL)_7=(TL)_8+(te)_{7,8}=99-10=89$

$(TL)_6=(TL)_7+(te)_{6,7}=89-15.7=73.3$

$(TL)_5=(TL)_8+(te)_{5,8}=99-11.7=87.3$

$(TL)_4=(TL)_6+(te)_{4,6}=73.3-34=39.3$

$(TL)_3=(TL)_4+(te)_{3,4}=39.3-10.3=29(\text{min})$

$(TL)_5+(te)_{3,5}=87.3-28.7=58.6$

$(TL)_2=(TL)_7+(te)_{2,7}=89-31=58$

$(TL)_4+(te)_{2,4}=39.3-20=19.3$ $\therefore$ min=19.3

$(TL)_3+(te)_{2,3}=29-9.7=19.3$

$(TL)_1=(TL)_2+(te)_{1,2}=19.3-17=2.3$

$(TL)_3+(te)_{1,3}=29-29=0(\text{min})$

③ 여유(Slack)의 계산

Event No.	TL	TE	Slack(=TL−TE)
1	0	0	0
2	19.3	17	2.3
3	29	29	0
4	39.3	39.3	0
5	87.3	57.7	29.6
6	73.3	73.3	0
7	89	89	0
8	99	99	0

④ 주공정(애로공정)의 발견

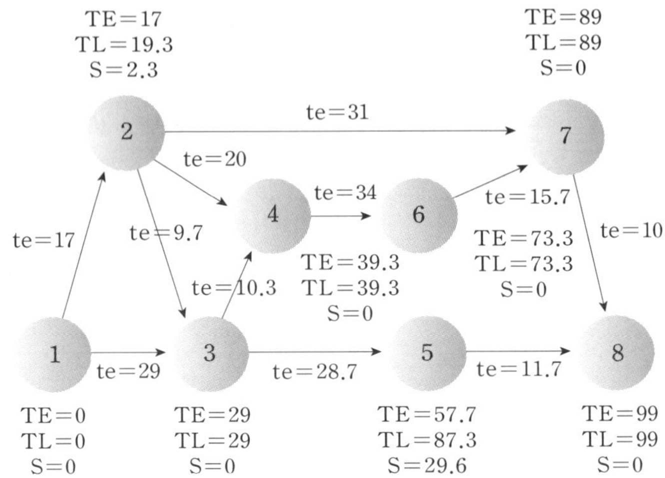

CP:

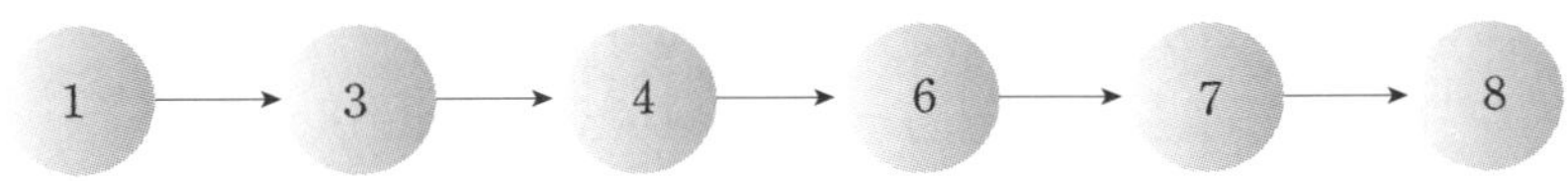

3. CPM에 의한 일정 및 비용 단축

3.1 비용경사(Cost Slope)

PERT기법은 PERT/time, PERT/cost, PERT/man-power, PERT/RAMPS 등으로 분류할 수 있다. PERT/time기법은 작업일정 단축에 초점을 두고 있으며, PERT/cost는 원가관리를 중심으로 비용을 절감하는 데 있으며, 계획비용과 실제비용을 통제하는 관리기법이다.

이에 대하여 CPM(critical path method)기법은 PERT/time과 같이 네트워크 다이어그램을 중심으로 구성되어 있으며, 그 목적도 PERT/time기법과 마찬가지로 일정단축에 있으나, PERT/time 및 cost에서는 볼 수 없는 특징적인 기법으로 소요일수 대 비용관계를 서로 연결시키면서 비용절감을 모색하는 것이다.

즉, 각 활동의 소요일수 대 비용의 관례를 조사하여 최소의 비용으로 공사기간의 단축을 기하기 위해서 선형계획을 사용하여 공사를 일정기간 내에 완성하고, 그 공사계획이 최소비용에 의해서 수행될 수 있도록 최적공기를 구하는 데 있는 것이다.

CPM의 주요 골자는 최소비용(minimum cost expedition)에 의한 일정단축에 있으며, 이에 대한 기본원리는 비용경사(cost slope)에서부터 출발한다.

어떤 작업에 착수했을 경우 정상작업(normal)을 단축해서 특급(crash)으로 할 경우도 있을 것이며, 그 반면에 특급으로 하던 작업을 역으로 연장(uncrash)함으로써 비용절감을 시도할 경우도 있다. 이와 같이 비용경사는 시간과 비용의 상호관계에 의해서 결정된다.

【그림 6-10】은 작업활동에 필요한 시간을 정상상태(normal)에서 점차 단축하여 더 이상 단축할 수 없을 때까지 단축한 특급상태하에 있어서의 시간과 비용관계를 나타낸다. 이 경우 비용이란 직접비를 가리키는 것이다. 공사에 직접 소비되는 비용, 즉 노무비 · 재료비 등은 공사기간을 단축하여 작업을 수행하고자 할 때 공사기간과 더불어 정상비용(normal cost)보다 증가하는 것이 일반적이다.

이에 반하여 간접비, 즉 사무비 · 관리비 등은 공사기간이 지연되면 이와

그림 6-10 비용경사

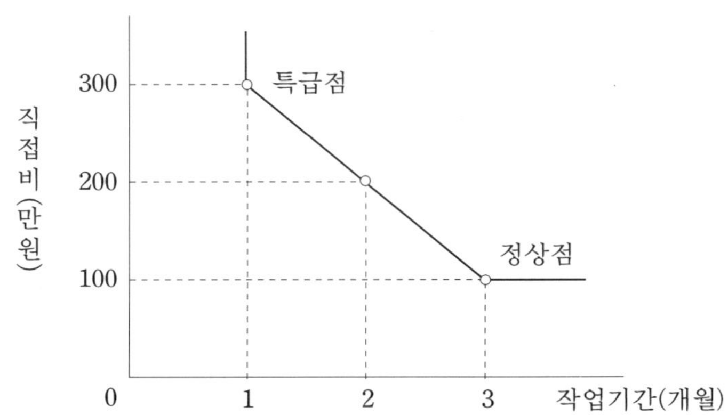

그림 6-11 비용경사 비교

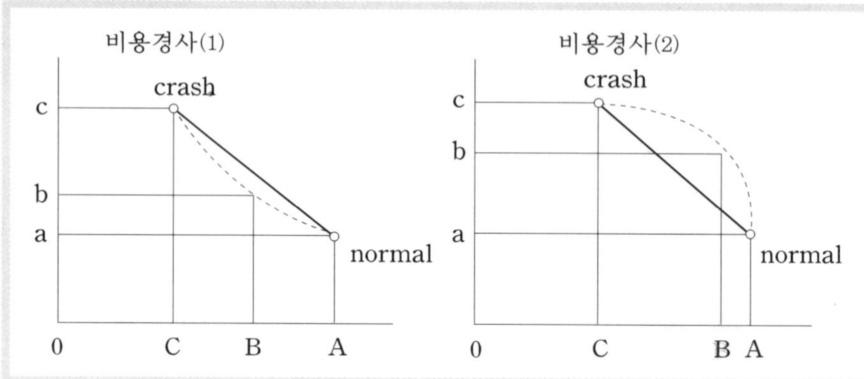

비례하여 증가하고, 공사기간이 단축되면 이와 비례하여 감소된다. 공사기간을 단축함으로써 그 공사에 소요되는 직접비가 특급비용(crash cost)이 되는 과정을 나타낸다.

그러나 정확한 계산으로 개개의 활동에 대하여 각각 발생되는 비용점을 비용경사 위에 그려 넣는 것은 어렵기 때문에 【그림 6-10】과 같이 정상점과 특급점을 직선①으로 연결하여, 소요일수 대 비용의 관계를 나타내는 것이다.

이것을 비용경사(cost slope)라고 하며, 다음과 같은 식으로 표시한다.

$$\text{비용경사} = \frac{\text{특급비용} - \text{정상비용}}{\text{정상시간} - \text{특급시간}} = \text{단위시간당 비용}$$

이것은 단위시간만큼 시간을 단축하는 데 필요한 비용의 증가분을 뜻한다. 【그림 6-10】에서 보면 비용경사는 시간의 단위를 월수로 표시했을 경우 1개월당 작업을 단축하는 데 필요한 비용의 증가를 나타낸 것이다. 즉, 3개월 소요될 공사를 1개월로 단축한다면 특급비용(crash cost)은 300만원으로 증가할 것이다.

앞에서도 지적한 바와 같이 비용경사는 엄밀한 의미에서 직선이 아니고 곡선인데, 앞의 【그림 6-11】의 경우와 같이 실제의 비용경사는 공사기간의 단

---

① 특급점과 정상점을 연결하는 곡선은 실제적으로 볼록관계나 오목관계를 나타내고 있지만, CPM에서는 이러한 비용곡선을 편의상 직선으로 나타내고 있다.

그림 6-12 비용경사 관계

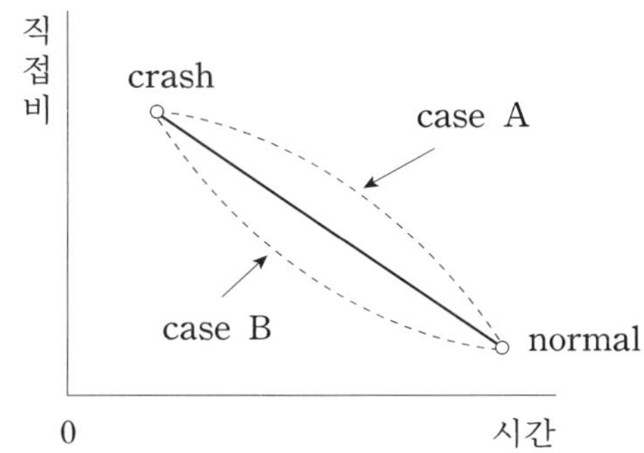

축이나 연장에 따라 비용의 증가와 절감에 따라 오목하거나 볼록하게 나타나게 된다는 것을 그림에서 설명하고 있다.

그림에서는 실질적인 비용경사를 점선으로 표시하고 대략적인 비용경사를 직선(solid line)으로 표시하였다.

이 양자를 비교해 보면 【그림 6-11】의 (1) 경우는 공사기간을 단축함에 따라 실질적인 비용곡선은 약간 증가한 데 대하여, 【그림 6-11】의 (2) 경우는 공사기간을 약간 단축했는데, 비용곡선은 급증된 상태를 나타내고 있다. 이런 경우 (1)이 더 비용을 절약할 수 있다는 것을 알 수 있다.

(1)과 (2)를 결합하면 【그림 6-12】와 같은 비용경사 관계를 나타낼 수 있다. 이것은 A보다는 B의 경우가 더 유리하다는 것을 알 수 있다. 그러나 대략 직선적인 중심치를 취함으로써 어떤 공사활동에 소요된 소요일수 대 비용증가의 관계를 표시한 것이다.

3.2 특급계획

이상에서 본 바와 같이 비용경사에 대한 개념을 확실히 이해한 후에는 실제로 공사기간을 단축하기 위한 기법을 설명하기 위해서 CPM의 내용을 네트워크 다이어그램을 이용한 Levin & Kirkpatrick의 이론을 중심으로 설명하고자 한다.[2)]

그림 6-13 정상일 경우의 네트워크 다이어그램

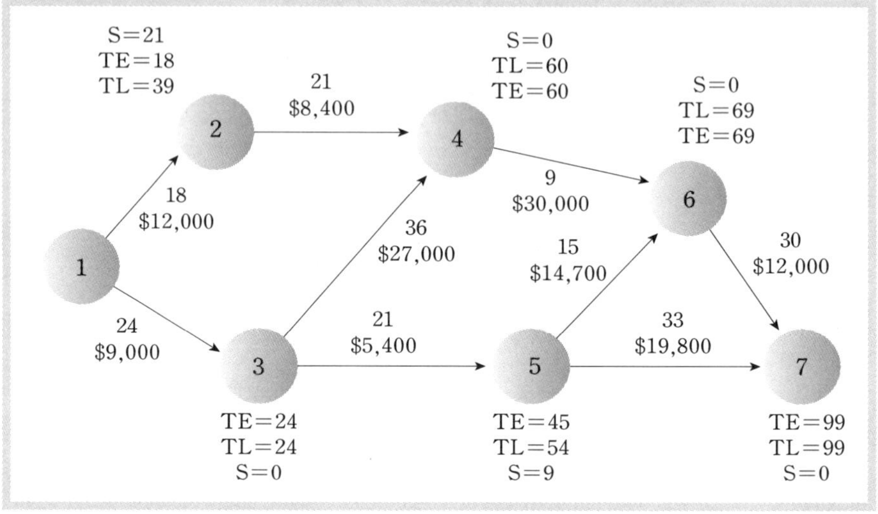

그림 6-14 특급일 경우의 네트워크 다이어그램

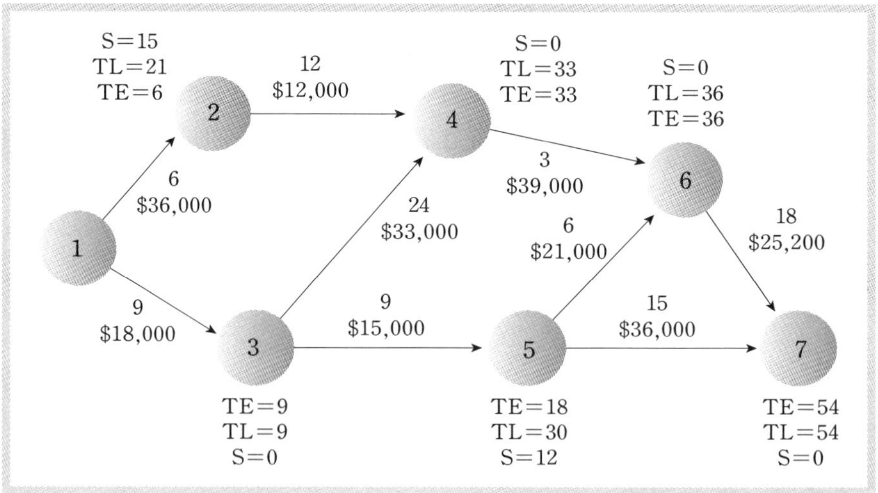

가령 공사활동이 정상(normal)일 경우 네트워크 다이어그램은 【그림 6-13】과 같으며, 특급(crash)일 경우는 【그림 6-14】와 같다.

정상 및 특급일 경우의 시간과 비용은 다음의 【표 6-2】와 같다.

만일 공사계획이 정상상태로 완료되었을 때에는 TE가 99주가 되며, 비용

표 6-2 정상비용과 특급비용

활동 (activity)	정상(normal)		특급(crash)		단축가능 시간(주)	비용 증가	시간단위 비용증가 (비용경사)
	시간(주)	비용	시간(주)	비용			
1-2	18	12,000	6	36,000	12	24,000	2,000
1-3	24	9,000	9	18,000	15	9,000	600
2-4	21	8,400	12	12,000	9	3,600	400
3-4	36	27,000	24	33,000	12	6,000	500
3-5	21	5,400	9	15,000	12	9,600	800
4-6	9	30,000	3	39,000	6	9,000	1,500
5-6	15	14,700	6	21,000	9	6,300	700
5-7	33	19,800	15	36,000	18	16,200	900
6-7	30	12,000	18	25,200	12	13,200	1,100
합계	99	$138,300	54	$235,200	45	$96,900	

은 $138,300이 된다. 그 반면 특급상태일 때에는 TE는 54주가 되며, 비용은 $235,200로 증가하게 된다. 이와 같이 정상(normal)에서 특급(crash)으로 단축하는 것이 특급 계획이며, 여러 단계를 거쳐서 특급점(crash point)까지 단축된다.

① 제1차 단축

작업시간을 54주 이내로 단축함과 동시에 직접비의 합계를 $235,200보다 적게 할 수 있을 것인가를 검토한다.

시간단축을 할 경우 가장 합리적인 방법은 시간여유가 없는 주공정을 먼저 단축해야 되며, 주공정 중에서도 시간당 비용증가가 최소가 되는 공정, 즉 비용경사가 최소가 되는 공정을 선택해야 된다.

가령 【그림 6-13】에서 보면 주공정 ①-③-④-⑥-⑦ 중에서 비용경사가 최소가 되는 공정은 ③-④공정으로서 $500임을 【표 6-2】를 통해 알 수 있다.

이 공정은 정상상태에서 36주이나 특급상태에서는 24주로 단축할 수 있으므로 비용증가는 $6,000($500×12주)이 된다. 그 결과 【그림 6-15】에서 본 바와 같이 새로운 주공정(주공정) ①-③-⑤-⑥-⑦이 형성되며 TE=90이 된다.

그림 6-15 1차 주공정 단축의 예

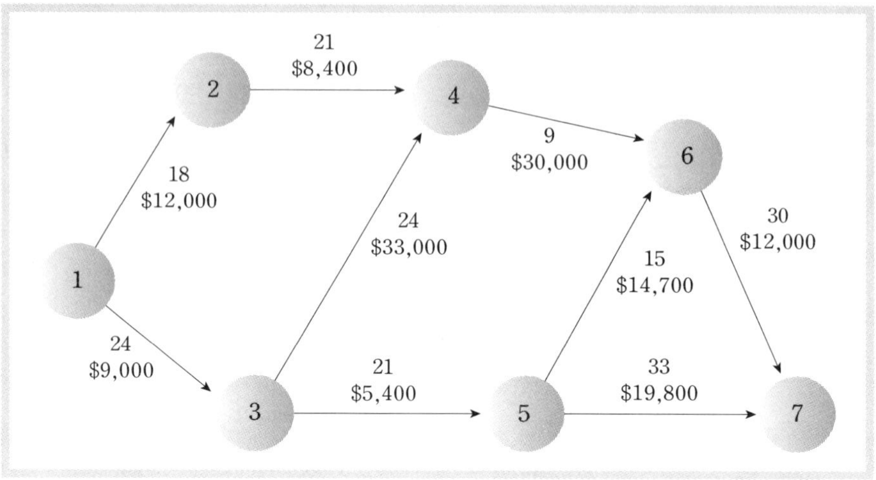

② 제 2 차 단축

전술한 바와 같은 방법으로 【그림 6-15】상의 새로운 주공정에서 비용경사가 최소가 되는 곳은 ①-③공정이며, 비용경사는 \$600이다. 이 공정은 정상상태에서 24주인데 특급일 때는 9주로 단축할 수 있으므로 비용증가는 \$9,000(\$600×15주)이 된다. 그 결과 【그림 6-16】과 같은 새로운 주공정 ①-

그림 6-16 2차 주공정 단축의 예

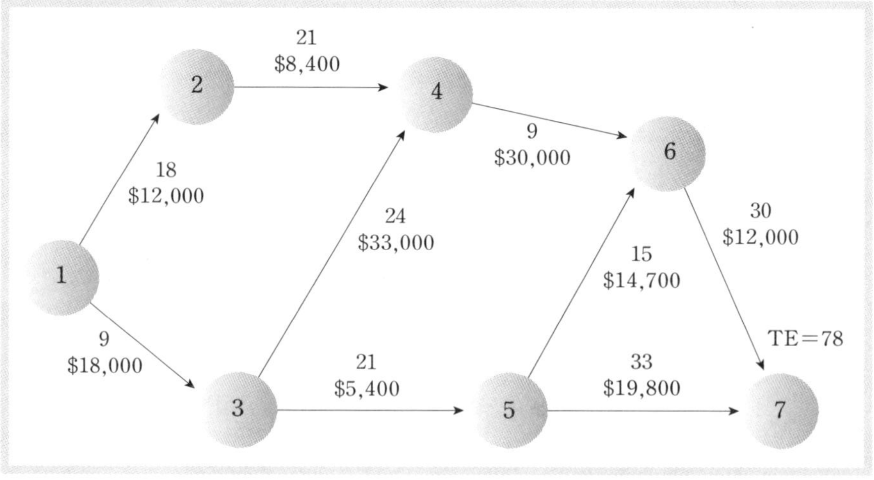

그림 6-17 3차 주공정 단축의 예

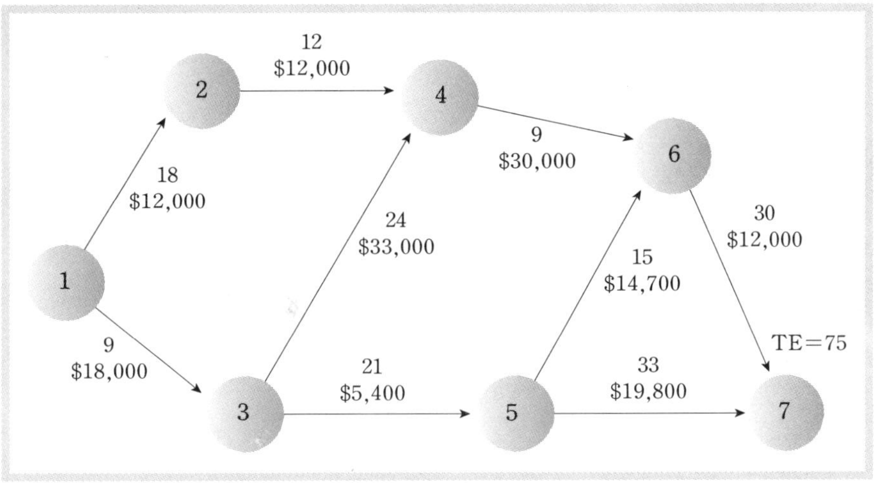

②-④-⑥-⑦이 형성되며 TE=78이 된다.

③ 제3차 단축

역시 같은 방법으로, 【그림 6-16】과 같은 주공정상에서 비용경사가 최소가 되는 곳은 ②-④공정이며, 비용경사는 $400이다. 이 공정은 21주에서 12주로 단축 가능하므로 비용증가는 $3,600($400×9주)이 된다. 이것은 또 【그림 6-17】과 같은 새로운 주공정 ①-③-⑤-⑥-⑦이 형성되며 TE=75가 된다.

④ 제4차 단축

【그림 6-17】상에 형성된 주공정에서 보면 ①-③공정을 제외하고 비용경사가 최소가 되는 곳은 ⑤-⑥ 공정이며, 비용경사는 $700이다. 이 공정은 15주에서 6주로 단축가능하므로 비용증가는 $6,300($700×9주)이 된다. 그 결과 【그림 6-18】과 같이 새로운 주공정 ①-②-③-④-⑥-⑦이 형성되며, TE=72가 된다.

⑤ 제5차 단축

【그림 6-18】상에 형성된 주공정 ①-③-④-⑥-⑦에서 이미 일정을 단축한 공정을 제외하고, 비용경사가 최소가 되는 곳은 ⑥-⑦공정이며, 비용경사는 $1,100이다. 이 공정은 30주에서 18주로 단축가능하므로 비용증가는 $13,200($1,100×12주)이 된다. 그 결과 【그림 6-19】와 같은 새로운 주공정

그림 6-18 4차 주공정 단축의 예

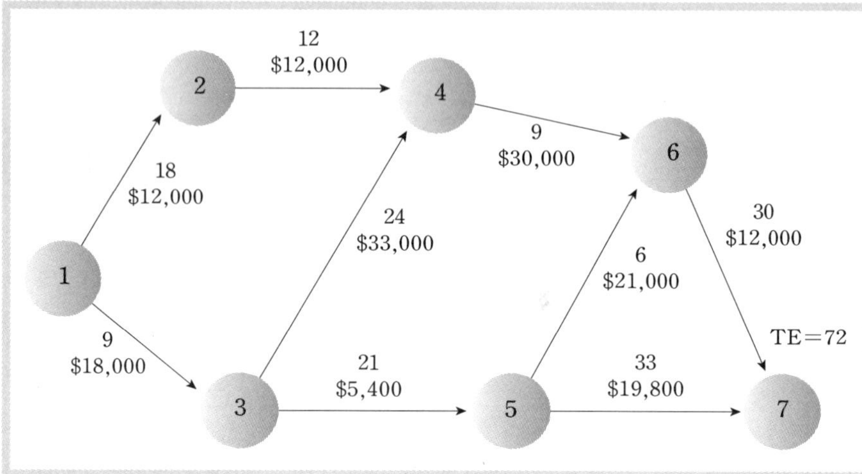

①-③-⑤-⑦이 형성되며 TE=63이 된다.

⑥ 제 6 차 단축

【그림 6-19】상에 형성된 주공정 ①-③-⑤-⑦ 중에서 같은 방법으로 비용경사가 최소가 되는 곳은 ③-⑤공정이며 비용경사는 $800이다.

이 공정은 21주에서 9주로 단축가능하므로 비용증가는 $9,600($800×12

그림 6-19 5차 주공정 단축의 예

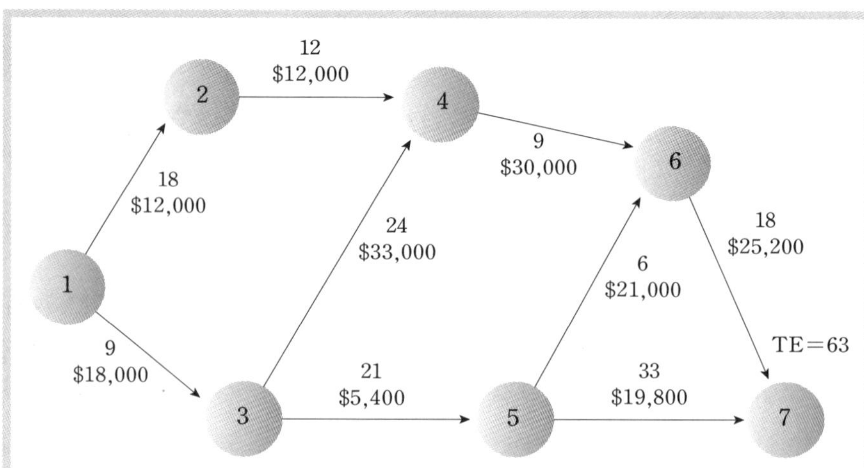

그림 6-20 6차 주공정 단축의 예

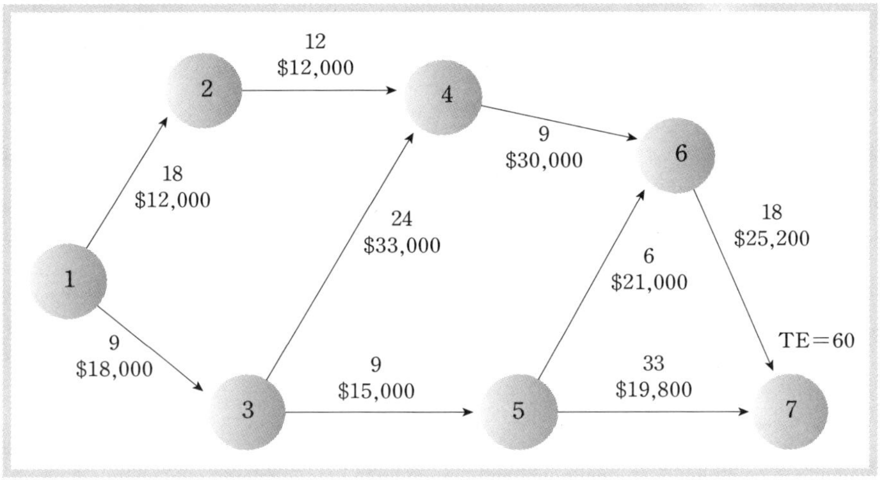

주)이 된다.

그 결과 【그림 6-20】과 같이 새로운 주공정 ①-③-④-⑥-⑦이 형성되며 TE=60이 된다.

⑦ 제7차 단축

【그림 6-20】상에 형성된 주공정 ①-③-④-⑥-⑦을 보면 ④-⑥공정을

그림 6-21 7차 주공정 단축의 예

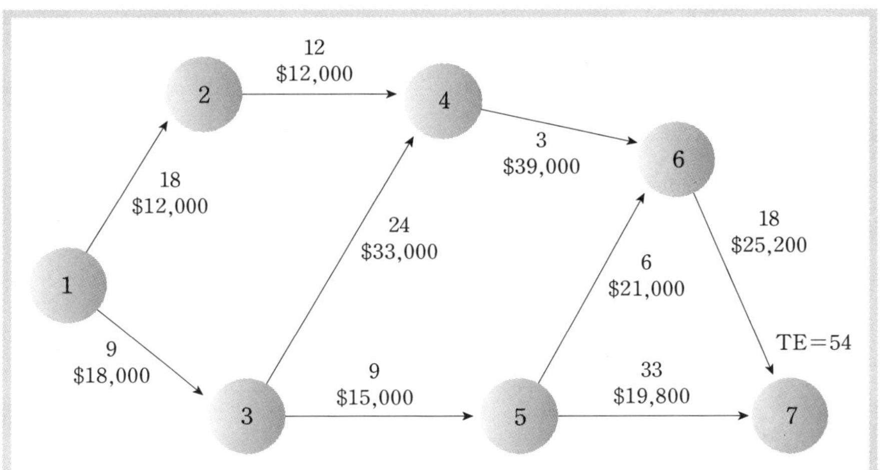

표 6-3 특급상태로 단축된 일수와 비용

활　　동	단축된 일수(주)	비용증가($)
1-2	단축 무(無)	—
1-3	15	9,000
2-4	9	3,600
3-4	12	6,000
3-5	12	9,600
4-6	6	9,000
5-6	9	6,300
5-7	단축 무(無)	—
6-7	12	13,200
특급조치결과 비용증가		56,000
특급조치결과 비용합계		195,000
정상상태하의 비용합계		138,300

제외한 전공정은 이미 특급으로 일정이 단축되어 있다. ④-⑥공정은 비용경사가 $1,500이다.

이 공정은 9주에서 3주로 단축가능하므로 비용증가는 $9,000($1,500×6주)이 된다.

그 결과 【그림 6-21】과 같은 주공정 ①-③-④-⑥-⑦이 형성되며 TE=54가 된다.

이 주공정상에서 모든 공정이 특급으로 일정단축이 되었으므로 더 이상 일정단축은 불가능하며, 이 경우 TE=54가 되므로 54주 안에 작업을 완성할 수 있다는 것을 알 수 있다. 이상과 같이 비용을 $235,200 이상으로 증가시키지 아니하고, 오히려 감소시키면서도 공사기간을 54주로 단축하는 데 성공한 것이다. 【그림 6-13】에서 【그림 6-21】까지 특급상태로 작업일정을 단축한 결과를 종합하면 【표 6-3】과 같다.

3.3 연장계획

이제는 특급계획으로도 더 이상 작업일정을 단축할 수 없는 경우, 비용을

표 6-4 연장에 의한 이득

활동	정상시간(주)	특급시간(주)	연장시간(주)	비용경사($)	연장에 의한 이득	비 고
1-2	18	6	0	2,000	0	특급조치가 없었으므로 연장도 안 됨.
2-4	21	12	3	400	1,200	12주를 15주로 연장조치하면 ①-②-⑥-⑦경로는 TE 54가 되므로 더 이상 연장은 불가능
3-5	21	9	3	800	2,400	9주를 12주로 연장조치하면 ①-③-⑤-⑦경로는 TE 54가 되므로 더 이상 연장은 불가능
5-6	15	6	9	700	6,300	6주를 15주로 연장조치하면 정상시간으로서 한계점에 도달하며 ①-③-⑤-⑥-⑦경로는 TE 54가 된다.
5-7	33	15	0	900	0	특급조치가 없으므로 연장도 불가능함.
합계					$9,900	

좀 더 절감할 수 있는 방법을 모색해 보고자 한다.

앞의 【그림 6-21】을 보면 4개의 활동, 즉 ①-③-④-⑥-⑦만 주공정(critical path)이며, 기타 5개의 활동은 여유공정이다.

주공정이 아닌 5개의 여유공정(slack activity) 중에서 각각 연장(uncrash)할 수 있는 것을 선정하여, 특급작업(crash)시간을 역으로 연장한다면 비용은 더 절감할 수 있을 것이다.

어느 활동을 우선적으로 연장할 것인가 하는 것은 【표 6-4】와 같이 역으로 연장할 수 있는 활동을 비교하여 비용경사가 큰 것을 취하되, 연장한 작업은 각 활동의 정상시간을 초과할 수 없으며, 최종단계(terminal event)에서

그림 6-22 모든 공정이 주공정인 네트워크 다이어그램

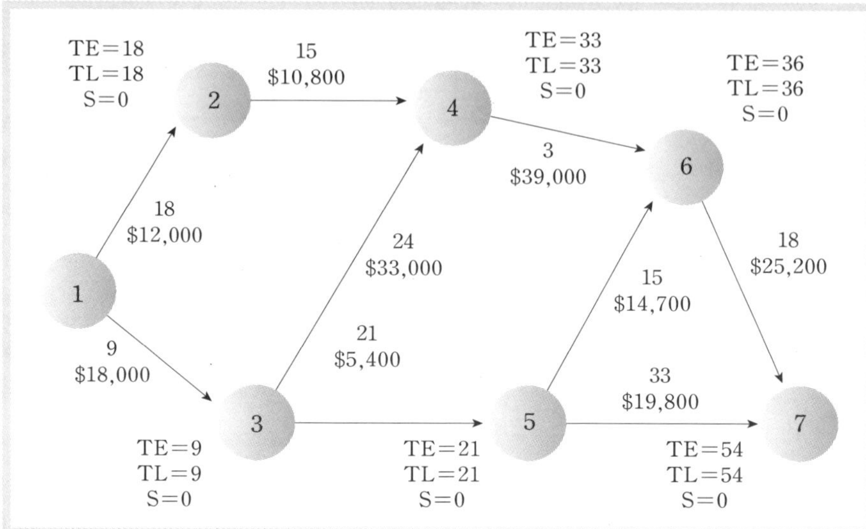

그림 6-23 최종비용경사

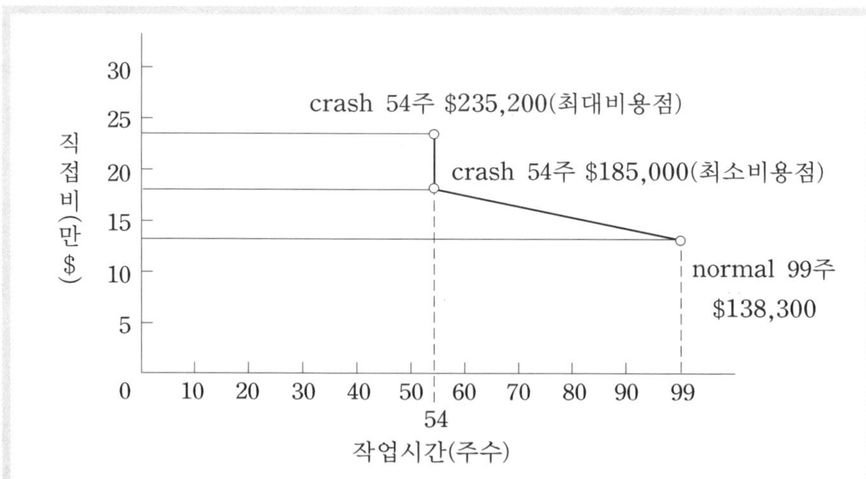

TE 54주를 초과해서도 안 될 것이다. 따라서 특급계획과 연장계획은 상호 상반되는 개념이며 그 방법도 정반대가 된다.

이상과 같은 방법으로서 TE 54주 범위 내에서 최소비용은 특급조치 결과

로 발생된 비용 합계($195,000)에서 연장에 의한 추가이득 합계($9,900)를 공제한 $185,100이 되고, 더 이상 비용을 절감할 수가 없게 된다. 결국, 최종적인 네트워크 다이어그램은 앞의 【그림 6-22】와 같으며 이때의 모든 공정은 주공정으로 확정되고 이를 비용경사로 나타내면 【그림 6-23】과 같다.

■ 내용요약(Chapter Summary)

일반적으로 프로젝트는 장기에 걸쳐 적절한 의사결정과 많은 투자를 요구하기 때문에 앞에서 공부한 바와 같이 단기적이며 개별 생산관리시의 의사결정과는 달리 개별단위와 전체의 통합 · 조정이라는 특수한 문제에 당면하게 된다.

프로젝트관리에 영향을 미치는 요인으로는 시간(time), 비용(cost), 자원(resource) 등이 있는데, 우선 시간요인은 프로젝트 시작과 종료에 대한 파악이 중요하며, 부득이한 이유로 프로젝트가 지연되거나, 아니면 계획된 시간보다 빨리 종료하게 되는 경우 등에 영향을 미치는 주요 활동(critical activities)을 집중적으로 관리하는 것이 필요하다.

따라서 프로젝트관리자는 주요 활동과 주요 활동이 아닌 활동들을 명확히 구분하여야 하며, 이에 따라 비용과 인력, 설비 등의 자원 배분과 통제를 주요 활동으로 우선적으로 고려하여야 한다.

따라서 이 장에서는 장기적이며 비반복적이고 자원활용의 규모가 커서 업무내용이 복잡한 대형 프로젝트의 관리를 위해 개발된 PERT/CPM(Program Evaluation & Review Technique / Critical Path Method)기법을 중심으로 최단경로 탐색과 최소비용곡선의 계산방법에 대해 살펴보았다.

■ 참고문헌(References)

1) 정복규, "PERT/CPM 기법에 의한 Time Scheduling과 Slack Time 처리에 관한 연구," 영남대학교 대학원 박사학위논문, 1973.

2) Richard I. Levin and Charles A. Kirkpatrick, *Planning and Control with PERT/CPM*, McGraw-Hill Book Co., 1966.

제 7 장

자재수급과 재고관리

학습목표

- 자재의 개념과 자재계획 및 관리의 의의에 대해 이해한다.
- 재고의 개념과 유형, 수요형태에 따른 재고관리방안에 대해 이해한다.
- 재고관리의 기본모형인 경제적 발주량 모형과 경제적 생산량 모형에 대해 이해한다.
- 재고발주시스템의 유형과 ABC재고관리에 대해 이해한다.
- MRP에 의한 재고통제기법에 대해 이해한다.
- 일본식 재고통제기법인 적시생산시스템의 개념과 적용방법에 대해 이해한다.

1. 자재계획과 구매관리

1.1 자재계획과 관리

제품생산에 필수적인 자재(materials)는 장래의 제조와 판매를 위하여 현재 기업이 보유하고 있는 재화(goods)로서 재고의 개념과도 유사하게 사용되기도 하는데, 일반적으로 자재라고 말하면, 거대한 공장이나 설비 등의 재고자산을 제외한 생산과정에 투입되어 완성품으로 변환되는 과정에서 요구되는 물품 즉, 원재료(raw materials), 반제품(subassembles), 부분품(component), 재공품(work-in-process), 치공구(tools), MRO 소모성 자재①(maintenance, repairs & operations) 등을 총칭한다.

자재관리(materials management)란 제품생산을 위한 자재의 확보에서부터 검수, 입고, 창고 보관 및 완제품 출하 후 A/S를 위한 자재출고에 이르기까지 행해지는 자재의 확보계획 및 통제와 관련한 모든 관리기능이다.

자재관리의 목적은 자재확보의 저스트 인 타임(Just-in-Time)을 실현하기 위해 자재운영의 유연성을 갖고 자재확보와 재고유지의 경제적 평준화를 실현하여 적정한 수준의 재고와 적은 관리인원 및 비용으로 필요한 수량을 필요한 부서에 적시에 조달하는 것이다.

자재관리업무의 출발은 자재계획을 통한 자재조달(procurement)활동이며, 구매된 자재는 생산시스템으로 투입되고 공정을 거쳐 변환되면, 다양한 형태의 최종제품으로 완성되어 제품창고에 보관한 뒤, 고객의 주문에 의해 고객에게 납품하게 된다.

이때, 공정에 투입된 자재 중 제품의 기능이나 공정의 형태 등에 영향을 미치는 자재를 재고(inventory)로 관리하여 원활한 생산흐름을 유지해야 할 필요성이 대두된다.

자재관리에서 수행되는 업무를 기능적으로 구분해 보면, 자재계획 및 통

① 소모성 자재에는 생산된 제품의 유지보수를 위한 자재, 수리 및 보전을 위한 여분의 자재, 원활한 생산시스템의 운영을 위한 볼트나 너트, 윤활유나 절삭유 등의 자재 등이 포함된다.

그림 7-1 자재흐름에 따른 업무영역의 구분

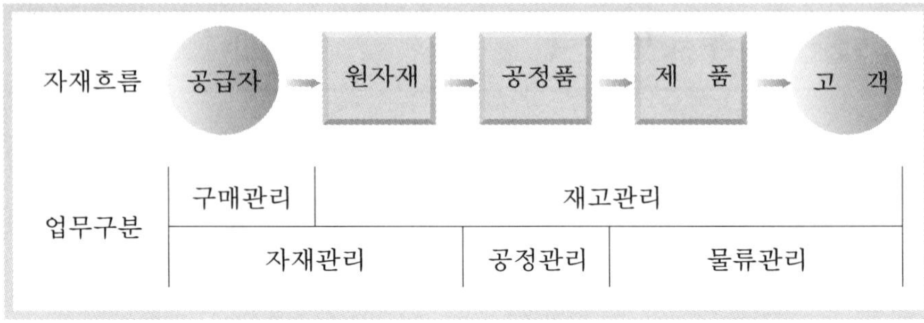

제, 구매관리,[①] 창고 및 재고관리 등으로 구분해 볼 수 있으며,[1)] 이를 나타내면 【그림 7-1】과 같이 자재의 물류흐름에 따라 수행되는 활동영역의 구분을 나타낼 수가 있다.

한편, 국내 제조기업의 경우, 재료비가 제조원가에서 차지하는 비중은 제조원가의 2/3를 넘기는 것으로 나타났는데,[②] 이는 기업의 이익이나 원가관리를 위해 자재의 합리적인 구매관리가 자재관리의 중요한 활동임을 뜻한다.

이와 같이 효율적인 자재계획을 위한 합리적 구매관리는 제조기업뿐만 아니라 전력회사, 운수회사, 신문사, 호텔, 병원, 군대 등의 서비스업체에서도 매우 중요한 기능이다.

1.2 구매관리

구매관리(purchasing management)는 생산활동의 흐름 속에서 생산계획을 달성할 수 있도록 제품과 서비스 생산에 필요한 자재를 양호한 거래선(right source)으로부터 적정한 품질(right quality)을 확보하여 적절한 시기(right time)에 적정한 수량(right quantity)만을 최소의 비용(right price)으로 입수하기 위한 관리활동을 말한다.

구매계획은 자재를 구매하기 전에 구입할 자재의 양적인 측면과 질적인

---

① 여기에는 조달, 검수, 입고관리 등이 포함된다.
② 1997년도 한국은행의 기업경영분석 조사결과에 의하면, 20~90%에 이르고 있으며 보통 65% 이상을 점하고 있다.

측면을 면밀하게 조사 및 검토하는 조달계획(procurement plan)을 통해 이루어지게 된다. 구매계획은 원칙적으로 조달계획에 의해 이루어지지만, 조달계획에 포함되었다고 반드시 구매되어야 한다는 것은 아니며, 조달수량이 결정되면 구매계획에서 시장상황이나 자재의 수급상태, 가격의 변동상황 또는 제품출시 예정상태 등의 다양한 고려요인들을 검토하고 조정하여 구매계획을 확정하게 된다.

최근의 구매관리활동에 있어서의 혁신적인 변화들은 우선 JIT생산에 의한 JIT구매[①]에 의한 구매기능이 강화되고 있으며, 다수 공급자와의 단기거래에서 품질과 공급능력이 인정되는 소수 공급자와 장기거래의 추세로 바뀌고 있고 경제적 구매를 위한 구매시장의 범위가 범세계적으로 확대되고 있는 실정이다.

다수 공급자와의 분산구매와 소수 공급자에 의한 집중구매의 장단점을 비교해 보면 아래의 【표 7-1】과 같이 정리해 볼 수가 있다.

표 7-1 집중구매와 분산구매의 장단점

구 분	장 점	단 점
소수 공급자에 의한 집중구매	• 대량구매로 거래조건이 유리하고 구입단가가 싸며 재고를 줄일 수 있다. • 시장조사나 거래처조사, 구매효과의 측정이 유리	• 각 공장의 재고상황 파악이 힘듦 • 각 공장 내의 구매의 자주성이 없고 수속도 복잡 • 자재의 긴급조달이 힘듦
다수 공급자에 의한 분산구매	• 주관적 구매가 가능 • 자재의 긴급조달에 유리 • 구매수속을 신속히 처리할 수 있음	• 본사방침과 다른 자재를 구입할 경우가 발생 • 구입경비가 많이 들고, 구입단가가 비쌈

① 생산자가 필요로 하는 자재를 필요로 한 때 필요한 만큼의 양을 요구하는 장소에 공급하도록 공급자와 미리 계약하여 자재를 납품하도록 하는 장기구매방식이다.

2. 재고관리의 기초

2.1 재고의 정의와 유형

재고(inventory)는 자재와는 달리 공장이나 설비처럼 기업 자산에서 큰 비중을 차지하고 있는 자산도 포함한 장래의 제조와 판매를 위하여 현재 기업이 보유하고 있는 재화(goods)로서 원재료(raw materials), 반제품(subassembles), 부분품(component), 완제품(finished goods) 등을 총칭하는 것이지만 제품생산을 목적으로 하는 기업에서의 재고는 원료, 재료, 부품, 에너지 등 생산시스템의 투입물(inputs)로 한정하는 것이 일반적이다.

광의로서의 재고는 경제적 가치(economic value)를 가진 것으로 현재 이용되지 않는 유휴자원까지 포함하기도 한다.

재고관리를 잘못하면 재고를 과다하게 보유하든지 아니면 품절현상이 발생하게 된다. 품절이 발생하면 고객의 상실 또는 불만족과 생산애로 등이 발생하고, 과다한 재고는 많은 자금을 고정시킴으로 해서 더욱 유리한 투자기회를 놓치게 할 염려가 있다.

따라서 재고관리의 기본 목적은, 첫째 적시 · 적량의 재고로 제품생산과 고객서비스 수준을 최대로 하며, 둘째 이에 부수되는 제 비용을 최소로 하는 것이라 할 수 있다.

재고는 성격에 따라서 아래와 같이 분류할 수 있다.

1) 변동재고(fluctuation inventories)

이것은 판매량과 생산량의 변동에 의한 판매의 불확실성이나 생산의 불확실성에 대비하여 보유하는 재고로서 안전재고(safety stocks)①가 이에 해당한다.

① 다른 말로 완충재고(buffer stocks)라 부르기도 한다.

2) 예상재고(anticipation inventories)

이것은 계절적인 수요변동(seasonal variation)을 예상하거나 또는 공장의 가동을 중지할 때를 대비하여 제품이나 자재를 비축하는 재고이다.

또한, 장래에 발생할 것으로 예상되는 수요가 생산능력의 제한으로 인해 물품이 부족한 기간 동안에 충분히 생산하는 것이 불가능할 경우, 현재의 수요를 초과하여 비축하게 되는 재고도 예상재고에 포함된다.

3) 로트 사이즈 재고(lot-size inventories)

이것은 생산과 구매에 있어서 규모의 경제 원리를 이용한 것으로 자재구입 및 제품생산의 경우 구입량 또는 생산량이 실제보다 여분이 남을 때 생기는 재고이다. 예를 들어 실제 생산에 필요한 자재의 수량은 60개이지만, 구매단가를 고려한 최소구매단위는 100개일 경우, 40개는 재고로 남게 되는 경우가 로트 사이즈 재고이다.

4) 수송재고(transportation inventories)

이것은 복수 장소에서의 생산을 위해 한 장소에서 다른 장소로 완성품 제조를 위해 수송 중에 있는 물품으로 상당한 조달 기간을 요하는 물품을 말하는 것인데, 이것도 재고로 간주한다.

이 밖에도 재공품을 재고로 취급할 수도 있다.

2.2 재고 관련 비용

재고와 관련되는 비용은 재고의사결정에 중요한 요인이 되는데, 이러한 비용은 주문비, 재고유지비 및 품질비 등으로 구성되는데, 재고관리의 목적은 이들의 총비용이 최소가 되도록 하는 데 있다.

1) 주문비(ordering cost)

물품의 주문 · 구매 · 조달과 관련한 활동의 발생에 따른 필요 비용으로서 사무 및 서류처리, 통신, 수송, 수입검사(incoming inspection), 준비비(setup cost)① 등이 포함되어 발주량보다는 발주 횟수에 비례한다.

2) 재고유지비(holding and carrying cost)

재고보유로 해서 발생하는 투입자본의 이자, 저장비용(저장설비, 사용에 따른 보관비, 보험료, 세금), 위험비용(도난, 파손, 진부화) 등을 말하는데, 투입자본에 대한 비용이 가장 높다. 이 비용은 재고유지기간과 평균재고량에 비례한다.

3) 품절비(shortage cost)

재고가 부족하여 생산기회나 판매기회를 잃어버려 유휴 및 고객상실에 따른 기회 손실이다. 조업의 중단, 신용의 상실 등을 주관적으로 평가할 수 있다.

2.3 수요형태와 재고관리

어떤 재고품목의 수요가 다른 품목의 수요와 전혀 무관하고, 주로 시장 상황에 따라 영향을 받게 되면, 독립수요(independent demand)라고 하고, 일반적으로 완제품재고가 이러한 독립수요를 나타낸다.

반면에, 어떤 품목의 수요가 다른 품목의 수요에 의해 영향을 받게 되면, 이를 종속수요(dependent demand)라고 하며, 일반적으로 제품구조(product structure)가 다단계로 구성되는 제품의 경우, 하위 단계의 제품은 상위 단계의 수요에 의존하기 때문에 이러한 종속수요를 나타내게 된다.

이러한 독립수요와 종속수요의 형태를 비교 설명하면 【그림 7-2】와 같이 나타낼 수 있다.

그림에서 보는 바와 같이 독립수요는 수요량이 안정되고 연속적인 특징을 나타내고 있지만, 시장수요가 불확실한 상황을 바탕으로 한 것이기 때문에, 정확한 수요예측과 적정한 안전재고의 확보를 요구한다.

---

① 재고품을 외부로부터 구매하지 않고 회사 자체 내에서 생산하는 경우 주문비용은 발생하지 않고 준비비가 발생하게 된다. 준비비는 어떤 제품의 제조에 필요한 공구의 교체, 작업자의 교체, 원료의 준비 등에 소요되는 비용이다.

그림 7-2 독립수요와 종속수요의 형태

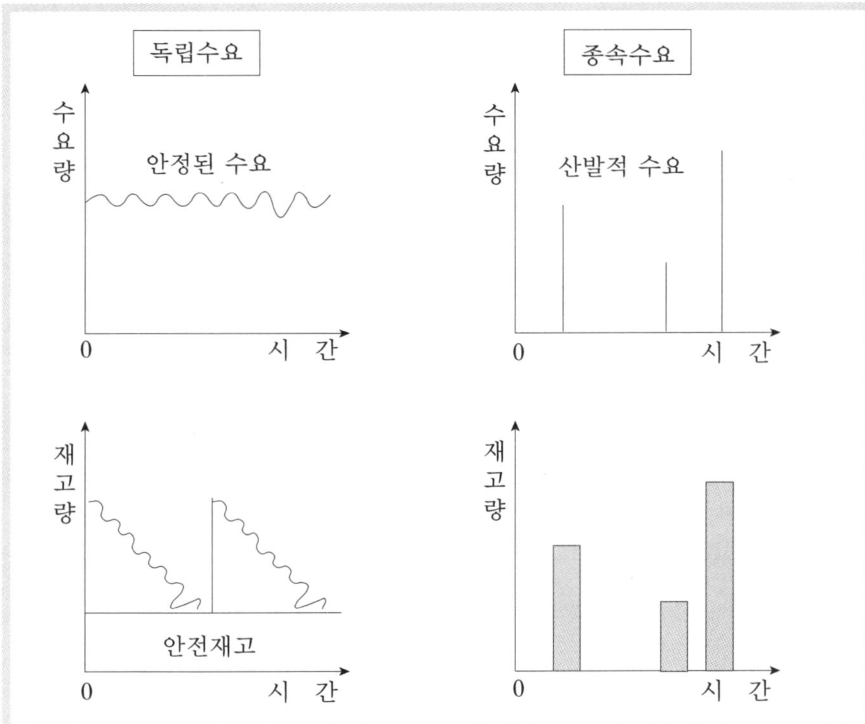

반면에, 종속수요는 시장에서의 수요가 산발적이면서도 집중적으로 발생하는 특성을 나타내고 있지만, 제품구조상 상위 품목의 수요에 따라서 발생되는 수요이므로 독립수요와 같이 별도의 수요예측이나 적정한 안전재고의 계산이 필요치 않다.

한편, 재고관리에서 사용되는 재고모형(inventory model)들은 수요량, 재고량, 발주량이라는 이들 세 가지 변수간의 상관관계에서 재고와 관련한 총비용을 최소로 하는 적정재고량을 결정하는 데 관심을 두고 있다.

일반적으로 재고보충(replenishment)의 개념을 적용한 독립수요품목들은 주로 재고량과 발주량의 관계에서 재고모형의 전개가 이루어지며, 수요요구(requirements)의 개념을 적용한 종속수요품목의 재고관리에는 수요량과 발주량의 관계를 중심으로 모형이 전개된다.

따라서 재고관리는 이러한 재고품목들을 수요에 따라 구분하여 다양한 관리기법을 적용하는 것이 요구되고 있으며, 일반적으로 독립수요품목의 재고관리에는 고정량 발주시스템(fixed order quantity system)이나 고정기간 발주시스템(fixed order cycle system)을 적용하게 되며, 종속수요품목의 재고관리는 자재소요계획(MRP: Material Requirement Planning) 시스템을 적용하게 된다.

3. 재고관리의 기본모형

3.1 경제적 발주량(EOQ) 모형

경제적 발주량(EOQ: economic order quantity) 공식으로 널리 알려진 이 모형은 1915년에 F. Harris에 의해 연구되었다. 수요-공급을 단순화시킨 가정을 전제로 하여 비현실적이긴 하지만 다른 재고모형들의 기본이 되기 때문에 이해해 두는 것이 필요하다.

재고량을 최대량과 최소량 사이에서 유지하기 위해서 주문시점과 1회 주

그림 7-3 적정재고량과 주문점

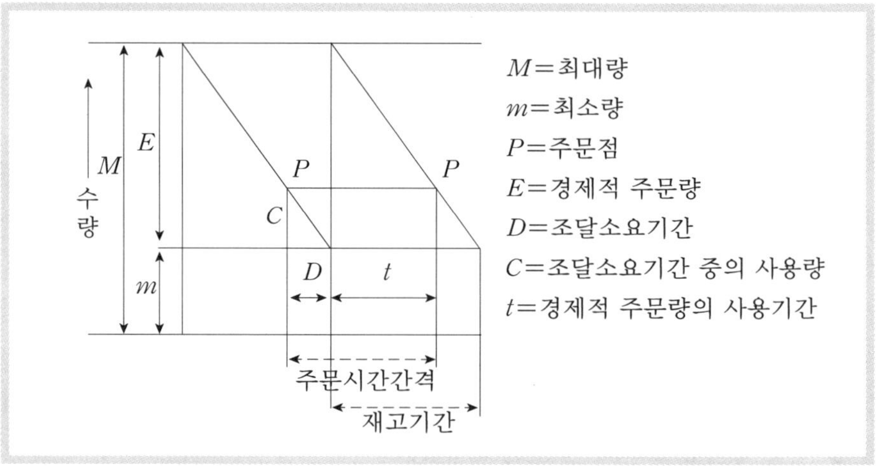

문량을 결정해야 된다. 즉, 적정재고량의 결정은 【그림 7-3】과 같이 최대량, 최소량, 주문시점 등을 고려하여 비용을 최소로 하는 1회 주문량의 결정으로 이루어지게 된다.

주문량은 사용량 · 납기 · 조달시간 등의 길고 짧음에 의해서 영향을 받는다. 주문량을 계획대로 조달할 수 있을 경우, 적정재고량 유지는 간단하지만 이것이 뜻대로 되지 않을 때가 많다. 사용량이 항상 증감하므로 최소재고량을 결정하면서 경제적인 주문량을 정할 필요가 있다.

발주시점을 결정하는 데에는 정기발주와 부정기발주로 구분하게 된다. 정기발주의 경우는 발주시점은 일정하지만 주문량에는 차이가 나타나며, 부정기발주일 때는 주문량은 일정하나 발주시점에 변동이 발생된다.

경제적인 주문량을 결정하는 데 영향을 미치는 요소에는 일정기간의 자재사용량과 재고비용(inventory cost), 주문비용(ordering cost), 조달기간 그리고 주문단가의 변동 등이 있다.

이상의 제 요인 중 일정기간의 자재사용량 · 재고비용 · 주문비용과 경제적인 주문량과의 관계를 검토해 보면, 연간 자재의 사용량이 일정할 경우, 일괄해서 주문하면 주문비용은 절약되지만 여유자재로 인한 보관비용이 증가한다. 그 반면 소량을 수차에 걸쳐서 주문하면 보관비용은 절약되지만 빈번히 발생하는 주문으로 인해 주문비용이 증가한다. 이러한 상관관계에서 비용합계가 최소가 되는 점에서 1회 주문량을 결정한다면, 이것이 경제적 주문량이 되는 것이다.

3.2 경제적 생산량(EPQ) 모형

기업이 필요한 부품을 외부로부터 구입하지 않고 자체 내에서 생산하여 조달하는 경우가 있다. 이러한 경우에도 재고관련 총비용을 극소화하기 위하여 경제적 주문량 모형에서와 똑같은 이론이 적용될 수 있다.

하지만 경제적 주문량 모형에서는 주문량이 일시에 입고된다고 가정하였는데, 주문품을 자체 내에서 생산할 경우에는 이 가정이 적용되지 않는다. 왜냐하면 생산은 일정한 제조기간을 거치기 때문에 주문품이 창고에 일시에 입고되지 않고 제조능력에 따라 서서히 쌓이게 된다.

이러한 경우 경제적 주문량은 경제적 생산량, 즉 EPQ(economic production quantity)[①]란 말로 나타내게 된다.

경제적 생산량(EPQ) 모형에서는 경제적 주문량 모형의 주문비(구매비용)가 생산준비비(setup costs)로 바뀐다. 준비비는 주문비와 같이 고정적인 성격을 띠는 것으로서 제품생산을 시작할 때 기계설치 · 서류작업 · 일정계획 등을 위한 일시적인 비용을 나타낸다.

한편, 경제적 생산량 모형은 경제적 주문량 모형과 달리 다음과 같은 가정을 바탕으로 하고 있다.

① 생산준비비는 생산량의 크기와 관계없이 생산 로트마다 일정하다.
② 재고유지비는 생산량의 크기에 정비례하여 발생한다.
③ 생산단가는 생산량의 크기와 관계없이 일정하다.
④ 수요량과 생산량이 일정한 확정모형이다(단, 생산량이 수요량보다 크다).

경제적 주문량 모형과 비교해 보면 다음의 【그림 7-4】와 같이 나타낼 수가 있다.

따라서 매 생산기간 동안 생산하여야 할 적정한 경제적 생산량은 다음과 같이 산출한다.

그림 7-4 EOQ 및 EPQ 모형

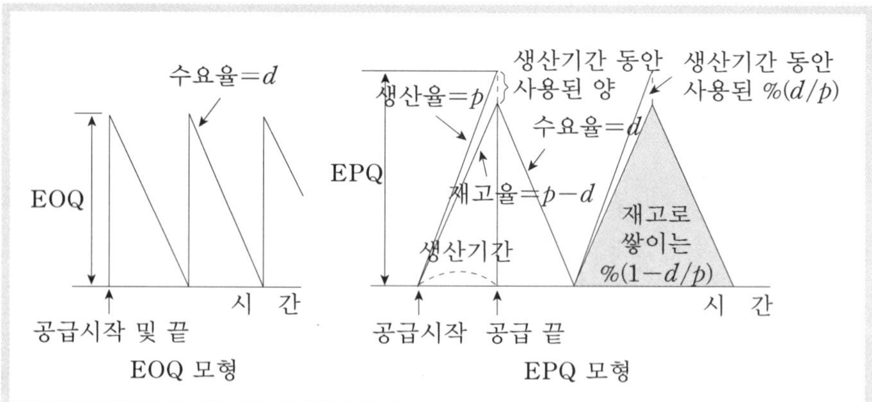

① 다른 말로 경제적 로트 사이즈(economic lot size)라고도 한다.

$$\mathrm{EPQ}=\sqrt{\frac{2S_uY}{C\left(1-\frac{d}{p}\right)}}$$

S_u: 1회 준비비

p: 단위시간당 생산량(생산량/일)

d: 단위시간당 수요량(수요량/일)

수요량과 생산량이 같을 때는 재고유지비가 있을 수 없고 생산은 계속적이 된다.

예를 들어 하루에 60대의 자동차를 제조하고 있는 기업의 생산준비비가 40,000원이고 연평균 재고유지비가 단위당 5,000원, 연간수요량은 6,000대, 생산준비기간은 4일이 소요된다면 적정생산량(EPQ)을 구하면(연간 작업일수 250일), 아래와 같은 해답을 구하게 된다.

수요량: 24대(일), 6,000대(연)

생산량: 60대(일), 15,000대(연)

$$EPQ=\sqrt{\frac{2S_uY}{C\left(1-\frac{d}{p}\right)}}$$

$$=\frac{\sqrt{2(40{,}000)(6{,}000)}}{5{,}000\left(1-\frac{24}{60}\right)}$$

$$=400(\text{대})$$

4. 재고관리시스템

4.1 고정량 발주시스템

고정량 발주시스템(the fixed-order quantity system)은 다른 말로 '발주점 방식' 이라고도 하는데, 평균수요량을 과거의 경험에 의해서 파악했을 경

그림 7-5 고정량 발주시스템의 재고균형도

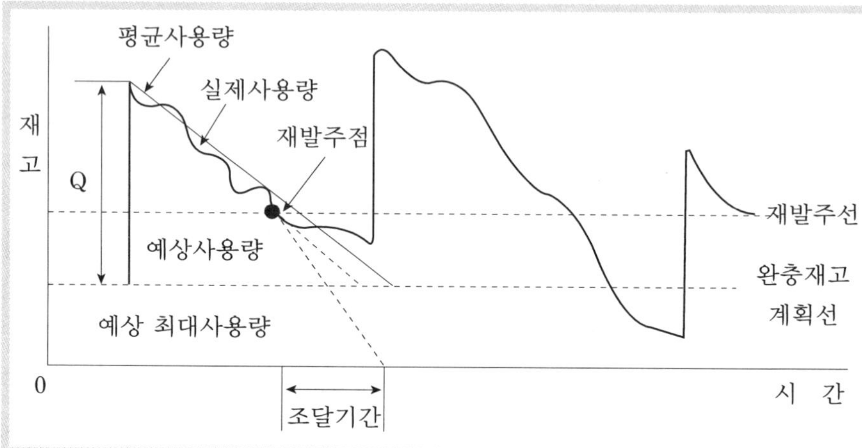

우 조달기간 내에 재고수준이 완충재고가 되도록 【그림 7-5】와 같이 재발주점(reorder point)에서 발주하는 방법이다.

고정량 발주시스템의 특징은 주문량이 대개 일정하지만, 재고수준이 재주문점에 언제 도달하는가를 계속적으로 관찰하여야 하며, 가격이 비싼 품목에 적용되는 경우에 적합한 발주시스템이다.

이때 재발주점(re-order point)은 발주해서 입고되기까지의 조달기간 중에 소요되는 재고량과 수요량이 변동하는 경우에 대비한 재고량, 즉 완충재고와의 합으로 결정된다.

발주량은 최소발주비용에 관계없이 조달시기의 끝에 도착되도록 확정된 물량이 된다. 따라서 최대 재고보유량은 발주량(Q)에다 완충재고를 합한 수량이 되므로 평균 재고추정량(the average inventory expected)은 (완충재고+Q/2)가 된다.

사용량 비율(usage rates)은 【그림 7-5】에서의 계절적 변동지수나 장기변화추세(long-term trends)에 따라 시기적으로 조정되므로 새로운 정황에 따라 알맞게 발주와 재고량이 달라질 것이며, 한 품목에 대한 수요는 일련의 생산활동에 따라 산출될 것이다.

한편, 고정량 발주시스템은 재고조사와 이에 따른 정확한 재고기록의 유지에 많은 노력과 비용을 요구하기 때문에, 계속실사방식(continuous cycle counting)에 의한 재고조사의 수행을 전제로 하고 있다.

재고수준의 관리를 위한 가장 간편한 방법은 고정량 발주와 계속실사방식을 간략화한 투 빈 시스템(two bin system)①이다. 이것은 재고를 두 부분으로 나누어 첫 번째 부분이 보충되므로 하나의 사이클(cycle)이 반복된다.

이 시스템은 수요변동의 폭이 작고 상대적으로 금액이 낮은 품목에 적용되며, 재고관리를 컴퓨터로 자동화할 경우에는 상황의 변동에 따라 재발주점의 재고량과 발주량이 자동적으로 갱신된다.

4.2 고정기간 발주시스템

고정기간 발주시스템(fixed-order cycle system)은 장래의 수요를 예상하여 사전에 결정된 재고한도에 이르도록 주간, 월간 또는 일정기간을 두고 최대재고량에서 현 재고량을 뺀 나머지 부족한 양을 발주하도록 하는 것이다.

따라서 부정기적으로 고정량을 발주하는 고정량 발주시스템과는 구별된다. 발주량은 【그림 7-6】에서 보는 바와 같이 기간별 변동에 대처하도록 각 기간에 따라 신축성을 두는데 조달기간 중의 정상사용량에다 완충재고를 합한 양이 된다.

그림 7-6 고정기간 발주시스템

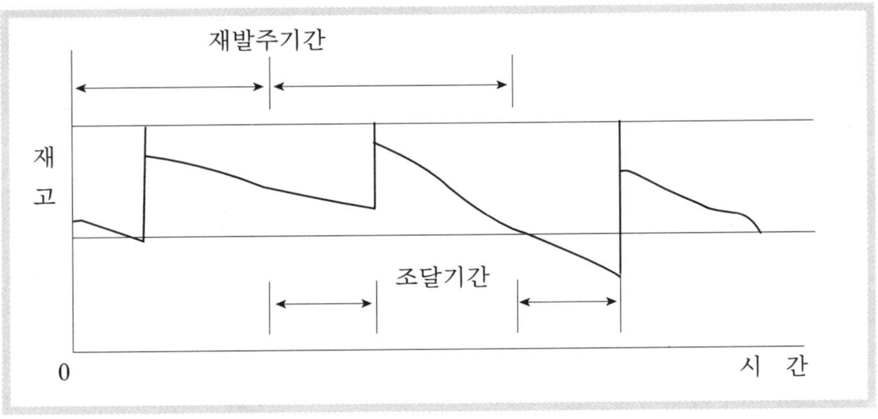

① 일반적으로 소매점이나 백화점 등에서 많이 사용되는 재고관리방식으로 제조업에서는 MRO성 자재 즉, 볼트, 너트 등 부피가 작고 수량이 많은 저가품에 적용된다.

표 7-2 고정량 및 고정기간 발주시스템의 비교

구 분	고정량 발주시스템	고정기간 발주시스템
기본개념	발주점에 따른 고정량 발주	정기적으로 부정량 발주
발주시기	부 정 기	정 기
발주수량	경제적 발주적정량	최대재고량과 현 재고량의 차이수량
안전재고	조달기간의 수요변화에 대비	발주시점과 조달기간의 수요 변화에 대비
재고조사방식	계속실사방식	정기실사방식

이 경우의 재고조사방식으로는 고정량 발주시스템과 같이 계속실사방식을 행하는 것이 아니라 정기실사방식(periodic cycle counting)을 적용하는 것이 바람직하며, 안전재고의 확보에 대해서도 발주주기와 조달기간 중의 수요변화에 대비하여 충분한 재고수준을 보유하는 것이 요구된다.

고정기간 발주시스템은 한 업체에 계속적으로 많은 양의 고가품을 주문할 때 매우 유리하며, 주문을 대량화함으로써 운임을 최소화할 수 있는 이점이 있다.

지금까지 살펴본 이들 두 가지 방식의 발주시스템의 차이점을 정리하면 【표 7-2】와 같이 나타낼 수 있다.

4.3 ABC유형분석

ABC유형분석이란 1951년 GE사에 근무하는 H. F. Dickie가 많은 수의 서로 다른 품목들로 구성되어 있는 재고를 연구하기 위해 ABC분석법을 발표함으로써 명명된 재고관리기법의 일종이다.

기업이 보유하고 있는 재고자산의 종류가 다종 다양할 경우 전 품목에 대해서 일률적으로 관리한다는 것은 매우 비경제적이며 비능률적이다. 그러므로 소요량 또는 가치액을 ABC순으로 분류해 보면, 보다 중요한 품목을 파악할 수 있을 뿐만 아니라 그에 대한 관리의 중점을 발견할 수 있는데, 이것을

표 7-3 ABC유형의 비중

등 급	가치정도	전품목에 대한 비율	총재고투자에 대한 비율
A	고가치품	10~20%	70~80%
B	중가치품	20~40%	15~20%
C	저가치품	40~60%	5~10%

ABC재고분석(ABC inventory analysis)이라고 한다.

사실상 대부분의 제조업체가 관리하는 자재는 수천 종에 달하며, 이렇게 방대한 종류의 자재는 효율적인 자재관리라는 기본목표 자체의 달성을 어렵게 한다. 효율적인 자재관리의 목표달성이 어려운 가장 중요한 이유 중의 하나는 인적 자원과 물적 자원이 잘못 분배돼 발생한다. 예를 들면, 자원이 잘못 분배되면 재고관리담당자가 단가 일백만원짜리의 재고를 관리하는 데 소모하는 시간과 노력을 단가 일백원짜리의 자재에도 동일한 수준으로 투자하는 결과가 된다.

ABC유형분석에서는 주로 자재의 품목별 연간사용량을 산출하여 앞의 【표 7-3】과 같이 그 금액이 가장 높은 자재의 그룹을 A급 자재, 그 다음 순위는 B급, 그리고 C급으로 분류하여 그 중요도에 따라 재고관리의 중점과 그 순서를 결정한다.

A급 품목에 포함되는 자재는 품목수가 전체에 대해 10~20% 정도에 불과하지만, 총재고투자액에 대한 비율은 70~80% 정도를 차지하는 품목들을 포함시킨다.

B급 품목은 품목수가 전체의 20~40% 정도를 구성하면서, 총재고투자액에 대한 비율은 불과 5~10%밖에 안 되는 다품종 소량의 잡품목을 여기에 포함시킨다. 위에 설명한 것과 같은 내용을 파레토 도표(Pareto chart)로 설명하면 【그림 7-7】과 같은 그림의 ABC 분석도표로 나타낼 수 있다.

이상 설명한 바를 예로 들면 전자제품 대리점의 경우 TV, 냉장고, 에어컨 등은 A급 품목으로 분류할 수 있으며, 선풍기, 라디오, 녹음기 등은 B급으로 분류할 수 있다. 그리고 전구, 코드, 콘센트 등은 C급 품목에 속한다.

그림 7-7 ABC분석도표

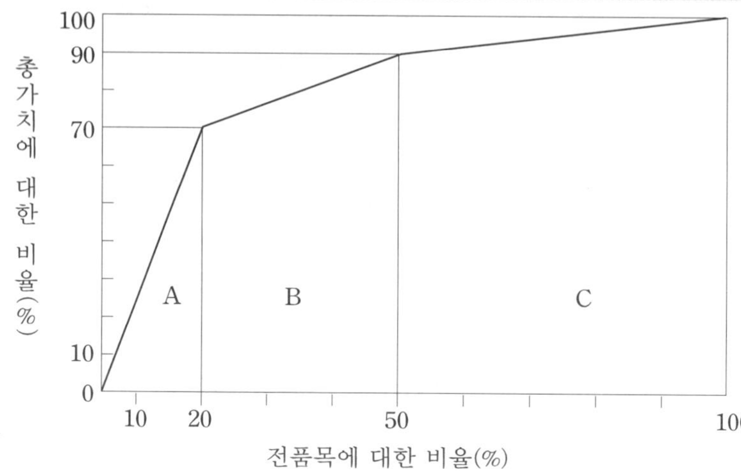

그리고 ABC분석의 대상이 될 수 있는 재고는 생산재고와 판매재고로 분류할 수 있는데 이 양자의 재고관리방법은 차이가 있다.

생산재고의 경우는 ABC분석결과에 따라 불필요한 재고를 감소하고, 적정재고를 유지함으로써 비용최소의 관점에서 다루어져야 한다.

이에 반하여 판매재고의 경우는 판매촉진이 잘 되는 품목과 판매가 잘 안 되는 품목을 ABC순으로 분석하여, 판매촉진이 잘 되는 품목은 다량의 재고를 확보함으로써 이익최대의 관점에서 다루어져야 한다.

4.4 MRP에 의한 재고계획과 통제

MRP(material requirements planning)란 IBM회사의 Joseph A. Orlicky가 생산시스템에서의 재고통제를 목적으로 발주점방식이 갖고 있는 취약점①들을 줄이기 위해 종속수요품목의 재고관리에 적합하게 고안한 기법이다.[2]

① 발주점방식을 종속수요에 적용할 경우, 재고과다 내지 부족을 유발하기 쉬우며, 발주점방식은 연속수요를 전제로 한 모형이기 때문에 불연속수요에 적용할 수가 없고 생산시스템의 능력이나 일정에 따른 조달우선순위를 정하기가 어렵다.

이 기법의 초점은 시간개념①이 재고관리에 반영되도록(time phased inventory control) 생산일정계획(scheduling), 조립완성품(assembled end item)의 재고관리, 소요자재의 계획(requirements planning)을 관리하는 데 있다.[3)]

즉, MRP기법이 사용될 때 재주문점(re-order point)은 양의 문제가 아니라 시간문제이다. 따라서 MRP를 Time Phased Requirements Planning 이라고도 부른다.[4)]

【그림 7-8】은 MRP기법을 적용하는 데 필요로 하는 하위시스템이 어떻게 연관되어 있는가를 보여주는 것으로 주일정계획, 재고상태파일, 제조를 위한 자재청구표 등으로 구성되어 주문지연요구, 주문재계획, 장래에 사용할 계획된 주문 등의 관리기능을 수행하도록 되어 있다.

그림 7-8 MRP시스템의 구조

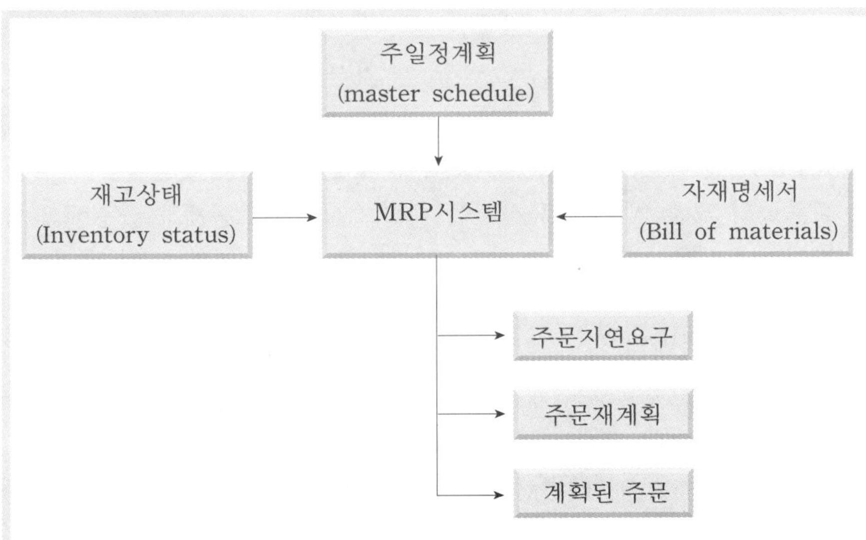

① 주일정계획에 따라 시간단계별 보유재고량 수준 및 계획된 수주량과 비교하여 원만한 생산 로트 사이즈가 생산될 수 있도록 일정을 조정해 준다.

1) MRP기법의 논리

MRP기법은 장래의 소요량을 조사하여, lead time을 줄이며, 재고와 현장요구간의 평형을 유지하도록 한다.[5] 이 논리는 다음과 같은 계산으로 나타낼 수 있다.

장래 소요량(quantity available for the future)
=현 보유량(quantity on hand)+
주문량(quantity on order)−
특정시점까지의 요구량(period requirements)

이와 같이 적용되고 있는 논리에 비추어 보면 MRP기법은 소요자재를 언제, 얼마나 주문해야 하는가를 조립제품의 완성일정을 기산점으로 해서 역으로 결정하여, 조립공정별로 필요한 자재를 사용 직전에 준비시킴으로써 최소비용으로 재고통제를 하려는 기법인 것이다.

이것은 전체공정의 최종 event를 기산점으로 해서 역산해 들어가는 PERT기법의 일정계산이나 LOB기법과 매우 유사하다. 그러나 LOB나 PERT는 단일 제품, 단일 프로젝트의 관리에 사용되는 것임에 비해, 이 기법은 다품종의 제품 및 반제품 생산을 대상으로 계획·통제하는 종합적 자재소요 관리기법이다.

2) MRP기법의 전개

MRP기법을 적용하여 재고계획과 통제를 수행하고자 할 때, 다음과 같은 투입요소와 산출보고서들에 대해 이해하고 전개해야 한다.

우선, 종속수요에 대한 MRP기법의 투입요소로는 대일정계획 또는 주일정계획(MPS: Master Production Planning)과 자재명세서(BOM: Bill of Material) 그리고 재고기록파일(Inventory Record) 등이 있으며, 이들 자료를 토대로 컴퓨터를 이용한 MRP전개가 수행되면, 발주일정과 발주내역, 발주 변경 등에 대한 기본보고서와 실적 및 예외사항에 대한 보조보고서가 산출되게 된다. 따라서 이들 보고서를 토대로 구매 주문이 발생되며, 생산부서에는 작업지시가 내려지게 된다.

한편, MRP시스템은 다음과 같은 순서로 소요량을 전개하게 된다.

첫째, 주일정계획을 참조하여 제품의 생산일정과 생산량을 파악한다.

둘째, 구성자재의 유형별 수량과 전후관계를 파악하기 위해 제품분석도를 참조하여 제품분석을 수행한다.

셋째, 재고기록표를 통해 자재별 수불현황과 품목별 재고수준 및 조달기간을 파악한다.

끝으로, 총소요량, 예정입고량, 현 재고보유량, 순소요량, 계획입고량 그리고 발주량과 발주시기① 등을 결정하기 위해 MRP계획표를 작성하여 품목을 전개한다.

3) MRP기법의 운영과 적용효과

MRP기법의 원활한 운영을 위해서는 발생된 변경사항들을 신속한 반영하기 위해 주일정계획과 자재소요량 계획의 갱신이 요구되는데, 이러한 갱신 방법으로는 일정기간 중 생긴 변경사항을 일괄처리하여 MRP계획을 갱신하는 재계획법(regenerative system)과 변경사항이 발생할 때마다 해당 품목만을 부분적으로 갱신하는 정미변경법(net change system)이 일반적으로 사용되고 있다.

한편, 종속수요품목의 재고계획에서는 이론상 안전재고가 필요치는 않으나, 현실적으로 애로공정의 발생이나 천재지변에 의한 자재결품, 노사분규 등의 원인으로 안전재고를 확보할 필요가 요구되기도 한다.

MRP기법을 적용했을 때 다음과 같은 효과를 기대할 수 있다.

① 재고투자를 최소한으로 줄일 수 있다.

② 변화에 대해서 적절하게 대처할 수 있다.

③ 재고품목별로 장래에 관한 소요량산정을 할 수 있다.[6]

④ 이 기법을 적용했을 때 재고통제는 장부지향적(clerical bookkeeping-oriented)이기보다 조치지향적(action-oriented)으로 된다.

---

① 발주일자는 상위단계 품목의 생산착수일이나 납품일자로부터 생산조달기간이나 구매조달기간을 차감하여 결정하게 된다.

표 7-4 발주점방식과 MRP방식의 차이점

구 분	발주점방식	MRP방식
적용개념	보충(replenishment) 개념	소요(requirement) 개념
대상물품	완제품, 예비품목	원자재, 부품, 재공품
수요특성	독립수요	종속수요
수요형태	연속적	산발적
예측자료	과거의 수요실적	대일정계획
발주량 크기	EOQ	순소요량

⑤ 주문량은 작업현장에서의 요구와 직접 관련을 갖는다.

⑥ 주문시기와 요구시기가 강조된다.

이와 같이 볼 때 MRP기법은 제조기업, 특히 조립제조기업의 경우에 가장 유용하게 적용할 수 있는 기법임을 알 수 있다. 앞의 【표 7-4】에서는 앞에서 살펴본 발주점방식과 MRP방식의 재고관리시스템의 차이점을 살펴보기 위해 정리한 표이다

5. 적시생산시스템

5.1 적시생산시스템의 특징

적시생산시스템(JIT: just in time)은 재고의 감소, 비용의 절감, 품질의 향상을 보장하여 낭비를 제거하고 작업자의 능력을 최대로 이용함으로써 생산성을 높이는 효과적인 생산시스템이다. 이러한 시스템은 필요한 부품을 필요한 때에 필요한 곳에 필요한 양만큼 생산 또는 구매하여 공급함으로써 생산중의 재고품재고를 최소한으로 유지하는 것이 목적이다.

이 결과 고객에 대한 향상된 서비스, 최소의 재고투자, 효율적인 공장운영이 이루어질 수 있다. 이 방식은 일본의 도요타자동차에 의해 개발[7)]되어 근자

에는 전세계에 알려진 생산기법이 되었다.

도요타 생산방식은 소로트 생산으로 생산현장의 낭비를 제거하고 소비자의 요구를 충족시키는 소로트 생산과 다품종 소량생산체제를 지향하고 있으므로, 서구에는 이러한 도요타 생산방식을 린생산 방식(Lean Production)이라고도 부른다. 이 시스템의 특성을 요약하면 다음과 같다.

첫째, JIT에서 주일정계획(MPS: master production scheduling)은 1개월 내지 3개월까지의 월간 MPS로 평준화되어 각 작업장이나 외주처가 작업계획을 수립할 수 있는 시간적 여유를 줄 수 있다.

둘째, JIT의 선행작업장으로부터 후속작업장에 부품을 넘기기 위하여 칸반(kanban)이라는 특수한 부품인출 시스템(part withdrawal system)을 사용한다.①

칸반은 JIT의 하위시스템으로서 카드를 이용하여 최종조립으로부터 최종제품을 만드는 데 필요한 부품, 구성품 및 중간조립품을 생산하는 선행작업장에 생산 요구를 전달한다.

칸반에는 생산용(production kanban)과 이동용(conveyance kanban)이 있다. 전자는 칸반에 명시된 컨테이너에 담을 자재의 생산을 허용하기 위해서 사용되고 후자는 칸반에 명시된 대로 특정작업장에서 다른 작업장으로 특정부품을 담은 하나의 컨테이너의 이동을 하는 데 사용된다.

칸반시스템은 Toyota 자동차회사에서 시작된 일본식 생산재고 통제시스템이다. 일본 용어로 칸반(kanban)은 카드 혹은 표시판 등의 의미로 해석된다. 칸반시스템은 자재관리기능의 대부분을 함축하고 있는데, 칸반시스템을 운영하는 기업은 포장 상자와 같은 단일 용도 컨테이너(single-use container)에 재료, 자재 또는 재고품 등을 반드시 저장해야 한다. 각각의 단일용도 컨테이너는 제품생산에 필요한 동일 종류의 부품만을 보유하여야 하고 시스템 운영을 위해서 약간의 초기 재고가 필요하다.

칸반시스템에서는 제품생산을 위한 거래(transaction)를 시작하기 위해 카드를 사용한다. 여기서 거래라 함은 제품의 생산, 이동 및 구매 등으로서 각

① 포드자동차의 대량생산방식이 일본에는 적용될 수 없다고 판단한 도요타자동차의 아에이지(農田英二)와 오노다이이치(大野耐一)가 제2차 세계대전 후 개발하였다. 일본어로 kanban은 card를 의미한다.

거래에 사용되는 카드의 내용은 다음과 같다.

① 제품생산 승인카드(production authorization card)는 제품의 생산을 시작하는 데 사용된다. 일반적으로 칸반에는 생산제품명, 식별번호, 제품설명 및 생산에 필요한 자재 등을 기입한다.

② 협력업체 자재납품 승인카드(vendor authorization card)는 협력업체가 제품생산에 필요한 측정품목 및 필요수량의 자재를 납품하도록 하는 데 사용된다. 이 칸반에는 생산제품명, 자재구입회사 식별번호, 협력업체 식별번호, 업체명 및 주문수량 등을 기록한다.

③ 우송승인카드(conveyance authorization card)는 생산필요자재 또는 제품을 해당 위치로 보내는 데 사용되는 카드이다. 칸반에는 제품명, 식별번호 및 제품을 이동해야 하는 위치가 기입된다.

셋째, JIT에서 재고는 현장에 그대로 두며 공정 사이의 저장실에 보관되지 않는다. 한 로트가 작은 경제적 로트이므로 재고를 유지할 공간이 넓지 않아 공장규모가 작아도 된다.

넷째, 외주처와의 관계는 파트너 관계로 인식하는데, 이는 외주처를 공장의 연장으로 보기 때문이다. 따라서 외주부품은 검사를 받지 않고 통과할 수 있을 만큼 완전한 품질이 요구된다.

다섯째, JIT에서는 생산준비비와 시간(setup cost and time)을 경제적으로 통제한다.

여섯째, JIT는 작업자의 다기능을 필요로 한다. 그리고 품질분임조와 제안제도를 통해 모든 작업자들이 문제해결에 적극 참여하는 환경을 조성하게 한다.

일곱째, JIT는 GT개념을 사용하므로 공장 내에서 자재가 능률적으로 흐르고 로트크기가 감소하며 자동화가 가능하도록 설비배치에 영향을 미친다.

이상과 같은 JIT의 내용을 요약하여 연계화하면 다음 【그림 7-9】와 같다.

결국 JIT는 lot의 크기, 일정계획, 품질, 배치, 외주처 및 노사관계 등 공장운영의 모든 면에 영향을 미치게 되는데, 기존 연구에 의하면 JIT시스템을 도입한 제조기업들이 연간 재고회전율이 50～100%이며, 품질이 우수하고, 15～25%의 비용감소효과가 있음을 실증하고 있다.[7)]

그림 7-9 JIT시스템

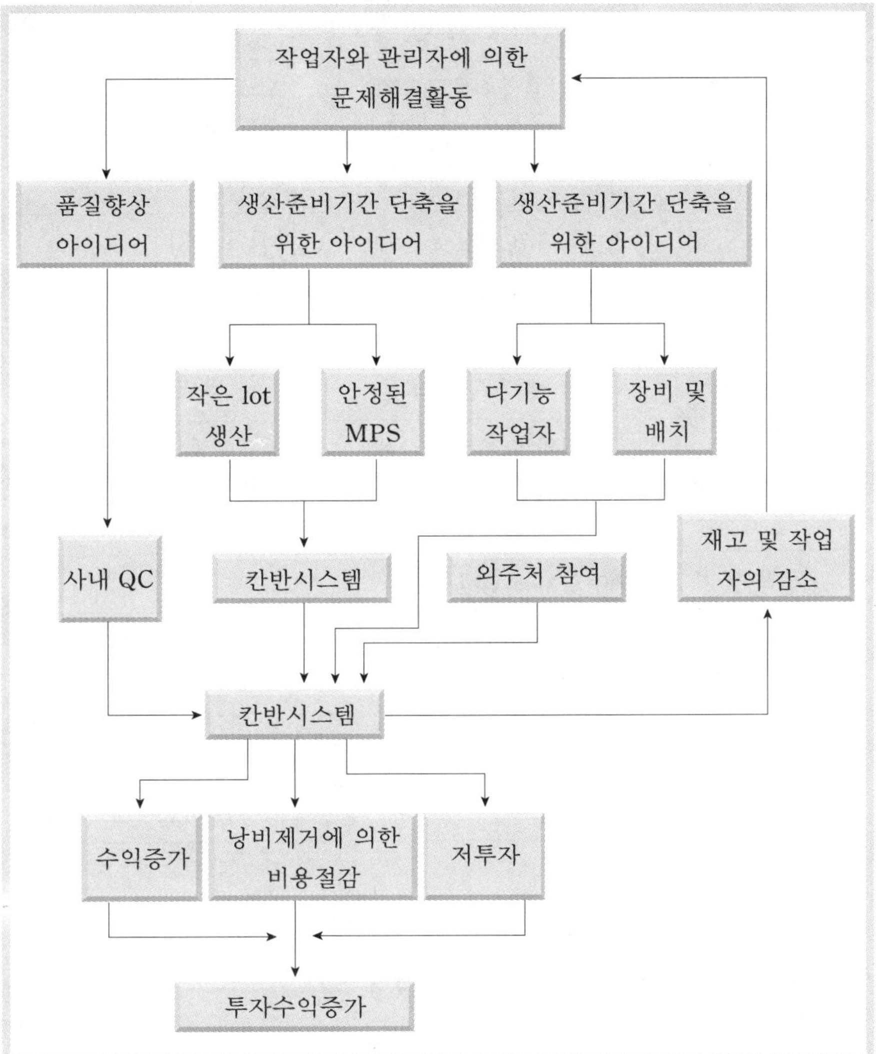

자료: R. Schroeder, *Operations Management*, McGraw-Hill, 1985.

JIT와 MRP는 다음의 【표 7-5】에서 정리한 것처럼 많은 차이가 있다. 양자는 운영목적상 일치하는 점도 있지만 표에서 지적한 것과 같은 점에서 뚜렷한 차이를 보이고 있다.

표 7-5 JIT와 MRP의 차이

	JIT시스템	MRP시스템
관리목표	낭비제거(최소재고 유지)	필요시 필요량 확보를 위한 계획과 통제
관리도구	칸반방식	컴퓨터 프로그램
생산시스템	싸이클타임 중심	MPS 중심
lot크기	최소한 유지	JIT보다는 큰 lot 유지
생산준비	시간과 비용을 최소한으로 유지하려 함	중요하지 않음
외 주 처	시스템의 일부로 생각하므로 우호관계유지	동일부품의 외주처가 다양하므로 적대관계가 될 수도 있다.
작 업 자	의견일치에 의한 경영	명령에 의한 경영
적용분야	반복적 생산(repetitive production)에서 좋은 결과 기대	주문생산이나 소량의 lot생산과 같은 비반복적 생산의 경우 및 생산율이 크게 변동하는 경우에 유리
품 질	완전무결	불량을 어느 정도 인정
조달기간	짧게 유지함	길수록 좋음

5.2 적시생산시스템의 구성요소

1) 초점화 공장(focused factory)

과업의 단순성, 반복성, 경험, 그리고 동질성이 경쟁력을 가져온다는 개념에 기초한 초점화 공장기법은 생산의 비효율성을 제거시키고 제조공정과 관련한 복잡성을 최소화하려는 시도라고 할 수 있다. 초점화 공장기법은 관료적 구조가 가지는 복잡성을 감축시키고 제품과 공정의 다양화와 관련한 복잡성을 최소화하며, 물리적인 제약성을 최소화하려는 노력들을 포함하고 있다. 제한된 수의 제품을 생산하도록 설계된 종업원 300인 이하의 소규모 공장이라면 초점화 제조운영체제의 예가 될 수 있을 것이다.

스키너(Skinner, 1974)는 초점화 생산시스템을 개발하기 위한 4단계의 접근법을 제안한 바 있다. 먼저, 기업의 목표와 전략을 명확하고 간결하게 명시해야 한다. 그 다음은 목표와 전략내용이 "제조부문에게 무엇을 의미하는지"로 바꿔야 한다. 셋째 생산시스템의 각 요소에 대해 세심한 조사를 한 후에, 마지막으로 기업의 목표와 전략에 합치된 초점은 과업의 단순화, 목적의 일관성, 생산시스템을 통한 경쟁능력을 개선하는 것이어야 한다.

2) 집단관리기법(GT: group technology)

집단관리기법은 앞서 제3장에서 자세히 살펴본 바와 같이 공통적인 개념과 원칙, 문제 및 과업들(즉, technologies)을 조직화하는 것으로 정의될 수 있다. 이 기법은 불필요한 중복을 피하고 문제를 해결함과 동시에 한 활동에서 연관성이 없는 다른 활동으로 전화시키는 데에 필요한 셋업시간을 최소화하기 위해서 표준화를 활용하고 있다.

동일한 기계에서 유사한 부품이나 부품군(part families)을 처리하기 위한 순서를 정하거나, 하나 혹은 여러 개의 부품가족을 처리하기 위한 제조 셀(manufacturing cell: 기계와 자재처리 장비를 모아놓은 것)을 만드는 것, 그리고 설계단계에서 이전의 설계내용을 인출하거나 부품표준화를 위해 부품의 코드를 정하는 것, 끝으로 기존에는 사용할 수 없었던 측정자료나 정보를 얻어내기 위해서 구매해야 할 재료, 부품, 구성품의 코드를 정하는 것 등이 이 기법에 속한다

집단관리기법은 개별생산(job shop) 형태를 보다 흐름지향적인 운영체계로 전환하는 단계에서 주로 이용된다. 기능이나 공정별로 기계를 집단화하기보다는 부품군에게 요구되는 작업경로나 자재흐름에 따라서 기계를 집단화하게 된다.

이와 같은 집단화는 공장 내의 부서간 부품의 이동과 대기에 따르는 시간을 전반적으로 감축시키게 되는 것이다.

3) 준비시간 단축(reduced setup time)

셋업시간의 단축은 적시생산시스템의 기초적인 관리기법의 하나이다. 오랜 준비시간을 상쇄시키기 위해 규모의 경제원칙과 경제적 주문량의 개념을 맹목적으로 사용하기보다는 셋업을 수행하기 위해서 필요한 시간을 줄임으로써 경제적 주문량(EOQ) 자체를 줄일 수 있다는 것에 초점을 맞추고 있는 것이다.

준비시간을 줄이면 로트크기를 줄임과 동시에 빈번한 로트변환이 가능해지고 작업부하가 균일하게 유지될 수 있으며, 품질개선과 재고감축 그리고 비생산적인 기계시간의 감축을 통해 보다 효과적으로 기계를 이용할 수 있는 결과를 가져오게 된다.

4) 종합적 예방보전(TPM: total preventive maintenance)

재고를 감축하고 후속작업장에 부품을 적시에 공급하는 체계를 가지게 되면 장비의 유지가 JIT 제조에 핵심적인 역할을 담당하게 된다. JIT 제조에 있어서 종합적 예방보전기법은 정기적인 일정에 따라서 엄격하게 실시되는 예방적 보전(preventive maintenance)와 기계교체 프로그램을 적용하는 것으로 구성되어 있다. TPM의 목표는 공정처리일정 중에 계획되지 않은 기계의 중단을 제거시키는 것에 있다.

따라서 종합적 예방보전을 효과적으로 수행하기 위해서는 작업자가 기계유지의 필요성에 대한 지식을 가짐과 아울러 기계를 조정하고 간단한 수리를 실행할 수 있는 능력을 가지고 있어야 하며, 기계유지기능에 대한 적극적인 책임의식을 가지고 있어야 한다. 이와 같은 종합적 예방보전의 개념은 기계의 효율성을 높일 수 있을 뿐만 아니라 작업자로 하여금 기계에 대한 부분적인 책임의식을 가지게 함으로써 인력관리의 효과성을 개선시킬 수 있는 것이다.

5) 다기능 작업자(multi-function employees)

다기능 작업자는 다른 JIT관리기법들을 지원하는 핵심적인 역할을 한다. 작업자로 하여금 다양한 기능부문에서 여러 개의 상이한 기계에 대한 훈련을 받게 하는 것이 주 내용이다.

이렇게 함으로써 작업자의 유휴시간을 줄이고, 수요변화에 적응할 수 있는 유연성을 창출하며, 생산성과 문제해결능력을 개선할 수 있다.

다기능 작업자는 '작업자에 대한 관심'의 측면을 강조하는 것뿐만 아니라 집단관리기법을 보완하고 다른 적시생산시스템의 구성요소들인 종합적 품질관리(TQC), 품질분임조, 종합적 예방보전(TPM) 등을 지원하는 기능을 가지고 있다.

6) 칸반시스템(Kanban system)

칸반시스템은 앞의 5.1에서 살펴본 바와 같이 필요할 때마다 각 작업장에 필요한 부품을 "끌어당기기(pull)" 위해 사용하는 정보시스템 혹은 카드시스템이라고 할 수 있다.

제조시스템에 있어서 칸반은 작업자로 하여금 작업간의 자재이동을 지시하고 전반적인 시스템의 완전성 유지를 도와주기 위해 사용되는 가시적 수단(visual means)으로 사용된다.

7) JIT구매(JIT purchasing)

JIT구매는 부품이 필요한 장소에서 공급업체로부터 적시에 적량의 올바른 부품을 수령하는 기법이다.

이 개념은 전반적인 거래비용을 감축하기 위해 공동으로 노력하는 구매자와 공급자간의 장기적인 유대관계를 의미한다. JIT구매환경에서 공급업체는 제고기업의 생산체계를 연장한 하나의 작업센터로서 운영되게 된다.

구매업체는 납품 로트크기를 줄이고, 가격에만 의존해서 구매자와 공급자간에 협상하려는 노력을 최소화하며, 구매부품의 품질을 개선하고, 구매에 따르는 서류처리작업을 감축하며, 주생산일정을 안정시키고 공급업체와 서로 이득이 되는 관계(win-win relationship)를 구축하기 위해서 소수의 공급업체와 보다 집중적으로 일하게 된다.

JIT구매는 결과적으로 고객과 공급자 모두에게 재고를 최소화시켜 주며, 아울러 부품비용의 절감, 품질과 생산성의 향상, 보다 빠른 대응시간을 가능하게 한다.

POM 사례 7

웹 기반 원료수송시스템

포스코가 대량의 원료를 반복적으로 대양(大洋) 수송하는 회사로서는 최초로 인터넷상에서 모든 선박의 움직임을 실시간 모니터링해 최적으로 원료를 수송할 수 있는 시스템을 개발하고, 지난 10월 가동했다.

이 시스템은 원료부문 PI의 일환으로 포스코가 지난 1월부터 독자적으로 개발해 온 것으로, 포스피아(POSPIA) 가동 후 방대한 양의 관련 정보를 실시간 공유할 수 있게 됨에 따라 구축할 수 있었다.

이 시스템은 생산계획에 의한 브랜드별 원료사용계획을 바탕으로 소요원료의 수송계획을 세워 수송선박을 지정하는 배선 스케줄링 기능, 웹상에서 e-조달(Procurement)시스템과 연계해 선사에 배선지시를 하고 원료공급사에 선적계획을 통보하는 배선지시기능, 선박의 현재 위치와 운항일정을 파악해 입항계획을 수립할 수 있는 선박동정 모니터링 기능 등이 있다.

포스코는 연간 약 2조 원어치에 해당하는 철광석 3700만 톤과 원료탄 1900만 톤을 구매해 오고 있는데, 이들 주원료를 최대 25만 톤급 전용선 38척을 포함한 44척의 연속운항 선박과 용선 선박으로 세계 12개국 35개 항구에서 선적해 포항 · 광양으로 수송하고 있다.

포스코는 이 시스템의 개발로 그동안 수작업으로 해 오던 선박동정 등 일련의 정보를 원료공급사 · 선사 등 관련 회사들과 구축한 정보공유 시스템을 통해 효율적으로 종합처리함으로써 관련 사무효율은 물론, 정확도도 재고할 수 있게 됐다.

또 포항항과 광양항에서 선박 동정을 항시 파악하고 앞으로의 움직임을 예측할 수 있어 정확한 배선이 가능해졌고, 선적 후 실시간 제공되는 선박운항정보를 통해 포항 · 광양에서의 하역작업 스케줄을 더욱 정확히 세울 수 있어 하역효율도 높일 수 있게 됐다.

특히, 원료 소요량과 연속운항하는 전용선의 스케줄을 최적으로 편성해서 선박운항효율을 최대한 높임으로써 운송비 절감이 가능해졌을 뿐 아니라, 적기에 안정적으로 원료를 확보해 적정재고 유지가 가능해졌다.

포스코가 이번에 독자적으로 개발한 배선계획 및 선박동정 모니터링 시스템은 디지털 경영환경에 적합한 최상의 원료수송 프로세스라는 평가를 받을 것으로 기대된다.

그동안 포스코는 성공적인 PI를 통해 마련한 디지털 경영의 초석을 바탕으로 신규 공급사 상시발굴(e-Sourcing), 전자입찰(e-Bidding), 무역대금 결제서류의 전자교환(e-Transaction)시스템 등을 구축해 왔으며, 이번에 원료수송시스템까지 가동함으로써 해외원료구매 부문에서 더욱 완벽한 e-비즈니스체제를 갖추게 됐다.

〈자료: 포스코신문, 2001. 11. 15〉

■ 내용요약(Chapter Summary)

자재관리의 목적은 자재확보의 저스트 인 타임(Just-in-Time)을 실현하기 위해 자재운영의 유연성을 갖고 자재확보와 재고유지의 경제적 평준화를 실현하여 적정한 수준의 재고와 적은 관리인원 및 비용으로 필요한 수량을 필요한 부서에 적시에 조달하는 것이다. 이때, 공정에 투입된 자재 중 제품의 기능이나 공정의 형태 등에 영향을 미치는 자재를 재고(inventory)로 관리하여 원활한 생산흐름을 유지해야 할 필요성이 대두된다.

재고관리를 잘못하면 재고를 과다하게 보유하든지 아니면 품절현상이 발생하게 된다. 품절이 발생하면 고객의 상실 또는 불만족과 생산애로 등이 발생하고, 과다한 재고는 많은 자금을 고정시킴으로 해서 더욱 유리한 투자기회를 놓치게 할 염려가 있다.

따라서 재고관리의 기본목적은, 첫째 적시 · 적량의 재고로 제품생산과 고객서비스 수준을 최대로 하며, 둘째 이에 부수되는 제 비용을 최소로 하는 것이라 할 수 있다.

본 장에서는 이러한 재고관리기법으로서 경제적 발주량 모형과 경제적 생산량 모형을 비교하여 살펴보고, 고정량 발주시스템과 고정기간 발주시스템, ABC 재고관리기법 등을 통해 재고관리시스템을 이해하였다. 또한 재고통제 기법으로서 자재소요량계획(MRP)기법과 적시생산시스템(JIT)에 대해서도 살펴보았다.

■ 참고문헌(References)

1) 이순룡, 「제품 서비스 생산관리론」, 법문사, 2001.
2) Joseph A. Orlicky, *Materials Requirements Planning*, McGraw-Hill, 1975.
3) Rein Peterson and Edward A. Silver, *Decision Systems for In-*

ventory Management and Production Planning, John Wiley & Sons, Inc., 1979; Albert Reymond and Associates, *Controlling Production and Inventory Costs*, Prentice-Hall, Inc., 1978.

4) Franklin G. Moore and Thomas E. Hendrick, *Production/Operations Management*, Richard D. Irwin, Inc., 1977.

5) Jeffrey G. Miller and Linda G. Sprague, "Behind the Growth in Materials Requirements Planning," *Harvard Business Review*, 52, No. 5(September-October 1975).

6) William A. Ruch, Economic Lot Sizing in MRP(Paper Presented at the 19th Annual Conference), American Production and Inventory Control Society, Oct. 1976.

7) R. Schroeder, *Operations Management*, McGraw-Hill, 1985.

제 8 장

품질관리

학습목표

- 품질의 개념과 품질수준에 대해 이해한다.
- 품질 관련 비용의 유형과 품질비용의 발생원인에 대해 이해한다.
- 공정품질의 변동원인과 이를 해결하기 위한 통계적 공정관리의 필요성에 대해 이해한다.
- 관리도의 개념과 관리도의 유형에 대해 이해한다.
- 다구치의 통계적 품질관리기법을 이해한다.
- 표본검사 유형과 검사특성곡선에 대해 이해한다.

1. 품질관리의 기초

1.1 품질과 품질수준

품질(quality)①은 일반적으로 제품이나 서비스의 사용가치를 나타내는 기본적인 평가의 척도로서 제품 및 서비스의 유용성을 정하는 성질 또는 그 사용목적을 충족하기 위하여 갖추고 있어야 할 품질특성(quality characteristic)을 말한다. 따라서 우리가 인식하고 있는 물질의 의미는 그 제품이 지니고 있는 품질적 특성, 즉 무게, 길이, 부피, 면적, 색깔 및 신장도 등의 물리적 제 특성과 유기질 또는 무기질의 함량 등 화학적 특성을 합하여 놓은 것을 의미한다.

지금까지 품질의 개념을 정의한 제 학자들의 견해를 살펴보면 쥬란(J. M. Juran)은 "용도에 대한 적합성"(fitness for use)으로서 모든 제품과 서비스에 적용할 수 있다고 하였고,[1] 화이겐바움(A. V. Feigenbaum)은 "품질이란 제품이나 서비스의 사용에서 소비자의 기대에 부응하는 마케팅, 기술, 제조 및 보전에 관한 제 특성의 전체적인 집합"(a set of quality characteristic)이라 하여 정의를 내리고 있다.[2]

또한 미국표준협회(ANSI: American National Standard Institute)와 미국품질관리학회(ASQC: American Society for Quality Control)가 공동으로 제정한 품질의 용어표준 정의[3]에서 보면, "품질이란 주어진 요구를 충족시키는 능력에 관계가 있는 제품 내지 서비스의 특징 및 특성의 전체를 말한다"고 하여 서비스부분을 강조하고 있다.

일본의 국제규격인 일본공업규격(JIS) Z8101에서의 정의를 보면, "물품 또는 서비스가 사용목적을 충족시키는지를 결정하기 위한 평가의 대상이 되는 고유의 성질, 성능의 전체라고 하였다."[4]

좋은 품질의 제품이란 그 용도, 성능, 가격 등이 다 같이 소비자가 요구하

① Quality는 라틴어 Qualitas/qualis에서 유래한 것으로 물성 또는 개성의 원칙을 가지고 있다.

는 조건에 적합한 것이라야 한다. 즉, 제품의 품질은 절대적 의미의 최상품이라는 뜻이 아니라, 소비자의 조건을 만족시킬 수 있는 최상품이라는 뜻으로 해석된다.

소비자의 조건이라는 것은 전술한 바와 같이 제품의 실제적 용도, 성능, 가격이 모두 만족스러운 것을 말하는 것이다.

소비자가 요구하는 품질조건은 그 제품의 종류에 따라서 다르지만, 일반적으로 다음과 같은 것을 들 수 있다.

① 품질특성치가 소비자의 요구를 만족할 것
② 품질특성치의 산포(disperse)가 작을 것
③ 판매가격이 저렴할 것

모든 제품의 품질은 그 품질을 규정하는 요소들이 있는데, 이것을 품질특성(quality characteristic)이라고 한다. 예를 들면 전구의 품질을 규정하는 요소는 수명, 조명도, 강도, 외관 등을 들 수 있는데, 이런 것이 품질특성에 해당된다.

이들 품질특성은 수치로 표시하는 것이 일반적이며, 이 수치를 품질특성치(quality characteristic value)라고 한다. 제품을 생산했을 때 이들 품질특성치에 대한 분포(dispersion)가 좁아야 품질이 좋다고 평가할 수 있다.

품질은 사용자에 따라, 특히 시장에 있어서는 그 품질수준에 따라 의미가 달라진다. 즉 생산되는 품질과 시장에서 요구되는 품질(quality of market)이 다르며 생산되는 품질은 또 실제품질(quality of design)과 제조품질(quality of conformance)로 구분된다.

1) 시장품질

시장품질은 다른 말로 시장에서의 소비자 사용품질이라고도 하는데, 소비자가 시장에서 요구하는 품질로서, 사용목적에 따라 충분히 그 기능을 발휘하는가에 따라서 소비자의 만족 여부가 좌우된다.

【그림 8-1】에서와 같이 시장품질에 대한 소비자의 만족도가 그 제품에 대한 최종적인 평가이므로 제조업이나 서비스업의 경영정책에서 반영되는 품질수준이다.

그림 8-1 소비자 만족도와 비용

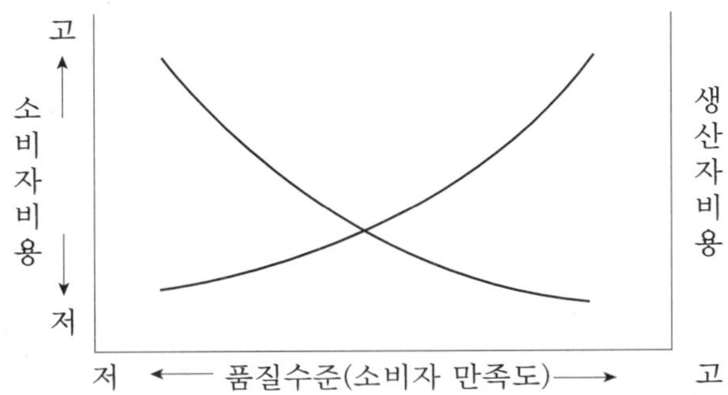

X축의 품질수준은 곧 소비자의 만족도이며 소비자의 만족도를 높이려면 생산자의 비용은 높아진다. 반대로 사용품질을 낮추면 생산자는 비용부담이 낮아지지만 소비자의 만족도는 낮아진다.

결국 소비자는 불만으로 재구매를 하지 않을 것이므로 이 경우 생산자의 기회손실(opportunity loss)이 커지게 될 것이다. 따라서 시장품질은 기업의 시장정책에 따라 적정수준(optimum level)에서 결정되어야 한다.

2) 설계품질

생산자는 소비자의 요구에 맞추어 제품을 생산하기 위하여, 제품설계자가 소비자의 요구품질과 공장의 제조능력을 경제적으로 균형시키는 품질규격(quality specification)을 설정하고 이에 따라 제조하는 품질을 설계품질이라 한다.

다음【그림 8-2】에서 보는 바와 같이 Q_1에서 Q_4로 품질을 높이게 되면 원가는 지수적으로 상승하지만 시장에서의 가격은 비례해서 상승하지 않으므로 이익을 고려하여 설계품질수준을 결정하게 된다.

따라서 설계품질수준은 이익최대가 목표일 때에는 Q_2, 가격을 싸게 하여 이익이 적더라도 많이 파는 것이 목표일 때에는 Q_1, 이익이 적더라도 품질이 높은 고급품을 파는 것이 목표일 때에는 Q_3의 수준으로 설계할 수 있다.

시장에서의 소비자의 소비성향이나 요구는 다양하므로 고급품, 보통품 등

그림 8-2 설계품질과 원가

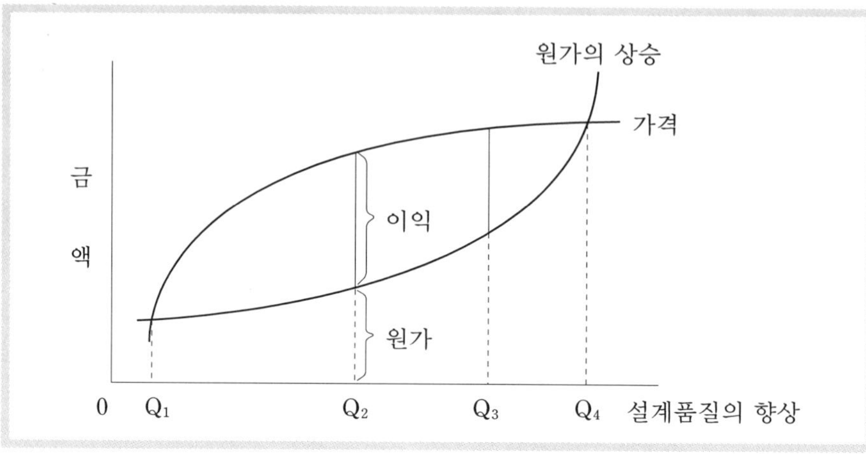

의 시장요구를 파악하기 위해서는 항상 시장조정활동이 이루어져야 한다.

전통적으로 생산자의 입장에서 품질을 설계규격과의 일치(conformance to the design specification)라고 정의한다. 즉, 목표치로부터 차이가 있어도 규격한계 안에만 있으면 좋은 품질이고, 규격한계 밖에 있으면 나쁜 품질로 판정하는 것이다. 이러한 개념은 품질비용을 고려하는 데에도 그대로 적용되어 품질특성이 규격한계 안에 있으면 비용의 발생이 없고, 한계 밖이면 비용이 발생하는 것으로 간주하게 된다.

그런데 다구치(Taguchi)는 품질을 제품이 출하될 때부터 사회에 부과하는 손실 또는 비용이라고 구체적으로 정의한다. 다구치에 의하면 제품의 품질특성이 정확하게 그의 목표치와 일치하면 품질이 좋아서 비용발생이 없지만 품질특성이 목표치에서 멀어질수록 비용이 증가하고 품질도 나빠진다고 한다.

3) 제조품질

앞에서 설명한 설계품질에 비추어 제조현장에서 제품을 생산하게 되었지만, 실제로는 제조공정의 제 조건, 즉 원자재, 기계설비, 작업방법 등이 균일하게 안정되어 있지 않기 때문에 설계품질대로 제조하기가 어렵다.

이때 생산된 제품의 품질이 어느 정도 설계에 적합하게 제조되었는가를 나타내는 것이 제조품질 또는 적합품질이라고 한다.

그림 8-3 제조품질과 비용

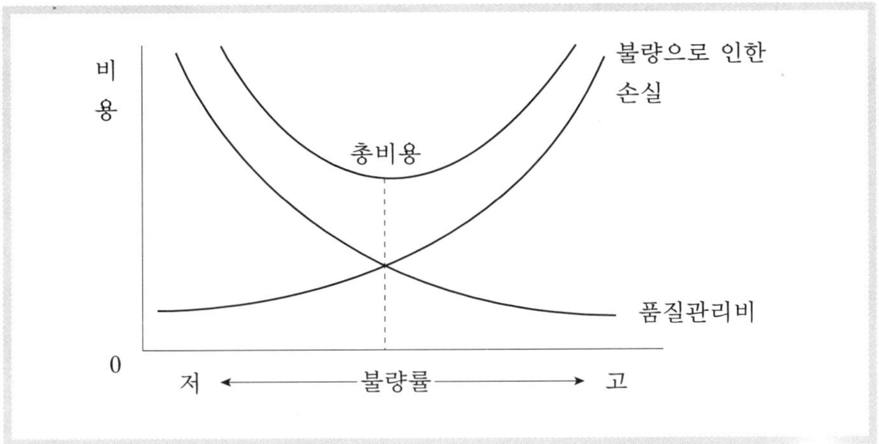

그림 8-4 품질수준의 관련성

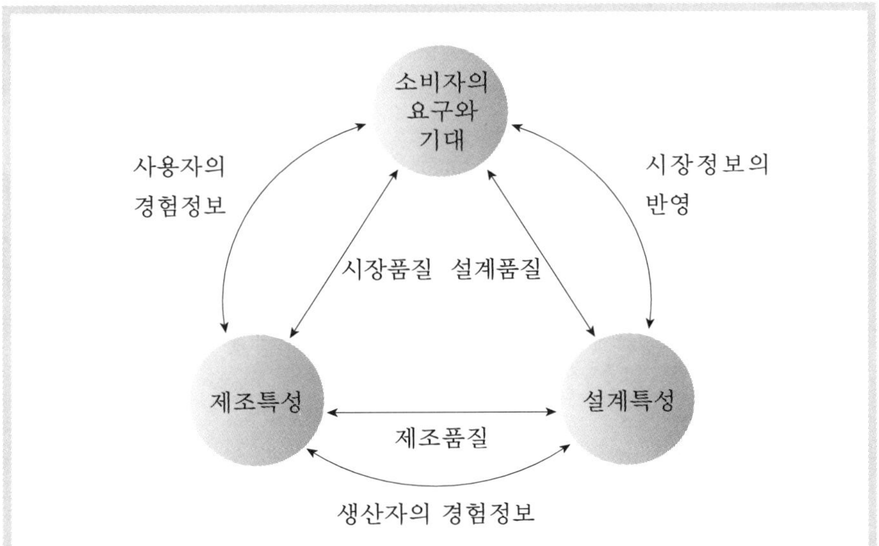

【그림 8-3】에서 보는 것처럼 품질을 높게 하면 불량으로 인한 손실은 적지만 품질관리비 및 공정코스트가 높아진다. 그러나 이들 비용을 줄이려고 하면 불량률이 높아져 불량으로 인한 손실이 커지게 된다.

따라서 경제적인 적합품질은 P_0에서 결정될 것이다. 그러나 P_0의 품질 수준점이 최적이라고는 하지만 P_0만큼의 불량품이 나오는 것을 감수해야 한다. 이때에는 제조품질을 결정하기에 앞서 과연 이 수준의 제품을 소비자가 만족할 것인지를 먼저 검토해 볼 필요가 있다.

이상과 같은 세 가지의 품질수준의 관계를 묶어서 설명하면 위의 【그림 8-4】와 같이 나타낼 수 있다.

1.2 품질관리의 개념과 변천과정

품질관리의 역사는 인류의 역사만큼 오래되었지만, 근대적 시각으로서는 공업적 생산의 발전과 그 역사를 같이한다.

산업혁명을 계기로 널리 보급되기 시작한 기계설비의 활용은 과거 작업자의 수작업에서 공정중심의 제조활동으로 전환하게 하였고, 제품이 점차 복잡하고 작업이 전문화되어 감에 따라서 제품이 제조된 후 그 품질을 검사하는 활동이 필요하게 되었다.

이렇게 볼 때 품질관리의 발전은 사후통제인 검사과정에서 비롯되었다고 볼 수 있다. Feigenbaum은 검사에서 품질관리로 발전하게 되는 과정을 다음 6단계로 설명하고,[5] 19세기 이후 대략 20년을 주기로 변천하였다고 설명하고 있다.

1) 작업자에 의한 품질관리

19세기 말 작업자에 의한 품질통제로서 한 명 또는 소수의 작업자가 제조를 담당하면서 품질에 대한 품질관리의 책임을 수행했던 단계(operator quality control).

2) 관리자에 의한 품질관리

20세기 초에 경영의 대규모화로 직업과 관리업무의 분화는 관리자(직장, foreman)으로 하여금 품질에 대한 책임과 통제기능을 갖게 했다. 이를 관리자에 의한 품질관리(foreman quality control)단계라 한다.

3) 검사원에 의한 품질관리

제1차 세계대전중 제조기능의 다기능화로 관리자의 감독이 한계에 부딪쳐, 이의 효과적인 해결을 위해 품질관리기능을 관리자로부터 전문검사원에 위임시킨 단계이다. 이를 검사원에 의한 품질관리(inspection quality control) 단계라 한다.

4) 통계적 품질관리

1930년을 전후해서 제조부서에 검사조직을 두어 전문적으로 품질관리업무를 수행하게 하던 통계적 방법에 의한 품질통제(statistical quality control) 단계이다.

이 단계는 특히 1924년 미국의 Bell Telephone Laboratories에 근무하던 슈와이트(W. A. Shewhart)에 의해 관리도(control chart)가 고안되어, 이것이 통계적 품질관리의 효시가 되었으며 품질관리를 획기적으로 발전시킨 계기가 된다.

1931년에 그는 「제품품질의 경제적 관리」(The Economic Control of Quality of Manufacturing Product)라는 저서를 펴내 공정관리에 통계적 방법을 적용시킨 것을 다루었다.[6)]

1929년에 같은 Bell 연구소의 닷지(H. F. Dodge)는 제품의 전수검사 대신에 표본추출검사를 가능하게 했다. 그러나 관리도나 발췌검사와 같은 통계적 품질관리의 가치는 제2차 세계대전 이후에 비로소 산업계에서 인정받게 된다.

5) 전사적 품질관리

제2차 세계대전 이후 급속한 산업의 발전을 겪으면서 통계적 방법만으로 품질개선 내지는 품질관리를 할 수 없다는 인식이 생기게 된다.

즉, 품질은 어느 한 사람 어느 한 부서가 관리하거나 책임을 질 수 있는 문제가 아니며 기업 내의 모든 조직 및 구성원이 품질에 대해 책임을 지고 그 제품이 고객에 의해 만족스럽게 받아들여질 때까지 관련활동을 전개해야 한다는 인식이다.

이러한 배경은 Feigenbaum은 1960년대에 "효과적인 품질관리는 설계에서 시작하여 제품이 고객의 손에 들어가 만족을 얻었을 때 끝난다"라는 전사적 품질관리(Total quality mangement)을 주창하게 된다.

같은 60년대에 미국의 Martin-Marietta사의 Orlando사업부에서 비롯된 ZD운동(Zero Defects Program)을 통해 전체 종업원이 품질개선활동에 참여하게 되었고, 이와 비슷한 때에 일본에서는 미국의 품질관리제도를 도입 · 소화하여 일본식 품질관리라고 할 수 있는 품질관리분임조(QC circle) 활동이 전개되기 시작한다.

ZD프로그램이나 QC서클은 다 같이 직무확대(job enlargement)의 개념을 바탕으로 종업원의 동기유발을 위한 프로그램으로 개발된 것이다.

6) 품질보증

1970년대는 제품의 양산보다는 소비자가 산 제품이 오래 고장 없이 사용되기를 바라게 됨으로써, 신뢰성(reliability)의 개념이 품질관리 영역 안에 수용됨으로써, 품질보증(QA: quality assurance)문제가 대두되었다.

소비자 지향의 품질보증 개념은 기업의 사회적 책임의식과 소비자주의(consumerism)가 강해진 미국에서 1972년 "소비자 제품 안전법(Consumerism Product Safety Act)이 의회에서 제정됨으로써 전사적 품질관리의 개념이 확대 수용된 것이다.

제품의 신뢰성, 품질보증, 제품책임(PL: product liability)의 문제들은 종래의 품질관리방법들로는 해결하기 어려운 품질의 사회적 책임문제인 것이다.

따라서 이들 문제는 기업의 경영전략적 차원에서 최고경영자를 비롯한 전체 종사원의 전사적이며 종합적인 경영활동으로 해결해야 하는 전사적 품질관리의 과제로 발전하여 오늘에 이르고 있다.

1.3 품질 관련 비용

품질비용(quality cost)이란 물품이나 서비스의 품질과 관련해서 발생하는 비용이다. 제품원가인 재료비나 직접 노무비는 품질비용 안에 포함되지 않는다. 따라서 품질비용은 간접제조경비로서 제조원가의 부분원가라 할 수 있다.

쥬란과 그리나(Juran & Gryna)도, "품질비용은 불량품과 관련되어 발생하는 비용, 즉 생산비용, 불량발견 및 개선대책비로서 합격품의 생산비용은 제외된다"고 정의를 내리고, 이 비용의 관리는 품질개선 내지 원가절감목표를 달성하는 데 있다고 하였다.[7)]

그러므로 품질비용에 대한 정보는 경영자 내지는 현장관리자가 원가절감과 품질개선에 관한 업무를 처리하는 데 중요한 지표가 되는 것으로, 사업실적의 분석, 품질개선활동의 효율증대 및 소요예산 편성, 그리고 신규사업의 비용 파악에 이용된다.

품질과 관련해서 발생되는 비용으로는 다음과 같은 것이 있다.

1) 시장조사비

시장에서 소비자가 요구하는 품질의 특성과 소비자 기호의 추이를 조사하고 이를 분석하여 목표 시장을 설정하기 위한 시장조사비 일체를 말한다.

2) 연구개발비

창의적인 신제품 아이디어의 개발을 통해 끊임없이 변화하고 있는 소비자의 다양한 개성과 요구에 맞는 제품을 설계하고 개발하는 데 소요되는 비용을 말한다.

3) 유지관리비

소비자가 원하는 제품의 속성을 원활히 생산할 수 있도록 제조공정 및 설비를 안정시키는 데 소요되는 비용을 말한다.

4) 공급자 품질비용

공급되는 원자재의 품질을 보장하기 위한 공급업체의 품질관리비용을 말한다.

5) 불량예방비용

불량을 예방하기 위해 주기적으로 체계적 교육을 실시하고, 적절한 훈련으로 불량을 예방하는 학습을 하는 데 소요되는 비용을 말한다.

6) 불량으로 인한 손실

소비자에게 제공된 제품이 불량일 경우, 제품이미지 손상과 반품으로 인한 제품교환, 재검사비용 등을 포함한 일체의 손실비용을 말한다.

2. 공정품질의 통계적 관리

2.1 통계적 공정관리(SPC)의 개념

제조공정의 가동상태는 다음과 같이 세 단계로 나눌 수 있는데, 첫 번째 단계는 조업개시단계이고, 두 번째 단계는 조정단계이고, 세 번째 단계는 성숙단계이다.

통계적 공정관리(Statistical Process Control)기법의 적용상황을 단계별로 살펴보면, 공정의 조업개시단계에서는 합격판정 샘플링(acceptance sampling)이 주로 사용되지만, 조정단계에서는 공정관리도의 역할이 점차 커지면서 통계적 공정관리의 적용이 확대된다.

나아가 성숙단계에 이르러 공정품질이 안정됨에 따라 샘플링검사의 필요성이 감소되는 대신에 공정의 생산성이나 효율성 제고를 위해 실험계획법을 이용하여 제조공정을 능동적으로 관리하게 된다.

현대 품질관리에서는 공정품질의 변동축소에 초점을 두는데, 이를 위해 품질변동의 측정과 변화하는 데이터를 통계적으로 분석 내지 해석하고 관리하는 통계적 기법을 통틀어서 통계적 공정관리(SPC: statistical process control)라 한다.

여기서 공정이란 공급자로부터의 투입물을 산출물로 변환하여 고객에 제공하기 위한 생산시스템상의 모든 제조활동을 의미한다.

통계적 공정관리는 1926년 슈하트(W. A. Shewhart)가 품질의 변동원인을 통계적으로 규명하고 이를 관리도를 이용하여 공정품질의 변동을 나타낸 것에서 그 기원을 찾을 수 있다.

통계적 공정관리는 공정품질의 관리 및 개선에 필수적인 것으로 전체 공정을 지원하기 위한 통계적 방법과 도구를 제공함으로써 전사적이고 지속적인 품질개선의 기반을 마련하는 역할을 한다.

2.2 공정품질의 변동 원인

동일한 원자재와 기계를 사용하여 같은 작업자에 의해서 동시에 생산된 제품일지라도 그들 제품의 품질특성이 꼭 같지는 않다.

즉 품질의 변동 내지 산포(disperse)이 있는 것으로, 이 경우 품질특성을 나타내는 데이터는 산포(disperse)되어 나타난다. 인간이 행하는 모든 일이나 사업에서 본질상 변동이 있기 마련이다.

품질변동의 원인은 크게 우연 원인과 이상 원인으로 나눌 수 있다.

우연 원인(chance cause)은 표준화된 생산조건하에서 제조되었음에도 불구하고 품질변동이 생기는 이른바 피할 수 없는 원인이다.

이는 시스템 고유의 원인으로 여러 부문에서 산발적으로 발생하여 공통원인(common cause)이라 부르기도 한다. 데밍과 쥬란에 따르면, 이 원인의 15%만이 현장 작업자에 의해서 제거될 수 있으며 85%는 경영자나 관리자에 의해서 제거될 수 있다고 한다.

이상 원인(assignable or special cause)은 전자와는 달리 표준화된 제조조건을 갖추지 못하여 일어나는 것으로, 가령 관계자가 협동하고 노력하면 피할 수 있는 원인, 즉 보아 넘길 수 없는 원인을 가리킨다.

이 원인은 원자재의 불량, 작업자의 오류, 기계의 고장 등에 의한 품질변동과 같이 전형적인 외부 간섭(interference)에 의해서 일어나는 변동 원인이다. 이러한 이상 원인 또는 특수 원인은 통계적으로 탐색하기가 용이한 것이 일반적이다.

이상과 같은 품질 변동을 제거하기 위해 사용되는 주요 통계기법으로 샘플링검사, 관리도, 공정능력 분석, 실험계획법 등을 꼽을 수 있으며, 대개 공정변동의 경우 관리도가 흔히 사용되는데, 이는 샘플링검사에 비해 효과적이기 때문이다.

품질변동 내지 데이터의 산포(disperse) 상태를 파악하는 방법으로 전술한 히스토그램이 있으나 이것만으로는 품질변동의 시간적 움직임을 파악할 수 없다는 문제점이 있다.

2.3 관리도의 개념

관리도(control chart)라는 것은 품질상태를 표시하는 데이터를 도표로 기록하여 관리한계선(control limits) 밖으로 나간 제품특성치에 의한 원인을 규명하여, 이것을 제거하기 위해서 그려보는 품질관리용 도표①이다.

그러나 앞의 여러 가지 도표와 다른 점은 관리도상에 중심선이 있고, 그 상하에 각각 상부관리한계선과 하부관리한계선이 있는 점이다.

관리한계선은 품질의 오차가 허용될 수 있는 범위 내의 것인가, 아니면 그 한계를 벗어난 것인가를 판독하기 위한 하나의 기준선이 된다. 즉, 관리한계선 내에 모든 점이 들어가야 하는데, 관리의 중요한 기준선이 되는 이 관리 한계선은 다음과 같이 구한다.

품질특성치의 평균치에 대한 범위와 한계를 $\pm 3\sigma$법에 따라 일반공식으로 표시하면 다음과 같다.

상부관리한계선(UCL: upper control limit)$=X+3\sigma_X$

중 심 선(CL: central line)$=X=\dfrac{\Sigma X}{n}$

그림 8-5 관리한계선

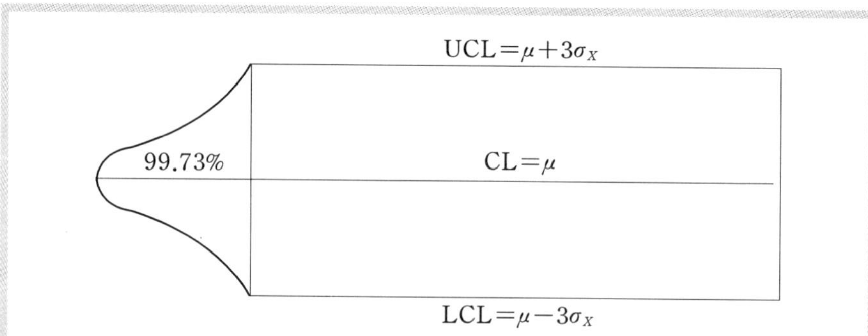

① W. A. Shewhart에 의해서 비롯되었다.

표 8-1 관리도의 종류와 특징

종 류		특 징
계량형	$x-R$관리도	• 가장 많이 사용되고 정보 제공도 많음 • x관리도: 평균값의 변화를 관리 • R관리도: 산포의 변화를 관리 • $x-R$관리도는 x관리도에 비해 공정의 변화를 쉽게 탐지할 수 있음
	x관리도	• 공정의 안정상태 판정하고 조치가 빠르다. • 자료를 얻는 시간적 간격이 길거나 정해진 공정으로부터 한 개의 측정값밖에 얻을 수 없을 때 사용한다.
	$x-\sigma$관리도	• 평균값의 계산 시간과 노력을 줄이기 위한 것이 목적으로 R관리도보다 취급이 간단하다.
계수형	P_n관리도	• 자료군의 크기(n)가 반드시 일정해야 한다. • 측정이 불가능하여 계수값으로밖에 나타낼 수 없을 때나 합격여부 판정만이 목적인 경우에 사용된다.
	P관리도	• 계수형 관리도 중에 가장 널리 사용되는데, 양품률, 출근율 등과 같이 비율을 계산해서 공정을 관리할 경우에 사용(수확률, 순도 등은 계량값이므로 계량형 관리도를 사용한다.)
	C관리도	• 일정단위 중에 나타나는 결점수에 의거 공정을 관리할 경우(납땜 불량의 수, 직물의 일정면적 중의 흠의 수)
	U관리도	• 단위가 일정하지 않은 제품의 경우 일정한 단위당 결점수로 환산하여 사용할 경우

하부관리한계선(LCL: lower control limit)$=X-3\sigma_X$

이와 같은 $\pm 3\sigma$법에 의한 일반공식 대신에 관리계수표를 이용하여 간단히 계산할 수 있는 공식으로 변형하면, x-R관리도의 경우, x와 R에 대한 CL, UCL, LCL은 다음과 같이 구한다.

$$x:\ UCL = X + A_2R \qquad R:\ UCL = D_4R$$

$$CL = X + \Sigma\frac{X}{n} \qquad CL = R = \frac{\Sigma R}{n}$$

$$LCL = X - A_2R \qquad LCL = D_3R$$

관리도에 관한 모든 공식은 $\pm 3\sigma$법에 의거하여 유도된 것으로 위의 【그림 8-5】는 이를 이해하는 데 도움이 될 것이다.

관리도법의 종류는 대별해서 계량관리와 계수관리가 있고, 계량관리에는 평균치-범위 관리도(X-R관리도), 평균치-표준편차 관리도(X-σ 관리도)가 있다.

계수관리에 속하는 것은 불량률 관리도(P관리도), 불량계수 관리도(P_n관리도), 경영계수 관리도(C관리도) 등이 있다.

2.4 관리도에 의한 불량원인 분석

관리도는 전술한 바와 같이 여러 가지 수법에 의하여 작성되는 것이나, 작성하는 것만이 목적은 아니다. 이것을 잘 판독하고 여기에서 품질구조, 공정, 작업상황에 관한 최대의 정보를 분석해서 이상 원인을 발견하면 그 원인을 즉시 제거하든지, 아니면 그 원인이 재발하지 아니하도록 조치해야 한다.

관리도를 분석할 때 주로 다음과 같은 점을 유의해야 한다.

첫째, 데이터가 관리한계선 내에 있는가, 즉 통제가능(in control)인가 아니면 통제불가능(out of control)인가를 살핀다. 데이터 전부가 관리한계선 내부에 있으면 제조공정은 일단 안정상태에 있다고 볼 수 있다.

둘째, 데이터가 관리한계선 밖으로 나갔을 때는 확실히 제조공정에 이상한 원인이 있음을 나타내며, 중심선에서부터 한쪽으로 치우쳐서 연속적으로 점이 나타나는 경우에도 제조공정에 이상이 일어났다고 보아야 한다. 특히 관리한계선 부근에 빈번히 나타나는 데이터들에 주의하여야 한다.

관리도를 관찰하고 분석한 결과 이상의 원인이 나타났을 때는 그 원인을 제거하기 위해서, 시료의 선택방법 및 측정방법, 그리고 계산방법에는 문제가 없었는지 이상 원인의 확인을 위한 상황들을 확인해 보아야 한다.

관리도상의 데이터들이 관리한계선 안에 있더라도 그 움직임이 무작위적이지 않고 어떤 연속성을 보이면 이상 요인이 있다고 판정한다. 이때 연속적으로 같은 종류에 속하는 데이터를 런(run) 현상이라고 하고 다음 【그림 8-6】과 같은 상위 런, 하위 런 및 불량의 런, 양질의 런, 상향(上向) 런, 하향 런 들로 구분한다. 또 한쪽에 연이어 나타난 경우 런의 길이라 한다. 따라서 이상상태를 판정하는 기준은 다음과 같다.

① 관리한계선 밖의 하나 이상의 점
② 정보한계선(2σ) 밖의 하나 이상의 점(95.46%)
③ 길이 7 이상의 런은 이상(이때 상위 런, 하위 런, 상향 런, 하향 런 모두에 적용된다.)
④ 런의 길이가 5~6 개인 경우 공정 운영에 주의
⑤ 무작위가 아닌 일정한 방향의 움직임을 보여주는 상태의 런

그림 8-6 런의 상태

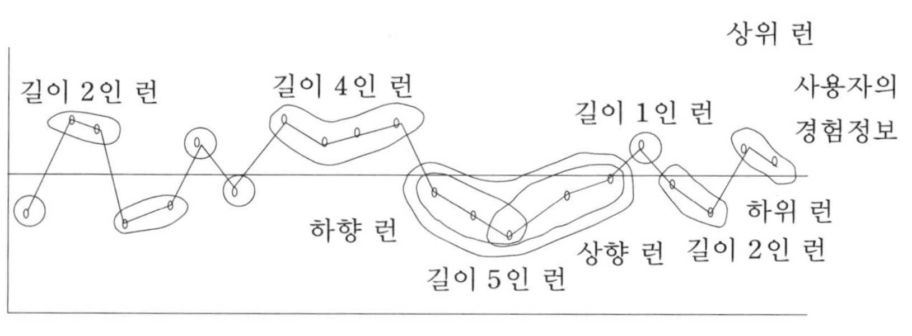

점의 수=21, 런의 수=10, 최장 런의 길이=5

1) 정상(natural pattern)

데이터들의 움직임은 안정적이고 비정상적인 움직임이 없을 때이다. 이때에는 작업기간 동안의 기술 및 기계 성능이 동일하며, 불량률이 일정하다. 랜덤 샘플링에 의한 샘플 추출을 하고 있다. 대부분이 제품특성치가 평균치에 가까울 때의 경우이다.

그림 8-7 정상인 런의 발생

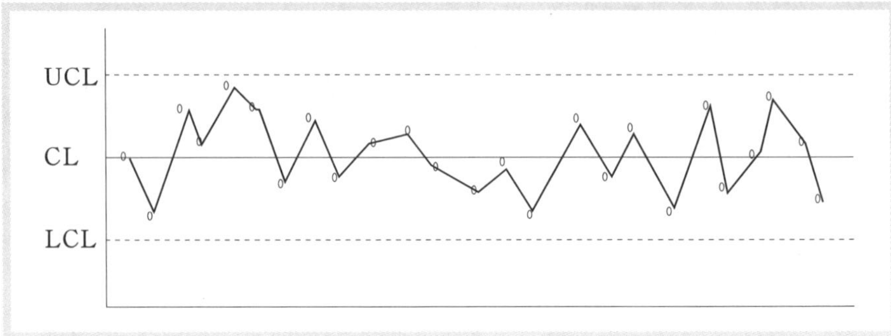

2) 불안정(instability)

비정상적으로 커다란 폭으로 움직이는 데이터들이나 관리한계선 밖으로 나가는 데이터가 발견될 때는 불안정으로 판정한다. 이러한 경우의 발생은 주로 미숙련 작업자나 작업 부주의, 정비불량 또는 작업조건 불량, 원료 및 부품의 불량, 그리고 랜덤 샘플링이 아닐 때 발생한다.

그림 8-8 불안정 런의 발생

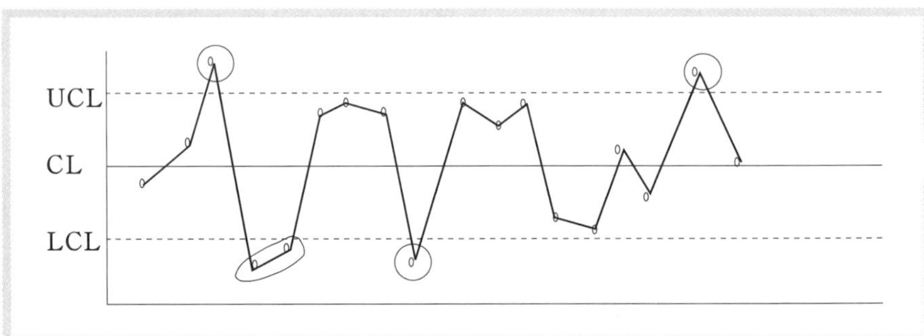

3) 규칙적 변동(systematic variation)

예측할 수 있을 정도로 규칙적으로 변동하는 경우로 공정에 이상 요인이 있음을 나타낸다. 일종의 순환상태로서 교대근무에 의한 차이, 샘플이 규칙적으로 채취될 때 발생될 수 있다.

그림 8-9 규칙적 런의 발생

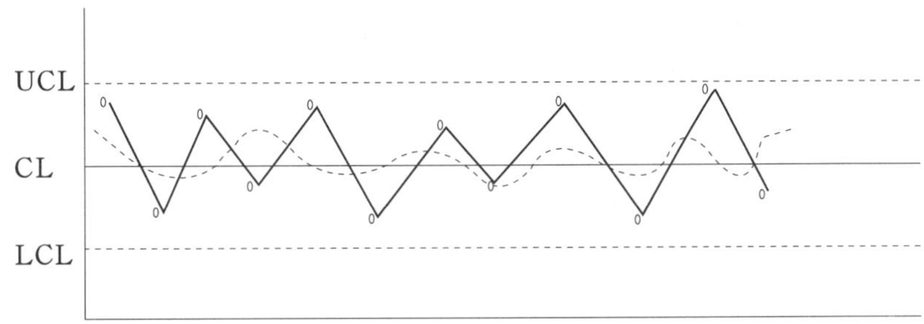

4) 경향(trend)

발생한 데이터들의 움직이는 방향이 일정한 방향으로 지속성을 나타내게 되는 경우가 있는데, 이럴 때 이를 경향(trend)이라고 하며, 공구나 설비의 노후화, 저질 원료나 미숙련작업일 때 주로 이런 현상이 발생한다.

그림 8-10 경향을 가진 런의 발생

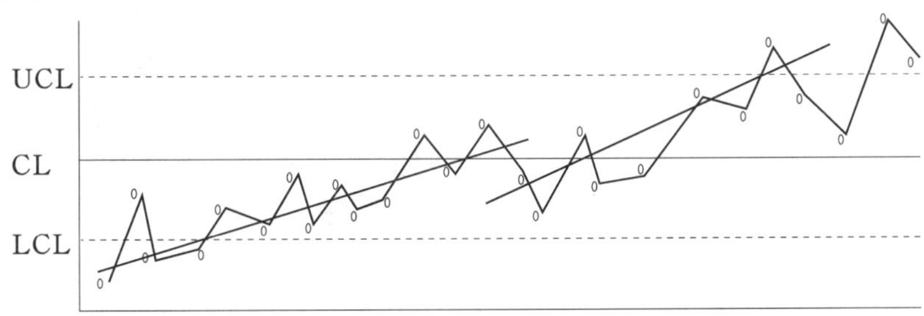

위와 같이 관리도를 관찰하고 분석한 결과 이상한 원인이 나타났을 때는 그 원인을 제거해야 한다.

우선, 이상 원인 발생의 확실성을 확인하기 위해 시료의 선택방법과 측정방법에는 문제가 없었는지 검토하고, 원인 발생의 확실성을 확인한 결과 이상이 없을 때, 그 다음 단계는 다음과 같은 기술적인 면을 검토해야 한다.

① 사용한 재료에 이상이 없는가?
② 제품을 만드는 기계장치에 이상이 없는가?
③ 작업표준에 따라서 작업이 수행되었는가?
④ 작업표준 자체가 적절하였나?

2.5 다구치의 통계적 품질관리법

변환 과정에서 발생하는 생산 변동의 모든 원인을 제거하는 데 초점을 두고 있는 다구치의 통계기법①은 이상적인 품질관리방법의 하나이다.

다구치는 "제품의 품질특성이 정확하게 목표치와 일치하면 아무런 비용도 발생하지 않고 품질이 좋아지지만 품질특성이 그 목표치로부터 떨어질수록 비용은 증가하고 품질은 나빠진다"고 주장한다.

다구치의 통계적인 품질관리접근법은 다음의 세 가지 개념에 기초하고 있다. 품질엄수(quality robustness), 품질손실함수(quality loss function) 그리고 목표명제(target specification)이다.

품질엄수(quality robustness)는 모든 공정, 절차 그리고 제품은 품질을 엄수하도록 설계되어야 한다. 품질을 엄수하는 공정과 절차는 제품 유형 또는 여러 가지 제반 여건에도 불구하고 일정한 그리고 지속적인 산출물을 생산한다.

만약 생산된 제품이 실제 사용중에 일정하게 지속적으로 정해진 기능을 수행한다면 그 제품은 품질을 엄수하여 생산된 제품이라고 할 수 있다.

품질손실함수(quality loss function)란 생산노력과 품질과의 관계를 설명하는 것이다. 【그림 8-11】의 (A)에서 품질손실함수가 제시되고 있다. 이 함수는 단순 2차 함수로서 여기에서

$$L = D^2C$$

L: 손실액(또는 측정 가능한 가치)
D: 품질표준과의 편차
C: 편차비용

을 나타낸다.

① 대개 일본의 품질전문가 Genichi Taguchi의 이름을 따서 부른다.

그림 8-11 다구치의 품질손실함수와 생산된 제품의 분포

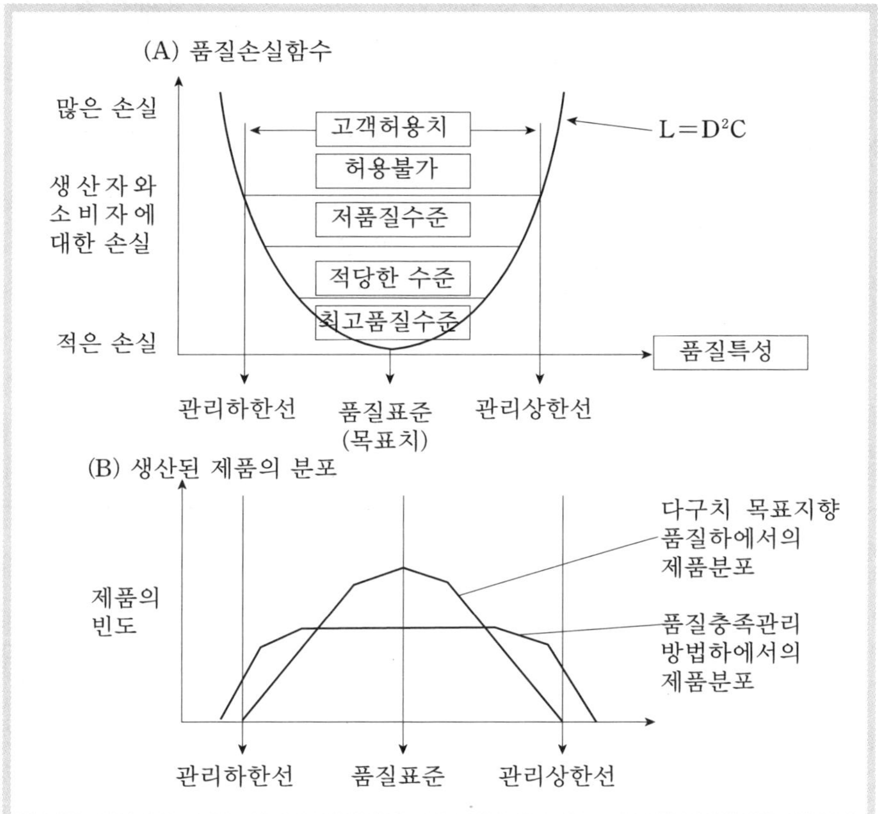

【그림 8-11】의 (A)의 그래프는 고객의 품질표준으로부터 멀어질수록 생산자와 고객 모두에게 비용을 증가시킨다는 것을 명확하게 보여 주고 있다. 예를 들어, 고객이 사용하는 장비의 품질이 낮으면(즉, 제품이 품질표준 또는 다구치가 생산목표(production target)라고 하는 것에서 멀어질수록) 고객은 그 장비에 대한 보증제도가 더 자주 사용된다.

제품이 품질표준으로부터 벗어날수록 고장가능성은 높아지고 고객(시간손실비용)과 생산자(보증비용)에게 그만큼의 비용을 발생시킬 것이다. 품질표준에 가장 근접한 장비가 가장 비용이 적게 드는 것이다.

목표명세(target specification)는 어느 정도의 오차수준도 허용되지 않는 정확한 품질표준이 생산목표가 되어야 한다. 【그림 8-11】의 (B)에서 볼 수 있

는 바와 같이, 1950년대의 관례였던 상한, 하한 품질경계수준 아래에서 생산된 제품은 상, 하 경계의 중앙에 위치하여 전혀 오차를 허용하지 않는 이상적인 품질기준을 추구하기보다는 품질목표를 오차범위 내로 확장함으로써 나타난 것이었다.

다구치는 특정의 엄격한 목표에 초점을 맞추면 생산되는 제품의 품질분포는 【그림 8-11】의 (B)에서 보는 바와 같이 종 모양의 형태를 띨 것이라고 주장했다. 이러한 품질분포는 더 많은 제품이 고객이 요구하는 품질기준에 더 가깝게 접근하여 분포되어 있다는 점에서 더 우수한 품질분포이다.

3. 표본과 검사특성

3.1 표본검사

표본검사(sampling inspection)란 제품의 한 로트에서 일정한 크기의 표본을 발취해서 검사한 결과, 통계적인 판단기준이라든가, 경제적인 요구조건에 비추어 보아서 그 로트 전체의 합격 · 불합격을 판정하는 검사방법을 말한다.①

표본검사를 하는 목적은 제품이 소비자 또는 사용자의 요구에 적합하도록 보증하기 위한 것이다. 그러나 한 로트 내의 제품이 양품인 것을 보증해야 될 경우는 표본검사로써는 불가능하다.

이는 표본(sample)을 선별하는 데 우연성을 수반하므로 좋은 로트가 불합격품으로 되는 생산자 위험(producer' s risk: α)과 나쁜 로트가 합격으로 되는 소비자 위험(consumer' s risk: β)의 두 가지 경우가 발생할 가능성이 있기 때문이다.

위와 같은 위험을 배제하기 위해 전수검사를 하는 경우도 있는데, 전수검사(total inspection)란 제품 모두를 검사 또는 측정하여 그 결과를 표준규격과

① 표본검사의 역사는 짧지 않으나 통계학을 이용한 통계적 샘플링방식이 적용된 것은 1930년대의 닷지(H. P. Dodge)와 로믹(H. G. Romig)의 연구에서 비롯된다.

표 8-2 전수검사와 표본검사의 비교

구 분	전수검사	표본검사
검사항목	적음	많음
검사수량	전체	일부분
로트크기	작음	큼
검사비용	많음	적음
관심대상	합격품	불합격품

비교한 후, 양품과 불량품으로 분류하여 양품만을 합격으로 하는 검사이다.

【표 8-2】에서 보는 바와 같이 전수검사는 검사비용이 비싸고 양품과 불량품을 판정하는 데 정확성을 기할 수 있을 때는 이상적이다. 그러나 검사의 수가 많은 경우 상당한 검사비용과 검사기간을 요하게 된다.

따라서 전수검사를 할 경우는 불량품의 혼입을 절대 허용해서는 안 될 경우와 검사비용과 검사시간이 문제가 되지 아니할 때 실시하는 것이다.

여기서 유의해야 할 것은 먼저, 표본검사는 단지 이미 생산된 제품들로 이루어진 로트를 합격 또는 불합격시킬 뿐이라는 것이다. 따라서 표본검사는 로트를 구성하는 제품들이 생산되는 공정상에서 직접 좋은 제품을 만들기 위한 기법이 아니다.

그러나 이 검사는 좋은 품질의 로트는 높은 확률로 합격시키고 나쁜 품질의 로트는 높은 확률로 불합격시킴으로써 품질향상에 대한 간접적 효과를 가지며 이 효과는 매우 크다.

왜냐하면 표본의 검사결과가 로트 전체의 합격 · 불합격을 결정하고, 불합격된 로트 전체는 폐기처분 또는 재작업될 것이므로 생산자는 불량품이 가능한 한 섞이지 않도록 노력하게 될 것이고 따라서 이러한 심리적인 영향을 생산자에게 품질향상의 자극을 주게 되는 것이다.

또 한 가지는 표본검사가 로트 전체의 처리를 결정하는 절차이지 로트 내의 하나 하나의 제품을 개별적으로 처리하고자 하는 것은 아니다.

따라서 특수한 경우를 제외하고는 제품이 로트를 형성할 수 있어야만 표본검사를 적용할 수 있다.

3.2 표본검사의 종류

1) 데이터의 종류에 의한 분류

검사 단위의 품질은 불량품 개수, 결점수 또는 특성치 등으로 표시될 수 있다. 여기서 품질이 불량품의 수 또는 결점수로 표시된다면 계수표본검사, 특성치와 같이 계량치로 표시되면 계량표본검사이다.

① 계수표본검사(sampling inspection by attribute)

불량품의 수에 의한 표본검사는 검사 단위의 품질을 양품과 불량품으로 분류하여 로트의 품질을 불량률에 의하여 표시하며, 불량품의 개수 여하에 따라서 로트의 품질을 합격 또는 불합격으로 판정한다.

반면에 결점수에 의한 표본검사는 검사 단위의 품질을 결점수에 의하여 표시하는 표본검사이며, 로트의 품질은 단위당 평균결점수 여하에 따라서 합격 또는 불합격을 결정한다.

② 계량표본검사(sampling inspection by variable)

특성치에 의한 표본검사를 계량표본검사라고 한다. 로트의 시료에서 품질특성치를 측정하여, 그 평균치, 표준편차, 범위 등이 표준편차에 합치하느냐 아니하느냐에 따라서 합격과 불합격을 결정한다.

예를 들어 샘플의 길이를 측정하고, 이의 평균을 계산하여 그 값이 5cm± 0.2cm 이내에 있으면 합격시키는 표본검사를 한다면 이는 계량표본검사에 해당한다.

2) 검사의 형식에 의한 분류

① 규준표본검사

생산자와 소비자 쌍방의 요구조건을 만족하도록 제정된 표본검사방법을 사용하여, 그 판정규준에 따라서 로트의 합격 또는 불합격을 결정하는 표본검사방법을 말한다. 즉, 생산자 위험과 소비자 위험도 일정한 확률로써 정해져야 한다.

② 선별표본검사

어떤 표본검사방법으로 검사를 한 결과 시료 중의 불량품의 수가 합격 판정의 수를 초과할 경우, 그 로트를 다시 전수로 선별하는 검사방법이다. 이 방법은 입고검사, 공정간의 중간검사, 출하검사 등에 사용함으로써 그 효과를 얻을 수 있다.

③ 조정표본검사

제품을 검사한 결과 불합격품이 많아 성적이 나쁜 로트에 대해서는 검사 개수를 증가시켜서 엄밀한 검사를 하고, 성적이 좋은 로트에 대해서는 검사 개수를 감소시킴으로써 검사를 완화하는 등 검사법을 조정하는 방법이다.

④ 연속생산(연속생산 규준표본검사)

켄베이어 벨트를 사용해서 제품이 연속해서 생산되어 나올 경우에 정해진 방식에 의해서 표본검사를 하여, 양품이 일정 개수가 계속되면 일정 개수마다 표본검사를 하고, 불량품이 발생하여 불량 개수가 증가하면 전수검사를 하는 방식이다.

3) 검사횟수에 의한 분류

① 1회표본검사(single sampling inspection)

한 로트에서부터 일정한 n개의 sample을 작의없이 단 1회 표본검사해서 그 중에 포함되어 있는 불량품의 수(d)와 합격판정수(c)를 비교해서 $d<c$이면 그 로트는 합격으로, $d \geq c$인 로트는 불합격으로 판정한다.

② 2회표본검사(double sampling inspection)

제1회째 표본에서 합격과 불합격이 확실한 경우에만 판정을 내리고 그 중간결과를 나타낸 경우에는 제2회째의 표본에 의해서 합격 · 불합격을 결정하는 형식을 2회표본검사라고 한다.

가령 제1시료(n_1)를 표본검사해서 불량 판정수(d_1), 합격 판정수를 Ac, 불합격 판정수를 Re라고 하면, $d_1 \leq Ac_1$인 로트는 합격, $d_1 \leq Re_1$이면 그 로트는 불합격으로 판정한다.

만일 $Ac_1 < d_1 < Re_1$이면 로트에서 제2시료 n_2를 표본검사해서 불량 개수

를 d_2라 하면, $d_1+d_2<Ac_2$인 로트는 합격, $d_1+d_2>Re_2$이면 그 로트는 불합격으로 판정한다.

③ 다회표본검사(multiple sampling inspection)

2회표본검사 때와 같은 요령으로 3회 이상의 표본검사에도 확장 적용한 형식이다. 가령 매회 정해진 표본을 추출하여 검사한 결과 일정한 기준과 비교함으로써 합격 · 불합격 및 불확정의 3종으로 분류하면서, 어떤 일정 횟수까지 로트의 합격 · 불합격을 판정하는 표본검사방법이다.

④ 순차표본검사(sequential sampling inspection)

로트에서 한 개 또는 수 개씩의 표본을 검사하면서, 그 누적 성적을 그때마다의 판정기준과 비교하여 로트의 합격 · 불합격 · 검사 계속 등의 세 가지로 분류하는 검사이다.

가령 검출된 불량품의 합계(d)를 그 횟수에 상당하는 합격 판정수(An) 및 불합격 판정수(Rn)와 비교하여, $d \leq An$이면 로트는 합격, $d \geq Rn$이면 로트는 불합격으로 판정한다.

$An<d<Rn$이면 판정을 보류하고 다시 표본검사를 수행한다.

3.3 검사특성곡선

표본검사에서 검사특성곡선 또는 O-C(operating characteristic curve) 곡선①이라는 것은 어떠한 품질을 가지고 로트와 그 품질이 합격으로 되는 확률과의 관계를 표시하는 곡선이다.

표본추출방식이 결정되면 그 방식에 의해서 O-C곡선을 그릴 수 있으며 한 방식에 대해서는 반드시 하나의 O-C곡선이 얻어지는데, 곡선을 이용하면 어느 정도의 품질의 로트가 어느 정도의 확률로 합격하거나 혹은 불합격하는가를 알 수 있다.

① O-C곡선을 검사특성곡선이라고 함은 검사방식, 즉 표본검사방식을 사용할 때에 나타나는 성질을 나타낸다는 데에서 비롯된 말이다.

1) O-C곡선을 그리는 방법

계수규준형 1회표본검사의 경우를 예로 들면, 여기에 어떤 로트의 불량률이 10%인 제품이 있고, 로트크기를 2,000이라고 하면 이 로트 중에는 200개의 불량품이 포함되어 있는 셈이다.

이 로트 중에서 20개를 무작위로 추출할 때, 그 표본 중에 포함되는 불량품의 수는 반드시 2개라고 할 수는 없다. 어떤 경우에는 불량품이 전혀 없을 경우도 있을 것이다.

극단적인 경우는 표본 전부가 불량품인 경우도 있을 것이다.

이와 같이 로트의 불량률은 일정하다 하여도 표본 오차(sampling error)로 말미암아 표본 중의 불량품의 수는 달라진다. 따라서 동일한 로트일지라도 표본 중의 불량품의 개수에 따라서 로트가 합격되기도 하고 불합격되기도 한다.

그러나 이러한 산포의 정도를 긴 안목으로 보아 통계적으로 계산하면 로트의 합격하는 비율을 결정할 수 있을 것이다.

2) O-C곡선의 성질

이 O-C곡선이 로트의 크기 N, 표본의 크기 n, 합격 판정수 C를 여러 가지로 변경했을 때 어떻게 변하는가를 계수규준형 1회표본검사를 보기로 해서 그 성질을 알아보기로 한다.

① 로트의 크기 N만을 변경했을 때(n, c는 일정)
로트의 크기 N이 표본의 크기 n의 10배 이상일 때는 N의 대소는 O-C곡선의 형에 거의 영향을 주지 않는다(【그림 8-12】의 A).

② 합격 판정수 C만을 변경했을 때(N, n은 일정)
합격 판정수 C를 증가하면 O-C곡선은 우로 이동한다(【그림 8-12】의 B).

③ 합격 판정수 C와 표본의 크기 n의 비(c/n, N은 일정)
표본의 크기 n을 증가하면 O-C곡선은 수직방향으로 서게 되어 전수검사는 이상적 O-C곡선에 접근한다(【그림 8-12】의 C, D).

보다 이상적인 O-C곡선에 대해서 생각해 보면, 【그림 8-13】과 같이 어떤

그림 8-12 N, n, c의 변화에 따른 O-C곡선

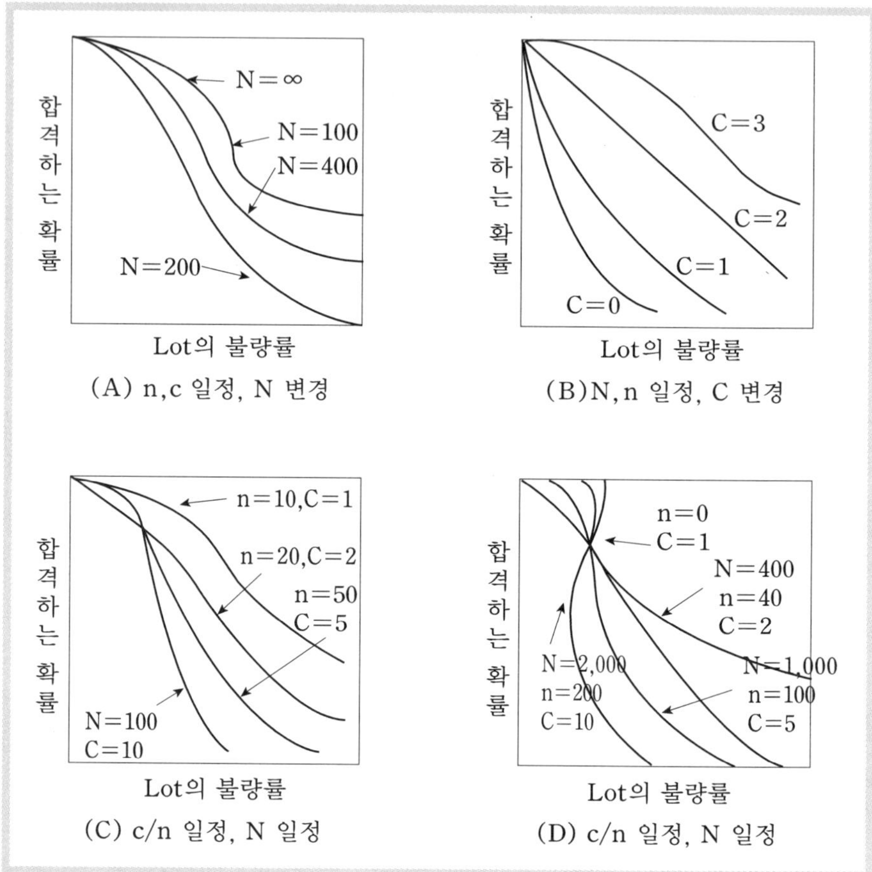

자료: James I. Lund, *Effective Industrial Management*, New York, MacMillan Book Company, 1957.

불량률을 경계로 하여, 합격시키고 싶은 어떤 기준 이상의 좋은 품질은 전부 합격이고, 어떤 기준에 미달한 나쁜 품질은 전부 불합격이 되는 이런 형의 O-C곡선을 생각할 수 있다.

이런 형태의 O-C곡선은 전수검사에 있어서는 가능하지만, 표본검사에 있어서는 표본추출의 착오로 인해서 어느 정도의 불량인 로트가 합격된다든가 또는 합격인 로트가 불합격이 되는 것은 누구도 알 수 없는 일이다.

그래서 같은 품질의 로트일지라도 때로는 합격이 되기도 하고, 불합격이

그림 8-13 이상적 O-C곡선

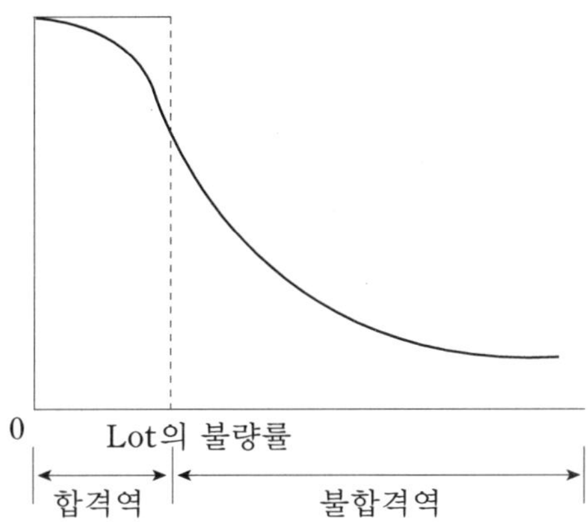

되기도 하기 때문에 O-C곡선은 직선으로 된 이상적 O-C곡선이 아니고, 일반적으로 【그림 8-14】와 같은 곡선으로 표시되는 것이다.

앞에서도 지적했지만 합격이 되어야 할 좋은 품질의 것이 불합격이 되는 것은 생산자가 피해를 입게 되는 착오(제 I 종 과오)이므로 이것을 생산자 위험이라고 하고 α로 표시하며, 불합격되어야 할 나쁜 품질의 것이 합격이 되는 것은 소비자가 피해를 입게 되는 착오(제 II 종 과오)이므로 이것은 소비자 위험이라 하고 β로 표시한다.

표본검사로써 로트의 합격과 불합격을 판정할 경우에 이와 같은 두 가지의 착오를 범할 가능성을 0으로 할 수 없는 것이다. 이와 같은 관계를 【그림 8-14】에 의해서 설명하였다.

가급적 합격시키고 싶은 로트의 품질은 P_0(AQL),① 가급적 불합격으로 하고 싶은 품질을 P_1(LTPD)②으로 하고, 로트의 품질 P_0 이상을 합격구역, P_1

---

① Acceptance Quality Level(AQL)은 합격품질수준으로서 이것은 생산자 입장에서 볼 때 자기의 위험 α를 인정하면서 내놓은 로트가 불합격되기를 원하지 않는 한계불량률(합격될 것이라고 믿는 최대불량률)을 의미하고, 소비자 입장에서 보면 좋은 로트라고 판단하여 받아들이고 싶은 품질수준이다.

② Lot Tolerance Percent Defective(LTPD)는 로트의 허용불량률로서 β를 전제하고 내놓은 로트가 합격될 수 있는 최악의 허용불량률이다. 즉, 소비자의 입장에서 보면 이 불량률보다 더 높은 불량률을 가진 로트는 모두 나쁜 로트로 판정하여 합격시키지 않으려는 한계불량률이다.

그림 8-14 O-C곡선의 α, β, P_0, P_1의 관계

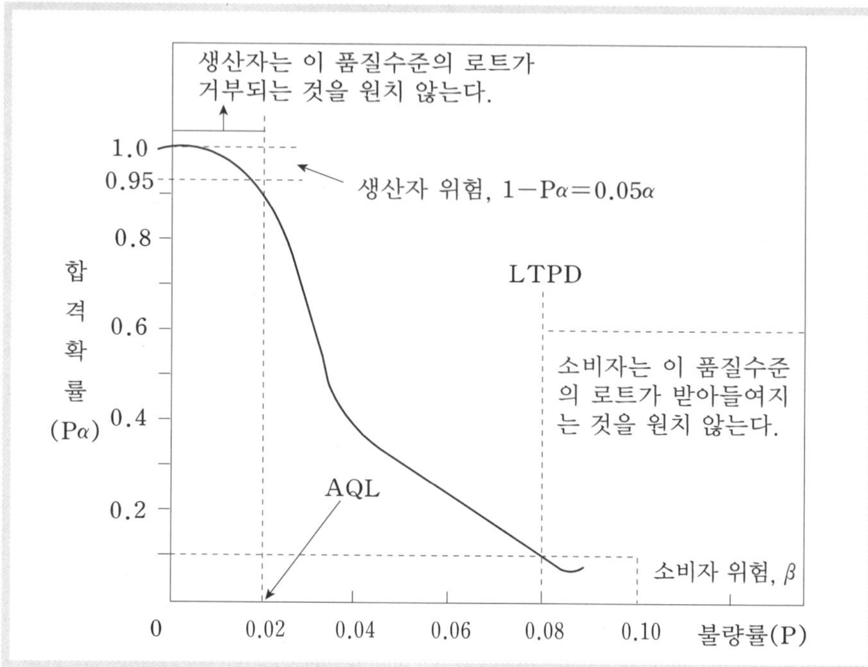

이하를 불합격구역, 그 중간을 불확정구역으로 나누어 구분한다.

이때 품질 P_0인 로트가 합격되는 확률은 $1-\alpha$ 이고 또 품질 P_1인 lot가 불합격으로 되는 확률은 β 가 된다. 일반적으로 $\alpha=0.05$, $\beta=0.10$으로 하고 있다.

이와 같이 O-C곡선을 분석하면 표본검사의 성질을 알 수 있게 된다. 즉, P_0와 P_1과의 사이의 곡선은 가급적 수직에 가깝고, 이외의 곡선은 수평에 가까울수록 이상적 곡선에 가깝게 된다. 그러나 이상적 곡선에 가깝게 되자면, 【그림 8-12】의 (C)에서 알 수 있는 것과 같이 n을 크게 하지 않으면 안 된다. 그러나 n을 너무 크게 하면 결국 전수검사와 다를 바 없게 되므로, 이것을 결정하는 데는 경제적 균형을 고려해야 한다.

POM 사례 8

전 세계 어머니들을 열광시킨 이름
독일 마파사(社)의 NUK

인공 젖꼭지와 콘돔, 그리고 산학협동.

일견 전혀 어울릴 것 같지 않은 단어들이다. 수유를 위한 인공 '젖꼭지'와 '피임기구' 콘돔은 두 단어 사이에 접속사 '와'를 놓고 비교하는 것부터가 생경하다. 심지어 불쾌한 느낌마저 치민다

게다가 산학협동이라니. 산학협동은 신기술이나 첨단제품 개발을 위해 산업체와 학계가 연구개발에 힘을 모으는 것을 뜻한다. 그런데 인공 젖꼭지와 콘돔을 위해 산학협동까지 필요하다니 언뜻 이해가 가지 않는다.

그러나 신제품 개발에는 일쑤 상식을 뛰어넘는 파격이 숨어있기 마련. 독일 마파사(社)의 성공을 견인해 낸 것도 바로 이 파격이었다.

전 세계 어머니들을 대상으로 가장 애용하는 유아용품을 꼽으라면 단연 '누크(NUK)'를 첫손에 꼽는 응답자들이 많을 것이다. 선진국에서는 누크의 세례를 받고 성장한 어린이들이 성인이 됐을 때 자신의 자녀들에게 누크 젖꼭지를 물리는 경우가 흔하다고 한다. 우리나라에서도 80년대부터 알려지기 시작, 불과 20여 년 만에 인공 젖꼭지의 대명사 격으로 자리잡았다.

바로 이 인공 젖꼭지 누크를 생산하는 업체가 '마파'. 젖꼭지 하나가 자그마한 중소기업을 세계 일류기업으로 수유시킨 드문 사례다. 누크는 이제 세계적인 유아용품 브랜드와 동의어로 불리기에 이르렀다.

콘돔 생산업체였던 마파는 원래 콘돔을 생산했고, 그것은 지금까지도 계속되고 있다. 이 사실은 일반 소비자들에게 거의 알려져 있지 않다. '마파'가 두 사람의 사주(社主) 마레와 파튀렐의 머리글자를 딴 이름이란 사실을 아는 이도 드물다. 유아용품 업체라는 특징으로 미루어 대부분의 사람들이 '마마'와 '파파'에서 연유한 이름이라고 지레짐작하는 경향이 많다. 마파가 처음부터 누크를 생산한 것이 아니었듯 당초 회사명도 마파는 아니었다.

그 전신은 1947년 설립된 프롬스사. 설립자인 E. 프롬은 영국인으로, 2차대전 발발 전의 베를린에서 콘돔공장을 운영하던 평범한 기업인이었다. 전쟁이 끝나자 그는 함부르크 인근 제벤에 있던 현재의 공장건물을 인수했다. 그리고 얼마 후부터 당초 총알 생산을 위해 지어졌던 이 공장에서 프롬스 상표가 찍힌 콘돔들이 쏟아져 나오게 되었다.

같은 장소에서 전쟁 중에는 총알을 만들고, 평화가 시작되자 콘돔을 제작한 것이다. '67년, 하노버의 콘돔 생산업체 블로우지겔사와 합병, 프롬스-블로우지겔사로 사명이 바뀌었다. 그리고 2년 뒤 프랑스인 마레와 파튀렐이 프롬스-블로우지겔을 인수하면서 마파로 간판을 바꾸어 단 것이다. 이때 생산품목에 고무장갑이 추가되기도 했다.

그렇다면 마파가 인공 젖꼭지를 생산하게 된 동기는 무엇일까. 어지간한 이슈에는 관심의 촉수를 뻗지 않는 현대인들에게조차 콘돔과 인공 젖꼭지의 모태가 한 회사라는 사실이 께름칙하게 느껴지는 것을 보면 당시에는 더 말할 나위가 없었을 터. 그 산파 역할을 한 것이 바로 산학협동이다.

독일인 치과의사 뮬러 박사는 아동 치아를 연구하던 중 대다수 아동들의 치열이 고르지 못하다는 점에 의문을 품게 됐다. 당장 그 원인을 알아내기 위한 연구에 몰두한 결과 손가락을 입에 넣고 빠는 버릇에서 비롯된 현상임을 밝혀냈다. 딱딱한 손가락은 잇몸이 무른 아이들의 치아에 적지 않은 무리로 작용한다는 것이다.

문제는 아이들이 손가락을 빠는 습관은 본능과도 같은 것이어서, 습관 자체를 바꾸기란 거의 불가능하다는 데 있었다. 지그문트 프로이드는 이러한 습관이 가장 극심한 시기를 구강기(口腔期, 생후 18개월까지)로 분류한 바 있다.

뮬러 박사는 손가락을 대신할 대체용품을 찾기 시작했는데, 물론 잇몸에 무리를 주지 않는 것이어야 했다. 기존에 만들어진 제품에서 원하는 것을 찾지 못한 그는 자신이 직접 만들어 내는 쪽으로 방향을 바꿨다. 뮬러 박사는 어머니의 젖꼭지가 유아들의 입에서 입천장과 혀, 이와 잇몸의 힘을 받아 형태가 변한다는 사실을 알아내고, 그렇게 변형된 상태와 똑같은 형태의 인공 젖꼭지를 만들었다. 그리고 자신이 디자인한 젖꼭지를 사업화할 수 있는 업체를 물색하기 시작했다. 고무를 이용, 정교하게 제품을 만들 수 있는 기술이 필요했기 때문이다. 그러던 중 콘돔, 고무장갑 등 고무제품 분야에서 독보적인 명성을 누리던 마파가 눈길을 끌었던 것이다.

뮬러 박사의 제안은 마침 사업다각화를 꾀하고 있던 마파사의 이해와 꼭 맞아떨어졌다. 인공 젖꼭지는 물론 생소한 분야였지만 고무제품이 주 생산품목이었던 만큼 두려워할 이유도 없었다. 그것을 가능케 한 것은 현재까지도 일관되게 유지하고 있는 마파의 열린 경영마인드 덕분이기도 하다.

마파는 뮬러 박사의 디자인을 사용하는 대가로 매출액의 일정 부분을 장기간 로열티로 지급한다는 내용에 합의했다. 그 후 양측은 인공 젖꼭지 상품화를 위한 본격 연구에 돌입했다. 오늘날의 산학연대 형태와 비교하면 소박한 수준에 불과했으나 당시로서는 산학협동의 새 장을 연 획기적 사건이었음이 분명하다. 이때의 경험은 마파로 하여금 연구개발투자 규모를 대폭 늘리는 계기를 제공하기도 했다.

마파가 처음 내놓은 제품은 노리개 젖꼭지. 인체공학적 특성이 알려지면서 날개 돋친 듯 팔려 나갔고, 마파는 단숨에 독일 유수의 기업으로 발돋움했다. 그리고 콘돔에 쓰던 기존 상표를 그대로 쓰는 것은 문제가 있다고 판단, 새로운 제품에 어울릴 만한 상표를 찾기 시작했다. 그것이 바로 누크. 자연과 흡사하며 턱에 적합하다(Naturally Und Kidfer)는 뜻을 가진 이름이다.

'78년 마파는 세계적 기업으로 도약하는 계기를 마련하게 된다. 당시 아이들의 젖병은 무겁고 깨지기 쉬운 유리제품 대신 플라스틱 젖병으로 대체되고 있었는데, 마파는 플라스틱이 인체에 해로운 영향을 줄 수 있다는 점에 착안, 대체품 개발에 집중했다. 그 결과 세계 최초로 폴리카보네이트 젖병을 개발하는 데 성공한 것이다. 전 세계의 어머니들은 깨끗하고 투명하며 열에 변형되지 않는 누크의 폴리카보네이트 젖병에 사로잡히고야 말았다.

이후에도 마파의 연구개발은 끊이지 않았다. '80년부터는 죽, 우유, 주스 등 내용물에 따라 구멍 크기를 달리한 제품을 선보였다. 성장 정도에 맞춘 다양한 젖꼭지도 생산해 냈다. 특히 미숙아가 늘어나는 추세를 감안, 이들에게 적정한 젖꼭지를 개발하고 있기도 하다. '83년에는 수유용 젖꼭지에 공기구멍을 뚫어 특허를 냈다. 이 구멍은 젖병의 우유가 원활히 나올 수 있도록 도와주는 역할을 한다.

마파의 연구개발 노력은 생산공정에도 그대로 반영되었다. 젖꼭지는금형을 생고무풀에 담가 건조시킨 후 레이저로 구멍을 뚫어 생산한다. 플라스틱 노리개를 만들거나 레이저로 구멍을 내는 기계 등을 자체 개발한 것이다.

하지만 마파에도 시련기는 있었다. 호사다마라는 말마따나 전혀 예상치 못했고, 기회라고 여겼던 일이 시련으로 돌변하자 충격은 더욱 컸다. 그것은 다름 아닌 독일 통일. 기존 서독 지역 이외에 과거 동독 지역으로 시장을 확대할 수 있는 기회로 여겼던 마파는 누크의 판매가 늘기는커녕 정체 상태에 빠지자 당혹감을 감추지 못했다.

미래에 대한 확신을 잃은 독일 통일 직후의 국민들이 드러나게 출산율을 낮추었던 것이다. 이는 당연하게도 수요 감소로 이어졌다.

'91년, 누크의 매출액은 1억 마르크로 전년과 비슷한 수치에서 멈춰버렸고, 80%에 육박하던 독일 시장점유율은 71%로 떨어졌다. 분명 위기였다.

마파 특유의 열린 경영마인드가 새삼 진가를 발휘하기 시작한 것도 이때였다. 사고 전환과 기술개발로 위기를 돌파하기로 결정한 마파는 유아용품의 경우 사용자와 구매자가 다르다는 점을 파고들었다. 그동안은 사용자인 유아에만 초점을 맞춰 구매자인 어머니를 간과해 왔던 것. 마파는 미적인 감각이라고는 없는 갈색의 밋밋한 젖병을 '독일의 월트디즈니' 라 불리는 야노쉬의 그림으로 화려하게 장식했다. 야노쉬에게 지급하기로 한 로열티 덕분에 제품 가격이 20%나 인상되었지만, 이로써 누크는 다시 옛 영화를 되찾을 수 있었다.

노리개 젖꼭지에도 변화를 시도했다. 과거 흰색 일색이었던 제품에 24가지 색깔을 입혀 다양화시킨 것. 이제 구매자인 어머니들은 유아의 옷과 한 벌 맞춤으로 노리개 젖꼭지를 물릴 수 있게 되었다.

마파는 이처럼 위기를 기회로 살려 제품 다각화에 나섰다. 다양한 제품을 직접생산 또는 OEM형태로 선보이기 시작했는데, 소비자들의 인지도와 신뢰에 힘입어 결과는 대성공으로 이어졌다. 앞으로는 분유와 식품을 제외한 모든 유아용품 생산에 나선다는 계획이다.

외국 에이전트들도 독자적인 제품다각화 전략을 수립하도록 하고 있다. 각 나라와 에이전트의 특성에 맞게 자율적으로 제품을 생산, 판매할 수 있도록 방향을 선회한 것이다. 본사에서 생산하지 않는 제품도 누크 상표의 사용을 허락하는 대신 생산공정과 제품을 직접 점검하는 등 품질관리에 각별한 신경을 기울이고 있다. 국내 에이전시인 보령메디앙스도 모기업인 보령제약의 기술력에 힘입어 기능성 유아화장품을 생산한 후 누크 상표를 붙여 판매하고 있다.

마파의 이 같은 세계화 전략은 열린 경영마인드로부터 비롯된 것이다.

기술개발에 대한 투자와 파격에 가까운 사고전환이 결합된 마파의 성공은, 우리 기업들에게도 시사하는 바가 크다고 하겠다.

〈자료: "세계의 중소기업," 생산기술, 2001년 7 · 8월호〉

■ 내용요약(Chapter Summary)

좋은 품질의 제품이란 그 용도, 성능, 가격 등이 다 같이 소비자가 요구하는 조건에 적합한 것이라야 한다. 즉, 제품의 품질은 절대적 의미의 최상품이라는 뜻이 아니라, 소비자의 조건을 만족시킬 수 있는 최상품이라는 뜻으로 해석된다.

품질은 사용자에 따라, 특히 시장에 있어서는 그 품질수준에 따라 의미가 달라진다. 즉 생산되는 품질과 시장에서 요구되는 품질(quality of market)이 다르며 생산되는 품질은 또 실제품질(quality of design)과 제조품질(quality of conformance)로 구분된다.

현대 품질관리에서는 공정품질의 변동축소에 초점을 두는데, 이를 위해 품질변동의 측정과 변화하는 데이터를 통계적으로 분석 내지 해석하고 관리하는 통계적 기법을 통틀어서 통계적 공정관리(SPC: statistical process control)라 한다.

본 장에서는 이러한 공정품질의 변동원인을 찾고, 이러한 원인을 제거하기 위한 품질관리기법으로 관리도의 활용과 해석방법, 다구치에 의한 통계적 품질관리기법을 검토하고, 최소비용으로의 표본선정과 이러한 표본으로부터의 검사특성을 찾아 주는 검사특성곡선의 기능과 활용에 대해 살펴보았다.

■ 참고문헌(References)

1) J. M. Juran and F. M. Gryna, Jr., *Quality Planning and Analyses*, McGraw-Hill, 1980.
2) A. V. Feigenbaum, *Total Quality Control*, McGraw-Hill, 1983.
3) ANSI/ASQC, Standard A3-1978, Quality System Terminology.
4) JIS Z8101-1981.
5) A. V. Feigenbaum, *op. cit.*, pp. 15~17.
6) A. J. Duncan, *Quality Control and Industrial Statistics*, Richard

D. Irwin, Inc., 1974.

7) J. M. Juran and F. M. Gryna, Jr., *op. cit.*, p. 13.

제 9 장

생산시스템의 자동화

학습목표

- 제조기업의 공장자동화의 필요성에 대해서 이해한다.
- 공장자동화의 단계에 대해서 이해한다.
- FMS, GT 등에 대해서 이해한다.
- AMT와 그 구성요인에 대해서 이해한다.
- 생산시스템의 정보화에 대해서 이해한다.

1. 공장의 자동화(Factory Automation)

현대 기업의 생산자동화는 무인화공장(full automation 또는 unmanned factory)을 실현하는 것이다. 아직 무인화공장이 실현된 것은 아니지만 컴퓨터의 발달로 장치산업의 무인화는 물론 다품종 소량생산에서조차 무인화 공장으로 진전되고 있다.

생산자동화는 대량생산을 위해 개발되기 시작하였다. 처음에는 한 대의 기계자동화 즉 자동기계(automatic machine)에서 트랜스퍼 머신(transfer machine)으로 진행되면서 단일제품의 자동연속생산공정이 이루어진다. 트랜스퍼 머신은 단일품목의 가공물을 생산하는 데 요구되는 작업순서에 따라 예를 들면, 밀링, 보링, 드릴링 등과 같은 일련의 가공 헤드(head)와 가공 대상물의 자동운반시스템이 결합된 거대한 자동생산라인이라고 할 수 있다.

이는 1924년 영국의 모리스(Morris)자동차에서 실린더 블록을 제작하기 위해 만들었다. 자동차회사에서 엔진 블록을 가공할 때 트랜스퍼 라인을 통하여 밀링, 선반, 보링, 드릴링 등의 150가지 가공작업과 자동운반이 이루어지면서 엔진이 완성된다. 그러므로 트랜스퍼 라인(transfer line)은 시스템 자동화의 계기가 된다. 그러나 트랜스퍼 머신은 단일제품의 자동화된 연속생산공정에 적합하기 때문에 다양한 품목의 가공에는 적응력이 부족한 전용기계설비에 속한다. 또한 단순한 자동화의 방식으로 기계적 자동화이다. 오늘날과 같은 피드백 컨트롤이 아니고 오픈 시스템 컨트롤이다. 따라서 가공작업이 자동적으로 수행되어도 가공결과를 확인, 비교, 판단해서 가공공정을 수정하는 기능을 갖추지 않은 것이다. 이러한 자동화시스템을 고정 오토메이션(fixed automation)이라고 한다.

1.1 공장자동화의 필요성

생활수준 향상에 따른 소비자의 수요패턴이 복잡, 다양화되면서 제품의 수명주기(PLC: Product Life Cycle)가 빠른 속도로 단축되고 있고① 제품단위당의 판매량도 감소하는 추세를 보이고 있다. 이에 따라 기업의 제품생산방식은 규모의 경제에 근거한 소품종 대량생산체제에서 다품종 소량생산체제로 전환하여 규모의 경제(Economy of scale)를 실현하려고 한다.

제품생산방식의 전환은 생산시스템의 유연성과 적응력을 향상시킬 수 있는 생산기술을 발전시켰으며 이러한 기술을 이용한 공장자동화(FA: factory automation)가 시대적 요구에 부응할 수 있는 최선의 생산방식으로 인식하게 된 것이다.

최근 주요 선진국에서는 세계시장에서의 자국상품 경쟁력을 높이기 위해 산업 전반에 걸쳐 공장자동화를 적극 추진하고 있으며 그 결과 생산원가절감, 품질향상 등의 성과를 올리고 있다.

한편 우리나라는 대외적으로 통상마찰의 심화, 후발개도국의 추격 및 원화절상의 가속화 등 수출환경이 악화되고 있는 가운데 대내적으로는 성장에 대한 균형분배 요구가 고조됨에 따라 근로자의 임금수준이 상승하여 제조원가도 높아지고 있다.

이러한 대내외 환경변화에 대처하기 위한 방안의 하나로 국내기업들은 생산시스템 개선을 통한 생산성향상을 도모하고자 공장자동화에 많은 관심을 보이고 있으며 공장자동화설비 생산업계에서도 생산시스템 확충을 위한 투자를 강화하고 있다. 그러나 공장자동화에 대한 인식이 일반적으로 인건비절감 차원을 벗어나지 못하고 있는 실정이므로 공장자동화를 추진하기에 앞서 공장자동화에 대해 정확히 이해하여야 할 필요가 있다.

1.2 생성배경

1920년경에 시작된 초기의 자동화 기술개발은 고정형 자동화(transfer automation)로서 제품을 대량생산할 때 사용하였으며, 1952년 MIT에서 3차원 NC밀링기계를 개발한 것을 기점으로 다양한 제품을 단일기계에서 자동으로 가공할 수 있는 "프로그램형 자동화"로 발전하였다.

---

① 70년대 이후 세계시장에서 제품수명주기는 1/2 내지 1/3 수준으로 단기화되었다.

공장자동화를 시도한 주된 목적은 공장작업자(blue collar)의 단순반복적인 작업이나 위험한 작업들을 자동기계로 대체함으로써 노동력절감과 안전조업을 가능하게 하는 데 있었다. 그 결과로 물자의 배급자동화, 조립공정의 자동화를 이루었고, 노동력절감을 가능하게 하여 단위시간당 생산량의 증가와 노무비절약이라는 이중효과를 거두었다.

이러한 자동화는 소비자의 다양한 욕구를 만족시키기 위한 적응형 자동화(flexible automation)로 발전하여 수치제어 공작기계, 무인운반차, 자동공구교환장치, 컴퓨터시스템 등으로 이어진다.

1.3 개념과 형태

FA는 단순히 공장 내부의 생산공정을 부분적으로 자동화하는 것이 아니라 【그림 9-1】에서 보는 바와 같이 수주에서부터 설계, 제조, 검사 및 출하에 이르기까지 공장 전반의 흐름에 대한 자동화를 지향하는 일련의 시스템을 말한다.

그림 9-1 FA의 개념도

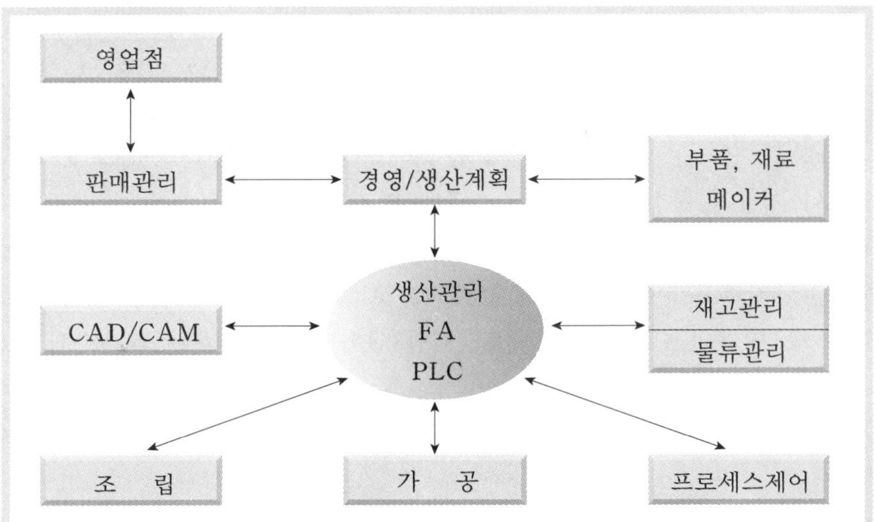

주: FA 중에서도 컴퓨터시스템에 의한 제품의 설계와 생산공정의 자동연결시스템을 별도로 CAD/CAM이라 부른다.

FA는 크게 3가지 형태로 대별할 수 있는데,

① 조립, 시험, 운반, 제작 등 생산 관련 설비의 자동화,

② 연속일련공정의 계측제어시스템의 자동화,

③ 생산 각 현장과 지원부서간의 사무정보처리, 즉 생산계획, 작업지시, 자재청구 및 지출, 제조보고와 같은 각종 현장관리업무의 자동화로 구분할 수 있다.

대량생산이 아닌 경우 종래에는 범용기계설비로 기능별 배치의 공정에서 다양한 제품생산을 하는 것이다. 생산시스템은 노동집약적이고, 생산준비에 많은 시간과 노력이 소요되며 또한 품종당 생산량이 적어서 학습효과(learning effect)도 기대할 수 없고 생산성이 떨어진다. 그런데 시장에서 개성화의 요구, 제품수명주기의 단축과 경제적 생산의 요구 등으로 적은 로트(lot)를 경제적으로 생산할 수 있는 생산자동화 실현이 요구된 것이다. 이러한 요구에 대해 여러 가지 기법과 접근방법이 제안, 개발되어 왔는데 그 중 중요한 것은 그룹테크놀로지(Group Technology)를 비롯하여 수치제어기(NC machine), 산업용 로봇(Industrial Robot), 유연생산시스템(FMS), CAD/CAM, 자동 저장 및 검색시스템(Automated storage and retrieval system), 컴퓨터통합생산(CIM) 등이 있다.[1)]

1.4 공장자동화의 단계

FA의 단계는 어떤 관점에서 분류하느냐에 따라 여러 단계로 구분할 수 있으나 기술적 통합수준을 기준으로 보면, ① 단체기계(stand-alone), ② 셀(cells), ③ 자동화시스템의 연결(linked islands), ④ 완전통합(full integration) 등의 4단계로 구분된다.[①] 현재 세계적으로 널리 사용되고 있는 공장자동화유형은 제1단계인 단체기계와 제2단계인 셀이며 3~4단계는 일반화되고 있는 추세이다.[2)]

【그림 9-2】는 자동화단계에 따라 설비 사용목적, 기대이익, 조직에의 영

---

① 한국생산성본부가 자동화단계를 정보의 입력형태와 정보의 처리과정을 중심으로 구분한 예를 보면, 1단계-수작업, 2단계-기계화, 3단계-단위기계의 일부자동화, 4단계-단위기계 완전자동화, 5단계-생산라인의 자동화, 6단계-공장 전체의 자동화 등이다.

그림 9-2 공장자동화의 유형별 특징

제1단계	제2단계	제3단계	제4단계
단체기계 • NC공작기계 • 로봇	셀(cells) • GT기술 • 유연생산시스템 • 컴퓨터를 이용한 엔지니어링	자동화시스템의 연결 • 자원계획 • 컴퓨터를 이용한 설계, 제조 • 자동보관, 검색시스템 • GT기술/자동공정계획	완전통합 • 컴퓨터통합에 의한 완전자동화

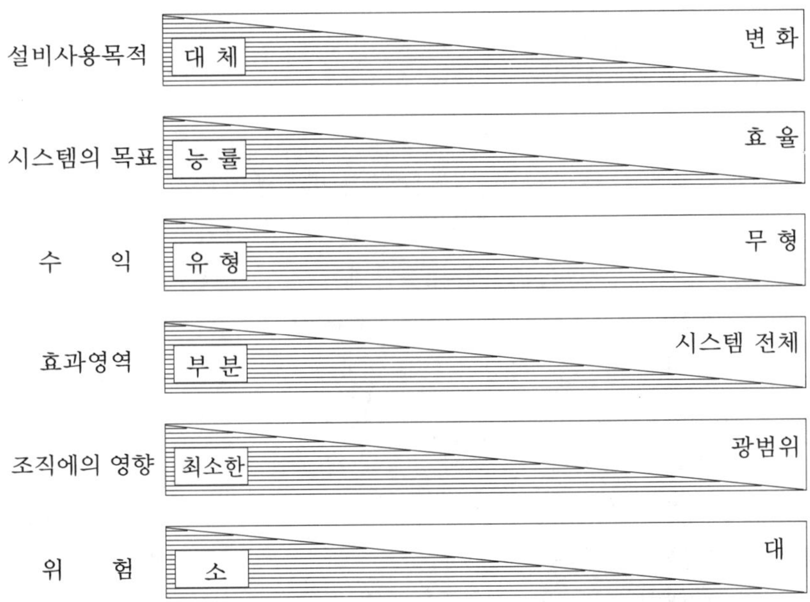

자료: Sloan Management Review, Summer 1987.

향, 위험도 등이 변화하고 있음을 보여주고 있다. 기술적 통합수준이 높을수록 기대이익이 무형적이며 조직에의 영향이 광범위하고 수반되는 위험도 증가한다.

그러나 동일한 자동화설비라도 사용목적에 따라 기술적 통합수준에 의한 구분이 달라진다는 사실을 주목해야 한다. 예컨대, 로봇이 다른 기계나 노동력을 대체하기 위해 도입되었다면 제1단계, 셀을 이루기 위해서라면 제2단계, 자동화시스템의 연결을 창출하기 위해서라면 제3단계, 완전통합플랜트 부분으로 사용되기 위해서라면 제4단계로 분류하여야 한다. 즉, 특정의 자동화설비가 어느 단계에 해당된다는 획일적 구분보다는 설비를 이용하는 개별기업의 목적에 따라 기술적 통합수준이 결정되어야 한다. 기술적 통합의 단계별 특징은 다음과 같다.

1) 제 1 단계: 단체기계(stand-alone)

단체기계는 내장된 컴퓨터나 프로그램 변경이 가능한 제어기(Programmable Logic Controller: PLC)① 에 의해 통제되는 기계로서 NC공작기계, 로봇, 유선무인차량(wire-guided vehicles), 제한적 정보를 필요로 하는 기타 장비 등을 말한다. 이 수준의 시스템은 공장자동화의 가장 일반적인 형태로 어디서나 쉽게 발견할 수 있다.

다품종 소량생산의 자동화 노력은 범용기계설비에 제어장치를 부착해 가공작업에 대한 적절한 지시와 생산이 가능한 자동제어형 기계설비의 발달로 이어진다. 1952년 최초로 미국에서 수치제어 밀링 머신을 개발하게 된다. 즉 수치제어기계(NC: Numerical Control machine)의 출현을 보게 된다. 이는 펀치된 테이프나 컴퓨터에 저장된 프로그램에 담고 있는 수치정보, 가공조건, 공구의 경로와 가공정보에 의해 가공(절삭)공구의 위치와 가공경로를 조절하면서 절삭작업을 수행한다. 가공 대상물의 특정한 위치를 가공할 경우 공구의 위치를 제어하여 가공하고, 공구의 이동 중에는 가공하지 않도록 하는 위치결정제어, 절삭경로를 하나의 축으로 제어하는 직선절삭제어와 연속적으로 제어하여 복잡한 형상으로 가공하는 윤곽절삭제어를 피드백컨트롤(feedback control)에 의하여 수행한다. 따라서 다양한 제품의 종류와 수량에 대해 적응력이 생기고, 복잡한 형상으로 제품의 가공이 가능하게 되고, 미숙련공으로 정도가 높은 균질의 가공이 가능하며, 가공시간의 단축, 재공품재고 감소, 생산원가의 절감 등의 효과를 가져온다. 따라서 미국의 기계공업에서는 오토메이션이 그룹 테크놀로지(GT)보다 NC화의 방향으로 전개되고 있다. 이러한 NC가 머시닝 센터(machining center)로 개선된다.

---

① PLC(Programmable Logic Controller)는 FA의 필수기기로서 프로그램이 가능한 공정제어시스템을 말한다. 이 시스템은 이미 작성된 프로그램에 따라 각종 자동기계 및 설비를 제어하는데 주로 기계 및 설비제어, 단일공정제어 또는 가공조립라인의 자동제어 등에 이용되며 여러 시스템을 연결하여 전체공정을 제어하기도 한다.

설비 사용목적은 목적설비에 의해 현재의 기계나 노동력을 대체함으로써 제품품질 향상, 능률제고, 신속화 등을 추구하면서 현재의 작업을 계속하고자 하는 것이다. 설비대체를 통하여 검사횟수의 감소, 재고수준의 저하, 재작업 및 스크랩 감소, 비가동시간단축 등 비용절감을 달성할 수 있다.

한편 단체기계에 의한 설비대체는 최소한의 위험을 유발할 뿐이며 기업조직구조에 영향을 미치지는 않고 새로운 설비와 그와 관련된 시스템에 한하여 영향이 미친다. 만약 자동화설비가 기대하는 바와 같이 가동되지 못할 경우에 경영자는 아무런 장애 없이 문제점을 수정할 수 있다. 또한 어떤 위험이 존재한다면 그것이 무엇인가를 잘 알기 때문에 위험에서 파생될지도 모를 실패를 회피하는 조치를 즉시 강구할 수 있다.

2) 제2단계: 셀(cells)

제2단계인 셀에서는 제1단계에 비해 생산조직 내에서 더 높은 수준의 상호작용과 커뮤니케이션을 요구한다. 셀은 전형적으로 부품군을 개별적인 단체기계의 복합체로 구성되어 있다. 역서 부품군이란 생산시스템에서 유사한 공정을 갖거나 모양 · 크기와 비슷한 부품을 모은 것을 뜻한다.

통합된 정보시스템의 능력을 통하여 다양한 기능을 수행하는 셀은 제품믹스, 생산능력, 제작소요시간, 또는 이러한 요소들의 결합 등에 있어 요구되는 변화에 대처할 수 있다. 따라서 제품생산전략은 어느 정도 탄력성을 갖게 된다.

NC기계는 일반적으로 하나(또는 여러 개)의 절삭공구를 가진 터릿(turret)대에서 단기능의 작업을 수행하는 것이다. 이러한 NC기계에서 진전되어 다기능의 작업을 자동적으로 할 뿐만 아니라 각 작업간의 운반을 자동적으로 처리하도록 하는 머시닝 센터(machining center)를 탄생시켰다. 이러한 머시닝 센터는 수십 개의 절삭공구를 공구 매거진(tool magazine)에 준비하여 지령에 따라 필요한 절삭공구를 선택하고, 앞의 작업에서 쓰인 절삭공구는 자동적으로 교환하는 자동공구바꿈장치(automatic tool changer)에 의해 다양한 가공작업을 자동으로 수행하는 수치제어복합공작기계이다.

머시닝 센터는 다양한 종류의 부품 가공을 자동적으로 수행한다. 또한 생산에 필요한 시간이 정확하게 파악되어 공정관리도 용이하게 될 뿐만 아니라 생산의 효율성도 제고된다. 머시닝 센터에 가공물의 자동착탈(loading and unloading)을 하는 산업용 로봇과 가공대기 스테이션(station)을 갖추게 되면 머시닝 셀(machining cell)이라고 한다.

제2단계의 예로는 집단관리기술(GT), 유연생산시스템(FMS), 컴퓨터를 이용한 엔지니어링(CAE)을 들 수 있다. GT는 제품과 부품군을 생산하기 위해 설계나 제조공정이 비슷한 가공물을 그룹화하여 각 그룹에 적합한 공작기계군과 공구를 사용하여 가공함으로써 작업준비기간, 공정중 운반시간, 가공대기시간을 줄이고 생산공정을 개선, 효율적 공구관리 및 표준화된 공정계획을 도모하는 생산기술이고, FMS는 자동물류처리를 포함한 약간의 수치제어기계로 구성되며, CAE는 적응력분석, 유한요소 모델링 및 제품의 컴퓨터화 모델을 위해 수행되는 엔지니어링 업무를 말한다.

한편 이 수준에서의 중요한 기대효과는 유연성 증가, 제작소요시간의 단축, 재공품 감소, 순조로운 작업흐름 및 품질수준제고 등이다.

3) 제3단계: 자동화시스템의 연결(linked islands)

제2단계의 셀들이 컴퓨터화된 정보시스템을 통해 연결됨으로써 자동화시스템의 연결이 가능해진다. 이 수준에서는 기업 내의 많은 부문과 기능이 심한 생산시스템 변화에 의해 영향을 받으며 그 변화는 조직구조에도 영향을 미친다.

자동화시스템의 연결로 얻어지는 생산유연성은 기업에 경쟁이점을 제공한다. 즉, 더 쉽고 빠르게 신제품을 제조하거나 새로운 시장에 진입할 수 있는 능력, 생산과정에 상승작용(synergy effect)을 가져오는 기회, 다른 경쟁자의 시장진입을 막을 수 있는 능력 등이 그것이다.

그러나 이 수준에서의 집중적인 통합과 복잡성은 많은 위험을 내포하고 있기 때문에 한 분야에서 실패하거나 완전조정이 부족할 경우 전체 네트워크가 실패하게 되거나 최소한 유효성을 손상하게 된다.

제3단계에서는 컴퓨터를 이용한 설계와 제조(CAD/CAM)가 포함되는데 컴퓨터를 이용한 설계는 부품과 조립품의 모양 · 크기를 결정하고 분석하여 설계하는 기법이다.

FMS에 CAD(Computer-Aided Design)가 채용되면 CAD/CAM

(computer-aided design and computer-aided manufacturing)이라고 한다. CAD와 FMS가 결합되면서 FMS가 CAM으로 바꾸어져서 CAD/CAM이 탄생했다고 볼 수 있다. 이는 제품의 설계에서 제조까지를 자동화하는 것을 의미한다. CAD/CAM은 CAD와 CAM의 결합(merger)이며, 두 시스템의 상호작용(interaction)을 의미한다. 특히 이들의 결합은 제품설계에서 제조로 변이(transition)의 자동화라는 데 중요한 의미를 갖는다. 신제품의 시장 수요변화에 맞춰 신속히 설계되어 신속히 경제적으로 생산할 수 있도록 생산계획의 수립, 제품절차(product routing)의 결정, NC프로그램의 생성, 생산설비의 작업준비, 생산일정의 확정, 생산공정의 통제 등을 컴퓨터에 의해 자동적으로 수행한다. 그러나 CAD/CAM은 공장 전체의 자동화는 아니다. 즉 무인화 공장은 아닌 것이다.

컴퓨터를 이용한 제조는 제조공정을 계획, 관리, 통제, 감시함에 있어 컴퓨터를 이용하는 것으로 NC프로그래밍, 자동공정계획, CNC 또는 DNC, 재고관리, 공정일정계획 등을 말한다. 제3단계의 다른 예로는 자동보관 및 검색시스템, 집단관리기술/자동공정계획(GT/GATT), 제조계획(MRP: Manufacturing Resource Planning) 등이 있다. 이 중 제조자원계획은 자재소요량계획(MRP-1: Material Requirements Planning)①과는 달리 자재뿐만 아니라 기계, 인력, 장비 등 제조과정에 필요한 모든 자원을 계획하고 제어하는 시스템이다.

4) 제 4 단계: 완전통합(full integration)

기술적 통합수준의 최고단계인 완전통합은 광범위한 정보네트워크를 통해 모든 제조기능 및 관련부문을 연결시키는 것이다. 이 수준에서는 제3단계의 모든 시스템을 포괄하는데 일반적으로 컴퓨터 통합자동화(CIM: Computer-Intergrated Manufacturing)로 알려져 있다.

컴퓨터 통합자동화와 기업 전체를 하나로 묶는 시스템(소위 컴퓨터 통합경영)을 구별해야 할 필요성이 있는데, 컴퓨터 통합자동화는 생산부문이 마케팅 전망과 조사, 필요자금조달과 같은 타부문과 어떻게 상호작용하는가에 초점을 맞추고 있다.

---

① 이를 MRP-1이라고도 부른다.

통합경영은 기업으로 하여금 시장에서 진정한 경쟁적 수단으로 작용하는 새로운 생산전략의 수립을 가능하게 하지만 통합의 정도가 구매, 재무, 마케팅 및 최고경영자 기능까지 경영관리 전반을 포함하기 때문에 기업경영에 있어 중요한 조직적 변화가 수반된다. 따라서 이 수준에서의 위험은 대단히 크다.

1.5 FA의 효과

FA의 효과는 원가(cost), 납기(delivery), 품질(quality)의 3측면에서 파악되는데, FA의 결과로 얻는 가장 큰 효과는 노무비, 재료비, 직접경비 등 직접원가에서 뚜렷하게 나타나며, 부대적으로 설계 및 제품경비, 관리부문의 인건비절감도 가능하다.

다음으로 수요자의 요구에 즉시 대응할 수 있는 유연한(flexible) 생산체제를 형성함으로써 판매증대와 부품 및 반제품의 정체시간을 줄여 납기를 지킬 수 있다.

마지막으로 불량률을 감소시키고 동일 원료에 대한 제품의 생산비율을 높일 수 있으므로 품질의 향상에 따른 소비자의 신뢰도제고 및 기업의 경쟁력을 신장시킨다.

이를 구체적으로 살펴보면, 종래의 생산설비는 사실상 작업자가 사용하기 전까지 유휴화되는 경우가 대부분이어서 자원의 낭비를 초래하였다. 한 조사에 의하면 설비의 총사용가능시간 중 70% 정도가 유휴화되는 것이 일반적인 경우로 나타나고 있다.[3)]

그러나 공장자동화설비는 단지 설비를 계속적으로 작동하고 생산하게 함으로써 생산설비의 활용도를 증가시킨다. 즉, 작업준비시간의 단축, 유휴시간의 감소 및 가동시간의 감소 등을 통해 제조소요기간을 단축함으로써 설비가동률이 향상된다. 작업준비시간의 단축은 생산에 필요한 치구의 자동교환, 공구의 자동교환 등을 통하여 이루어진다. 또한 유휴시간의 감소는 공구 및 가공물의 자동교환, 공구의 자동조정, 제어기능의 자동화 및 자동위치결정에 의해, 그리고 가공시간의 감소는 여러 공구에 의한 동시가공, 다축가공 및 적응제어의 도입 등에 의해 달성될 수 있다.[4)]

설비활용도의 증가는 생산제품의 증가로 연결되어 단위당 생산비용을 감

표 9-1 공장자동화의 이점 (단위: %)

노무비 절감	5~20	총생산 증가	40~70
엔지니어링 설계비용 감소	15~30	제조운영시간 증가	200~300
총리드타임 단축	30~60	제조품질수준 제고	200~500
재공품 감소	30~60	엔지니어링 생산성 향상	300~350

자료: George Sutton, *CIM Options and Implementation*, 1986.

소시킴으로써 생산원가절감에 직접적으로 영향을 미치고 있다.

한편 공장자동화는 제품품질의 균일성을 촉진하여 궁극적으로 생산성향상에 기여한다. 공장자동화의 일반적 특징으로 신속성과 정확성을 들 수 있는데 자동화설비는 가동의 정확성에 의해 동일 공정을 반복하여 품질수준의 균일화를 촉진한다. 기업의 공장자동화를 추진하는 이유가 원하는 제품을 신

표 9-2 전통적 생산방법과 공장자동화 비교

	기본개념	공장의 특성
전통적 생산방법	• 규모의 경제 • 학습곡선 • 직무전문화 • 표준화 • 변동비의 분리 • 유연성과 다양성 제고에 따른 비용증가	• 집중화, 대형공장 • 라인의 균형, 흐름의 매끄러움 • 표준제품설계 • 낮은 변동비율과 높은 안전성 • 완충적 용도의 재고자산 • 조직개념으로서 집약화된 공장 • 자금의 명확화 • Batch 시스템
공장자동화	• 범위의 경제 • 제품 라이프사이클의 단축 • 다용도 설비 • 무인시스템 • 비용의 통합 • 다양성 • 수익성이 전제된 유연성과 다양성	• 분산화, 분산된 설비능력 • 유연성 • 적은 비용의 기능전환 • 주문상품의 다량생산 • 혁신과 대응성 • 수요와 직결된 생산 • 보상과 직결된 책임 • 흐름시스템

속 · 저렴하게 품질불량 없이 생산하는 것이라 할 때 품질수준의 균일성은 기업성장의 전제조건이 된다.

이상과 같이 공장자동화는 기존의 대량생산설비로는 달성하기 어려운 설비활용도 제고 및 품질의 균일화를 통하여 생산성향상을 가능케 한다. 컴퓨터 통합자동화를 먼저 시도하고 있는 미국기업들을 대상으로 공장자동화의 이점을 조사한 결과를 보면 자동화 이점 중 가장 큰 것은 【표 9-1】에서 보는 바와 같이 엔지니어링 생산성향상으로 나타났다. 이 결과는 최근 노사분규 등에 의한 노무비 상승추세에 대처하기 위해 공장자동화를 적극 추진하려는 우리 기업에 시사하는 바가 크다. 즉, 자동화의 이점 중 노무비절감이 차지하는 비중이 가장 작은 것으로 나타나고 있으므로 공장자동화에 대한 인식을 새롭게 해야 한다.

이상과 같은 공장자동화의 이점과 관련하여 종래의 전통적 생산방법과 양자를 비교해 본 것이 【표 9-2】이다.

2. CIM, FMS, GT

2.1 컴퓨터 통합생산시스템(CIM)

CIM은 컴퓨터 통합생산시스템을 의미하는 것으로 최근에 생산현장의 자동화 기술과 컴퓨터의 발달로 인해 두 가지가 통합되면서 자연스럽게 형성된 신기술분야라고 할 수 있다.[5)]

1990년대 들어서면서부터 더욱 치열해진 외국기업들과의 경쟁, 생산성 저하, 기술자원의 부족은 제조기업으로 하여금 컴퓨터를 통한 자동화기술의 실행에 대한 필요성을 증대시키고 있다. 대화형 컴퓨터 그래픽, 소프트웨어 공학과 생산운영에서의 엄청난 기술의 발전, 그리고 저가의 컴퓨터의 대두로 많은 생산자동화 기술이 제조현장에 소개되고 있다.

미국의 기업들은 1980년대 초중반에 생산자동화기술에 대해서 1,000억달러 이상을 투자하였다고 한다. 이러한 자동화기술의 구성요소들은 주로

CAD, GT, MPCS, ASR, CAM, Robotics 등이다. 또한 오늘날의 컴퓨터 네트워킹 기술들은 앞에서 언급한 구성요소들간의 통합을 더욱더 쉽게 도와주고 있다. 이처럼 여러 가지 자동화기술이 전체적인 생산시스템으로 통합되어 나타난 것이 CIM이라고 할 수 있다.

CIM은 다양한 컴퓨터 시스템을 연결하여 그것을 하나의 통합시스템으로 묶기 위한 컴퓨터의 적용이라고 정의한다. CIM은 컴퓨터에 의해 기업의 모든 활동 즉, 제품 및 서비스의 생산계획, 설계, 생산, 및 운송 서비스의 제 과정을 지원 및 보강할 뿐만 아니라 자동화한다. CIM은 생산계획 및 설계에서부터 제조 및 분배에 이르는 생산활동을 계획하고 통제하기 위한 하드웨어, 소프트웨어, 데이터베이스 관리(database management) 및 의사소통의 결합(union)을 말한다. 컴퓨터 시스템은 기업 전체에 분포되어 생산을 지원하는 모든 활동과 연결된다. 이러한 컴퓨터 통합시스템에서는 일련의 생산활동 연결고리상의 어떤 활동의 산출(output)은 다음 활동의 투입이라는 것으로 인식된다.

CIM의 중요 목표는 직접노무비를 절약하는 데 있는 것이 아니고, 공장 전체의 정보흐름을 자동화함으로써 얻게 되는 이득을 겨냥한 것이다. CIM은 대량생산에도 사용되지만 특히 다품종 소량생산에서 최저비용, 최단납기, 균질의 품질을 실현시킬 수 있는 것으로 주목받고 있다. 미국의 국가 연구원(National Research Council)에 따르면 CIM을 도입한 기업들은 엔지니어링 설계비용 30% 절약, 생산성 40%~70% 향상, 설비이용률 2 내지 3배로 향상, 재공품 재고와 생산조달시간 30%~60% 향상, 품질계수의 3에서 4로 향상 등의 효과가 있었다.

CIM시스템은 기업의 장기적인 경쟁전략에 의해 설정된 어떤 생산목표를 달성하기 위해 설계된 전사적 운영관리의 하부구조를 지원하는 환경으로 정의할 수도 있다. 여기서 지원이란 의미는 아래의 세 가지 주요한 CIM시스템 기능의 통합을 통해 이루어진다.

· 기업 내 여러 가지 규칙들간의 의사소통
· 창조적 기능의 향상
· 반복적 작업의 자동화

그림 9-3 CIM시스템의 구조

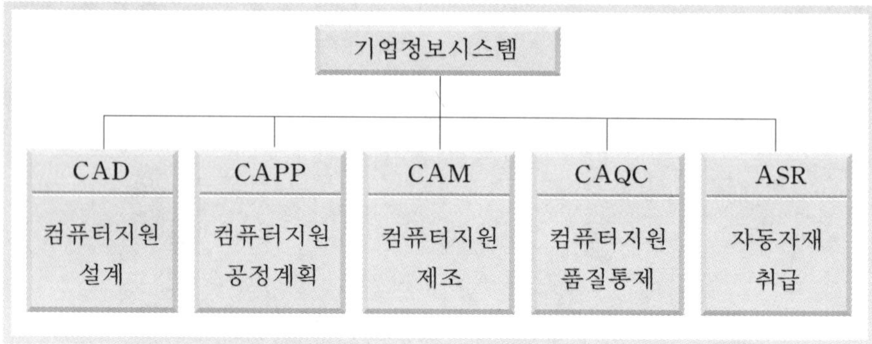

CIM시스템의 구성과 통합의 정도는 기업의 경쟁적 위치, 사업전략, 운영관리의 경험, 생산성과의 상태 및 경제적 자원과 인력 보유정도에 따라서 달라진다. 따라서 기업들 각각의 CIM시스템은 이러한 특성에 따라 다르게 나타난다.

【그림 9-3】에서 보듯이 CIM시스템은 기업의 정보시스템을 형성하는 여러 가지 하위시스템을 통합하는 역할을 담당하고 있다. 정보시스템에서 컴퓨터의 사용은 필수적이라고 할 수 있다. 이러한 컴퓨터의 역할을 강조하기 위해 「컴퓨터 지원」[①]이란 수식어를 사용하고 있는 것이다. 그리고 각각의 하위시스템들은 아래에서 언급하는 하나 또는 그 이상의 기능분야를 담당하고 있다.

CIM시스템은 제조에 대해서 컴퓨터가 가지고 있는 잠재력을 완전하게 이용하기 위하여 만들어진 용어인데, 이 잠재력을 세 가지 측면에서 생각해 볼 수 있다. 첫째, 컴퓨터는 이전에 가능하지 않았던 두 가지 능력을 부여해 준다.

① 온라인 방식의 가변적 프로그램의 자동화
② 온라인 방식의 매 순간별 최적화

둘째, 컴퓨터는 생산의 기계요소(정보의 흐름과 데이터베이스 등)에 대해서도 위의 역할을 수행할 수 있는 능력을 가지고 있다. 셋째, 컴퓨터는 생산활동의 여러 개별적인 부분에 대해서뿐만 아니라 전체 제조시스템에 대해서도 위

① 「컴퓨터 지원」이란 용어는 【그림 9-3】에 나오는 CAD, CAPP, CAM, CAQC에 나오는 CA, 즉 Computer Aided를 의미한다.

의 역할을 수행할 수 있으므로 전체시스템을 통합할 수 있는 엄청난 잠재력을 가지고 있다.

이것은 제품에 대한 요구사항과 개념이 투입요소가 되어 완제품이 산출되는 피드백 시스템으로 설명할 수 있다. 따라서 CIM시스템은 하드웨어와 소프트웨어의 조합으로 구성되며, 제품설계, 생산계획, 생산통제, 생산설비 그리고 생산공정 등의 요소들을 포함한다. 이러한 것들은 시스템 공학의 적용에 의해 실현되며, 여러 가지 다양한 자동화를 기초로 완전한 자동화와 최적화가 가능하다.

CAD는 부품 및 제품설계와 공구 및 치구설계를 담당하며, CAPP는 공정계획을 담당한다. CAM은 생산 설비의 이용을 위한 프로그램, 생산계획, 기계가공, 조립 및 유지보수를 담당하며, CAQC는 품질통제와 검사를 담당하게 된다. ASR은 원재료, 완제품, 재공품의 저장 및 반출기능을 수행한다. 이때 컴퓨터는 기계 및 자재취급 장치와 같은 하드웨어 구성요소들을 자동화하여 생산시스템의 소프트웨어 구성요소들과 통합시키는 데 있어서 중요한 역할을 한다.

CIM은 새로운 마케팅기법과 기업전략의 광범위한 부분에서 상쇄(trade-off)에 대한 해결책을 제공하고 있는 것이다.

많은 연구자들이 정보시스템의 관점에서 CIM의 이점들을 설명하고 있다. Badira는 CIM을 자동화된 제조시스템에서 필요로 하는 데이터를 결정하는 것이라고 말하고 있다. 데이터의 영역들은 시스템에서 미래의 기능들에서 필요로 하게 되는 연관성의 수준에 의해서 결정된다. 뿐만 아니라 그러한 기능들을 강화하는 데도 도움을 주게 된다.

Nowak은 통합품질시스템(IQS)의 개념을 소개하고 있는데, 이것은 CIM 시스템 내에서의 품질정보의 흐름을 통제하는 수단으로 사용됨을 말한다.

Wilder는 CIM을 관리, 설비 그리고 현장(shop floor)과 연결된 것이라고 말하고 있는데, 이처럼 연결된 설비들은 공정의 통제를 보다 강력하게 하고 품질을 향상시키는 데 불량품의 발생률을 감소시키고 품질을 정확히 분석할 수 있는 척도가 된다고 하고 있다. 따라서 CIM은 시간과 비용을 절약시키고, 품질과 통합의 정도를 향상시킨다.

2.2 유연제조시스템(FMS)

Chen & Adam(1991)에 의하면 FMS의 시작은 1960년대 후반부터이며 수치제어(NC)의 응용으로 성장하기 시작했다고 설명하고 있다. Ouellete(1983)은 제조기업들이 NC와 CNC를 통합하기 시작하면서 통제뿐만 아니라 작업자와 작업설비간의 커뮤니케이션을 크게 향상시킬 수 있는 힘이 되었다라고 주장하고 있다.

어떤 기계설비들은 작업을 수행하면서 자동적으로 도구를 교환할 수 있다. 이러한 작업센터는 제조공정에서 부가적인 다양성을 제공한다. FMS는 한 단계 더 발전해서 기술적 통합으로 발전하고 있다. 머시닝 센터는 컴퓨터에 의해서 통제되며 하나의 기계에서 작업이 완료되면 바로 다음 기계로 전달되고 있다.

머시닝 센터에 산업용 로봇이 연결되고 별도의 착탈시스템(loading and unloading system)과 자동운반시스템을 갖추고, 이들을 컴퓨터로 집중제어하는 통합시스템을 유연생산시스템(FMS: flexible manufacturing system)이라 한다.

FMS는 ① 일련의 생산작업을 수행하는 NC 또는 산업용 로봇과 같은 다수의 컴퓨터 제어의 워크스테이션(재가 station), ② 컴퓨터제어의 자재운반시스템(AGV: Automated Guided Vehicles), ③ 착탈장치(loading and unloading system)의 세 가지 기본 구성요소를 가지고 있다. 이러한 구성으로 다품종 소량생산을 자동적으로 수행하는 데 요구되는 가공, 착탈 및 자재운반의 작업을 컴퓨터로 통합하는 것이다. 작업자가 원재료를 설치지점(loading point)까지 가져오면 중앙 컴퓨터의 지시에 따라 자동운반차나 산업용 로봇 등이 여러 워크스테이션으로 이를 운반하고 이들 워크스테이션에서는 중앙컴퓨터에 의해 결정된 프로그램에 따라 가공작업에 공구를 자동 교환하여 일련의 가공작업을 수행한다. 이의 목적은 설비가동률의 최대화를 위해 생산에 관련된 모든 활동을 동기화(synchronizing)하는 데 있다.

유연생산시스템은 재공품재고, 생산소요시간, 직접노무비, 공구비를 최소화하고 설비가동률을 최대화함으로써 생산성을 향상시킴과 동시에 제품의 다양화와 시장수요에의 적응을 위한 유연성을 확보할 수 있다.

Buffa는 미국 산업에서 FMS의 중요성에 대해서 설명하고 있다. 그는 미국에서 75% 정도의 기계들이 대략 50% 정도의 제품을 생산하고 있다는 연구결과를 제시하고 있다. 조립라인의 기술에 있어서 미국의 제조기업들은 배치생산을 응용하지 않는 것으로 유명하다. 과거에는 이러한 자동화 기술을 이용하는 것이 쉽지 않았다. 어쨌거나 FMS는 변화를 가져왔다.

FMS에서 NC기계들은 라인상에서 컴퓨터에 의해서 통제된다. 로봇들도 작업을 수행하고 자동운반설비(AGV)들이 생산된 제품을 다음 장소로 이동시키고 있다. 자동도구 변환시스템은 제품변환과정에 적절히 포함된다. 따라서 광범위한 부분에서 같은 유연성을 가진 설비들이 생산되고 있다.

FMS의 이점을 다음과 같은 면에서 살펴볼 수 있다. ① 운영설비들과 관련된 시간들: 이들 내의 이동과 설비들은 재료가 적절히 공급되고, 보전활동(maintain)이 이루어져야 한다. 계획과 감독은 컴퓨터에 의해서 통제된다. 야간작업시에는 컴퓨터에 의해 감독된다. ② 직접노동력의 최소화, ③ 리드타임의 최소화, ④ 공정 내의 재고의 감소, ⑤ 도구와 설비의 감소, ⑥ 고도의 유연성의 확보.

2.3 집단관리기법(Group Technology)

GT는 제조시스템의 변화에 따른 필연적인 변화를 나타낸다. 그 이유는 제품생산에 있어서 공정중심의 개념이 주목받고 있기 때문이다. 이러한 개념에 의하면 모든 운영은 유사한 기술공정으로 집단화할 수 있고, 특정제품의 형태를 합할 수 있기 때문이다.

GT는 생산관리기법 이전에 경영관리기법으로 먼저 발전된 관리적 개념이다. 이것이 제조부분에 사용되면서 Canada & Sullivan은 GT를 형태의 유사성 혹은 공통된 제조공정에 따라 군(family)으로 분류할 수 있는 방법이라고 정의하고 있다.

이에 따라 GT는 부품의 형태, 치수, 가공공정과 설비, 사용재료의 재질 등의 유사성을 합리적으로 집단(group)으로 나누고, 로트의 크기를 대량화하고 각 집단 내에서 설비와 공구는 공동사용하며, 준비시간, 공정간 이동시간, 가공대기를 감소시키며 집단 내에서의 반복작업을 통해 작업자의 숙련도를 높일 수 있어 대량생산에서 추구하는 생산성 향상을 다품종 소량생산에서도 실현시킬 수 있는 생산기술 및 관리기술이라고 개념화할 수 있다.

이것은 특정한 집단의 수에 따라서 할당함으로써 적용할 수 있다. 즉 GT는 제조되는 공정이 유사한 것끼리 집단화한다는 것이다.

GT의 장점은 다음과 같이 요약할 수 있다.

① 계획, 운반, 작업부하의 개선
② 준비시간과 공정작업시간의 감소
③ 작업공정과 운영계획수의 감소
④ 공급자에서 소비자에 이르는 사이클타임의 감소
⑤ 재고의 감소
⑥ 설계비용의 감소
⑦ 공장 레이아웃의 개선
⑧ 공통된 속성이나 형태에 따라 분류할 수 있다.

3. 신제조기술(AMT: advanced manufacturing technology)

3.1 AMT의 정의

Micro-electronics 기술 또는 정보기술이 생산분야에 응용되는 자동화를 가리키는 용어에는 New Manufacturing Technology, Micro-electronics Based Manufacturing, Computer Aided Manufacturing, Advanced Manufacturing Technology 등이 있는데 이들 용어들은 나름대로의 장점이 있으나 가장 일반적인 용어는 정보를 저장, 조작, 검색, 분배하는 능력을 가진 현대의 컴퓨터기술 전체를 가리키는 정보기술과 이 정보기술을 생산과정에 적용시킨 AMT이다.

또한 미래의 공장, 자동화된 공장 등으로 불리는 AMT를 학자들은 조직의 거대한 변화 혹은 일반화되어 가는 기술 등으로 표현하고 있고 Hornsby와 Williams(1990)는 제조기업들의 국내외 경쟁에서 AMT의 중요성을 강조하고, AMT를 CAM, CAD, MRP, CAPP, CIM을 포함한 공정 기술로 표현하였다.

Canada & Sullivan(1989)은 AMT를 설계에서부터 자동화된(일반적으로 컴퓨터 지향적인) 기술을 사용하는 제조/서비스, 의사결정에까지 사용하는 것으로 정의하고 있다.

3.2 AMT의 분류

AMT의 분류체계에는 다소 차이가 있으나 일반적으로 설계부문, 제조부문, 관리 및 통제부문으로 나누어 살펴볼 수 있으며, 여러 학자들이 제시한 AMT의 분류체계는 다음 【표 9-3】과 같다.

표 9-3 AMT의 분류

연 구 자	분류체계	구성요소
Arnoud De Meyer (1990)	생산부문	NC, CAI, AMH, AS/RS, FMS
	생산계획/통제	주생산일정계획, 총괄생산능력, 작업현장통계
	설계부문	CAD, CAE
Hamid Noori (1990)	생산부문	NC, CNC, Robotics, CAM
	지원부문	CAD, CAE, AMH, AGVS, MRP Ⅱ, JIT, GT
	통합기술	CAD/CAM, FMS, CIM
Paul & Suresh (1991)	설계, 공학적 기법	CAD, CAE, CAPP, GT
	제조기법	NC, CNC, GT, 셀제조, Robots, Cutting: laser, water jet, electro discharge machining, FMS, AS/RS, AGVS
	제조계획, 통제기법	MRP, JIT, Kanban, 무재고, SPC

연 구 자	분류 체계	구성 요소
Weill et al. (1991)	설계/공학	CAD, CAD/CAM
	제 조	NC/CNC, FMC/FMS, Laser Robots
	AMH	AS/RS, AGVS
	자동검사	자재수입, 최종제품에 대한 자동화된 센서 검사
	커뮤니케이션/통제	LAN, PLC, SFMC
Donald Gerwin and Harvey Kolodny (1992)	제품 · 공정설계	CAD, CAE, CAPP, GT
	생산계획/통제	MRP, 컴퓨터예방정비(CPM)
	생산공정	NC, CNC, FMS, AS/RS, AGVS, CAI
	통 합	LAN, WAN, CAD/CAM, CIM
Shani et al. (1992)	공학기술	CAD, CAE, CAPP, CAM
	제조기법	로봇, GT, 셀제조, FMS, 자동저장/검색 시스템
	경영기법	MRP Ⅱ, JIT, 칸반 기법, TQM
Youssef (1993)	설 계	CAD, CAPP, CAE
	제 조	CAM, CNC, 로봇, AA, AMH, DNC, AGV, FMS
	관리활동	SFMC, GT

자료: SPC(Statistical Process Control), JIT(Just in Time), TQM(Total Quality Management), LAN(Local Area Network), PLC(Programmable Logic Controller), SFMC(Shop Floor Monitoring & Control by computers), AA(Automated Assembly), AMH(Automated Material Handling).

1) 설계부문

CAD(Computer Aided Design), CAE(Computer Aided Engineering), CAPP(Computer Aided Process Planning) 등 기존의 설계업무를 자동화하기 위하여 이와 같은 기술을 적용하는 것을 말하며, 궁극적으로 고객이 원하는

고품질의 다양한 제품을 설계하고 설계생산성의 향상, 설계기간의 단축, 추출 및 저장의 용이, 설계제품의 공학적 성능의 분석 · 평가, 제조의 용이성 등을 그 목적으로 한다.

2) 제조부문

CAM(Computer Aided Manufacturing), NC/CNC(Numerical Control/Computer Numerical Control), 로봇(Robotics), FMS/C(Flexible Manufacturing Systems/cells), 자동조립(Automated Assembly), 자동창고장치(AS/RS: Automatic Storage and Retrieval Systems), 무인운반차(AGVS: Automatic Guided Vehicle Systems), 자동검사시스템 등을 이용하여 수행하는 것을 말하며, 대량생산시스템의 한계로 지적된 유연성 상실을 극복하고 생산라인에서 규모의 경제와 동시에 범위의 경제(economy of scope)를 실현시켜, 환경변화에 생산라인이 유연하게 대응할 수 있는 능력을 부여하는 것을 목적으로 한다.

3) 관리 및 통제부문

GT(Group Technology), MAP(Manufacturing Automation Protocol) 및 네트워킹, 현장통제(Shop floor Monitoring and Control by Computer), MRP Ⅱ(Manufacturing Resource Planning) 등을 이용하여 생산부문의 직접생산활동을 지원하는 관리업무를 자동화하거나 전반적인 관리혁신을 꾀하고자 한다.

이와 같이 AMT는 설계, 제조, 관리 및 통제와 같은 제조의 모든 분야에서 컴퓨터 관련기술을 이용하여 자동화하는 기술로서, 이의 적용은 제조와 관련된 관리과정상의 커다란 변화를 초래하며 동시에 요구되는 특성 또한 기존의 전통적인 시스템과는 상이하다. 이에 대해서 Goldhar 등(1991)은 전통적인 제조기술과 비교하여 AMT적용에 따른 제조시스템의 특성을 다음 【표 9-4】와 비교 설명하였다.

즉, 전통적 제조기술이 집중화 공장을 중심으로 한 규모의 경제(economy of scale)를 추구했다면 AMT의 적용은 빈번한 제조변경을 수용할 수 있는 유연시스템으로서 범위의 경제(economy of scope)를 추구한다.

표 9-4 전통적 제조기술과 AMT의 특성 비교

항 목	전통적 제조기술	A M T
관리과정	구식의 기술적용 규모의 경제 유연성/다양성은 높은 비용 요구 큰 학습곡선 설비의 전문화 사회적 활동으로서 작업 가변적인 배분원가 제품의 표준화	신기술도입(CAD/CAM/CIM) 범위의 경제 유연성은 수익성을 증가시킴 제품수명주기의 단축 다양한 제조 기계작업과 무관 총괄된 원가-대개 고정적 제품-고객화의 다양성
제조 시스템의 바람직한 특성	집 중 화 배치(batch) 시스템 대규모 공장-대량생산 직무충실 균형화된 생산라인 집중화 공장(focused factory) 균형된 작업흐름 낮은 변화율 재공품재고 요구 재고생산(예측생산)	분 산 화 흐름시스템 소규모 공장-시장과 밀접 보상-책임 시스템 유연시스템 빈번한 공장 제조직 작업의 변경능력 혁신의 장려 수요와 밀접히 연결된 생산 주문생산

또한 유연성에 대한 개념이 과거에는 높은 비용을 초래하는 것으로 인식되었으나 AMT 적용은 오히려 수익성을 증가시키는 것으로 변화되었으며, 표준화된 제품을 대량으로 생산하는 것이 아니라 다양한 고객의 요구를 충족할 수 있는 제품의 다양성이 강조되어 수요와 밀접히 연결된 생산시스템이 가능해지게 된다.

따라서 제조시스템이 요구하는 특성도 여러 측면에서 변화를 가져왔으며 이러한 변화들은 모두 대규모의 라인자동화에서 수요변동을 흡수할 수 있는 유연자동화로의 변화에 따른 것이다.

4. 생산시스템의 정보화

4.1 광속상거래(CALS)

CALS는 80년대 초 미 국방성의 무기조달체계에서 발생하는 자료교환과정의 불합리성을 개선하기 위해서 공급업체와의 설계, 제조, 서비스와 관련한 정보의 교환을 컴퓨터 네트워크를 이용하여 자동화, 통합화시킨 시스템을 개발하면서부터 그 개념이 등장하게 되었다. 초기의 CALS는 내부적으로 단순히 부품과 소모품의 보급 및 교환에 초점을 둔 전산화된 내부 물류(logistics) 지원체계의 수준에 머물렀으나 80년대 후반에는 적극적인 자재조달(acquisition)과정의 효율화를 포함하는 개념으로 확대되었으며, 90년대 초에는 설계와 제조과정까지도 포함시켜 상품수명주기 관리까지도 지원(life cycle support)하는 통합적 정보교환체계로 발전하였다. 오늘날에는 단순한 정보흐름관리뿐만 아니라 재무적인 측면의 대금결제과정 관리 즉, 전자상거래기능(EC: electronic commerce)까지도 포함시켜 공급사슬간의 자재흐름을 더욱더 빠르게 하고 있다.

그림 9-4 CALS개념의 발전

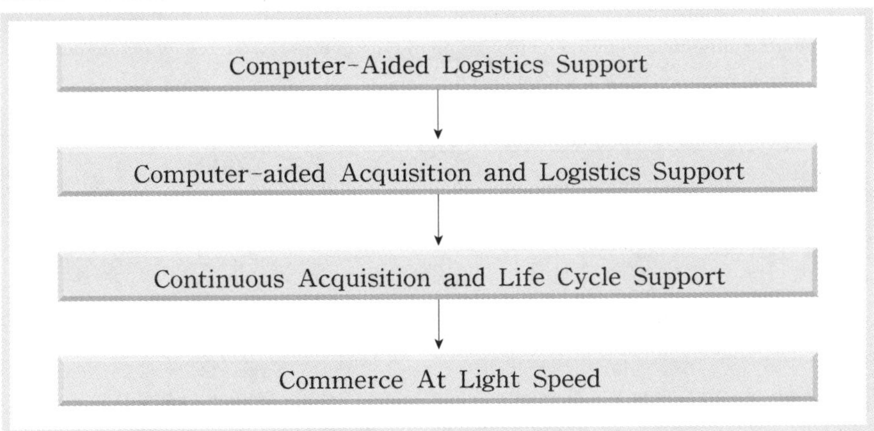

즉 CALS(commerce at light speed)는 기업간에 광속으로 상거래하는 것을 의미한다. 이는 제품설계에서부터 생산, 판매, 관리에 이르기까지 제품의 라이프사이클 전 과정을 정보통신기술을 이용하여 하나로 통합시키는 개념이다.

즉, 초고속정보통신망을 통한 물류 및 자재조달과 관련된 정보의 신속한 전달로 상품을 주문하고 생산하여 생산공정을 단축함으로써 비용절감과 생산성 향상을 가져오기 위한 시스템을 말한다.

본래의 컴퓨터에 의한 병참업무지원(CALS: computer aided logistics support)이라는 개념으로 출발한 칼스는 1980년대 서류에 의한 불필요한 업무의 증가와 열악한 통신체계문제를 해결하기 위하여 개발되었다. 하지만 이것이 1990년대 군수물자를 납품하는 민간업체에 연결사용되면서 엄청난 원가절감 위력이 알려지기 시작했다.

이에 따라 칼스는 군사적 용도에서 산업 전반으로 급속도로 확대되어 기업간 광속상거래(CALS: commerce at light speed)로 인식되기 시작하였다. 즉, 설계나 제조 등 기술과 관련된 업무프로세스 전반을 네트워크로 서로 연결하고 영업과 제조, 마케팅과 제조 등 각 부문과의 긴밀한 관계하에서 업무를 수행하는 개념으로 발전한 것이다.

최근 칼스는 컴퓨터 네트워크를 이용해 자동화되고 통합된 상호교환된 시스템환경을 제공하게 되면 효율적인 업무수행, 정확하고 신속한 정보공유, 원가의 혁신적 절감, 종합품질경영(TQM) 능력의 향상 등을 피할 수 있다는 것이다.

4.2 전자문서교환(EDI)

1) EDI(electronic data interchange)

EDI는 둘 이상의 기업들간에 표준화된 양식을 사용하는 일상적인 업무서류를 컴퓨터 네트워크를 통하여 교환하는 것을 의미한다. 각기 다른 하드웨어와 소프트웨어를 가진 기업들간에도 정보를 교환할 수 있도록 특수한 커뮤니케이션 소프트웨어를 사용하여 일상적인 서류를 전환시켜 전송할 수 있게 하는 것이다(Krajewski and Ritzman, 1996). 송장(invoices)이나, 구매주문서, 지급명세서 등은 전화나 우편을 통하지 않고 EDI가 처리할 수 있는 일상적인 서류라고 할 수 있다.

예를 들어 Chaparral Steel에서는 고객들이 직접 컴퓨터를 사용수준은 파악한 후 주문을 낼 수 있도록 허용하고 있다. EDI는 우편물을 열어서 관련 부서에 보내고, 서류내용이 정확한지를 검토한 후 이를 컴퓨터 재입력시키는 일련의 과정에서 발생하는 비용을 절감시켜 주는 것이다. EDI는 정보처리의 정확성을 높여주고, 대응시간을 줄이며, 재고를 감축시켜 줄 수도 있다. 건당 몇 천원씩 처리비용이 줄어든다고 해도 매일 수백 수천 건의 서류를 처리하게 되는 일반기업에 있어서 이는 막대한 비용절감효과를 가져오는 것이다. 또한 제조업체와 유통업체가 파트너십 관계를 가지고 공동대응함으로써 소비자의 만족을 극대화하고 공급사슬 전체의 비용을 최소화할 수 있는 고객중심의 공급시스템을 갖추는 것을 목표로 하고 있다. 보다 구체적으로는 소비자가 원하는 제품과 서비스를 제공하고, 재고를 최소화하며, 서류 없는 거래(paperless transaction)를 실현하고, 유연하고 신속한 제품흐름을 구축하고자 하는 것에 목표를 두고 있다.

① 상품선정/진열 프로세스(efficient store assortments)
점포재고와 진열면적의 효율성을 극대화시키면서 동시에 소비자 욕구에 맞는 상품 종류를 구비하는 것에 초점을 맞춤.

② 상품보충 프로세스(efficient replenishment)
생산라인에서부터 판매시점까지 완전히 통합된 시스템을 구축함으로써 비용과 재고를 최소화함과 동시에 유연하고 신속한 제품의 흐름과 결품률의 개선을 달성함.

③ 판매촉진 프로세스(efficient promotion)
전체 시스템에 불필요한 비용을 유발시키지 않으면서 소비자에게 구매유인을 제공하는 것에 초점을 맞추며, 유통업체에 대한 제조업체의 복잡한 판매촉진 거래를 단순화시킴.

④ 상품개발/도입 프로세스(efficient product introduction)
전체 공급사슬에 걸쳐 신제품의 개발과 시장도입과정의 효율성을 극대화시키는 것에 초점을 두며 보다 정확하고 적시성 있는 판매데이터가

유통업체와 제조업체 사이에 공유될 수 있도록 함.

4.3 전사적 자원관리(ERP)

전사적 자원관리(ERP: enterprise resource planning)란 시간과 장소에 구애받지 않고 모든 사내 정보를 통합적으로 관리하여 경영에 이용하는 시스템을 말한다. 생산, 인사, 마케팅, 재무, 자재, 재고 등 모든 부서가 정보가 기업 내 전산망을 통해 리얼타임으로 제공되도록 기업의 모든 자원을 최적으로 관리하는 것을 의미한다.

이러한 전사적 자원관리를 통해 기업들은 비용절감과 경영의 효율성을 증대시킬 수 있다. 예를 들면 세계적인 제약회사인 브리스톨 마이어스 스퀴브사는 전사적 자원관리를 도입하여 매년 1억 5천만 달러의 비용절감효과를 본 한편 생산, 유통프로세스의 효율을 크게 개선시켰다. 또한 캐나다 통신장비회사인 노던 테레콤의 경우에는 연간 350만 달러의 운영비를 줄일 수 있었다.

우리나라에서도 거품을 제거하고 기업경쟁력을 높이기 위한 대안으로 전사적 자원관리를 속속 도입하고 있다. 예를 들면 삼성전자, LG전자, LG화학, 현대전자, 한국중공업, 한국전력, 한국통신프리텔 등이 전사적 자원관리를 도입해 비용절감과 기업의 효율성을 높이고 있다.

4.4 공급망관리(SCM)

정보통신의 발전에 따라 기업내부의 통합관리기능만을 제공하던 전사적 자원관리는 갈수록 그 영역이 확대되고 있다. 이제는 기업내부만의 전사적 자원관리에서 벗어나 해당 기업과 관련된 모든 업체가 서로 정보를 공유할 수 있는 시스템을 구축해 기업의 생산, 유통, 판매를 효율적으로 수행하고 있는 것이다. 그러한 시스템 가운데 하나가 공급망관리다.

공급망관리(SCM: supply chain management)는 기업이 원료공급에서부터 소비자에게 제품이 전달되기까지의 전 과정에서 취급되는 제품의 계획, 생산, 이동 등의 물적 유통과 정보를 통합적으로 관리하는 것을 말한다. 제조, 물류, 유통업체 등 유통과정과 관련된 모든 업체가 공동으로 데이터베이스를 구축하게 되면 재고를 최적화하고 납기를 줄일 수 있다.

이에 따라 기업은 불필요한 시간과 경비를 낭비하지 않고 소비자의 실제 수요에 보다 잘 응답할 수 있게 되는 것이다. 오늘날 미국이나 유럽 등 선진국에서는 공급망관리 추진을 통해 전체 유통공급과정에서 41%의 재고감축과 5.7%의 소비자가격 인하효과를 거둔 것으로 조사되었다.

이러한 공급망관리는 해외에서 원자재와 중간재를 조달하는 세계적인 기업들이 원료공급 및 제품 생산관리업무를 체계적이고 효율적으로 수행하기 위해 도입한 원료공급 및 제품 생산관리업무를 체계적이고 효율적으로 수행하기 위해 도입한 것이다. SCM의 효과를 크게 보고 있는 기업들로 포드, 클라이슬러, 도요타, 프록터 앤드 갬블(P&G), 소니, 델 컴퓨터 등을 들 수 있다. 우리나라에서도 태평양, 삼성전자, 현대전자, 현대자동차, LG전자, LG화학 등이 공급망관리의 도입으로 많은 성과를 얻고 있다. 특히 태평양은 본사와 협력업체의 수요에 동시 대응하는 공급망관리 구축을 통하여 재고를 35%나 감축하는 효과를 올렸다.

4.5 e-business와 생산관리

시간이 갈수록 정보기술 측면에서의 기업환경이 급속도로 변모하여 기업경영에 새로운 변화를 강하게 요구하고 있다. 몇 년 전까지만 하더라도 전자자료교환(EDI), CALS, 그리고 전사적 자원관리(ERP) 바람이 불어오더니, 이제 인터넷이 대중화되면서 인터넷상거래 특히 기업간 전자상거래(B2B) 열풍이 몰아치고 있다. 거짓말을 조금 보태면 하룻밤을 자고 나면, 다음 날엔 또 새로운 세상이 전개되고 있는 셈이다.

이렇게 급변하는 환경하에서 기업이 살아남기 위해서는 이 엄청난 변화에 적응하지 않을 수가 없다. 어떻게 적응해야 하는가? 어떤 방식으로 기업을 경영해야 하는가? 그 해답은 바로 한마디로 말하여 인터넷을 활용한 기업혁신방안이라고 할 수 있는 e-business이다.

일반적으로 전통적인 기업의 경영시스템은 내부적인 문제에 집중하여 왔을 뿐만 아니라 back office 업무에만 치중하여 왔다. 조그마한 기업의 변화에도 강한 저항력을 표출하였고 인터넷이나 전자상거래를 연상하면 기술력 중심적으로만 생각하였다. 이러한 경영방식에 대하여 실천적인 혁신이 필요하다는 얘기다.

e-business는 인터넷을 이용하여 기업활동을 하는 것을 의미한다. 즉 전자상거래를 포함하여 기업 내 back office 업무뿐만 아니라 front office 업무를 모두 전자화하는 것이다. 상업의 모든 사업단위를 통합하고 업무프로세스를 혁신적으로 변혁시키고, 고객과 협력업체와의 관계도 물 흐르듯 연결하는 비즈니스를 말한다.

그래서 e-business의 주요 구성요소로는 전자상거래(EC), 전사적 자원관리(e-ERP), 공급사슬관리(e-SCM), 고객관계관리(e-CRM), 그리고 지식관리시스템(e-KMS)을 꼽고 있다. 이들의 정보기술적인 인프라는 인터넷이라는 점이 특징이다.

일반적인 e-business의 구조를 간략하게 표현하면 【그림 9-5】와 같으며, 이들을 간략하게 설명하면 다음과 같다.

인터넷 전자상거래는 e-business를 수행하기 위한 기본적인 전제라 할 수 있다. 최근 전자상거래의 관심은 B2B에 모아지고 있다. B2B의 주도적인 모델은 e-marketplace가 될 것이 확실시되고 있는바, 어떠한 형태로든 e-marketplace에 참여해야 할 것이다. 왜냐하면 이를 통하여 기업의 e-business와 연계될 수 있기 때문이다.

그림 9-5 e-business의 구조

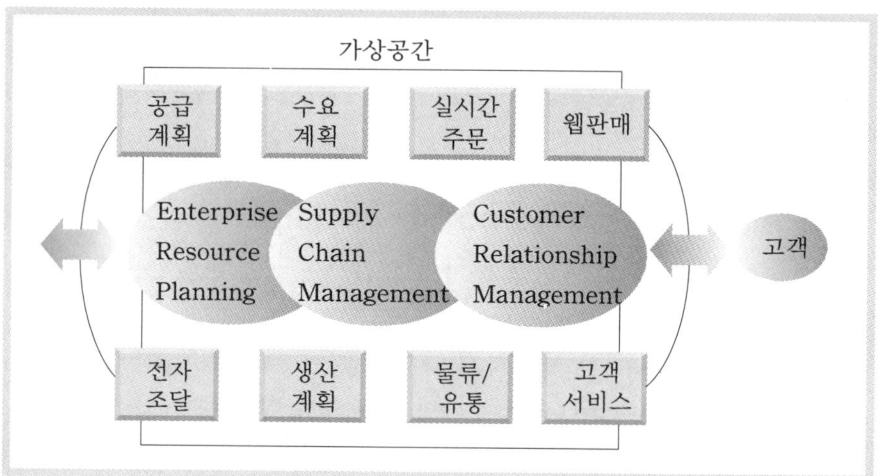

전사적 자원관리는 인터넷상에서 생산, 자재, 구매, 영업, 인사, 회계 등 기업활동에 필요한 모든 자원을 하나의 시스템으로 통합하여 운영함으로써 한정된 기업의 자원을 효율적으로 관리할 수 있도록 지원하는 통합 솔루션이다. 사실상 ERP는 인터넷이 대중화되기 이전에 기업 정보시스템의 하나로서 BPR을 실행하고 기업의 업무를 통합운영하고자 하는 솔루션으로 각광을 받은 시스템이었다. e-ERP는 다음에 설명하는 e-SCM, e-CRM과 연동된다는 점에서 과거와는 차이가 있다.

공급망관리는 기업네트워크의 현대적 변화에 적응하기 위한 방편으로서, 원자재 공급업체, 유통업체, 물류업체, 고객을 하나의 유기체로 보고 이 유기체 속에서 정보와 물리적 제품의 흐름이 원활하게 움직일 수 있도록 관리하는 시스템이다. 고객의 정보가 적시에 반영되어 e-SCM이 우연하게 대응하자면 공급망계획(SCP)과 공급망운영(SCE)이 반드시 고려되어야 한다. SCP가 구매, 제조, 운송간의 흐름을 효과적으로 연동시킴으로써 원가를 절감하는 단계이며, SCE는 계획을 제대로 이행함으로써 고객을 만족시키는 단계라 할 수 있다. e-SCM은 기업 내부의 부서간 운영업무의 통합과 SCP의 기본정보제공을 위하여 e-ERP고객 및 공급업자 등 거래파트너와의 거래처리 및 커뮤니케이션을 위하여 전자상거래 등과 상호유기적으로 연계 · 통합되어야 한다.

고객관계관리는 고객과 관련된 기업 내외부 자료를 분석, 통합하여 고객특성에 기초한 마케팅을 계획, 지원, 평가하는 과정으로 구성되어 있다. 전자상거래 시대의 경쟁력은 '누가 많은 고객을 확보하여 지속적으로 좋은 관계를 유지하는가에 달려 있다' 고 할 정도로 고객을 중시하고 있다. 과거 품질을 중시하던 시대에 품질을 전사적 관점에서 고려했듯이, 이제는 고객에 대한 마인드를 바꾸고 고객을 전사적으로 집중관리하지 않으면 안 된다.

선진국의 몇몇 성공한 기업들을 분석하여 본 결과, e-business를 함으로써 얻을 수 있는 가치는 새로운 가치를 창출할 수가 있고(예: Amazon.com), 고객과 협력업체와의 관계를 강화할 수 있으며(예: Charles Schwab), 그리고 기업의 업무효율성을 향상시킬 수 있다(예: BP)는 점이다. 좀더 구체적인 효과는 다음과 같다.

① 고객에 대한 서비스 개선 및 비용절감

② 새로운 채널 개척
③ 고객이탈 방지
④ 시장 지배력 확보
⑤ 능률적인 업무프로세스
⑥ 새로운 상품과 서비스 개발
⑦ 위험의 체계적 관리
⑧ 새로운 시장에의 도전

POM 사례 9

결코 '장난'일 수 없는 '장난감' LEGO

아동 관련 산업은 좀처럼 경기를 탈 줄 모른다. 세계 어느 부모를 막론하고 가계지출 0순위는 그들의 자녀와 관련된 비용이기 때문이다. 그럼에도 불구하고 기업이 이 분야에서 자리를 잡기란 좀처럼 쉽지 않다. 동종업체와의 치열한 경쟁도 경쟁이지만, 구매자와 수요자가 일치하지 않기 때문에 이들의 이해와 요구를 두루 충족시키기 어려운 까닭이다.

장난감 산업 분야는 더욱 그렇다. 장난감 하나를 놓고 구매자인 부모는 교육적인 측면을, 수요자인 어린이는 재미있는 측면을 선호하는 탓에 일쑤 실랑이가 벌어지기도 한다.

그런데 레고(LEGO)는 이처럼 어긋나기 십상인 구매자와 수요자의 욕구를 동시에 만족시킨다. 재미도 있으면서 교육효과도 탁월한 장난감. 이쯤 되고 보면 장난감으로서는 더 이상 바랄 나위가 없다.

레고의 대표적인 제품은 블록이다. 블록마다 홈이 파여 있어 블록끼리 조합할 수 있다. 블록 하나에 3개의 홈이 있으면 1천여 개, 6개면 1억 개까지 조합이 가능하다.

어떻게 조합하느냐에 따라 블록들은 갖가지 모양으로 변한다. 따라서 아이에게 레고 블록을 안겨주는 순간, 아이는 여기 흠뻑 빠져들 수밖에 없다. 자신도 모르는 사이 두뇌가 발달되면서 창의력이 길러지게 되는 것이다. 이것은 레고가 수요자와 구매자 모두의 요청에 의해 탄생됐기 때문이다.

레고의 신화는 안데르센의 나라 덴마크의 수도 코펜하겐에서 비행기로 1시간 떨어진 빌룬트라는 도시에서부터 비롯되었다 대공황이 막바지로 접어들던 1930년대 초반 무렵, 목공소 주인 오레 키르크는 버려진 나무토막을 모아 자신의 아들에게 블록을 만들어 줬다. 컴퓨터도 TV도 게임기도 없던 당시, 어른들이 일터로 나가 홀로 남은 아이들에게 가지고 놀 것이라곤 마당의 흙뿐이던 시절이었다. 아이들이 오레 키르크가 만든 블록에 넋을 빼앗긴 건 당연한 일이었을 것이다.

입소문은 꼬리에 꼬리를 물고 이어져 빌룬트 시내로 번졌다. 들음들음으로 정보를 접한 부모들이 이 신기한 블록을 사려고 오레 키르크의 목공소 앞에 줄을 섰다.

그는 1934년, 마침내 자신의 목공소 앞에 레고 간판을 내걸었다. 레고는 '재미있게 논다(LEGO GODT)'는 뜻. 본격적으로 어린이용 장난감을 만들기 시작한 것이다.

레고는 창립 이후 지금까지 줄곧 고객의 욕구를 충족시키기 위한 연구개발에 남다른 노력을 기울여 왔다. 어린이들은 싫증을 잘 내고 새로운 것을 찾기 마련이다. 당연히 장난감의 사이클이 짧을 수밖에 없다. 따라서 수요자의 요구를 충족시킬 만한 신제품을 내놓기 위해서는 적잖은 비용을 연구개발에 쏟아붓지 않으면 안 된다. 레고는 이 막대한 비용뿐 아니라 철저하게 고객의 입장에서 생각하고 연구하며 새로운 제품을 개발하는 데 투자를 아끼지 않는다.

레고의 이러한 기업정신은 10가지 원칙에 오롯이 담겨 있다.

- 가지고 노는 데 한계가 없어야 한다.
- 남녀 구분이 없어야 한다.
- 모든 어린이에게 관심을 끌어야 한다.
- 계절을 구분하지 않고 놀 수 있어야 한다.
- 위험하지 않아야 한다.
- 싫증나지 않아야 한다.
- 상상력을 최대한 발휘할 수 있게 해야 한다.
- 모든 장난감이 상호 연관성을 가져야 한다.
- 유용해야 한다.
- 수준이 높아야 한다.

레고는 원료의 선택에서부터 고객을 염두에 둔다. 어린이 인체에 무해한 무폭성 플라스틱을 구입하고, 제품에 칠해지는 색소는 환경친화 상품만 사용한다. 모든 공정을 '그린화' 함으로써 폐수발생을 최소화할 뿐 아니라, 막대한 비용을 무릅쓰고 산업쓰레기의 95% 이상을 재활용하고 있다. 한편으로는 전력소비가 많은 기업답게 전사적인 절전운동을 전개해 이를 정착시키는 데 성공했다.

레고는 스스로의 개발 원칙에 따라 1년에 총 420가지 장난감을 생산한다. 그 가운데 50%가 매년 새롭게 선보이는 신제품이다. 끊임없이 고객인 어린이의 욕구를 만족시켜 주고 있는 것. 사실 1년에 2백 가지가 넘는 신제품을 출시한다는 것은 말처럼 쉽지 않다. 휴일을 빼면 일년 중 거의 매일 신제품 한 가지씩을 선보이는 셈이다. 철저히 고객중심적 사고에 기반하지 않고서는 불가능한 일임에 틀림없다. 이것은 레고를 움직이는 힘이기도 하다.

레고의 제품들은 엄선된 원료와 부단한 개발에 더하여 자동화된 공장을 통해 생산된다. 모든 생산라인은 로봇에 의해 진행되는데, 시간당 1백만 개의 장난감 블록이 쏟아져 나온다. 드문드문 보이는 직원들은 기계가 잘 돌아가는지만을 감독할 뿐이다.

직원들이 유일하게 많이 몰려 있는 곳은 공정의 마지막 부문인 검사과정이다. 수십 년 경력을 가진 검사원들이 제품 하나하나를 꼼꼼하게 살핀다. 마치 티끌 하나라도 용납되지 않는 반도체 생산공장에 온 듯한 착각을 일으킬 정도다. 한편 기존 레고가 수요자에 초점을 맞춘 것이었던 데 반해 1980년대 선보인 레고닥터(LEGO Dacta)는 구매자의 요구에 비중을 둔 제품이다. 교육적(Didactics)이라는 뜻에서도 알 수 있듯 이 제품은 레고사와 미국 MIT대학이 공동 개발한 교육용 장난감. 덕분에 현재는 세계 각국에서 가장 우수한 과학교육용 프로그램으로 인정받고 있다. 심지어 프랑스의 경우 1996년 국가교육위원회에서 중학교 기술교과 과정에 레고닥터를 정식 교재로 채택, 학교 교육에 사용하고 있는 실정이다

레고는 고객 우선주의 못지않은 직원 만족정책에서도 모범이 되어 온 기업이다. 근로자를 우대하는 정책은 독특한 제도에서 여실히 드러난다. 해마다 연말결산을 마치면 이익금은 임금체계와 무관하게 근로연한, 직급 등을 고려해 근로자에게 분배된다. 후한 퇴직금도 근로자의 풍요로운 노후생활을 보장할 만한 수준이다. 그래서 레고에는 업무에 숙련된 장기근로자가 유난히 많다.

고객의 입장에서 사고하고 행동해 온 레고 정신은 전세계 130여 개국에서 자사제품을 가장 인기 있는 장난감으로 만들었다. 레고는 본사 외에 미국, 스위스, 한국 등에 생산시설을 갖추고 있다. 한국에는 1984년에 진출하여 동남아는 물론, 중국시장 진출의 전초기지로 삼는다는 구상이다.

고공비행을 거듭해 온 레고지만 돌풍에 휘말리지 않았던 것은 아니다. 첫 번째 고비는 1942년의 대형 화재. 당시 사람들은 잿더미로 변한 레고공장을 보면서 고개를 가로저었었다. 오레 키르크도 더 이상 나무토막으로 레고를 만들 수 없다고 생각했다. 하지만 그는 여기에서 멈추지 않고 불행을 전화위복으로 바꿔버렸다. 이때 나무를 대신할 원료를 찾아낸 것이다. 그리하여 당시 막 개발된 플라스틱에 눈을 돌리게 되었고, 플라스틱은 다양한 형태의 블록을 만들기에 더할 나위 없이 좋은 원료가 되어주었다.

오레 키르크는 플라스틱을 사용해 블록 모양의 조립식 장난감 개념을 도입했다. 그 결과 제품은 날개 돋친 듯 팔려 나갔다. 레고가 세계적인 장난감 업체로 발돋움한 것이 바로 이 무렵이었으니, 화재라는 재앙을 보기 좋게 축복으로 바꿔놓은 것이다.

두 번째 위기는 바로 지금. 레고는 1990년대 중반 이후 가방, 의류, 출판 등 어린이용품 관련 사업에 진출하면서 사업다각화를 꾀하기 시작했다. 그 틈을 일본 세가와 닌텐도의 전자게임기가 비집고 들어오더니, 급기야 장난감 시장까지 평정하기 시작한 상황이다. 결국 레고는 1998년 사상 처음으로 적자의 쓴맛을 보고 말았다. 이후 3년 동안은 거푸 쓴맛을 봐야 했다. 한눈을 파느라 고객의 이해와 요구에 발 빠르게 대처하지 못해 스스로 위기를 자초한 것이다.

"핵심사업인 플라스틱 블록과 조립완구에 주력하는 대신 의류 및 출판사업을 포기하겠다."

포울 플로우그만 레고 부사장은 사업초점을 잃어버린 결과라고 시인하면서 이같이 발표했다. 이에 따라 레고는 스위스와 헝가리 공장을 폐쇄하고 전체 인력의 5.5%인 5백 명을 감원하기에 이르렀다. 스틴 룩 스코훠드 레고코리아 사장도 '앞으로 레고는 단순히 블록을 쌓는 데 그치지 않고, 컴퓨터 등 첨단기술과 접목해 나갈 것' 이라고 밝혔다. 이후 레고는 장난감에 사업역량을 집중하면서 연구개발 방향을 디지털 쪽으로 선회하고 있는 추세이다.

21세기의 트렌드를 제대로 짚어낸 것이다 레고는 이미 1999년 미국 MIT 공대와 10년의 공동연구 끝에 '마인드 스톰' 을 개발한 바 있다. 로봇 시리즈인 이 제품은 마이크로 컴퓨터와 촉각 및 광 센서는 물론, 적외선 송수신기까지 갖췄다. 미국 항공우주국(NASA)이 화성탐사 모의실험용으로 사용했을 정도이다. 올해 초 선보인 '스티븐 스필버그 스튜디오' 의 경우 기존 레고 블록과 컴퓨터, PC카메라 등이 결합된 최첨단 장난감. 레고를 갖고 노는 장면을 컴퓨터와 연결된 카메라가 촬영하도록 고안되었다. 상상을 초월하는 장난 아닌 장난감인 셈.

2001년 1월 10일, 레고는 마이크로소프트와 게임기 및 온라인 부문에서 제휴를 맺었다. 마이크로소프트 웹사이트에 아동 부문 컨텐츠를 공급하기로 한 것이다. 또한 빌 게이츠 마이크로소프트 회장이 1월 6일 미국 라스베이거스 전자쇼에서 첫선을 보인 비디오게임기 'X' 프로젝트에도 동참한다.

세계는 레고의 발 빠른 변신에 주목하고 있다. 아날로그 기업이 디지털 기업으로 성공적인 변신을 꾀함으로써 과연 재도략할 수 있느냐의 과정을 지켜보겠다는 것이다. 레고가 여는 디지털 장난감 세상을 기대해 본다.

〈자료: "세계의 중소기업," 생산기술, 2001년 1 · 2월호〉

■ 내용요약(Chapter Summary)

제조기업의 변화하는 시장환경에 대응하기 위하여 우리는 공장자동화 시스템의 필요성과 자동화시스템의 발전단계에 관해서 알아보았다. 공장자동화는 한 번에 이룩할 수 있는 것이 아니라 점진적으로 추진해 나가는 것이다. 또한 자동화기술을 구성하는데 있어서 필요한 기술 및 관리기법인 FMS, GT 등에 대해서도 알아보았다.

신제조기술(AMT)는 공장자동화의 개념과 비슷하나, 개별 제조기업에서 필요시되는 기술유형에 따라 분류하고 있는 것이다.

마지막으로 인터넷을 이용한 글로벌 네트워크의 구축이 가능한 현 시점에 있어서, 전자상거래 기술을 어떻게 생산관리에 적용시킬 수 있는가 하는 가능성에 대해서 알아보았다.

■ 참고문헌(References)

1) 전영일 · 홍관수 · 김남영, 「현대생산경영」, 진영사, 1998.
2) *Sloan Management Review*, Summer 1987.
3) R. Maus and R. Allsup, "*Robotics—A Manager's Guide*," 1986, pp. 196~199.
4) George Sutton, *CIM Options and Implementation*, 1986.
5) 김윤상 · 박광태, 「CIM시스템의 이해」, 한국경제신문사, EM문고, 1994.

국문색인

영문색인

A

B

C

D

E

F

G

H

I

J

K

L

M

著者略歷

영남대학교 대학원 경영학과(경영학 박사)
美 조지워싱턴대학교 객원교수
美 뉴욕시립대 경영대학원 객원교수
대구광역시 정보화추진위원
경상북도 환경분쟁조정위원
現 영남대학교 경영학부 교수, 경영대학원장

著 書

계량의사결정론(共著, 학문사)
FORTRAN IV PROGRAMMING(共著, 삼아사)
생산관리(박영사)
생산운영관리(박영사)
경영학 연습(共著, 박영사)
CIM 시스템의 이해(共著, 한국경제신문사)
공업경영학(박영사)
경영학원론(共著, 문영사)
현대경영의 이해(共著, 영남대학교 출판부)

운영시스템관리

2002년 3월 15일 초판발행
2012년 2월 10일 중판발행

저 자 김 윤 상
발행인 안 종 만
발행처 (주)박영사
서울특별시 종로구 평동 13-31번지
전화 (733)6771 FAX (736)4818
등록 1952. 11. 18. 제1-171호(倫)

www.pybook.co.kr e-mail: pys@pybook.co.kr

정 가 20,000원 ISBN 978-89-6454-233-0